本书为贵州省高校乡村振兴研究中心成果，受到贵州乡村振兴2011协同创新中心、贵州省高校人文社会科学重点研究基地、贵州省哲学社会科学2021年度十大创新团队、贵州省人文社科示范基地等相关项目经费资助。

前期调查研究受"中国语言资源保护工程"课题资助。

安顺方言文化研究

李文军　杨正宏　著

光明日报出版社

图书在版编目（CIP）数据

安顺方言文化研究 ／ 李文军，杨正宏著 . -- 北京：光明日报出版社，2024.7. -- ISBN 978-7-5194-8089-9

Ⅰ.H172.3

中国国家版本馆 CIP 数据核字第 2024AQ4381 号

安顺方言文化研究
ANSHUN FANGYAN WENHUA YANJIU

著　　者：李文军　杨正宏	
责任编辑：刘兴华	责任校对：宋　悦　李佳莹
封面设计：中联华文	责任印制：曹　净

出版发行：光明日报出版社

地　　址：北京市西城区永安路 106 号，100050

电　　话：010-63169890（咨询），010-63131930（邮购）

传　　真：010-63131930

网　　址：http://book.gmw.cn

E - mail：gmrbcbs@gmw.cn

法律顾问：北京市兰台律师事务所龚柳方律师

印　　刷：三河市华东印刷有限公司

装　　订：三河市华东印刷有限公司

本书如有破损、缺页、装订错误，请与本社联系调换，电话：010-63131930

开　　本：170mm×240mm	
字　　数：255 千字	印　　张：15
版　　次：2024 年 7 月第 1 版	印　　次：2024 年 7 月第 1 次印刷
书　　号：ISBN 978-7-5194-8089-9	

定　　价：89.00 元

版权所有　　翻印必究

贵州省高校乡村振兴研究成果系列丛书
编 委 会

总　编：陈云坤

编　委：（以姓氏笔画为序）

　　　　王　静　　从春蕾　　吕善长

　　　　李文军　　齐领弟　　张满姣

　　　　杨正宏　　殷清慧　　钱　静

总　序

乡村振兴战略是党中央针对我国农业农村发展面临的新形势、新问题，着眼于实现全体人民共同富裕、全面建成小康社会做出的重大战略决策。实施乡村振兴战略是解决新时代我国社会主要矛盾、实现"两个一百年"奋斗目标和中华民族伟大复兴的中国梦的必然要求，具有重大现实意义和深远历史意义。

推出本套"乡村振兴"丛书，旨在主动承担助力当代乡村发展的高校责任。面对世界百年未有之大变局，休戚与共的人类命运共同体需要中国方案，中国需要高校担当。通过本套丛书，我们将深入探讨乡村振兴的内涵、外延和实施路径，梳理国内外乡村振兴的典型案例和实践经验，分析乡村振兴中面临的困难和挑战，提出针对性的政策建议和发展路径。

研究乡村产业，比较小国农业与大国农业、内陆国家与海洋国家、传统发达国家与发展中国家农业产业发展路径差异，研究城乡产业发展趋势与再布局、城乡一体化与县域综合发展、乡村旅游与康养产业，开展乡村产业发展调查，探索推广生态种养殖创新模式，从全产业链视角研究乡村产业发展的路径，助力农业良性发展、农民产业增收与农村产业升级，夯实乡村振兴基础。

研究乡村生态，面向国家乡村振兴战略实施过程中的乡村生态环境保护等重大战略需求，开展乡村生态、环境与健康、乡村环境治理等方面的理论研究、技术研发、系统集成和工程示范。研究喀斯特地貌生态与石漠化治理，研究土壤污染防治，研究西南高原山地生态修复，践行"绿水青山就是金山银山"的发展理念，将生态建设置于优先位置，使生态保护成为乡村振兴的共同价值与行为准则。

研究乡风文明，关注乡村精神面貌与文化生活、民风民俗传承、新"乡贤"与优良家风家训家教，我们必须抓住中国城市特有的乡村根脉——乡愁。"无乡愁，不中国。"鉴于当代中国城市的乡村根脉，传统国人的"彼处"羁绊与家国皈依，我们希望建立一种"在城有家""在乡有族"的城乡联系，在优秀传统文化融入现代文明的过程中实现城市"狂想曲"与乡村"田园诗"的二重奏。

研究乡村治理，聚焦乡村自治、乡村法治、乡村德治，通过研究基层党建与基层政权建设、传统乡村自治的地方经验、当代乡村聚落的现实困境、"城市病"语境下的农村问题、乡村生态治理与污染防治、农村"空心化"与"留守"现象等，丰富新时代乡村治理理论，服务乡村善治理想的实现。

中国现代化脱胎于传统农业社会，当代中国及世界城市化发展之路为我们反思现代性，反省城乡关系，重新认知乡村价值，推动城乡和谐发展提供了契机。实现中国协调发展，必须厚植乡村发展根基，在城乡关系中重塑中国人的生活秩序与精神状态。要实现中国式现代化，必须正视中国自身的历史与国情，厚植乡村发展根基，重塑城乡关系，建构新时代城乡共同发展秩序、价值与伦理，将现代性反思与传统中国的人文根脉相结合并融入国民日常的生活秩序与精神状态。

总之，本丛书将围绕乡村产业、乡村生态、乡村文化与乡村治理等诸方面展开深入研究和探讨。不仅注重理论探讨，还将结合实践案例，将理论与实践紧密结合。我们希望通过本丛书，能够为广大读者提供一种新的视角和思路，推动乡村振兴战略的实施和发展。

陈文帅

2023 年 9 月 15 日

自　序

笔者研究生毕业后就来到了安顺，迄今已有十六年了，安顺已成为笔者的第二故乡，因此一直想为安顺做点什么。笔者作为语言文字工作者，面对语言文字可能比常人要敏感些，在安顺工作的这些年里，越发觉得安顺话有意思，比如，在语音上没有撮口呼，在词汇上一些表达也很有特色、很有趣，但目前学术界对安顺方言的研究并不多，所以笔者就陆陆续续收集资料，开始进行调查研究。一是为推广普通话和语言规范化服务，安顺话虽属西南官话，但在语音、词汇、语法方面还是与普通话存在不少的差异，书中的方普比较、分类词汇对照等内容，对安顺人的普通话学习和安顺地区的语言规范化有一定的帮助。二是想在安顺话逐渐消失之前把它的语音、词汇、语法以及相关口头文化尽可能如实地记录下来，为中国语言资源保护和地方文化保护贡献一点力量。三是试图通过古今比较、方普比较，归纳总结汉语发展演变的某些规律，以进一步丰富汉语史研究。

基于上述目的，本书主要围绕语音、词汇、语法和口头文化等内容进行研究。关于安顺话语音的研究，在之前已出版或发表的方言志和论文中也有所涉及，但都不太全面，所以，本书语音部分不仅对安顺话声韵调系统进行了描写，还对其声韵调配合关系、音变规律、字音异读、同音字汇、古今差异、方普差异做了归纳总结，尽可能让读者对安顺话音系有一个比较全面、系统的了解。词汇部分原打算做一个分类词表和一个特色词语集，以便既反映安顺话词汇的基本面貌又反映安顺话的个性，但后来发现，不久前已有人对安顺特色词语进行了精解，虽然没有用国际音标标示其语音，但对特色词语收集还是非常全面的，解释也是比较准确的，为避免与之重复，后来调整为主要做分类词表和核心特征词，并在分类词表和特色词语的基础上归纳总结安顺话的一些词汇特点。安顺话语法方面，前人研究很少，几乎是空白，笔者通过调查，发现安顺话与普通话在语法上大体相同，但还是有些特色，本书着重对其特色进行描写，但语法分析更多地需要借助语感，由于安顺话不是笔者母语，笔者对之缺乏土人感，所以对安顺话的语法没有做全面、深入的探讨，这是本书的一个遗憾，希望本土学者在此基础上能进一步研究。方言和地方文化是分不开的，方言是地方文化的重要组成部分，又是地方文化的载体，它记录、反映、表现地方文化信息，并为传承地方文化发挥重要作用；而地方文化是方言的内容和底蕴，赋予方言以丰富、深厚的内涵，是方言发展的重要原动力。所以，本书也对安顺话中有特色的口头文化条目进行了收集，分谜语、惯用语、歇后语、谚语、童谣、故事进行了整理和记录，虽然收集得不够全面，但据此至少可以窥见安顺文化之一斑。另外，为了让读者更加全面地了解安顺话的实际情况，也为方便以后的学者进行深入研究，笔者用国际音标标注了50个语法例句，以及4篇话语讲述、3段对话的读音，从这些语音记录中，我们可以发现，讲述人和对话人由于年龄、文化程度等的不同，在发音、用词上体现出来的一些细微差异。

　　根据上面内容的介绍，也可大致看出本书的一些特色：其一，本书的内容较为全面、系统，书中从语音、词汇、语法、口头文化等多方面研究了安顺方言，每个方面大都系统性展开，尽可能地展现安顺方言的全貌。其二，全面而不失重点、特色，虽然内容比较全面，但也突出重点和特色，比如，对安顺话语音的古今差异、方普差异做了详细的比较，对安顺话的词汇特点做了详细的归纳总结，对口头文化语料做了收集等。其三，既重调查描写，也重比较、解释，在充分调查描写方言事实、全面收集语料的基础上，加强古今比较、方普比较，并尝试解释某些语言现象。

　　尽管我们对本书做出了很大的努力，但书中缺点甚至错误在所难免，敬请专家学者批评指正。

目 录
CONTENTS

第一章　绪　论 ………………………………………………………… 1
  第一节　安顺地理历史概况 …………………………………………… 1
  第二节　安顺人口及其来源 …………………………………………… 4
  第三节　安顺汉语方言概况 …………………………………………… 5
  第四节　关于安顺方言的研究 ………………………………………… 6
  第五节　有关调查及体例说明 ………………………………………… 7

第二章　语　音 ………………………………………………………… 9
  第一节　声韵调系统 …………………………………………………… 9
  第二节　声韵调拼合关系 ……………………………………………… 11
  第三节　音变现象 ……………………………………………………… 16
  第四节　字音异读 ……………………………………………………… 19
  第五节　同音字汇 ……………………………………………………… 19
  第六节　语音比较 ……………………………………………………… 32

第三章　词　汇 ………………………………………………………… 48
  第一节　分类词表 ……………………………………………………… 48
  第二节　方言核心特征词考察 ………………………………………… 113
  第三节　词汇特点分析 ………………………………………………… 116

1

第四章　语　法 ······ 124
第一节　名词的构词特点及复数形式 ······ 124
第二节　动词的重叠格式和意义 ······ 127
第三节　形容词的重叠形式和意义 ······ 129
第四节　数量结构的形态 ······ 132
第五节　部分封闭性词类 ······ 133
第六节　特色句法句式 ······ 140

第五章　口头文化 ······ 144
第一节　谜语 ······ 144
第二节　惯用语 ······ 146
第三节　歇后语 ······ 147
第四节　谚语 ······ 152
第五节　童谣 ······ 159
第六节　故事 ······ 163

第六章　语料标音举例 ······ 182
第一节　语法例句记音 ······ 182
第二节　话语讲述记音 ······ 187
第三节　对话记音 ······ 202

参考文献 ······ 224

后　记 ······ 225

第一章　绪　论

第一节　安顺地理历史概况

一、地理气候

安顺市西秀区，历史上称安顺州、安顺府亲辖地、安顺县、安顺市，位于贵州省中西部，地处云贵高原东部、苗岭山脉西端，长江水系和珠江水系分水岭上，地理坐标东经105°44′32″—106°21′58″，北纬25°56′30″—26°24′42″，东临平坝区、长顺县，南接紫云苗族布依族自治县，北邻普定县，西连镇宁布依族苗族自治县，东距省会贵阳90余公里，沪昆高速、贵安大道、沪昆高铁贯穿全境，全区面积1467.9179平方公里，是安顺市的政治、经济、科技、文化中心，也是贵州省重要的商贸中心、轻手工业城市、旅游中心城市。

境内自然条件优越。属亚热带季风性湿润气候，海拔1200—1600米，冬无严寒，夏无酷暑，气候宜人，全年无霜期达300多天。境内河流纵横交错，雨量充沛，水源充足。在以山地为主的贵州，安顺属黔中丘陵盆地，地质处于中国著名的川黔经向构造体系，地层为岩溶与非岩溶地貌相间发育特征，地势相对平缓，少有贵州其他地区的高山深谷，可耕地面积相对丰富，有众多成片的良田和肥沃的土地。因此，境内物产丰富。主要特产有茶叶、金刺梨、山药等。

由于特殊的地理和气候条件等，安顺旅游资源也非常丰富。安顺是国务院最早确定的甲类旅游开放城市，是中国优秀旅游城市、中国十大特色休闲城市，全国六大黄金旅游热线之一和贵州西部旅游中心，世界喀斯特风光旅游优选地区，拥有云峰屯堡、旧州古镇、虹山湖公园3个4A级旅游景区、1个红色经典旅游景点王若飞故居，以及宁谷古汉墓遗址、安顺府文庙、武庙、云山屯古建筑群等多处国家级、省级重点文物保护单位，拥有"中国瀑乡""屯堡文化之乡""蜡染之乡"等美誉。600年历史的屯堡文化独具魅力，与秀丽的自然风光、古朴的民俗民风、多彩的民族节日组成了安顺独特的人文风光。

二、历史沿革

境域春秋时属牂牁国。战国时属夜郎国。秦属象郡之夜郎县和且（jū）兰县地。

西汉初，朝廷"闭蜀故徼"，西南夷各方国乘机据境自立，扩充势力范围，"西南夷君长以什数，夜郎最大"，今安顺属夜郎国。建元六年（公元前135年），汉武帝派郎中将唐蒙出使西南夷，旋在夜郎境置夜郎、且兰二县，今境内属夜郎县。武帝元鼎六年（公元前111年），汉灭南越、且兰诸国，封夜郎侯为夜郎王，赐印绶。同年在夜郎国地置牂牁郡，成郡国并治之势。成帝河平年间（公元前28年—公元前25年）夜郎王反，汉灭夜郎，其地尽属牂牁郡，至东汉末。

三国时，属蜀汉牂牁郡夜郎县。后主建兴十一年（233年），牂牁境普里部僚人（今仡佬族先民）反，卢鹿部渠帅罗殿王（一作罗甸王）济火受命领兵平之。蜀汉朝廷因将普里赐济火作世袭领地，济火年迈，让位于兄之子柏墨。

西晋怀帝永嘉五年（311年），析牂牁郡另置夜郎郡，夜郎郡辖夜郎、谈指、广谈、谈乐四县，郡治夜郎。

南朝时，境内为彝族先民东爨乌蛮所控，郡、县名存实亡。梁、陈之际，牂牁大姓谢氏乘势发展为黔中巨族，形成大姓割据政权，执黔中牛耳。

隋文帝开皇十七年（597年），朝廷令太平公史万岁率兵平定云南爨氏，清除爨氏占据的贵州西部势力，置牂州。炀帝大业二年（606年），改称牂牁郡，领牂牁、宾化二县。今安顺大部属宾化县。

唐贞观四年（630年），今安顺一带置剡州（一作琰州），行羁縻州制，境属望江县。贞观间，普里部奉土纳上，朝廷以普里属地置普宁州。是时虽有州县之名，实际上所谓羁縻州仍为少数民族首领所管辖。唐中叶后，乌蛮罗氏强盛，文宗时归附朝廷，武宗时封罗殿王。及至宋代，境内属罗殿国。

宋沿唐制，境内有普宁、和武等州，均为羁縻州，亦皆属普里部控制范围。

元代，贵州未建行省，但行政归属文献记载较为明晰。据《元史·地理志》载："普定路，本普里部，归附后改普定府。大德七年（1303年），改为路。"元时普里、普东二部归附朝廷，元以其地置普定府，其后改为普定路，辖安顺、镇宁、永宁、习安四州及普定县，今安顺市境大部属普定路。

明初，元普定路归附朝廷。明廷在普定路原辖地置普定土府，治仍其旧，即今西秀区杨武布依族苗族乡。洪武十四年（1381年），继任知府安锁随元梁王叛，傅友德率军克普定，普定土府即废。同年12月，安陆侯吴复奉旨择新址阿达卜寨筑普定城（今之安顺城）。洪武十五年（1382年）正月，于未竣工之新城置普定卫指挥使司，隶四川都司，该城即为其治所，时称普定卫城；三月，升普定卫指挥使司为军民卫指挥使司。同年二月，复置普定土府，隶云南布政司。寻升普定军民府，隶四川都司。十六年（1383年），习安州与安顺州合并，仍称安顺州，州治今旧州镇。

洪武十八年（1385年），废普定军民府，以习安州、普定县地入安顺州。以安顺、镇宁、永宁三州直隶云南布政司。洪武二十五年（1392年）八月，改安顺、镇宁、永宁三州隶四川都司普定卫军民指挥使司。史称其"屹为边垒，襟带三州"。

永乐十一年（1413年），明廷新建贵州承宣布政使司。正统三年（1438年）八月，以安顺、永宁、镇宁三州直隶贵州布政司，改普定卫属贵州都司。

成化中，徙安顺州治至普定卫城，州卫同城而治。万历三十年（1602年）九月升安顺州为安顺军民府，府、卫同城而治，礼部题铸印信，从此作为地名的"安顺"二字，才正式出现在官方文件和方志典籍中。安顺军民府领镇宁、永宁、普安三州及宁谷、西堡、十二营、康佐、募役、顶营六长官司。原安顺州辖地不另划出，作为府亲辖地。

康熙十一年（1671年），裁普定卫，改设普定县。康熙二十六年（1687年），改安顺军民府为安顺府。雍正朝，"改土归流"，规范行政区划，安顺府就成了纯粹的地方行政机关。

民国至今，安顺在县与市之间反复。1913年，民国政府颁行县制。次年，撤安顺府，以其亲辖地置安顺县，普定县移治定南（今普定县城）。1958年，设安顺市，市、县分治，年末撤销安顺县建制，并入安顺市。1963年，改安顺市为安顺县。1966年，重建安顺市，市、县同城分置。1990年，撤销安顺市、县建制，合并设置安顺市。2000年，撤销安顺市，设西秀区，安顺地区改名安顺市，西秀区隶安顺市管辖。

第二节　安顺人口及其来源

根据第七次人口普查数据，截至2020年11月1日零时，西秀区常住人口为87万余人。安顺城区含西秀区7个街道办事处，3个新型社区及开发区西航办事处。

安顺人口的大迁徙，始于明代。明代以前，也有中原汉人移入，但在当时"夷多汉少"的情况下，大都"易俗变服"，逐渐被少数民族同化，被视为少数民族的一部分。

及至明代，始有大规模的移民，且规模宏大，盛况空前。明代的安顺移民，主要来自两方面。一是大规模的军事移民。明初为加强对西南边地的控制，在贵州等广大地区设置卫所，开始了西南"大开发"。军事移民大都来自长江中下游和中原地区，其后裔往往称先辈是"调北征南"所至。二是民籍移民。明初在控制西南后，为安置无地可耕的游民，取"移民就宽乡"之策，在边疆大兴屯田，除军屯外，尚有民屯及商屯。民屯后裔有其先辈"调北填南"的说法。明中期后，定居于贵州境内的"贩商、流徒、罢役、逋逃"的江右、川、湖等外省人口逐渐增多，其中籍贯属四川和江西的为最。嘉靖《贵州通志》称："蜀中、江右之民，侨寓于此者甚众，买田宅长子孙者盖多有之。"除此之外，还有大量的商人也涌进了贵州，使黔中一带商贸逐渐繁盛。"江广楚蜀贸易客民毂击肩摩，籴贱贩贵，相因垒集，置产成家者今日皆成土著。"①

明末清初，山河动荡，因兵燹而致生灵荼毒，人口四逃。时虽有土地，但世属土司。清雍正四年（1726年），云贵总督鄂尔泰奏请"改土归流"，旨在削弱土司，加强统治。自此直至咸同后，清政府镇压苗民，招徕流民，于是，汉人大量移入贵州。早期移民主要来自四川、湖广、江西三省。大批汉人的移入，对贵州的社会发展产生了巨大影响，其中之一就是城镇随之兴起，地处"黔之腹、滇之喉"的安顺，逐渐发展为黔中物资集散贸易的中心。到清末时已是"汉多夷少"。是时，来安顺经商定居的外省人以四川籍居多。

抗战爆发后，作为大后方的安顺，涌入了大量"北方人"和"下江人"。

新中国成立后，由于"三线建设"的需要，大量的工矿企业迁入贵州，

---

① 罗绕典.黔南职方纪略［M］.杜文铎，等校.贵阳：贵州人民出版社，1992：276.

"三线"子弟即在安顺生根发芽。

第三节　安顺汉语方言概况

安顺汉语方言，隶属西南官话川黔片黔中小片，具有西南官话的许多特点，但在语音、词汇和语法方面也有其独特之处。

安顺境内汉语方言的分区，大体与其历史建制沿革、汉族移民的来源一致。根据语音、词汇和语法的特点，尤其语音特点，可划分为两个次方言，一是非屯堡方言，即安顺城区和周边县区方言，二是屯堡方言。

屯堡方言是安顺境内屯堡地区所使用的汉语方言。黔中屯堡的历史始于明"调北征南"的军事行动及随之大规模推行的军屯、民屯制度。大批主要来自江南的军士及随军家属的屯垦戍防，造就了安顺周边卫、所、屯、堡密集分布的社会历史和文化景观，也造就了"堡子话"这一特殊的"方言岛"现象。安顺境内的屯堡村寨，大多地方使用这种具有一定内部稳定性的屯堡话，比较集中的分布是在安顺二铺、大西桥、旧州、双堡等地区。二铺处于安顺近郊，这一带的堡子话又称作"二铺话"。

安顺城区和周边县区汉语方言，内部具有较大的一致性，只是在某些地域存在一定的差别，如平坝城区的平坝话、普定化处的水母话，它们在声调、音变上与安顺城区方言存在一些差异。本书所研究的安顺方言，主要以安顺市西秀区城区方言为代表，其范围包括安顺城区中的8个街道办事处和3个新型社区以及周边部分地区。

安顺城区汉语方言与屯堡方言的差异，由于缺乏全面的调查和比较，在这里只能略举一些，可能不够全面。

一、语音差异

声母方面，屯堡方言23个声母，比安顺城区方言多了 zh [ts]、ch [tsʰ]、sh [s]、r [z] 这4个舌尖后（卷舌）声母。

韵母方面，屯堡方言29个韵母，比安顺城区方言少了一个单韵母 ê [ɛ]、3个复韵母 iu [iu]、ue [uɛ]、ie [iɛ]；但多了一个卷舌韵母 -i [ɿ]（与 zh、ch、sh、r 相配）。

声调方面，屯堡方言阴平调33比安顺城区方言低，去声调35比安顺城区方言高。另外，屯堡方言古清声母和次浊声母入声字归入阴平，而安顺城区方言这类入声字归入阳平。

音变方面，非阳平调的叠字名词变调情况，屯堡方言比安顺城区方言要多一些，如"米米""眼眼""空空""敞敞漏斗"等，这些在屯堡方言中变调的词，在安顺方言中一般不变。另外，"一"和"不"在屯堡方言中都读为阴平，不存在变调现象，而在安顺方言中都要变调。

二、词汇差异

主要表现在藏词式歇后语的运用。在屯堡方言中，存在大量的藏词式歇后语（屯堡人称之为"言旨话"），如四马投（唐—糖）、猛打猛（冲—葱）、神机妙（算—蒜）、八仙过（海）等，借说出来的部分这个"引子"，让人由此推导出被隐去的部分，也就是说话者真正想要表达的意义。这类歇后语，在屯堡方言中运用十分频繁，尤其是男性成年人，几乎信手拈来。而在安顺方言中几乎不用。

三、语法差异

两方言在构词、构形、词类、句式等方面大体一致，只存在一些细微的差异，比如，能重叠构词的语素不完全一样、某些词缀的组合能力稍有差别、所使用助词不太一致等等。

第四节　关于安顺方言的研究

对安顺汉语方言的研究，也可分为屯堡方言和非屯堡方言两个类别。

屯堡方言方面，主要有以下几种：1.《安顺市志》第二十篇第三章第二节"二铺语音"部分、《贵州省志·汉语方言志》"二铺话"语音部分、《屯堡方言初探》（伍安东等，2004）和《屯堡方言的文白异读》（叶晓芬，2016）；2.《屯堡言旨话的语言特点及语言技巧来源初探》（杨明，2012）、《屯堡"言旨话"及其文化内涵》（李文军、杨正宏，2012）；3.《从屯堡岛方言看早期贵州汉语方言的发展轨迹》（吴伟军，2005）；4.《安顺屯堡方言研究之我见》（袁本良，2006）；5.《黔中屯堡方言研究》（龙异腾等，2011）。第1种主要是对屯堡方言的语音进行静态的描写，第2种主要是对屯堡方言的语汇做了些个案的研究,第3种除了屯堡方言语音系统的描写之外,还包含一些从语汇角度进行文化学探讨的内容,第4种是对前期屯堡方言研究成果做了一个比较和总结,第5种对屯堡方言语音、词汇做了比较系统的描写,并对其语音部分做了时空比较,另外,对语法也有零星描写。

非屯堡方言方面,主要有《安顺方言本字考》(袁本良,1989)、《安顺方言中的变调》(袁本良,1995)、《安顺城区方言音系》(袁本良,1996)、《安顺方言土语精解》(刘文仲,2019)、《安顺城记·方言志》(袁本良,2020),另外,《贵州汉语方言特色词语汇编》(涂光禄,2011)中也涉及安顺的部分特色词汇。这些研究都为安顺方言研究奠定了很好的研究基础。不过,从这些研究看,主要还是对安顺非屯堡方言的语音和词汇进行静态的描写,对语法涉及较少,而且,以其语音、词语研究而言,也只是就某些方面进行研究,还不够全面、系统和深入。

第五节 有关调查及体例说明

一、调查经过和发音合作人

本书的发音合作人主要有六位:张勇,男,1962年生,粮食局职工,高中文化,会说地道的老派安顺话、地方普通话和一点屯堡话;邓克萍,女,1951年生,食品公司员工,初中文化,会说地道的老派安顺话和普通话;张举忠,男,1987年生,贷款公司员工,初中文化,会说新派安顺话和普通话;范晶,女,1989年生,银行职员,大学文化,会说新派安顺话和普通话;王玉英,女,1982年生,教师,大学文化,会说新派安顺话和普通话;潘玉陶,男,1947年生,织袜厂员工,初中文化,会说老派安顺话和地方普通话。六人均在安顺西秀区城区长大、工作,长期未离开过安顺。在调查中,前四人分别承担老年男性、老年女性、青年男性、青年女性的角色,后两人为口头文化发音人。本书音系以及词汇和语法的记音主要以老年男性张勇的发音为准,口头文化、话语讲述和对话记音则以发音人实际语音为准。

调查时间主要是在2017年5—7月和2018年7月,2017年主要是调查方言单字表、分类词表、语法例句和口头文化,2018年主要是调查词类特点、特殊句法句式以及补充调查了部分词条。

二、体例说明

方言例词或例句的翻译尽可能采用规范的普通话，并尽可能直译，有些很难对译的词语或句子，就采用意译或硬译等变通的办法。译词用小号字直接写在例词后面，译句写在例句后的圆括号内。

本文的方言用字尽量使用本字。本字不明但有通用俗字，酌情采用俗字。本字不明且意义较虚的字则采用方言表音字。本字不明又不能使用俗字、表音字者，则用同音字表示，在字下加"＿"标明。本字不明但无合适的俗字、表音字、同音字可用者，则用"□"表示，在其后用国际音标标出读音。字下加"＿"表示白读音，字下加"="表示文读音。

本文中使用的其他符号说明如下：

| 表示隔开　　/ 表示"或"的意思　　* 表示没有这种说法

+ 表示有这种搭配　　　－ 表示没有这种搭配关系或代替某音素组合

~ 用在两个句子之间表示比较或用在句子或词语中时代替所要讨论的字

N　名词　　　NP　名词性成分　　V　动词　　VP　动词性成分

A　形容词　　M　量词　　　　　S　主语　　O　宾语

C　补语

第二章 语 音

第一节 声韵调系统

一、安顺话有声母19个（包括零声母在内）

表2-1 声母表

p 八病布	pʰ 片爬派	m 麦明骂	f 风副饭	
t 多毒东	tʰ 天甜讨	l 脑路南连		
ts 坐柱装纸	tsʰ 草茶床船		s 酸事顺十	z 热软日
tɕ 酒九江	tɕʰ 全轻秋切		ɕ 想谢响县	
k 高共古	kʰ 开客狂	ŋ 熬安藕	x 好活昏	
∅ 味月温王药				

说明：

①［ts］组声母遇合口呼时，其读音有时接近舌叶音。

②［n］［l］混读，洪音前多读［n］，细音前多读［l］，二者在方言中不区别意义，统一记作［l］。

③边音［l］（包括自由变体［n］）、鼻音［m］［ŋ］都有较明显塞化色彩，实际音值接近鼻冠边塞音［ld］［mb］［ŋg］。

④［p］［t］声母逢［31］调时，听感上喉头略降，有浊音色彩。

9

⑤[x]与韵母[o]相拼时，发音部位靠后，其实际音值接近[h]。
⑥零声母音节前带有同部位的摩擦，尤其零声母逢单韵母[i][u]时，摩擦较大。

二、安顺话有韵母32个

表2-2　韵母表

ɿ 丝十直尺	i 雨米戏急一锡	u 苦猪骨六
ɚ 儿耳二		
a 茶法辣八	ia 牙鸭假	ua 瓦刮滑耍
ɛ 热北白	iɛ 灭业贴绝雪	uɛ 国阔或
o 歌盒活托壳	io 药学脚略	
	iu 菊育曲浴	
ai 排鞋买袋		uai 快怪外坏
ei 飞配煤		uei 对鬼雷罪
ao 包毛讨灶	iao 笑桥交庙	
əu 豆走钩楼	iəu 油流九旧	
an 半南山敢	ian 权盐验点	uan 短官
ən 根等硬寸	in 心民请病	uən 滚横
aŋ 方糖厂项	iaŋ 响讲阳亮	uaŋ 床双
oŋ 东朋猛送	ioŋ 兄穷容用	

说明：
①单韵母[u]的唇形较松，开口度稍大。
②[an]组、[aŋ]组韵母中的主要元音有鼻化色彩。
③韵母[iu]在个别字中读音接近[yu]。
④[a][ao][aŋ]组的主要元音舌位比较靠后，[ai][an][uan]的主要元音舌位较为靠前，[ian]的主要元音舌位较高，但在方言中不区别意义，统一记作[a]。
⑤韵母[əu]的韵腹舌位较高、较靠后，音值像[ɤu]。

三、安顺话有单字调4个

阴平　44　东风春天　　　　阳平　31　门红百叶毒
上声　54　懂草买有　　　　去声　13　动半快卖树

10

说明：

①阴平后头有时略升。

②阳平调首有时稍升。

③上声略降，降不到1度，后较平，但较平部分比阴平略高。

④去声调首有时略降。

⑤阳入起点比阳平［31］稍高，但二者不区别意义，例如，时＝十，故将阳入归入阳平。

第二节　声韵调拼合关系

安顺话的声、韵、调之间的拼合有较强的规律性。为了简单明了地反映安顺话的声韵调拼合规律、音节总数和音节结构特点等，特制作声韵配合简表和声韵调结构表。

一、声韵配合情况

为分析方便，根据声母、韵母特点，将安顺话的声母分成八组，将其韵母分成开口呼、齐齿呼、合口呼三呼。

表2-3　声韵配合简表

声母 \ 韵母		开口呼	齐齿呼	合口呼
双唇音	p pʰ m	＋	＋	＋（限于u）
唇齿音	f	＋	－	＋（限于u）
舌尖中音	t tʰ l	＋	＋	＋
舌尖前音	ts tsʰ s z	＋	－	＋
舌面前音	tɕ tɕʰ ɕ	－	＋	－
舌面后音	k kʰ x	＋	－	＋
	ŋ	＋	－	－
零声母	∅	＋	＋	＋

注："＋"表示全部或局部声韵能相拼，"－"表示不能相拼。

二、声韵调结构表（单字音表）

声韵调结构表中同一横行的字声母相同，同一竖行的字韵母、声调相同。空格表示没有声韵调配合关系。

单音字表按照韵母、声母、声调的顺序排列，表左是声母，表端是韵母和声调。声、韵、调的顺序都依前文的声母表、韵母表、单字调表。

字音特殊、意义特殊的字用粗体字标出；有音无字的音节用"#1""#2"等代替。这两类音节在每个表的下方进行解释。

表2-4　安顺话单音字表之一

韵 调	ɿ 阴平44	ɿ 阳平31	ɿ 上声54	ɿ 去声13	i 阴平44	i 阳平31	i 上声54	i 去声13	u 阴平44	u 阳平31	u 上声54	u 去声13	a 阴平44	a 阳平31	a 上声54	a 去声13	ia 阴平44	ia 阳平31	ia 上声54	ia 去声13	ua 阴平44	ua 阳平31	ua 上声54	ua 去声13	ɛ 阴平44	ɛ 阳平31	ɛ 上声54	ɛ 去声13	iɛ 阴平44	iɛ 阳平31	iɛ 上声54	iɛ 去声13
p					鼻	比	闭	不	补	布	巴	八	把	坝			瘪	#8				北		#19	别[1]	别[2]						
pʰ					批[m]	皮	痞	屁	铺[1]	扑	普	铺[2]	趴	爬		怕		#9				赔		撇	#20	#21						
m					眯	眉	米	谜	木	母	墓	妈	麻	马	骂							墨		灭	#22							
f									肤	福	虎	父	#1	法																		
t					低	笛	底	弟	都	读	赌	杜	搭	打	大							得		爹	跌							
tʰ					梯	题	体	剃	图	土	兔	踏	#2								特		贴									
l					泥	女	利	六	鲁	路	拉	拿	哪	那	#10	#11	#12					勒		业								
ts	知	直	紫	字					租	竹	主	柱	渣	杂		炸					抓	#13	#14	遮	折	者	蔗					
tsʰ	痴	池	齿	刺					初	除	楚	醋	叉	茶	#3	岔						车	撤	扯	#16							
s	师	时	死	试					书	宿	鼠	素	沙	杀	洒	#4					刷	耍		赊	蛇	舍	社					
z	日								入	如											#15			热	惹							
tɕ					鸡	集	举	记									家	夹	假	嫁								接	姐	借		
tɕʰ					区	七	取	气											恰									缺	且			
ɕ					西	徐	洗	细									虾	瞎	下[2]									靴	斜	写	谢	
k									箍	骨	古	顾	#5								瓜	刮	寡	挂		格	给	#17				
kʰ									枯	哭	苦	裤	#6		卡						夸	垮	跨	剋	刻	#18						
ŋ													压												额							
x													哈	还	#7	下[1]					花	华	化	黑								
ø					衣	鱼	雨	遇	乌	吴	五	雾	阿	那			丫	牙	哑	亚	挖	瓦	凹					椰	月	野	夜	

铺[1]〔pʰu⁴⁴〕动词，~床。　　　　铺[2]〔pʰu¹³〕~面。

下[1]〔xa¹³〕之这~子；之~。　　下[2]〔ɕia¹³〕~来；~雨；~午；~头。

别[1]〔piɛ³¹〕类~。　　　　　　别[2]〔piɛ¹³〕扭伤：~倒脚杆噢（了）。

#1〔fa⁴⁴〕土气：穿得好~|~眉~眼的。

#2〔tʰa⁵⁴〕下垂，耷拉：眼皮都~下来噢。

12

#3 ［tsʰa⁵⁴］（脚）向两边分：~开脚。

#4 ［sa¹³］淘汰：三个人里头~下去两个。

#5 ［ka³¹］重叠表示肉（儿语）。

#6 ［kʰa⁴⁴］~~即旮旯；塞，嵌：~牙齿；插队：~油。

#7 ［xa⁵⁴］傻：~头~脑｜~得要死。

#8 ［pia¹³］腿脚走路不灵便：~脚~手。

#9 ［pʰia⁵⁴］劈腿，劈叉：把脚~开。

#10 ［lia⁴⁴］娇气，撒娇：那个娃娃太~｜~声~气。

#11 ［lia³¹］随随便便，没正经：~垮垮｜二垮三。

#12 ［lia⁵⁴］脱下，剥下：把袜子~下来。 #13 ［tsua³¹］踢：~足球｜~一脚。

#14 ［tsua⁵⁴］残废：~手｜脚~手。   #15 ［zua³¹］按，揉：~粑粑｜~面。

#16 ［tsʰɛ¹³］~~：对插足他人家庭，破坏他人婚姻关系者的贬称。

#17 ［kɛ¹³］用刀锯等切断或锯断：~断；磨（牙）：~牙齿；上当受骗称"着~"。

#18 ［kʰɛ¹³］~~：用刀锯等刻画出来的痕迹。

#19 ［piɛ⁴⁴］逼。#20 ［pʰiɛ⁵⁴］用手把物体分开或折断：~开。

#21 ［pʰiɛ¹³］差：之个衣服质量太~。

#22 ［miɛ⁵⁴］折断，掰开：~苞谷杆。

表2-5 安顺话单音字表之二

韵	\multicolumn{4}{c}{uɛ}	\multicolumn{4}{c}{o}	\multicolumn{4}{c}{io}	\multicolumn{4}{c}{iu}	\multicolumn{4}{c}{ai}	\multicolumn{4}{c}{uai}	\multicolumn{4}{c}{ei}	\multicolumn{4}{c}{uei}
调	阴平44	阳平31	上声54	去声13	阴平44	阳平31	上声54	去声13	阴平44	阳平31	上声54	去声13	阴平44	阳平31	上声54	去声13	阴平44	阳平31	上声54	去声13	阴平44	阳平31	上声54	去声13	阴平44	阳平31	上声54	去声13	阴平44	阳平31	上声54	去声13
p					波	薄¹	簸	薄²									#4		摆	拜					杯			贝				
pʰ					坡	婆	剖	破									排	#5		派					坯	陪		配				
m					摸	磨	抹	磨										埋	买	卖						煤	每	妹				
f																									飞	肥	匪	肺				
t					多	夺	躲	剁									呆	歹		带					堆		#7	对				
tʰ					拖	脱	妥	唾									胎	台		太					推	颓	腿	退				
l					啰	锣	裸	糯			略							来	奶	赖					嘞		#8	雷	吕	类		
ts						作	左	坐									栽		宰	在	#6		拽			锥	贼	嘴	罪		
tsʰ					搓		撮	错									猜	财	彩	菜	搋				吹	垂		脆				
s					梭		说	锁									筛			晒	衰			帅	虽	随	水	碎				
z							弱																			蕊		锐				
tɕ										脚					菊																	
tɕʰ									#2	雀	#3		皴		曲																	
ɕ										削					俗																	

13

续表

韵	uɛ				o				io				iu				ai				uai				ei				uei			
声调	阴平 44	阳平 31	上声 54	去声 13	阴平 44	阳平 31	上声 54	去声 13	阴平 44	阳平 31	上声 54	去声 13	阴平 44	阳平 31	上声 54	去声 13	阴平 44	阳平 31	上声 54	去声 13	阴平 44	阳平 31	上声 54	去声 13	阴平 44	阳平 31	上声 54	去声 13	阴平 44	阳平 31	上声 54	去声 13
k				国	歌		割	果个										该	改	盖	乖	拐	怪					规	鬼	桂		
kʰ		阔			科		渴	可课									开		楷	概		块	快					亏	葵	傀	愧	
ŋ							我	#1										挨	岩	矮	爱											
x		或			喝	河	火	货										鞋	海	害		怀	坏			灰	回	悔	会			
ø					窝	鹅		饿		约				育				唉			歪		崴	外		威	围	尾	卫			

薄¹ [po³¹]：刻～。　　　薄² [po¹³]：～荷。

#1 [ŋo¹³] 这样：～多；怎么：你咋～说? 也说成"tsoŋ³¹ŋo¹³"。

#2 [tɕʰio⁴⁴] 悄悄：暗～～。　　#3 [tɕʰio⁵⁴] 偷偷或很快地看：～一眼。

#4 [pai⁴⁴] 跛：～子、～脚～手。

#5 [pʰai⁵⁴]（脚）往两边分：～开脚杆；两手臂张开总长度叫～。

#6 [tsuai⁴⁴] ～瞌睡：打瞌睡。　#7 [tuei⁵⁴] 成批买进，趸：～水果来卖。

#8 [luei⁴⁴] 追：把他～转来。

表2-6 安顺话单音字表之三

韵	ao				iao				ou				iou				an				ian				uan				ən			
声调	阴平 44	阳平 31	上声 54	去声 13	阴平 44	阳平 31	上声 54	去声 13	阴平 44	阳平 31	上声 54	去声 13	阴平 44	阳平 31	上声 54	去声 13	阴平 44	阳平 31	上声 54	去声 13	阴平 44	阳平 31	上声 54	去声 13	阴平 44	阳平 31	上声 54	去声 13	阴平 44	阳平 31	上声 54	去声 13
p	包	宝	抱		标	表											班	板	扮	边	扁	变							奔	本	笨	
pʰ	抛	袍	跑	炮	飘	瓢	瞟	票									潘	盘		判	偏	便	骗						喷	盆		
m	猫	毛	卯	帽	瞄	苗	秒	庙		谋	某			谬				瞒	满	慢		棉	免	面					焖	门	闷	
f										浮	否						翻	繁	反	犯									分	坟	粉	粪
t	刀		岛	道	叼			钓	兜				陡	豆	丢		单		胆	淡	颠	点	店	端		短	断		灯		等	顿
tʰ	掏	桃	讨	套	挑	条	#2		偷	头	抖	透						贪	潭	毯	炭	添	甜	舔		团			吞	藤	拎	
l	捞	劳	脑	闹	撩	聊	鸟	料	楼	篓	漏	溜	流	扭¹	扭²		蓝	懒	烂	拈	严	脸	验		弯	暖	乱		轮	冷	嫩	
ts	招	着	早	灶					州	粥	走	做					沾		展	站					砖	转	赚		针		整	镇
tsʰ	抄	朝	草	糙					抽	绸	丑	凑					餐	蚕	铲	灿					川	传	喘	串	村	沉	迟	寸
s	烧	#1	嫂	绍					收		手	瘦					三		伞	扇					酸		算		生	神	笋	剩
z	饶	扰	绕							柔								然	染							软			扔	人	忍	认
tɕ					交	嚼	搅	轿					纠	酒	舅						监	减	剑									
tɕʰ					跷	桥	巧	翘					秋	球		旧					签	权	浅	欠								
ɕ					箫	潲	小	孝					修	#4	朽	秀					鲜	咸	险	限								
k	高		搞	告					钩		狗	够					甘		感	干					官		管	惯	根		梗	更
kʰ	敲		考	靠					抠		口	扣					刊		砍	看					宽		款		坑			肯

续表

韵	ao				iao				uɛ				iuɛ				an				ian				uan				ɔn			
声调	阴平44	阳平31	上声54	去声13	阴平44	阳平31	上声54	去声13	阴平44	阳平31	上声54	去声13	阴平44	阳平31	上声54	去声13	阴平44	阳平31	上声54	去声13	阴平44	阳平31	上声54	去声13	阴平44	阳平31	上声54	去声13	阴平44	阳平31	上声54	去声13
ŋ	熬¹	熬²	咬	坳					欧		藕	怄					安	#5		暗									恩			硬
x	蒿	豪	好	号					猴	吼		后					憨	含	喊	汉					欢	环	缓	换	哼	恒	狠	恨
∅	敖				腰	摇	舀	要					#3	优	油	有	右				烟	盐	眼	院	弯	完	碗	万				

熬¹ [ŋao⁴⁴]：～油。 熬² [ŋao³¹]：～更守夜。
扭¹ [liəu⁵⁴]：拧转，摆动。 扭² [liəu¹³]：蠕动，微微地动。
旧 [tɕʰiəu¹³]：老派读音，～年， 奔 [pən⁴⁴]：～驰、～跑。
更 [kən¹³]：～加、～好。 #1 [sao³¹] 笨：太～、～头～脑。
#2 [tʰiao⁵⁴] 调换：～点零钱。
#3 [Øəu¹³] 相当于普通话"了"，表时态或语气：来～、要下雨～。
#4 [ɕiəu³¹] 企盼得到，窥视：～倒（着）那块粑粑。
#5 [ŋan³¹] 估计、估量：你～下有好多?

表2-7 安顺话单音字表之四

韵	in				uən				aŋ				iaŋ				uaŋ				ɔŋ				iɔŋ				ɚ			
声调	阴平44	阳平31	上声54	去声13	阴平44	阳平31	上声54	去声13	阴平44	阳平31	上声54	去声13	阴平44	阳平31	上声54	去声13	阴平44	阳平31	上声54	去声13	阴平44	阳平31	上声54	去声13	阴平44	阳平31	上声54	去声13	阴平44	阳平31	上声54	去声13
p	冰		柄	病					帮		绑	棒	#6								绷			迸								
pʰ	拼	贫	品	聘						旁	#2	胖									朋	捧	碰									
m		民	敏	命						胖	忙	蟒									懵	蒙	猛	梦								
f									方	房	纺	放									风	逢	讽	凤								
t	钉		顶	定					裆		党	荡									东	#8	懂	冻								
tʰ	厅	停	挺						汤	糖	淌	烫									通	铜	桶	痛								
l	拎	林	领	令					#3	狼	朗	浪	嬢	娘	两	亮					聋	脓	拢	弄								
ts					准				张		掌	仗					装	#7		壮	中	#9	肿	粽								
tsʰ					春	唇	蠢		仓	长	厂	唱					疮	床	闯	创	葱	虫	宠	冲								
s					纯		顺		伤	尝	赏	上					霜		爽		松		耸	送								
z					闰		瓤	壤	让												茸											
tɕ	金		紧	进									江		讲	酱																
tɕʰ	亲	琴	请	浸									枪	墙	抢	呛									穷							
ɕ	心	寻	醒	兴									香	降	想	向									兄	熊						
k					滚	棍	钢		港	杠							光	广	逛		公		巩	共								
kʰ					昆	#1	捆	困	糠	扛	#4						筐	狂	矿	空	孔	控										

15

续表

韵	in				uən				aŋ				iaŋ				uaŋ				oŋ				ioŋ				ɚ			
声调	阴平 44	阳平 31	上声 54	去声 13	阴平 44	阳平 31	上声 54	去声 13	阴平 44	阳平 31	上声 54	去声 13	阴平 44	阳平 31	上声 54	去声 13	阴平 44	阳平 31	上声 54	去声 13	阴平 44	阳平 31	上声 54	去声 13	阴平 44	阳平 31	上声 54	去声 13	阴平 44	阳平 31	上声 54	去声 13
ŋ									#5昂																							
x					婚	魂	混	夯	航			巷					慌	黄	谎	晃	烘	红	哄	讧								
∅	音	匀	隐	运	温	蚊	稳	问					秧	羊	痒	样	汪	王	网	望	翁				瓮	庸	荣	勇 用	儿		耳	二

降 [ɕiaŋ³¹]: 投~、~服。
冲 [tsʰoŋ¹³]: 莽撞, 好出风头: ~得很、之个小伙二~二~嘞。
#1 [kʰuən³¹] 圆, 不扁: 鼻子长得好~; 整个儿的: ~鸡蛋。
#2 [pʰaŋ⁵⁴] 碰到, 擦到（比"碰"轻）: 不要~倒（着）电视机。
#3 [laŋ⁴⁴] 身体瘦长: ~筋筋。
#4 [kʰaŋ⁵⁴] 倒扣: 拿个碗把之个菜~起。
#5 [ŋaŋ⁴⁴] 洪亮: 声音好~。
#6 [piaŋ³¹] 农村酿造的一种度数低的酒称为"~□[taŋ¹³]酒"。
#7 [tsuaŋ⁵⁴] 凑足: ~够两斤。
#8 [toŋ³¹] 把物体入水又提起的动作: 轻点~。
#9 [tsoŋ³¹] "~□[ŋo¹³]"表示"这样"。

第三节 音变现象

一、两字组连读调表

表2-8 两字组连读调表

前字\后字	阴平44	阳平31	上声54	去声13
阴平44	44+44 今天、花苞、香菇、边边、沙沙	44+31 秧田、苞谷、丢人 44+44 高粱、姑娘、樱桃	44+54 烟子、开水、飞鼠、宽敞	44+13 松树、天气、乡下、高兴、欺负

16

续表

前字＼后字	阴平44	阳平31	上声54	去声13
阳平31	31+44 昨天、洋灰、楼梯、荷包	31+44 核桃、头发、年成、坛坛、角角、索索、木头、舌头、前头 31+31 煤油、擦黑、皇历、红薯、吃药、逼窄	31+54 白雨、着火、竹子、桃子	31+13 洋芋、煤炭、月亮、陪嫁、难在
上声54①	54+44 早晨、左边、老爹、舞狮、好多	54+31 水塘、老蛇、脑壳、本钱、赶场、眼红 54+44 里头、指甲	54+54 左手、冷水、打整、洗澡、海子、爪爪	54+13 晚上、韭菜、爽性、炒菜
去声13	13+44 后天、舅妈、定亲、做生	13+31 太阳、算盘、闹热、剃头、做媒 13+44 外头、后头、上头、下头	13+54 下雨、露水、后悔、个把、耗子、筷子	13+13 地震、对面、闹架、缝缝、巷巷、柜柜 31+13 舅舅、洞洞

注：①上声字做词语前字时，其实际调值接近 [55]。

从上表可以看出，安顺方言两字组大多不变调，只在下面几种情况下才发生变调：①阳平字做后字时，若其前字为阴平、阳平或上声且在常用口语名词中，多变读为阴平；②少数去声重叠的名词前字可以变阳平；③阳平字同字重叠的名词后字变阴平；④"头"作为虚语素，处于名词性语素后，若前字为阳平字要变阴平；处于谓词性语素后，不变调；处于表方位的语素后，可变阴平，也可读本调阳平。其中第③④种音变分别跟构词、语法地位有关。

当然，在安顺方言中还存在一些两字组连读变调，如"太[13]太[13]对已婚女子的尊称→太[31]太[13]祖母""爷[31]爷[44]祖父或祖父辈的人→爷[44]爷[44]父亲""婆[31]婆[31]外婆→婆[31]婆[44]丈夫的母亲""板栗[31]→毛栗[44]有表示小的色彩义""杨梅[44]→话梅[31]有文读色彩"，前三者变调表示词义内涵的不同，后两者变调表示词义色彩的改变。由于这些变调与其语音环境无多大关系，且不具规律性、系统性，所以，在上表中没有列出。

二、儿化音变

存在少量的儿化词,其音变规律如下表。

表2-9 儿化音变规律简表

本韵母	儿化后韵母	举例
əu	əur	手指头儿
ɛ	ɛr	张张伯儿(蜻蜓)、得儿(成人阴茎)
ɿ	ər	挪子儿

三、"一""不"变调

表2-10 "一""不"音变规律简表

条目	条件	例子
一	单说、在末尾或在去声前,为原调阳平	一、初一、一万
	在阴平、阳平、上声前,变为去声	一生、一百、一整天
不	单说或在阴平、去声前,为原调阳平	不、不是、不在
	在阳平、上声前,变为阴平	不行、不懂

四、合音

存在一些合音的现象,如"不有"说成 [piəu^{54}],"不要"说成 [piao^{13}],"之回"说成 [tsuei^{31}],"不怕得"说成 [pa^{13}tɛ^{31}]等。

第四节　字音异读

一、文白异读

　　　　撞江开二平　　造效开一去　　膀宕开一平　　浮流开三平　　眉止开三平　　蟹蟹开二上
白读：[tsʰuaŋ⁵⁴]~倒　[tsʰao¹³]~化　[pʰaŋ⁵⁴]猪~　[fəu³¹]~萍　[mi³¹]~毛　[xai⁵⁴]~螃
文读：[tsuan¹³]~钟　[tsao¹³]仿~　[paŋ⁵⁴]手~子　[fu³¹]~轻　[mei³¹]~目　[ɕie¹³]~黄

二、新老异读

　　　　橘~子　　族民~　　局教育　　永~远　　今~年/天　　明~年/天
老派读音：[tɕiu³¹]　[tɕʰiu³¹]　[tɕiu³¹]　[in⁵⁴]　[tsən⁴⁴]　[mən³¹]
新派读音：[tsu³¹]　[tsʰu³¹]　[tsu³¹]　[ioŋ⁵⁴]　[tɕin⁴⁴]　[min³¹]

三、其他异读

别义异读①：角　　　行　　　浆　　　统　　　缩　　　抬
　　　　　　[ko³¹]~~　[xaŋ³¹]银~　[tɕiaŋ¹³]~糊　[tʰoŋ⁴⁴]~~　[so³¹]~小　[tʰai³¹]~东西
　　　　　　[tɕio³¹]~钱　[ɕin³¹]~不通　[tɕian⁴⁴]~豆　[tʰoŋ⁵⁴]~~　[so⁴⁴]~头乌龟　[tʰai⁴⁴]
~巴：奉承抬举
　　　　　　宽　　　　刻　　　　翘　　　　　入
　　　　　[kʰuan⁴⁴]形容词,指宽度大　[kʰɛ³¹]动词,~东西　[tɕʰiao¹³]动词,指向上昂起　[zu³¹]进入
　　　　　[kʰuan⁵⁴]动词,指物宽度而受阻　[kʰɛ¹³]名词,指刻痕　[tɕʰiao³¹]形容词,指扭曲不平　[zu⁴⁴]塞、
使进入,~在他包包头
又读：间房~,一~房　更三~,打~　墨~水　项~目
　　　[kan⁴⁴]　　[tɕin⁴⁴]　　[mɛ³¹]　　[xaŋ¹³]
　　　[tɕian⁴⁴]　　[kən⁴⁴]　　[mo³¹]　　[ɕiaŋ¹³]

第五节　同音字汇

　　同音字汇按韵母、声母、声调排列。声母、韵母、声调以前面声韵调排列为序。字下加单横线"＿"的，表示白读音；字下加双横线"＝"的，表示文读音。注释、举例在字后用小字表示，其中字的右下角加注"新""老""又"分别表示新派读音、老派读音和又读，注中的"~"代替被注的字。

---

① 又叫破读，即通过改变字的读音表示新的意义，这是一种语音现象，也是一种构词现象，最常见的是改变字的声调。

ɿ

ts［44］知蜘支枝肢吱栀资姿咨兹滋孜之芝栀只~猫［31］汁执侄直_{不弯曲}值植殖织职掷帜炙质室［54］紫纸指子籽纸只~是咫姊脂旨梓止趾址滓［13］制置字治智直_{感觉身体僵直，活动不自如}自致稚至桎痔志痣挚

tsʰ［44］齿_牙~痴差~嗤摘_{伸（手）}疵跐_{用脚在地上擦；泛指（用手）擦。《广韵》雌氏切，蹈也。}［31］池迟祠尺吃雌滞驰瓷糍慈磁持辞词祠秩伤赤斥［54］此侈齿~轮耻［13］刺赐翅次秩

s［44］师狮丝斯厮撕施私尸司思厕_{茅~：厕所}诗匙［31］时十什拾实失室食石湿识蚀适释饰［54］死使矢屎史驶始［13］世四事势誓逝市柿式试舐是氏豉肆示视嗜似祀巳伺嗣饲士仕俟寺恃侍

z［31］日

i

p［31］鼻笔逼壁毕必弼碧璧滗_{挡住渣滓或泡着的东西，把液体倒出}［54］比匕彼鄙［13］币蔽敝弊毙苾箅闭篦陛被_老避臂婢痹庇备_老

pʰ［44］批_新披_新［31］皮疲匹劈脾啤琵枇辟僻［54］痞［13］屁譬

m［44］眯咪［31］迷眉密蜜秘泌靡糜［54］米［13］谜汨

t［44］低堤［31］笛敌_{的目}~滴嫡狄涤［54］底抵［13］弟递第帝缔蒂地

tʰ［44］梯剔［31］提题踢惕蹄啼屉［54］体［13］剃替涕嚏

l［44］狸_狐~［31］泥犁梨立笠粒栗力历沥律率_概~驴倪霓黎离篱璃尼厘狸~猫疑_老匿逆溺［54］女旅你李里鲤礼履理拟缕［13］虑滤利丽例厉励隶荔腻利痢吏

tɕ［44］鸡居车~马炮拘驹荠稽基几~茶机肌饥叽屐奇~偶畸箕［31］集急及极级积脊迹击辑缉吉疾即鲫籍藉绩寂激［54］举几~个矩挤己纪给~养［13］据锯剧句寄记季聚具俱飓祭际济剂计继系~鞋带髻技妓冀忌既距

tɕʰ［44］区驱溪蛆去趋妻凄栖欺期［31］渠骑瞿七漆泣齐脐畦奇歧鳍其棋旗麒祈乞讫戚屈［54］取娶启起岂企_新杞［13］趣契器气汽砌沏弃企_老

ɕ［44］西牺希稀虚嘘墟须需犀嬉熙携荽绥［31］徐习袭吸息媳熄昔惜席锡悉膝夕析皙［54］洗喜许玺徙［13］序叙绪戏细婿系_关~

Ø［44］衣依淤伊医［31］于迂盂余榆逾愉鱼渔余愚虞娱玉移夷姨揖一乙逸益宜仪谊饴沂遗疑_新抑亦译液［54］与椅雨宇羽禹语蚁倚已以［13］易忆亿艺誉预豫遇翼愈喻寓芋御义意议肄异毅

u

p［31］不［54］补［13］布部簿步卜_萝~怖

>>> 第二章 语音

pʰ[44] 铺动词[31] 蒲菩卜占~扑朴仆瀑[54] 普谱甫脯浦捕堡屯~[13] 铺名词

m[31] 模~子木沐穆目牧睦[54] 母拇姆[13] 暮慕墓幕募幕茂贸老

f[44] 夫肤麸呼敷俘[31] 符扶芙壶浮轻胡湖糊狐葫佛仿~、~像服伏忽福幅蝠复腹覆[54] 虎浒府俯腑抚斧腐辅[13] 户沪护瓠互付赋傅附父富副妇缚负阜

t[44] 都首[31] 嘟[31] 读毒督独牍狄笃[54] 赌堵睹肚猪~[13] 杜度渡镀肚~皮炉

tʰ[31] 图屠涂途秃突徒凸[54] 土吐~痰[13] 兔吐呕

l[31] 奴鹿六绿卢芦炉庐颅鲈辘录陆禄[54] 鲁撸卤努虏掳[13] 路露赂怒鹭

ts[44] 租猪诸朱诛蛛株珠[31] 卒竹筑足烛术白~逐轴妯祝嘱局橘新[54] 煮主祖组阻[13] 著助柱驻炷注住蛀

tsʰ[44] 初粗[31] 除储锄出畜~生厨触雏猝族新[54] 褚楚础拄处~理[13] 醋处~所

s[44] 苏酥书舒输梳疏蔬殊枢[31] 叔熟淑赎属术法~述蜀薯宿新粟新束新速新肃新[54] 暑鼠数动词[13] 数名词竖树素诉塑嗉庶恕漱

z[44] 入塞、使进入，~在他包包头[31] 如茹入进入~肉辱褥[54] 汝乳

k[44] 箍姑孤菇[31] 谷骨[54] 古估牯股鼓[13] 故固顾雇

kʰ[44] 枯[31] 哭窟[54] 苦[13] 裤库

Ø[44] 污巫诬乌[31] 吴吾梧无勿物屋蜈[54] 五伍捂武舞午侮鹉[13] 悟误戊务雾

ɚ

Ø[31] 儿而[54] 耳饵[13] 二

a

p[44] 巴芭疤粑扒~开[31] 八拔爸[54] 靶把~握[13] 霸坝把刀~罢

pʰ[44] 琶杷趴[31] 耙爬[13] 怕帕

m[44] 妈[31] 麻蟆抹~桌子蚂~蚱[54] 马蚂~蚁码[13] 骂

f[44] 发头~□土气[31] 发~财法罚乏伐阀筏

t[31] 搭达答[54] 打[13] 大

tʰ[31] 沓踏塔獭榻塌[54] □下垂、耷拉

l[44] 拉垃他[31] 拿邋蜡腊辣捺呐纳[54] 哪[13] 那~么

ts[44] 查姓氏渣喳楂夯《广韵》陟加切,"张也",~嘴[31] 砸杂闸扎札铡炸油~眨[54]

21

鲊［13］栅乍诈榨炸爆~

ts^h［44］叉差~不多［31］茶搽擦查检~插察［54］□~开脚［13］岔

s［44］沙纱衫［31］杀［54］洒撒［13］厦高楼大~□淘汰

k［31］□肉：~

k^h［44］□~：旮旯；动词，塞，嵌：~牙齿［54］卡［13］胯

ŋ［13］压用手指按：~图钉

x［44］哈□挠□嘶哑［31］还副［54］□傻［13］下之~子

Ø［44］阿啊［13］那~边

      ia

p［54］瘪扁；搓圆又打~［13］□腿脚走路不灵便：~脚~手。

p^h［54］□劈腿，劈叉；把脚~开。

l［44］□娇气，撒娇［31］□随随便便，没正经：~垮垮／二垮三［54］□脱下

tɕ［44］家稼加痂枷伽嘉佳［31］夹甲胛钾［54］假贾［13］嫁价架驾

tɕ^h［31］恰洽掐

ɕ［44］虾［31］瞎辖峡霞匣狭［13］下~雨厦~门夏

Ø［44］丫鸦垭桠［31］牙芽涯鸭押衙［54］哑［13］亚□片

      ua

ts［44］抓［31］□踢［54］爪残废：~脚~手

s［31］刷［54］耍

z［31］□揉

k［44］瓜［31］刮括［54］寡剐［13］挂卦褂

k^h［44］夸［54］垮［13］跨

x［44］花［31］划~开华滑猾［13］化画话划计~桦

Ø［44］蛙洼挖［31］袜娃［54］瓦［13］凹

      ɛ

p［31］北百白柏伯

p^h［31］拍迫魄

m［31］墨默麦陌脉没

t［31］得德

t^h［31］特

l［31］勒肋

ts［44］遮［31］折浙哲侧择~优泽窄摘褶辙贼责则蜇［54］者［13］蔗

ts^h［44］车［31］彻撤澈测拆策择选~宅册［54］扯［13］□~~：对插足他人家庭，

破坏他人婚姻关系者的贬称。

s[44]赊奢[31]蛇舌设虱塞色摄涩涉啬[54]舍~得[13]社射麝舍宿~

z[31]热[54]惹

k[31]格隔革[54]给~钱[13]□用刀等切断或锯断：~断丨上当受骗：遭~

kʰ[44]剋批评：挨了一顿~[31]刻动词客克图出~[13]刻用刀具等刻画出来的痕迹叫~~

ŋ[31]额扼遏

x[31]黑赫吓恐~核

iɛ

p[44]□逼[31]别类~憋鳖[13]别扭伤：~倒脚杆噢

pʰ[31]撇[54]□掰开或折断[13]□质量差

m[31]灭蔑篾[54]□掰开或折断

t[44]爹[31]跌碟叠蝶谍

tʰ[31]贴铁帖

l[31]业列烈裂孽捏聂镊劣猎

tɕ[31]接节杰结洁截竭揭绝掘劫倔决诀[54]姐[13]借

tɕʰ[31]茄瘸切缺妾[54]且

ɕ[44]靴些蝎[31]谐斜协歇雪挟血穴薛楔屑邪携[54]写[13]谢泻卸蟹

Ø[44]椰[31]爷叶页月曰越粤噎阅悦[54]野也[13]夜

uɛ

k[31]国

kʰ[31]阔扩廓

x[31]或获惑老

o

p[44]波玻菠饽播[31]拨钵博薄刻~驳剥钹脖勃泊淡~[54]跛簸[13]薄~荷

pʰ[44]坡[31]婆泼泊湖~[54]颇剖[13]破

m[44]摸[31]魔磨~刀末沫莫模~仿膜寞[54]摹抹~粉[13]磨石~

t[44]多[31]夺戳又读tsʰo³¹[54]朵躲[13]剁垛跺舵惰驮名词堕

tʰ[44]拖[31]驼坨驮动词脱托拓[54]妥椭[13]唾

l[44]啰~嗦[31]挪罗胴锣箩螺骡诺洛落烙骆络乐观~[54]裸[13]糯擩

ts[31]作卓桌镯昨着~急酌琢啄浊捉凿[54]左佐[13]坐座

23

tsʰ［55］搓［31］撮绰戳又读tɔ³¹促［13］错锉

s［44］蓑梭嗦~嗉缩~头乌龟［31］索勺芍说缩~小［54］锁琐所

z［31］弱若

k［44］歌哥锅戈［31］鸽割各阁~楼郭角牛~［54］果裹［13］个过

kʰ［44］科棵窠［31］渴壳磕［54］可颗［13］课搁

ŋ［54］我［13］□ tsoŋ³¹~：这么

x［44］呵~欠喝新［31］喝老河何荷~花和~气，~面合禾盒活鹤惑新霍藿豁［54］火伙［13］贺货祸和~稀泥

Ø［44］阿~胶窝屙倭蜗［31］恶鹅蛾俄鄂握讹［13］饿卧

io

l［31］略掠虐

tɕ［31］爵嚼脚觉角~~钱

tɕʰ［44］□做叠音后缀：干~~［31］雀鹊却确［54］□偷偷或很快地看：~一眼。

ɕ［31］削学

Ø［31］约药钥跃老岳乐音~

iu

tɕ［31］橘老菊局老

tɕʰ［44］黢漆黑：黑~~［31］曲屈族老

ɕ［31］戌畜~牧蓄俗续宿老粟束老速肃老

Ø［31］育浴欲域役疫裕郁狱

ai

p［44］□跛［54］摆［13］拜败稗

pʰ［31］排牌［54］□~开：张开［13］派

m［31］埋［54］买［13］卖迈

t［44］待~一天再走呆~子［54］歹逮［13］戴带代袋贷待招~息大~夫

tʰ［44］胎苔抬奉承，抬举［31］台抬托举［13］太态泰

l［31］来［54］乃奶［13］奈赖癞耐

ts［44］栽灾斋［54］宰载转~［13］在再寨载~重债

tsʰ［44］猜钗差~出［31］柴才材财裁豺［54］采彩踩睬［13］菜蔡

s［44］筛腮鳃［13］晒赛

k［44］该街皆阶［54］改解［13］盖戒介芥疥界届戒械丐

kʰ［44］开揩［54］楷凯［13］概溉慨

ŋ［44］哀挨~着［31］挨~打岩崖呆~板［54］矮蔼［13］爱碍艾隘

24

x［44］夌体积或容积大［31］鞋孩［54］海蟹［13］害亥

Ø［44］唉表示答应或叹息［13］哎~哟，~呀

uai

ts［44］□~瞌睡：打瞌睡［13］拽

ts^h［44］揣［13］踹

s［44］衰摔［13］帅率~领蟀

k［44］乖［54］拐枴［13］怪

k^h［54］块［13］快会~计刽桧筷

x［31］怀槐淮［13］坏

Ø［44］歪［54］崴扭伤~□质量差［13］外

ei

p［44］杯背~黑锅碑卑悲［13］贝被~新倍辈背~后，~书，~光备~新

p^h［44］丕坯胚呸批~老披~老［31］培陪赔裴［13］配佩

m［31］煤梅霉媒枚楣［54］每美［13］妹昧媚寐

f［44］飞非妃［31］肥［54］匪翡［13］肺费废痱

l［44］嘞相当于普通话的"的"

uei

t［44］堆［54］□成批地购入［13］对碓队兑

t^h［44］推［31］颓［54］腿［13］退褪蜕

l［44］□追［31］雷擂累~赘［54］吕屡偏累~积垒［13］类内泪累~劳~

ts［44］锥追［31］贼［54］嘴［13］罪醉最缀赘坠

ts^h［44］吹炊崔催［31］垂锤捶槌［13］脆翠粹

s［44］虽［31］随谁［54］水髓［13］碎岁睡税絮遂隧穗

z［54］蕊［13］锐瑞睿

k［44］规龟归闺［54］鬼诡轨癸［13］桂跪柜贵鳜

k^h［44］亏盔窥［31］魁葵逵［54］傀［13］愧溃

x［44］灰恢麾挥辉徽［31］回茴［54］悔毁［13］会开~贿汇晦绘惠慧秽讳

Ø［44］威煨［31］微危韦围为~作，维惟唯违桅［54］尾委萎伟纬苇伪［13］卫位味胃谓猬畏喂为~什么魏慰

ao

p［44］包苞胞褒煲［54］宝饱保堡~碉［13］抱刨~子报暴爆豹雹鲍曝

p^h［44］抛脬泡~灯［31］袍刨~土［54］跑［13］炮泡~脚

25

m［44］猫锚［31］毛矛茅［54］卯牡［13］冒帽貌贸_新_

t［44］刀［54］岛倒_打_ 捣［13］道到倒_车_稻盗导

tʰ［44］涛掏韬滔［31］桃逃陶淘［54］讨［13］套

l［44］捞［31］劳唠牢［54］恼脑老佬［13］闹□_服毒；下毒_

ts［44］招糟遭召朝_夕_［31］着_遭，被_［54］早找澡枣蚤爪沼［13］灶罩照噪_新_燥_新_躁_新_皂赵兆

tsʰ［44］抄超操钞［31］朝_代_潮曹槽嘈巢［54］草炒吵［13］糙造噪_老_燥_老_躁_老_

s［44］骚臊_尿～味_烧稍捎筲［31］□_笨_［54］嫂少扫_动词_［13］绍邵扫_名词_潲～水臊_皮；～子_

z［31］饶［54］扰［13］绕

k［44］高篙膏羔糕［54］搞稿［13］告窖_老_

kʰ［44］敲［54］考烤［13］靠犒铐

ŋ［44］熬_～油_［31］熬_～更守夜_［54］袄咬_又读 liao54_［13］坳拗傲奥澳懊□_撬_

x［44］薅蒿［31］毫豪壕［54］好_～坏_［13］号耗好_～爱_浩

Ø［44］嗷

iao

p［44］膘标彪滮_水或其他液体喷流而出。《广韵》皮彪切，《说文》"水流貌"_［54］表裱

pʰ［44］飘漂_～流_［31］瓢嫖［54］瞟漂_～白_［13］票漂_～亮_

m［44］瞄［31］苗描［54］秒藐渺［13］庙妙

t［44］刁叼貂雕［13］钓吊调_～动_掉

tʰ［44］挑［31］条调_～整_［54］□_交换，有方言写作觏_［13］跳

l［31］撩聊燎疗辽寥［54］咬_又读 ŋao54_鸟了_结_［13］料撂廖尿

tɕ［44］交胶郊跤教_～书_焦蕉椒浇骄娇缴［31］嚼［54］绞搅剿矫缴_～获_狡饺［13］轿叫醮窖_新_教_～育_校_～对_较_比，计_觉_睡_

tɕʰ［44］悄跷缲_～边_［31］乔桥侨荞瞧翘_形容词，指扭曲不平_［54］巧［13］翘_动词，指向上昂起_窍俏

ɕ［44］萧箫肖销消宵硝霄逍枭器［31］淆［54］小晓筱［13］孝校酵笑效啸

Ø［44］要_～求_腰妖邀幺吆［31］肴摇谣遥窑姚［54］舀杳［13］耀跃_新_要_重_

ɜu

m［31］谋［54］某亩

f［31］浮_～萍_［54］否缶

第二章 语音

t［44］逗哄；惹都～是兜［54］陡斗量词［13］豆逗斗动词

tʰ［44］偷［31］头投［54］抖抖～：平展挺括［13］透

l［31］娄楼［54］篓搂［13］漏陋

ts［44］州周邹舟粥［54］走肘帚［13］做奏昼纣宙皱骤咒

tsʰ［44］抽搊报，扶持。《集韵》侧九切，持也。［31］绸稠愁筹仇～酬［54］丑瞅［13］凑臭

s［44］收搜飕馊［54］手首守［13］寿嗽咳嗽兽受授售瘦

z［31］柔揉

k［44］勾～引沟钩［54］狗苟［13］够购构

kʰ［44］抠［54］口［13］扣叩寇

ŋ［44］欧殴［54］藕偶呕［13］怄沤

x［31］侯猴喉［54］吼［13］后厚候

Ø［13］□相当于普通话"了"，表时态或语气：来～、要下雨～。

iəu

m［13］谬

t［44］丢

l［44］溜［31］流牛刘留榴硫［54］扭拧转，摆动柳纽［13］扭蠕动，微微地动

tɕ［44］纠揪抓，逮鸠阄灸鬏［54］酒九久韭□用拇指和食指拧皮肉［13］舅救究旧～新就臼

tɕʰ［44］秋丘邱［31］求球裘［13］旧老

ɕ［44］修休羞［31］□企盼得到，窥伺［54］朽［13］袖秀绣锈宿星～嗅

Ø［44］忧优悠幽［31］由油邮游尤犹［54］有友酉［13］右佑幼又莠诱柚釉

an

p［44］班般搬斑颁扳［54］板版［13］扮办半绊伴拌瓣

pʰ［44］潘攀［31］盘磐［13］判盼襻

m［31］蛮瞒馒［54］满［13］慢幔

f［44］番翻［31］繁烦凡帆樊［54］反返［13］犯饭范贩泛

t［44］单丹担动词耽［54］胆掸［13］淡蛋诞旦但担～子弹子～

tʰ［44］贪摊瘫滩［31］谈痰檀潭弹～琴谭坛昙［54］毯坦［13］炭探叹

l［31］蓝篮难形容词兰男南楠腩栏拦［54］懒览揽榄缆［13］烂滥难名词

ts［44］粘沾瞻簪［54］展斩盏［13］占站战蘸暂栈湛赞錾

tsʰ［44］参～掺搀餐［31］婵残蚕缠馋蝉谗惭［54］产惨［13］灿颤

27

s［44］三衫山删煽扇~风［54］伞陕闪散~架［13］扇风~,电~善擅疝鳝赡散分~

z［31］然燃［54］染

k［44］甘柑干~净肝竿间房~,又tɕian44［54］感敢赶擀杆秆［13］干~活

kʰ［44］堪刊龛看~门［54］侃坎砍槛门~［13］看~见

ŋ［44］安庵鞍淹［31］□估计,估量［13］暗岸按案晏

x［44］憨［31］含寒韩函涵衔老［54］喊罕［13］汉汗焊旱憾捍苋陷~进去鼾

ian

p［44］边编鞭［54］扁匾蝙贬［13］变便方~辫辩辨遍__

pʰ［44］偏篇［31］便~宜［13］骗片遍~地

m［31］棉绵［54］免娩缅腼［13］面~条

t［44］颠掂［54］点典碘［13］店踮电簟殿奠淀垫佃

tʰ［44］添天［31］甜田填［54］舔腆

l［44］拈研蔫［31］黏严年莲奁联怜连廉鲢镰帘［54］脸敛撵碾捻［13］念验殓练链恋炼酽砚老

tɕ［44］监尖奸肩兼煎坚艰间中间；房~,又kan44 捐娟［54］捡检减碱拣剪卷~起简茧［13］剑件建健键箭见贱溅鉴渐饯间~隔卷试倦谏荐圈猪~舰

tɕʰ［44］千迁签笺谦牵铅圈圆~［31］黔钳钱潜乾虔前全权泉拳钳醛［54］浅犬［13］欠劝券嵌歉

ɕ［44］鲜先仙掀宣暄轩［31］咸嫌闲贤弦旋~转悬衔新［54］险显选癣［13］限线现县馅陷讶~羡宪献旋发~

Ø［44］烟冤渊鸳腌阉炎［31］沿盐颜延阎言圆原园元员缘源袁援猿檐［54］眼演远掩［13］厌院燕~子雁艳宴愿怨咽焰谚堰赝苑砚新

uan

t［44］端［54］短［13］断段缎锻

tʰ［31］团

l［31］鸾恋［54］暖卵［13］乱

ts［44］砖专钻~空子［54］转~送［13］赚纂传~记钻~石,电~撰转~圈

tsʰ［44］穿川氽［31］传~染船［54］喘铲［13］串窜篡

s［44］酸拴［13］算蒜涮

z［54］软

k［44］官关观棺鳏冠衣~［54］管馆［13］贯惯灌罐冠~军

kʰ﹝44﹞宽﹝54﹞款窾动词,说大话、空话:~天磕地。碰,挡住:脚着石坎~了一下,好痛;门~倒嘞,拿不进来。

x﹝44﹞欢﹝31﹞环还₋钱﹝54﹞缓﹝13﹞换唤幻患宦

Ø﹝44﹞弯湾豌﹝31﹞完顽丸玩﹝54﹞碗晚挽﹝13﹞万腕

ən

p﹝44﹞奔私₋﹝54﹞本﹝13﹞笨奔投₋

pʰ﹝44﹞喷₋水烹﹝31﹞盆

m﹝44﹞焖们扪闷~声不倒气﹝31﹞门明老﹝13﹞闷不透气

f﹝44﹞分芬纷﹝31﹞坟焚﹝54﹞粉﹝13﹞粪份奋愤

t﹝44﹞登墩登蹲灯﹝54﹞等﹝13﹞凳顿炖吨钝盾邓瞪囤

tʰ﹝44﹞吞饨﹝31﹞腾滕誊藤疼屯臀﹝54﹞抭《集韵》都困切,撼也。震动:~烂了;说话不连贯:打~

l﹝31﹞伦轮沦能楞﹝54﹞冷﹝13﹞嫩论

ts﹝44﹞针贞侦斟珍真增争筝睁正~月征蒸尊遵甄臻榛今老﹝54﹞枕诊疹整拯﹝13﹞镇震正~好证郑症政挣阵赠

tsʰ﹝44﹞村参参差称~呼;~重量撑抻﹝31﹞尘沉陈辰层程曾~经成城诚丞惩乘承橙澄存臣盛~饭﹝54﹞逞﹝13﹞寸衬称对 秤趁蹭

s﹝44﹞参人₋深身森孙申伸僧升生笙牲甥声苏晨﹝31﹞神﹝54﹞沈审婶笋榫省~长损﹝13﹞渗甚葚肾慎剩圣盛兴₋胜

z﹝44﹞扔﹝31﹞仍人仁任姓氏﹝54﹞忍纫﹝13﹞韧认任责₋刃

k﹝44﹞根跟庚耕羹更₋新;三~,又读tɕin⁴⁴﹝54﹞哽埂梗粳耿艮触着坚硬的东西感到难受。《集韵》古恨切,《广雅》坚也。﹝13﹞更₋加

kʰ﹝44﹞坑﹝54﹞肯垦恳啃

ŋ﹝44﹞恩樱老﹝13﹞硬

x﹝44﹞亨哼﹝31﹞衡恒痕﹝54﹞很狠﹝13﹞恨

in

p﹝44﹞冰兵宾槟斌缤彬﹝54﹞柄秉饼丙﹝13﹞病并鬓殡

pʰ﹝44﹞拼姘乒﹝31﹞贫平瓶屏评坪凭苹频萍﹝54﹞品﹝13﹞聘

m﹝31﹞民明新名冥﹝54﹞皿敏抿﹝13﹞命

t﹝44﹞钉名词叮丁疔盯﹝54﹞顶鼎﹝13﹞定锭订钉动词

tʰ﹝44﹞厅听﹝31﹞亭停庭婷廷蜓﹝54﹞挺艇

l﹝44﹞拎﹝31﹞林淋临鳞磷邻零灵龄凝铃菱凌~乱,~晨宁安₋拧﹝54﹞领﹝13﹞另令凌冻:~豆腐宁可₋赁䢿

tɕ［44］金今新筋斤津巾晶精京惊鲸经茎均军君襟更三~，又kən44［54］井谨紧仅锦景警颈［13］进劲近尽禁敬竞竟镜境晋净静竣俊郡骏菌

tɕʰ［44］亲钦侵青清轻顷倾蜻［31］琴勤秦禽芹群裙琼晴情［54］请寝［13］浸庆亲~家

ɕ［44］心新薪辛芯欣锌星兴~旺腥惺猩熏勋［31］行~为桁形型刑寻巡循旬询荀［54］醒擤省反［13］信兴~趣;高~性姓幸训驯讯迅殉逊杏

Ø［44］因音阴殷荫姻英婴樱新鹦鹰应~该［31］银寅龈吟淫匀云蝇迎赢营萤荧盈耘［54］隐瘾引饮影颖陨允永老［13］运韵孕蕴熨应~付映印晕~车泳老

uən

ts［54］准

tsʰ［44］春椿［31］唇醇［54］蠢

s［31］纯绳［13］顺舜瞬

z［13］闰润

k［54］滚［13］棍

kʰ［44］昆坤［31］馄老□（鼻子）高；高大；整个儿的；~鸡蛋［54］捆［13］困睏

x［44］昏婚荤［31］魂浑横馄新［13］混

Ø［44］温瘟［31］闻文蚊纹［54］稳吻［13］问

aŋ

p［44］帮邦［54］绑榜膀肩~［13］棒傍蚌泵

pʰ［31］旁螃庞［54］□碰到，擦到髈蹄［13］胖

m［44］肨胖;~嘟嘟［31］忙芒茫氓盲［54］莽蟒

f［44］方芳［31］房防妨肪［54］纺仿访［13］放

t［44］当~面;~时;充［54］档［54］党档挡［13］荡凼当抵押

tʰ［44］汤［31］唐糖塘堂棠螳［54］躺淌［13］烫趟

l［44］躴身体瘦长［31］狼郎廊囊［54］朗［13］浪眼~晾晒

ts［44］张章樟彰脏不干净［54］涨长~掌［13］丈仗杖障藏宝~葬脏内~帐胀账瘴

tsʰ［44］仓舱昌菖［31］常场肠偿藏隐~长~短［54］厂敞［13］唱倡畅

s［44］丧婚~桑伤商裳［31］尝［54］赏嗓［13］上尚丧~失

z［31］瓤［54］嚷攘壤［13］让

k［44］钢刚缸纲［54］港岗~位［13］杠虹~龙

kʰ［44］康糠慷［31］扛［54］□倒扣;拿个碗把这个菜~起［13］抗炕

ŋ［44］肮□声音洪亮［31］昂

第二章 语　音

x［44］夯［31］行银~杭航［13］巷项老

iaŋ

p［31］□~□taŋ13:象声词,形容人等摔倒的声音。~□taŋ13:酒:当地农村酿造的一种低度数白酒,因其度数较低,饮之易醉,不能自行站立,易摔倒,故名。

l［44］孃称呼比父母年少的姑母或姨母,也作跟母亲年岁差不多、无亲属关系妇女的称呼。［31］良娘粮量衡~梁樑凉［54］两辆［13］亮晾谅酿量数~

tɕ［44］浆豆~姜江将~来疆缰僵豇［54］讲奖蒋桨［13］将大~匠降下~酱浆~糊

tɕʰ［44］羌枪腔［31］强墙［54］抢强勉~［13］呛炝

ɕ［44］香乡厢湘襄镶箱相~中［31］详祥降投~,~伏［54］想响饷享［13］向项新~象橡像相~貌

Ø［44］央秧殃鸯［31］杨扬羊阳洋［54］养痒氧仰［13］样

uaŋ

ts［44］装妆庄桩［54］□凑足:~够一斤［13］壮状撞

tsʰ［44］疮窗［31］床［54］撞闯［13］创

s［44］霜双［54］爽

k［44］光［54］广［13］逛

kʰ［44］匡筐框［31］狂［13］矿况旷

x［44］荒慌［31］黄皇蝗凰簧［54］谎［13］晃

Ø［44］汪［31］王亡［54］网往枉［13］旺望忘妄

oŋ

p［44］绷崩［13］蹦迸

pʰ［31］朋棚蓬篷膨彭［54］捧［13］碰

m［44］蒙脑袋当时是~嘞［31］蒙启~盟萌［54］猛懵懂~［13］梦孟

f［44］风枫疯丰封蜂峰锋［31］冯逢缝~衣服［54］讽［13］奉凤缝裂~

t［44］东冬［31］□把物体入水又提起来的动作:轻点~［54］董懂［13］冻动洞栋侗

tʰ［44］通捅统~~,全部［31］同铜筒桐童［54］桶捅统~一,~总~［13］痛

l［44］聋［31］农脓浓隆龙笼□~ŋo13:那样,怎么［54］垄拢［13］弄

ts［44］中~间忠终鬃宗综踪棕钟盅［31］□~ŋo13:这样［54］肿总种~子,有［13］粽重~要种~地中~奖仲纵众

tsʰ［44］匆葱聪囱充冲~洗,~锋,~动春［31］从丛崇虫重~复［54］宠揰推动,怂恿［13］冲莽撞,好出风头:~得很

s［44］嵩松~紧,~树［54］耸怂［13］送宋颂诵讼

31

z [31] 茸绒〜新

k [44] 工公宫恭功攻弓躬龚〜新蚣供〜提 [54] 拱巩汞 [13] 共贡供〜奉

kʰ [44] 空〜虚 [54] 孔恐 [13] 空〜缺控

x [44] 烘轰 [31] 红弘宏洪鸿 [54] 哄 [13] 讧

Ø [44] 翁 [13] 瓮

ioŋ

tɕ [44] 龚〜老

tɕʰ [31] 穷

ɕ [44] 兄凶匈胸 [31] 熊雄

Ø [44] 雍庸 [31] 荣容溶榕蓉融绒〜老 [54] 拥蛹踊涌勇永〜新泳〜新 [13] 用

第六节 语音比较

一、与普通话比较

（一）声母的比较

包括零声母在内，安顺话有19个声母，普通话有22个声母。安顺话比普通话少 [n、tʂ、tʂʰ、ʂ、ʐ] 五个声母，多 [z、ŋ] 两个声母。其对应关系如表2-11。

表2-11　方普声母比较表

普通话 安顺话	b [p]	p [pʰ]	m [m]	f [f]	d [t]	t [tʰ]	n [n]	l [l]	g [k]	k [kʰ]	h [x]
b [p]	八病①										
p [pʰ]		片爬									
m [m]			明								
f [f]											虎壶②
d [t]					多						
t [tʰ]					抖③	天					
l [l]							脑	老			
g [k]									高		
k [kʰ]										开	
h [x]											灰活

续表2-11

普通话＼安顺话	j [tɕ]	q [tɕʰ]	x [ɕ]	zh [tʂ]	ch [tʂʰ]	sh [ʂ]	r [ʐ]	z [ts]	c [tsʰ]	s [s]	零声母 [Ø]
ng [ŋ]											熬安
j [tɕ]	酒九										
q [tɕʰ]	截③	清全轻权									
x [ɕ]			想谢响县								
[ʐ]							热				
z [ts]				张柱装纸				早坐			
c [tsʰ]					拆茶抄床车船城			族③	草祠		
s [s]					纯③	事山顺手十				三	
零声母 [Ø]											问月温王用

注：①表中每栏中的不同例字代表不同的古声母来源。下同。

②"虎、壶"等古晓匣母字读 [f] 限于与 [u] 韵母相拼时。

③"抖、截、撞、族、纯"等字在安顺话的读音，不具系统性，属个别情况，在表中不一一列出。

与普通话比较，可以看出安顺话的声母具有下列特点：

（1）鼻音声母 n 和边音声母 l 相混，如"脑、牛"与"老、流"读音可以相同，不区分意义；

（2）没有舌尖后音（翘舌音）zh、ch、sh、r，普通话里舌尖后音在安顺话里相应说成舌尖前音（平舌音）z、c、s、[ʐ]；

（3）舌根后鼻音 [ŋ] 可做辅音声母，如熬 [ŋao³¹]、安 [ŋan⁴⁴]。

（二）韵母的比较

安顺话有32个韵母，其中开口呼韵母13个，齐齿呼韵母11个，合口呼韵母8个，无撮口呼；普通话有39个韵母，其中开口呼韵母15个，齐齿呼韵母9个，合口呼10个，撮口呼5个。其对应关系如表2-12。

表2-12 方普韵母比较表

普通话 安顺话	-i [ɿ]	-i [ʅ]	i [i]	u [u]	ü [y]	a [A]	ia [iA]	ua [uA]	o [o]	uo [uo]	e [ɤ]
-i [ɿ]	丝	师十 直尺①									
i [i]			米戏 急七 锡		雨						
u [u]				苦六	绿						
iu [iu]					橘局						
a [a]						茶法 辣		压			
ia [ia]							牙鸭				
ua [ua]								瓦刮			
o [o]									坡钵	坐活 托	歌盒 壳
ue [uɛ]										国	

续表2-12

普通话 安顺话	e [ɤ]	ie [iɛ]	üe [yɛ]	er [ɚ]	ai [ai]	uai [uai]	ei [ei]	uei [uei]	ao [au]	iao [iau]
ie [iɛ]		写接	靴月							
er [ɚ]				二						
io [io]			学							药
ai [ai]		鞋			开					
uai [uai]						快				
e [ɛ]	热色				白		北赔②			
ei [ei]							杯飞			
uei [uei]								对鬼		
ao [ao]									饱	
iao [iao]										笑

34

续表2-12

普通话＼安顺话	ou [ou]	iou [iou]	an [an]	ian [iɛn]	uan [uan]	üan [yan]	en [ən]	in [in]	uen [uen]	ün [yn]
ou [əu]	豆									
iou [iəu]		油								
an [an]			南山							
ian [ian]				盐年		权				
uan [uan]					短					
en [ən]							深根		遵	
in [in]								新		云
uen [uən]									滚	

续表2-12

普通话＼安顺话	ang [aŋ]	iang [iaŋ]	uang [uaŋ]	eng [əŋ]	ing [iŋ]	ueng [ueŋ]	ong [uŋ]	iong [ioŋ]
uen [uən]				横绳				
ang [aŋ]	糖							
iang [iaŋ]		响讲						
uang [uaŋ]			床双					
en [ən]				灯争	硬			
in [in]					星			
ong [oŋ]				棚		翁	东	
iong [ioŋ]								兄用

注：①表中每栏中的不同例字代表不同的古韵母来源。下同。

②"赔"等字在安顺话的读音，不具系统性，属个别情况，在表中不一一列出。

与普通话比较，可以看出安顺话的韵母主要有下列特点：

（1）不存在撮口呼，普通话撮口呼韵母在安顺话里都说成齐齿呼韵母，如"鱼"同"移"、"月"同"叶"等；

（2）没有后鼻韵母 ing、eng，普通话里鼻韵母 ing、eng 在安顺话里分别说成 in、en 或 ong（eng 逢双唇音时）。

（三）声调的比较

安顺话有阴平、阳平、上声、去声4类单字调，普通话不计轻声在内，也是阴平、阳平、上声、去声4类单字调，但就调值来看，两种方言即使同一种调类，其调值也不一样，另外，从与古汉语声调的关系来看，古入声调类在两种方言中虽然都已消失，但其分化并不一样，这也导致一些字在两种方言中所属的调类不同。具体对应关系如表2-13。

表2-13　方普调类比较表

方言	古调类今调类例字调值	平声 清 天	平声 浊 平	上声 清 古	上声 次浊 老	上声 全浊 近	去声 清 放	去声 浊 大	入声 全清 急	入声 次清 各	入声 次浊 六	入声 全浊 白
普通话		阴平55	阳平35	上声214			去声51		入声分别归阴阳上去			
安顺话		阴平44	阳平31	上声54			去声13		归阳平			

注：存在例外情况，如古阳上字"是"和古去声字"去"按照古声母在安顺话中的演变规律，都应读为去声，但实际上在安顺话中都读为阴平。类似例外情况，在此不一一列举。

与普通话比较，可以看出安顺话的声调特点是：
（1）阳平为中降调；
（2）上声为高降调；
（3）去声为低升调。

（四）音变的比较

安顺话的音变现象远没有普通话那么多。安顺话虽然存在变调、儿化、合音、破读等音变现象，但其中常见的是重叠变调和"一、不"的变调；普通话则有变调、轻声、儿化和"啊"的变读等，而且其每一类音变现象都比较常见。下面将两方言中共有的常见音变现象进行对比。

表2-14　重叠变调

	重叠变调类型	音变规律	例字
普通话	单音节形容词重叠变调	第二音节往往念成阴平55调值	高高儿的、长长儿的、好好儿的
	单音节形容词的叠音后缀变调	叠音后缀多半念成阴平55调值	冷飕飕、亮堂堂、沉甸甸
	双音节形容词重叠变调	第二音节变为轻声，第三、四音节多半念成55调值	认认真真、老老实实、清清楚楚
安顺话	阳平调的叠字名词变调	后一字通常变为阴平44	盆盆、绳绳、皮皮

表2-15 "一"的变调

	原调	音变规律	例字
普通话	阴平55	单说或在末尾，念原调阴平55	一、第一
		在去声前，变为阳平35	一万
		在非去声前，变为去声51	一天、一年、一起
安顺话	阳平31	单说、在末尾或在去声前，念原调阳平31	大年初一、一个
		在非去声前，变为去声13	一双、一条、一本

表2-16 "不"的变调

	原调	音变规律	例字
普通话	去声51	单说或非去声前，念原调去声51	不！我不、不说、不来、不好
		在去声前，变为阳平35	不去、不对、不怕
安顺话	阳平31	单说、在末尾或在阴平、去声前，念原调阳平31	不，我就不、不多、不够
		在阳平、上声前，变为阴平44	不来、不好

（五）与中古音比较

中古音是指以《切韵》《广韵》为代表的语音系统。为方便比较，中古音的分类以中国社会科学院语言研究所编写的《方言调查字表》(修订本)为准。

1. 与中古声母比较

古今声母的演变与古声母的组系、清浊、声调的平仄以及古韵摄、韵母的等、开合口、洪细有关。下面以中古声母组系为序，列表比较中古音与安顺话声母的分合关系及其条件，详见表2-17，表左是中古声母的组、系等，表端是中古声母的清浊和中古声调的平仄，横竖相交处是中古声母在安顺话中对应的例字。

表2-17 与中古声母比较表

			清	全浊 平	全浊 仄	次浊	清	全浊 平	全浊 仄
帮组			帮 包 pao⁴⁴	並 袍 pʰao¹³	抱 pao³¹	明 帽 mao¹³			
非组			非 分 fən⁴⁴	奉 坟 fən¹³		微 问 uen¹³			
端泥组			端 岛 tao⁵⁴	定 逃 tʰao¹³	道 tao⁵⁴	泥 脑 lao⁵⁴			
精组	今洪		精 紫 tsɿ⁵⁴	从 瓷 tsʰɿ¹³	字 tsɿ³¹		心 丝 sɿ⁴⁴	邪 随 suei³¹ 祠 tsʰɿ³¹	隧 suei¹³
	今细		箭 tcian⁵⁴	钱 tcʰian¹³	贱 tcian³¹	来 老 lao⁵⁴	线 cian¹³	详 cian³¹ 囚 tcʰiou³¹	像 cian¹³
知组			知 张 tsaŋ⁴⁴	澄 肠 tsʰaŋ¹³	丈 tsaŋ¹³				
庄组			庄 tsuaŋ⁴⁴	崇 床 tsʰuaŋ¹³	状 tsuaŋ¹³		生 霜 suaŋ⁴⁴	城 tsʰən³¹ 时 sɿ³¹	植 tsɿ¹³
章组			章 纸 tsɿ⁵⁴	昌 春 tsʰuən⁴⁴		初 扯 tsuan⁴⁴	船 神 sən³¹		
日组	止开三				剩 sən¹³	书 深 sən⁴⁴	禅		
	其他开合					日 儿 ə³¹ 耳 ə⁵⁴			
见晓组	今洪		见 归 kuei⁴⁴	群 葵 kʰuei³¹	脆 kuei¹³	疑 软 zuan⁵⁴ 熬 ŋao⁵⁴ 热 zɛ³¹ 饿 o¹³	晓 灰 xuei⁴⁴ 虎 fu⁵⁴	回 xuei³¹ 壶 fu³¹	寿 sou¹³
	今细		基 tci⁴⁴	欺 tcʰi⁴⁴	忌 tci¹³	亚 lie³¹ 兀 ian³¹	险 cian⁵⁴	霞 cia³¹	
影组			影 安 ŋan⁴⁴ 烟 ian⁴⁴ 弯 uan⁴⁴ 冤 ian⁴⁴			以 油 iou³¹ 唯 uei³¹ 容 ioŋ³¹ 余 i³¹ 云 有 iou⁵⁴ 王 uaŋ³¹ 雨 i⁵⁴ 荣 ioŋ³¹ 熊 çioŋ³¹			

38

从表2-17中，可以看出安顺话的声母具有如下特点：

①泥母同来母，例如，脑＝老　年＝连。

②精知庄章合为一类，例如：增＝争＝蒸［tsən⁴⁴］　粗＝初［tsʰu⁴⁴］　三＝山［san⁴⁴］。

③日母除止摄开口三等今读零声母外，其余都读作［z］声母，例如，热［zɛ³¹］　肉［zu³¹］　人［zen³¹］　软［zuan⁵⁴］。

④疑母遇果蟹效流山宕摄开口一等和咸梗摄开口二等读［ŋ］，例如，艾［ŋai¹³］　熬［ŋao³¹］　藕［ŋəu⁵⁴］　岸［ŋan¹³］　昂［ŋaŋ³¹］　硬［ŋən¹³］；疑母遇流咸止宕摄开口三等和山摄开口三四等读［l］，例如，牛［liəu³¹］　业［liɛ³¹］　疑［li³¹］　虐［lio³¹］　孽［liɛ³¹］　研［lian⁵⁴］，其余基本读零声母。

⑤影母遇蟹山摄开口一二等、咸摄开口一三等和流摄开口一等读［ŋ］，例如，爱［ŋai²¹³］　矮［ŋai⁵⁴］　安［ŋan⁴⁴］　晏［ŋan¹³］　暗［ŋan¹³］　淹［ŋan⁴⁴］　欧［ŋəu⁴⁴］，其余基本读零声母。

⑥古晓匣母遇［u］韵母时，今读［f］，例如，虎［fu⁵⁴］、壶［fu³¹］。

2. 与中古韵母比较

古今韵母的演变与古韵摄、韵母的等、开合口、韵类以及声母的类型有关。下面以中古韵十六摄为序，列表比较中古音与安顺话之间韵母的分合关系及其条件，详见表2-18、2-19、2-20，表左是韵摄、开合口，表端是韵等和声母组系。

从表2-18、2-19、2-20中，也可以看出安顺话的韵母具有如下特点：

①韵类分合：咸山摄合流，深臻曾梗摄合流，宕江摄合流。

②遇臻摄见系字、山摄合口三四等精组字和见系字、通摄合口三等见系入声字今音全读齐齿呼，例如，靴［ɕiɛ⁵⁴］［雨［Ǿi⁵⁴］权［tɕʰian³¹］云［Ǿin³¹］月［Ǿiɛ³¹］橘［tɕiu³¹］局［tɕiu³¹］。

③果摄开合口一等、宕摄开合口一等入声韵和江摄开口二等入声字今多读［o］韵，例如，歌［ko⁴⁴］　坐［tso¹³］　过［ko¹³］　托［tʰo³¹］　郭［ko³¹］　壳［kʰo³¹］。

④曾摄开口一等、梗摄开口二等的帮组入声字今多读［ɛ］，例如，墨［mɛ³¹］　麦［mɛ³¹］。

39

表2-18 与中古韵母比较表之一

		一等			二等			
		帮系	端系	见系	帮系	泥组	知庄组	见系
果开	例字		多 大	歌				
	标音		to⁴⁴ta¹³	ko⁴⁴				
果合	例字	婆	剁	火				
	标音	pʰo³¹	to¹³	xo⁵⁴				
假开	例字				马	拿	茶	家下一
	标音				ma⁵⁴	la³¹	tsʰa³¹	tɕia⁴⁴xa¹³
假合	例字						傻耍	瓜
	标音						sa⁵⁴suа⁵⁴	kua⁴⁴
遇合	例字	布 模	土①	古				
	标音	pu¹³mu³¹	tʰu⁵⁴	ku⁵⁴				
蟹开	例字	贝	戴	改	买②	奶	柴 洒	谐鞋 佳④
	标音	pei¹³	tai¹³	kai⁵⁴	mai⁵⁴	lai⁵⁴	tsʰai³¹sa⁵⁴	ɕiɛ³¹xai³¹tɕia⁴⁴
蟹合	例字	妹③	雷	灰 外⑤				乖 话⑥
	标音	mei¹³	luei³¹	xuei⁴⁴uai¹³				kuai⁴⁴xua¹³
止开	例字							
	标音							
止合	例字							
	标音							
效开	例字	毛	早	高	饱	闹	抄 抓	交 敲
	标音	mao³¹	tsao⁵⁴	kao⁴⁴	pao⁵⁴	lao¹³	tsʰao⁴⁴tsua⁴⁴	tɕiao⁴⁴kʰao⁴⁴
流开	例字	母牡剖某	陡	狗				
	标音	mu⁵⁴mao⁵⁴ pʰo⁵⁴məu⁵⁴	təu⁵⁴	kəu⁵⁴				
咸舒开	例字		蚕	喊			斩 赚	减 衔
	标音		tsʰan³¹	xan⁵⁴			tsan⁵⁴tsuan¹³	tɕian⁵⁴xan³¹
咸舒合	例字							
	标音							

40

续表

		一等			二等			
		帮系	端系	见系	帮系	泥组	知庄组	见系
深舒开	例字							
	标音							

注：①例外"做 [tsəu¹³]"。②"罢 [pa⁵³]"。③例外赔 [pʰɛ³¹]"。

④皆韵开口见系是 [iɛ] 或 [ai]，如"谐""楷 [kʰai⁵⁴]"。佳韵开口见系是 [iɛ][ai] 或 [ia]，如"懈 [ɕiɛ¹³]""鞋 [xai³¹]""佳 [tɕia⁴⁴]"。

⑤灰韵见系是 [uei]，泰韵合口见系是 [uai] 或 [uei]，如"外""会 [xuei¹³] 开~"。

⑥皆韵合口见系是 [uai]，如"乖"。佳韵夬韵合口见系是 [uai] 或 [ua]，如"歪 [uai⁴⁴]""话 [xua¹³]"。

续表2-18

		三、四等							
		帮系	端组	泥组	精组	庄组	知章组	日母	见系
例字	果开								茄
标音									tɕʰiɛ³¹
例字	果合								靴
标音									ɕiɛ⁴⁴
例字	假开		爹⑦		写		扯 惹		夜
标音			tiɛ⁴⁴		ɕiɛ⁵⁴		tsʰɛ⁵⁴ zɛ⁵⁴		iɛ¹³
例字	假合								
标音									
例字	遇合	父	女吕庐		取絮	锄所	柱	如	许
标音		fu¹³	li⁵⁴luei⁵⁴lu³¹		tɕʰi⁵⁴suei¹³	tsʰu³¹ so⁵⁴	tsu¹³	zu³¹	ɕi⁵⁴
例字	蟹开	米	低	礼	洗		制		鸡
标音		mi⁵⁴	ti⁴⁴	li⁵⁴	ɕi⁵⁴		tsʅ¹³		tɕi⁴⁴
例字	蟹合	肺			岁		税	芮	桂
标音		fei¹³			suei¹³		suei¹³	zuei¹³	kuei¹³
例字	止开	皮 美	地	里	刺		事 纸	儿	棋
标音		pʰi³¹mei⁵⁴	ti¹³	li⁵⁴	tsʰʅ¹³		sʅ¹³ tsʅ⁵⁴	ɚ³¹	tɕʰi¹³
例字	止合	飞味		类	嘴	帅	水	蕊	贵季
标音		fei⁴⁴uei¹³		luei¹³	tsuei⁵⁴	suai⁵⁴	suei⁵⁴	zuei⁵⁴	kuei¹³tɕi¹³

41

续表

		三、四等							
		帮系	端组	泥组	精组	庄组	知章组	日母	见系
例字	效开	庙	跳	料	笑		烧	绕	叫
标音		miao¹³	tʰiao¹³	liao¹³	ɕiao¹³		sao⁴⁴	zao¹³	tɕiao¹³
例字	流开	富谋矛彪谬	[丢]	纽	酒	愁	手	揉	九
标音		u³¹əu³¹ao³¹iao⁴⁴iəu¹³⑧	tiəu⁴⁴	liəu⁵⁴	tɕiəu⁵⁴	tsʰəu³¹	səu⁵⁴	zəu³¹	tɕiəu⁵⁴
例字	咸舒开	贬	甜	念	尖		闪	染	嫌
标音		pian⁵⁴	tʰian³¹	lian¹³	tɕian⁴⁴		san⁵⁴	zan⁵⁴	ɕian³¹
例字	咸舒合	犯							
标音		fan¹³							
例字	深舒开	品	林	心	森簪	针	任	阴⑨	
标音		pʰin⁵⁴	lin³¹	ɕin⁴⁴	sən⁴⁴tsan⁴⁴	tsən⁴⁴	zən¹³	in⁴⁴	

注：⑦"爹"《广韵》"陟邪切"，反切上字知母，今读若端母 [tiɛ⁴⁴]。

⑧尤韵帮系字："否" [fəu⁵⁴]，"富副妇负复" [fu³¹]，"浮" [fəu³¹]白、[fu³¹]文，"矛" [mao³¹]，"谋" [məu³¹]。幽韵帮系字："彪" [piao⁴⁴]，"谬" [miəu¹³]。

⑨"今"老派读音为 [tsən⁴⁴]。

表2-19　与中古韵母比较表之二

		一等			二等			
		帮系	端系	见系	帮系	泥组	知庄组	见系
山舒开	例字		干	安	班		删	眼 晏
	标音		kan¹³	ŋan⁴⁴	pan⁴⁴		san⁴⁴	ian⁵⁴ŋan¹³
山舒合	例字	搬	短	官			撰	关①
	标音	pan⁴⁴	tuan⁵⁴	kuan⁴⁴			tsuan¹³	kuan⁴⁴
臻舒开	例字		吞					根
	标音		tʰən⁴⁴					kən⁴⁴
臻舒合	例字	本	孙	困				
	标音	pən⁵⁴	sən⁴⁴	kʰuən¹³				
宕舒开	例字	忙	糖	抗				
	标音	maŋ³¹	tʰaŋ³¹	kʰaŋ¹³				

42

续表

		一等			二等			
		帮系	端系	见系	帮系	泥组	知庄组	见系
宕舒合	例字			光				
	标音			kuaŋ⁴⁴				
江舒开	例字				棒		双	讲 巷
	标音				paŋ¹³		suaŋ⁴⁴	tɕiaŋ⁵⁴ xaŋ¹³
曾舒开	例字	朋	等	肯				
	标音	pʰoŋ³¹	tən⁵⁴	kʰən⁵⁴				
曾舒合	例字			弘				
	标音			xoŋ³¹				
梗舒开	例字				猛 盲	冷②	争	硬 幸
	标音				moŋ⁵⁴ maŋ³¹	lən⁵⁴	tsən⁴⁴	ŋən¹³ ɕin¹³
梗舒合	例字							矿 横 轰
	标音							kʰuaŋ¹³ xuən³¹ xoŋ⁴⁴
通舒合	例字	篷	痛	公				
	标音	pʰoŋ³¹	tʰoŋ¹³	koŋ⁴⁴				
咸入开	例字		腊	鸽			插	
	标音		la³¹	ko³¹			tsʰa³¹	
咸入合	例字							
	标音							

注：①"还，~有"[xa³¹]。
②庚韵开口二等上声端母"打"读[ta⁵⁴]。

续表2-19

		三、四等							
		帮系	端组	泥组	精组	庄组	知章组	日母	见系
例字	山舒开	面	田	莲	剪		扇	然	烟
标音		mian¹³	tʰian³¹	lian³¹	tɕian⁵⁴		san¹³	zan³¹	ian⁴⁴
例字	山舒合	饭 晚		恋	选		穿	软	劝
标音		fan¹³ uan⁵⁴		lian¹³	ɕian⁵⁴		tsʰuan⁴⁴	zuan⁵⁴	tɕʰian¹³
例字	臻舒开	贫		邻	进	衬	真	人	斤
标音		pʰin³¹		lin³¹	tɕin¹³	tsʰən¹³	tsən⁴⁴	zən³¹	tɕin⁴⁴

43

		三、四等							
		帮系	端组	泥组	精组	庄组	知章组	日母	见系
例字	臻舒合	粉 问		轮	遵 旬		春	润	菌
标音		fən⁵⁴uən¹³		lən³¹	tsən⁴⁴ɕin³¹		tsʰuən⁴⁴	zuən¹³	tɕin¹³
例字	宕舒开			凉	想	装	尝	让	香
标音				liaŋ³¹	ɕiaŋ⁵⁴	tsuaŋ⁴⁴	saŋ³¹	zaŋ¹³	ɕiaŋ⁴⁴
例字	宕舒合	房 网							狂
标音		faŋ³¹uaŋ⁵⁴							kʰuaŋ³¹
例字	江舒开								
标音									
例字	曾舒开	冰		陵	甑		秤③	仍	鹰
标音		pin⁴⁴		lin³¹	tsən¹³		tsʰən¹³	zən³¹	in⁴⁴
例字	曾舒合								
标音									
例字	梗舒开	兵	停	领	请		声		轻
标音		pin⁴⁴	tʰin³¹	lin⁵⁴	tɕʰin⁵⁴		sən⁴⁴		tɕʰin⁴⁴
例字	梗舒合								兄 营
标音									ɕioŋ⁴⁴in⁴⁴
例字	通舒合	风		龙	松	崇	虫	绒	弓 用
标音		foŋ⁴⁴		loŋ³¹	soŋ⁴⁴	tsʰoŋ³¹	tsʰoŋ³¹	zoŋ³¹	koŋ⁴⁴ioŋ¹³
例字	咸入开		贴	猎	接		折		叶
标音			tʰiɛ³¹	liɛ³¹	tɕiɛ³¹		tsɛ³¹		iɛ³¹
例字	咸入合	法							
标音		fa³¹							

注：③例外"绳"[suən³¹]。

表2-20 与中古韵母比较表之三

		一等			二等			
		帮系	端系	见系	帮系	泥组	知庄组	见系
深入开	例字							
	标音							
山入开	例字		辣	割	八		擦	瞎
	标音		la³¹	ko³¹	pa³¹		tsʰa³¹	ɕia³¹
山入合	例字	沫	脱	阔 活			刷	挖
	标音	mo³¹	tʰo³¹	kʰuɛ³¹ xo³¹			sua³¹	ua⁴⁴
臻入开	例字							
	标音							
臻入合	例字	[不]勃没	卒	骨				
	标音	pu³¹po¹³mu³¹	tsu³¹	ku³¹				
宕入开	例字	薄幕	落①	各郝				
	标音	po³¹mu¹³	lo³¹	ko³¹xao⁵⁴				
宕入合	例字			郭 扩				
	标音			ko³¹kʰuɛ³¹				
江入开	例字				剥雹朴		镯桌	学壳饺
	标音				po³¹pao³¹pʰu³¹		tso³¹tso³¹	ɕio³¹kʰo³¹tɕiao⁵⁴
曾入开	例字	北	德	刻				
	标音	pɛ³¹	tɛ³¹	kʰɛ³¹				
曾入合	例字			国				
	标音			kuɛ³¹				
梗入开	例字				麦		拆	客
	标音				mɛ³¹		tsʰɛ³¹	kʰɛ³¹
梗入合	例字							获 划
	标音							xuɛ³¹xua¹³
通入合	例字	木	读	哭				
	标音	mu³¹	tu³¹	kʰu³¹				

注：① "落，~枕"[lao¹³]、"落，丢三~四"[la¹³]。

续表2-20

例字/标音		帮系	端组	泥组	精组	庄组	知章组	日母	见系
		\multicolumn{8}{c}{三、四等}
例字	深入开			立	集	涩	十	入	急
标音				li³¹	tɕi³¹	sɛ³¹	sʅ³¹	zu³¹	tɕi³¹
例字	山入开	别	铁	捏	节		舌	热	结
标音		piɛ³¹	tʰiɛ³¹	liɛ³¹	tɕiɛ³¹		sɛ³¹	zɛ¹³	tɕiɛ³¹
例字	山入合	罚袜		劣	雪		说		血
标音		fa³¹ ua³¹		liɛ³¹	ɕiɛ³¹		so³¹		ɕiɛ³¹
例字	臻入开	笔		栗	漆	虱	实	日	吉
标音		pi³¹		li³¹	tɕʰi³¹	sɛ³¹	sʅ³¹	zʅ³¹	tɕi³¹
例字	臻入合	物		律	恤卒	率	出		掘橘
标音		u³¹		li³¹	ɕi³¹ tsu³¹	li³¹	tsʰu³¹		tɕiɛ³¹tɕiu³¹
例字	宕入开			略	削		着	弱	脚
标音				lio³¹	ɕio³¹		tso³¹	zo³¹	tɕio³¹
例字	宕入合	缚							
标音		fu³¹							
例字	江入开								
标音									
例字	曾入开	逼		力	息	色	织		极
标音		pi³¹		li³¹	ɕi³¹	sɛ³¹	tsʅ³¹		tɕi³¹
例字	曾入合								域
标音									iu³¹
例字	梗入开	壁	笛	历	锡		石		吃
标音		pi³¹	ti³¹	li³¹	ɕi³¹		sʅ³¹		tsʰʅ³¹
例字	梗入合								役
标音									iu³¹
例字	通入合	福		六	足	缩	竹粥	肉	菊玉
标音		fu³¹		lu³¹	tsu³¹	so³¹	tsu³¹tsəu⁴⁴	zu³¹	tɕiu³¹i¹³

3. 与中古声调比较

古今声调关系见表2-21。表左是古声调和声母的清浊，表端是今声调及其调值。

表2-21　古今声调比较表

古音	今音	阴平 44	阳平 31	上声 54	去声 13
平声	清	东高粗飞			
	次浊		鹅娘人云		
	全浊		穷才神皮		
上声	清			古碗草粉	
	次浊			五暖买有	
	全浊				近坐厚父
去声	清				对爱怕放
	次浊				岸漏怒用
	全浊				大病树饭
入声	清		得福切削		
	次浊		月六麦药		
	全浊		读白盒服		

注：部分字归类不合规律，例如，古去声字"块"今归上声，古阳上字"是"今归阴平，古去声字"去"今归入阴平。

由上表，也可看出安顺话的声调特点：古平声今分阴阳；古清上、次浊上今读上声；古全浊上今读去声；古去声今读去声；古入声归入阳平。

第三章 词 汇

第一节 分类词表

本词表是根据《汉语方言词语调查条目表》中的词语条目进行调查收集的，并在此基础上略有调整。词表的分类和排列顺序，大致依照该条目表，以方便与其他汉语方言进行比较。

同一条词语有多种说法的，大致按照使用频率排列，常用的说法在前。意义难懂或与普通话名同实异的词，在词条后进行解释，有的词同时举例说明用法。有些找不到本字的语素或音节，用同音字代替，字下加"＿"。没有同音字的用"□"代替。同义词或近义词排在一起，若字数较多，一行容纳不下时，则另行缩一格排列。

一、天文

（一）日、月、星

天 $t^h ian^{44}$

天上 $t^h ian^{44} saŋ^{13}$

太阳 $t^h ai^{13} iaŋ^{31}$ 太阳；阳光

出太阳 $ts^h u^{31} t^h ai^{13} iaŋ^{31}$

太阳地头 $t^h ai^{13} iaŋ^{31} ti^{13} t^h əu^{31}$ 太阳底下

当阳 $taŋ^{44} iaŋ^{31}$ 向阳

背阴 $pei^{13} in^{44}$

太阳落坡噢 $t^h ai^{13} iaŋ^{31} lo^{31} p^h o^{44} əu^{13}$ 日落

月亮 $iɛ^{31} liaŋ^{13}$

月亮地头 $iɛ^{31} liaŋ^{13} ti^{13} t^h əu^{31}$ 月亮底下

星宿 $ɕin^{44} ɕiəu^{13}$ 星星

紫微星 $tsʅ^{54} uei^{44} ɕin^{44}$ 北斗星

启明星 $tɕ^h i^{54} min^{31} ɕin^{44}$

天河 $t^h ian^{44} xo^{31}$ 银河

星宿屙屎 $ɕin^{44} ɕiəu^{13} o^{44} sʅ^{54}$ 流星

扫把星 sao¹³pa⁵⁴ɕin⁴⁴ 彗星
眨眼睛 tsa³¹ian⁵⁴tɕin⁴⁴ 闪烁
影子 in⁵⁴tsʅ⁵⁴
天狗吃太阳 tʰian⁴⁴kəu⁵⁴tsʰʅ⁵⁴tʰai¹³ian³¹ 日蚀
天狗吃月亮 tʰian⁴⁴kəu⁵⁴tsʰʅ³¹iɛ³¹lian¹³ 月蚀

（二）风、云、雷、雨

风 foŋ⁴⁴
大风 ta¹³foŋ⁴⁴
漩涡风 ɕian¹³o⁴⁴foŋ⁴⁴
刮风 kua³¹foŋ⁴⁴
刮风噢 kua³¹foŋ⁴⁴əu¹³ 起风了
风住噢 foŋ⁴⁴tsu¹³əu¹³ 风停了
台风 tʰai³¹foŋ⁴⁴
雷 luei³¹
打雷 ta⁵⁴luei³¹
雷劈 luei³¹pʰi³¹
扯火闪 tsʰɛ⁵⁴xo⁵⁴san⁵⁴ 闪电
雨 i⁵⁴
下雨 ɕia¹³i⁵⁴
大雨 ta¹³i⁵⁴
小雨 ɕiao⁵⁴i⁵⁴
毛毛雨 mao³¹mao³¹i⁵⁴
暴雨 pao¹³i⁵⁴
连天雨 lian³¹tʰian⁴⁴i⁵⁴ 连阴雨
打雷下雨 ta⁵⁴luei³¹ɕia¹³i⁵⁴ 雷阵雨
雨住噢 i⁵⁴tsu¹³əu¹³ 雨停了
淋湿 lin³¹sʅ³¹
晒粮食 sai¹³lian³¹sʅ³¹

（三）冰、雪、霜、露

雪 ɕiɛ³¹
下雪 ɕia¹³ɕiɛ³¹
脬雪 pʰao⁴⁴ɕiɛ³¹ 鹅毛雪
雪米 ɕiɛ³¹mi⁵⁴ 雪珠子
化雪 xua¹³ɕiɛ³¹ 融雪
凌化 lin¹³xua¹³ 冰融化
雨夹雪 i⁵⁴tɕia¹³ɕiɛ³¹
凌 lin¹³ 冰
凌钩儿 lin¹³kəur⁴⁴ 冰锥
白雨 pɛ³¹i⁵⁴ 冰雹
霜 suaŋ⁴⁴
打霜 ta⁵⁴suaŋ⁴⁴
雾罩 u¹³tsao¹³/雾 u¹³ 雾
起罩子 tɕʰi⁵⁴tsao¹³tsʅ⁵⁴ 起雾
露水 lu¹³suei⁵⁴
龙虹 loŋ³¹kaŋ¹³ 虹
云 in³¹
乌云 u⁴⁴in³¹ 黑云
霞 ɕia³¹
早霞 tsao⁵⁴ɕia³¹
晚霞 uan⁵⁴ɕia³¹

（四）气候

天气 tʰian⁴⁴tɕʰi¹³
晴天 tɕʰin³¹tʰian⁴⁴
天晾开噢 tʰian⁴⁴laŋ¹³kʰai⁴⁴əu¹³ 放晴
阴天 in⁴⁴tʰian⁴⁴
雨天 i⁵⁴tʰian⁴⁴
冷天 lən⁵⁴tʰian⁴⁴
手僵 səu⁵⁴tɕiaŋ⁴⁴
凉快 lian³¹kʰuai¹³
热 zɛ³¹

49

热天 zɛ³¹tʰian⁴⁴
干燥 kan⁴⁴tsʰao¹³
潮湿 tsʰao³¹sʅ³¹
伏天 fu³¹tʰian⁴⁴
头伏 tʰəu³¹fu³¹
二伏 ɚ¹³fu³¹
三伏 san⁴⁴fu³¹
天干 tʰian⁴⁴kan⁴⁴ 天旱
涨大水 tsaŋ⁵⁴ta¹³suei⁵⁴ 天涝
天亮 tʰian⁴⁴liaŋ¹³

二、地理

（一）地

地 ti¹³
土地 tʰu⁵⁴ti¹³
坡地 pʰo⁴⁴ti¹³
菜地 tsʰai¹³ti¹³
荒地 xuaŋ⁴⁴ti¹³
　　/ 荒坝坝 xuaŋ⁴⁴pa¹³pa¹³
沙子地 sa⁴⁴tsʅ⁵⁴ti¹³ 沙土地
干地 kan⁴⁴ti¹³ 旱地
田 tʰian³¹
秧田 iaŋ⁴⁴tʰian³¹ 水田
田坎 tʰian³¹kʰan⁵⁴ 田埂
地震 ti¹³tsən¹³
地势 ti¹³sʅ¹³
平原 pʰin³¹ian³¹
草原 tsʰao⁵⁴ian³¹
沙漠 sa⁴⁴mo³¹
岛 tao⁵⁴

（二）山

山 san⁴⁴

山旮旯 san⁴⁴kʰa⁴⁴kʰa⁴⁴
　　/ 山凹凹 san⁴⁴ua¹³ua¹³
　　/ 山沟沟 san⁴⁴kəu⁴⁴kəu⁴⁴ 山谷
半山腰 pan¹³san⁴⁴iao⁴⁴
山脚 san⁴⁴tɕio³¹
山坡 san⁴⁴pʰo⁴⁴
山顶顶 san⁴⁴tin⁵⁴tin⁵⁴ 山头
山岩 san⁴⁴ŋai³¹ 山崖
荒山 xuaŋ⁴⁴san⁴⁴
雪山 ɕiɛ³¹san⁴⁴
洞洞 toŋ³¹toŋ¹³ 小窟窿
缝缝 foŋ¹³foŋ¹³ 缝儿
峡谷 ɕia³¹ku³¹
滑坡 xua³¹pʰo⁴⁴
泥石流 li³¹sʅ³¹liəu³¹

（三）江、河、湖、海、水

江 tɕiaŋ⁴⁴
小河沟 ɕiao⁵⁴xo³¹kəu⁴⁴ 溪
水沟沟 suei⁵⁴kəu⁴⁴kəu⁴⁴ 水沟；水渠
河 xo³¹
河坎边 xo³¹kʰan⁵⁴pian⁴⁴ 河岸
堰 ian¹³ 坝
海子 xai⁵⁴tsʅ⁵⁴ / 湖 fu³¹
龙潭 loŋ³¹tʰan⁴⁴ 潭
漩涡 ɕian¹³o⁴⁴
海 xai⁵⁴
水塘 suei⁵⁴tʰaŋ³¹
鱼塘 i³¹tʰaŋ³¹
水凼凼 suei⁵⁴taŋ¹³taŋ¹³ 水坑
水 suei⁵⁴
冷水 lən⁵⁴suei⁵⁴
热水 zɛ³¹suei⁵⁴

开水 kʰai⁴⁴suei⁵⁴/ 涨水 tsaŋ⁵⁴suei⁵⁴

温水 uən⁴⁴suei⁵⁴

井水 tɕin⁵⁴suei⁵⁴ 泉水

清水 tɕʰin⁴⁴suei⁵⁴

浑水 xuən³¹suei⁵⁴

雨水 i⁵⁴suei⁵⁴

大水 ta¹³suei⁵⁴ 洪水

淹 ŋan⁴⁴

（四）石沙、土块、矿物

太和 tʰai¹³xo³¹/ 石头 sʅ³¹tʰəu⁴⁴

大石头 ta¹³sʅ³¹tʰəu⁴⁴

 / 太和 tʰai¹³xo³¹ 大石块

小石头 ɕiao⁵⁴sʅ³¹tʰəu⁴⁴ 小石块

石板 sʅ³¹pan⁵⁴

鹅卵石 o³¹luan⁵⁴sʅ³¹

干泥巴 kan⁴⁴li³¹pa⁴⁴ 干泥土

稀泥巴 ɕi⁴⁴li³¹pa⁴⁴ 稀泥

沙沙 sa⁴⁴sa⁴⁴ 沙子

沙滩 sa⁴⁴tʰan⁴⁴

砖头 tsuan⁴⁴tʰəu³¹ 砖

青砖 tɕʰin⁴⁴tsuan⁴⁴

红砖 xoŋ³¹tsuan⁴⁴

毛坯子 mao³¹pʰei⁴⁴tsʅ⁵⁴ 土坯、砖坯或其他未成形的东西

瓦 ua⁵⁴

碎瓦片 suei¹³ua⁵⁴pʰian⁵⁴

灰 xuei⁴⁴（烧成的）灰

灰灰 xuei⁴⁴xuei⁴⁴ 灰尘或其他类似的东西

金 tɕin⁴⁴

银 in³¹

铜 tʰoŋ³¹

铁 tʰiɛ³¹

锡 ɕi³¹

锈 ɕiəu¹³

煤炭 mei³¹tʰan¹³ 煤

煤油 mei³¹ iəu³¹

钢炭 kaŋ⁴⁴tʰan¹³ 木炭

汽油 tɕʰi¹³iəu³¹

洋灰 iaŋ³¹xuei⁴⁴ 水泥

吸铁石 ɕi³¹tʰiɛ³¹sʅ³¹ 磁铁

玉 i¹³

火 xo⁵⁴

烟子 ian⁴⁴tsʅ⁵⁴（烧火形成的）烟

冒烟 mao¹³ ian⁴⁴

火药 xo⁵⁴io³¹

柴火 tsʰai³¹xo⁵⁴

大火 ta¹³xo⁵⁴

放火 faŋ¹³xo⁵⁴

烧火 sao⁴⁴xo⁵⁴

救火 tɕiəu¹³xo⁵⁴

起火 tɕʰi⁵⁴xo⁵⁴/ 着火 tsao³¹xo⁵⁴ 失火

熄火 ɕi³¹xo⁵⁴ 火熄灭，也引申一件事情因某种原因暂停

（五）城乡处所

地方 ti¹³faŋ⁴⁴

地界 ti¹³kai¹³

城市 tsʰən³¹sʅ¹³

城墙 tsʰən³¹tɕʰiaŋ³¹

城头 tsʰən³¹tʰəu⁴⁴

城外头 tsʰən³¹uai¹³tʰəu⁴⁴

城门 tsʰən³¹mən³¹

乡下 ɕiaŋ⁴⁴ɕia¹³ 农村

山沟沟头 san⁴⁴kəu⁴⁴kəu⁴⁴tʰəu³¹ 偏

51

僻山村
　　寨子 tsai¹³tsʅ⁵⁴ 村庄
　　巷巷 xaŋ¹³xaŋ¹³ 胡同
　　街 kai⁴⁴ 街道
　　老家 lao⁵⁴tɕia⁴⁴
　　路 lu¹³
　　大路 ta¹³lu¹³
　　小路 ɕiao⁵⁴lu¹³

三、时令时间

（一）季节

　　春天 tsʰuən⁴⁴tʰian⁴⁴
　　夏天 ɕia¹³tʰian⁴⁴
　　秋天 tɕʰiəu⁴⁴tʰian⁴⁴
　　冬天 toŋ⁴⁴tʰian⁴⁴
　　立春 li³¹tsʰuən⁴⁴
　　雨水 i⁵⁴suei⁵⁴
　　惊蛰 tɕin⁴⁴tsɛ³¹
　　春分 tsʰuən⁴⁴fən⁴⁴
　　清明 tɕʰin⁴⁴min³¹
　　谷雨 ku³¹i⁵⁴
　　立夏 li³¹ɕia¹³
　　小满 ɕiao⁵⁴man⁵⁴
　　芒种 maŋ³¹tsoŋ⁵⁴
　　夏至 ɕia¹³tsʅ¹³
　　小暑 ɕiao⁵⁴su⁵⁴
　　大暑 ta¹³su⁵⁴
　　立秋 li³¹tɕʰiəu⁴⁴
　　处暑 tsʰu⁵⁴su⁵⁴
　　白露 pɛ³¹lu¹³
　　秋分 tɕʰiəu⁴⁴fən⁴⁴
　　寒露 xan³¹lu¹³
　　霜降 suaŋ⁴⁴tɕiaŋ¹³
　　立冬 li³¹toŋ⁴⁴
　　小雪 ɕiao⁵⁴ɕie³¹
　　大雪 ta¹³ɕie³¹
　　冬至 toŋ⁴⁴tsʅ¹³
　　小寒 ɕiao⁵⁴xan³¹
　　大寒 ta¹³xan³¹
　　皇历 xuaŋ³¹li³¹/ 日历 zʅ³¹li³¹ 历书
　　古历 ku⁵⁴li³¹
　　　/ 农历 loŋ³¹li³¹
　　　/ 阴历 in⁴⁴li³¹
　　阳历 iaŋ³¹li³¹

（二）节日

　　三十夜 san⁴⁴sʅ³¹ iɛ¹³
　　　/ 大年三十 ta¹³lian³¹san⁴⁴sʅ³¹ 除夕
　　年初一 lian³¹tsʰu⁴⁴ i³¹
　　拜年 pai¹³lian³¹
　　正月十五 tsən⁴⁴ iɛ³¹sʅ³¹ u⁵⁴
　　　/ 十五 sʅ³¹ u⁵⁴ 元宵节
　　上坟 saŋ¹³fən³¹ 扫墓
　　端午 tuan⁴⁴ u⁵⁴
　　月半 iɛ³¹pan¹³/ 七月半 tɕʰi³¹ iɛ³¹pan¹³
　　八月十五 pa³¹ iɛ³¹sʅ³¹ u⁵⁴
　　　/ 中秋 tsoŋ⁴⁴tɕʰiəu⁴⁴
　　重阳 tsʰoŋ³¹iaŋ⁴⁴
　　元旦 ian³¹tan¹³
　　春节 tsʰuən⁴⁴tɕiɛ³¹
　　过年 ko¹³lian³¹
　　过节 ko¹³tɕiɛ³¹

（三）年

　　今年 tsən⁴⁴lian³¹/tɕin⁴⁴lian³¹
　　明年 mən³¹lian³¹/min³¹lian³¹

第三章　词　汇

后年 xəu¹³lian³¹
旧年 tɕʰiəu¹³lian³¹ 去年
前年 tɕʰian³¹lian³¹
往年 uaŋ⁵⁴lian³¹
大前年 ta¹³tɕʰian³¹lian³¹
大后年 ta¹³xəu¹³lian³¹
年年 lian³¹lian³¹ 每年
年头 lian³¹tʰəu³¹
年中 lian³¹tsoŋ⁴⁴
年尾 lian³¹ uei⁵⁴
半年 pan¹³lian³¹
上半年 saŋ¹³pan¹³lian³¹
下半年 ɕia¹³pan¹³lian³¹
一年到头 i¹³lian³¹tao¹³tʰəu³¹ 整年
闰年 zuən¹³lian³¹

（四）月

正月间 tsən⁴⁴ iɛ³¹tɕian⁴⁴ 正月
腊月间 la³¹ iɛ³¹tɕian⁴⁴ 腊月
闰月 zuən¹³ iɛ³¹
月初 iɛ³¹tsʰu⁴⁴
月中 iɛ³¹tsoŋ⁴⁴ 月半
月底 iɛ³¹ti⁵⁴
一个月 i³¹ko¹³ iɛ³¹
前个月 tɕʰian³¹ko¹³ iɛ³¹
上个月 saŋ¹³ko¹³ iɛ³¹
这个月 tsʅ⁴⁴ko¹³ iɛ³¹
下个月 ɕia¹³ko¹³ iɛ³¹
个个月 ko¹³ko¹³ iɛ³¹
上旬 saŋ¹³ɕin³¹
中旬 tsoŋ⁴⁴ɕin³¹
下旬 ɕia¹³ɕin³¹
月大 iɛ³¹ta¹³ 大建（农历三十天的月）
月小 iɛ³¹ɕiao⁵⁴ 小建（农历二十九天的月）

（五）日、时

今天 tsən⁴⁴tʰian⁴⁴/tɕin⁴⁴tʰian⁴⁴
明天 mən³¹tʰian⁴⁴/min³¹tʰian⁴⁴
后天 xəu¹³tʰian⁴⁴
万天 uan¹³tʰian⁴⁴
／大后天 ta¹³xəu¹³tʰian⁴⁴
昨天 tso¹³tʰian⁴⁴
前天 tɕʰian³¹tʰian⁴⁴
大前天 ta¹³tɕʰian³¹tʰian⁴⁴
一整天 i¹³tsən⁵⁴tʰian⁴⁴/梗天 kən⁴⁴tʰian⁴⁴
天天 tʰian⁴⁴tʰian⁴⁴ 每天
大清八早 ta¹³tɕʰin⁴⁴pa³¹ tsao⁵⁴
／清晨老早 tɕʰin⁴⁴sən³¹lao⁵⁴tsao⁵⁴ 凌晨
早晨 tsao⁵⁴sən⁴⁴
／清早 tɕʰin⁴⁴tsao⁵⁴ 清晨
早上 tsao⁵⁴saŋ¹³ 上午
中午 tsoŋ⁴⁴ u⁵⁴
下午 ɕia¹³ u⁵⁴
擦黑 tsʰa³¹xɛ³¹ 傍晚
白天 pɛ³¹tʰian⁴⁴
晚些 uan⁵⁴ɕiɛ⁴⁴
／晚上 uan⁵⁴saŋ¹³ 夜晚
半夜三更 pan¹³ iɛ¹³san⁴⁴kən⁴⁴
赶场天 kan⁵⁴tsʰaŋ³¹tʰian⁴⁴
／礼拜天 li⁵⁴pai¹³tʰian⁴⁴
／星期天 ɕin⁴⁴tɕʰi⁴⁴tʰian⁴⁴
第二天 ti¹³ɚ¹³tʰian⁴⁴ 次日
前几天 tɕʰian³¹tɕi⁵⁴tʰian⁴⁴
一个礼拜 i³¹ko¹³li⁵⁴pai¹³ 一星期

53

十多天 sʅ³¹toŋ⁴⁴tʰian⁴⁴ 十几天
半天 pan¹³tʰian⁴⁴
大半天 ta¹³pan¹³tʰian⁴⁴
上半夜 saŋ¹³pan¹³iɛ¹³
下半夜 ɕia¹³pan¹³iɛ¹³
通宵 tʰoŋ⁴⁴ɕiao⁴⁴ 整夜
天天晚上 tʰian⁴⁴tʰian⁴⁴uan⁵⁴saŋ¹³

（六）其他时间概念

年份 lian³¹fən¹³
月份 iɛ³¹fən¹³
哪样时间 lan⁵⁴iaŋ¹³sʅ³¹tɕian⁴⁴
／哪个时间 la⁵⁴ko¹³sʅ³¹tɕian⁴⁴ 什么时候
几号 tɕi⁵⁴xao¹³
以前（先前）i⁵⁴tɕʰian³¹
二天 ɚ¹³tʰian⁴⁴ 以后
后来 xəu¹³lai³¹
之下子 tsʅ⁴⁴xa¹³tsʅ⁵⁴
／之下 tsʅ⁴⁴xa¹³ 现在
改天 kai⁵⁴tʰian⁴⁴ 改日
时间 sʅ³¹tɕian⁴⁴
十年前 sʅ³¹lian³¹tɕʰian³¹
十年后 sʅ³¹lian³¹xəu¹³
古时候 ku⁵⁴sʅ³¹xəu¹³
岁数 suei¹³su¹³
一生 i¹³sən⁴⁴／一辈子 i³¹pei¹³tsʅ⁵⁴

四、农业

（一）农事

春耕 tsʰuən⁴⁴kən⁴⁴
夏收 ɕia¹³səu⁴⁴
秋收 tɕʰiəu⁴⁴səu⁴⁴

种地 tsoŋ¹³ti¹³
种田 tsoŋ¹³tʰian³¹
种谷子 tsoŋ¹³ku³¹tsʅ⁵⁴
种苞谷 tsoŋ¹³pao⁴⁴ku³¹
种叶子烟 tsoŋ¹³iɛ³¹tsʅ⁵⁴ian⁴⁴
栽菜 tsai⁴⁴tsʰai¹³ 种菜
撒秧 sa⁵⁴iaŋ⁴⁴ 播种
薅地 xao⁴⁴ti¹³ 锄地
栽秧 tsai⁴⁴ iaŋ⁴⁴ 插秧
割谷子 ko³¹ku³¹tsʅ⁵⁴ 割稻子
薅草 xao⁴⁴tsʰao⁵⁴ 除草
谷子吊吊 ku³¹tsʅ⁵⁴tiao¹³tiao¹³ 稻穗
割麦子 ko³¹mɛ³¹tsʅ⁵⁴
晒坝 sai¹³pa¹³ 场院
松土 soŋ⁴⁴tʰu⁵⁴
放肥料 faŋ¹³fei³¹liao¹³ 施肥
泼粪 pʰo³¹fən¹³ 浇粪
粪坑 fən¹³kʰən⁴⁴
积肥 tɕi³¹fei³¹
捡粪 tɕian⁵⁴fən¹³ 拾粪
农家肥 loŋ³¹tɕia⁴⁴fei³¹ 粪肥
化肥 xua¹³fei³¹
泼水 pʰo³¹suei⁵⁴ 浇水
抽水放田 tsʰəu⁴⁴suei⁵⁴faŋ¹³tʰian³¹ 灌水
排水 pʰai³¹suei⁵⁴
打水 ta⁵⁴suei⁵⁴
井 tɕin⁵⁴ 水井
年成 lian³¹tsʰən⁴⁴

（二）农具

水桶 suei⁵⁴tʰoŋ⁵⁴ 汲水用的木桶
索索 so³¹so⁴⁴

/ 绳绳 suən³¹suən⁴⁴ 井绳

水车 suei⁵⁴tsʰɛ⁴⁴

马车 ma⁵⁴tsʰɛ⁴⁴ 马拉的车子，在农村主要用来运货

枷担 tɕia⁴⁴tan¹³ 牛轭

牛兜嘴 liu³¹təu⁴⁴tsuei⁵⁴ 牛笼嘴

牛抱耳 liu³¹pao¹³ɚ⁵⁴ 牛鼻桊儿（穿在牛鼻子里的木棍或铁环）

犁耙 li³¹pʰa³¹

犁身 li³¹sən⁴⁴

犁把 li³¹pa¹³

耙 pʰa³¹

囤箩 tən¹³lo³¹ 趸子（用高粱或芦苇的篾片、竹篾等编的粗而长的席，可以围起来囤粮食）；形容人胖

风簸（农具，有梁的）foŋ⁴⁴po⁵⁴ 扇车（使米粒跟谷壳分离的农具）

石碾 sʅ³¹lian⁵⁴ 石磙（圆柱形，用来轧谷物，平场地）

磨（名词）mo¹³ 石磨

磨盘 mo¹³pʰan³¹

磨担钩 mo¹³tan¹³kəu⁴⁴ 磨把儿

磨心 mo¹³ɕin⁴⁴ 磨脐儿（磨扇中心的轴）

筛子 sai⁴⁴tsʅ⁵⁴

箩筛 lo³¹sai⁴⁴ 筛粉末状细物用的器具

连枷 lian³¹tɕia⁴⁴ 由一个长柄和一组平排的竹条或木条构成，用来拍打谷子、小麦、豆子、芝麻等，使籽粒掉下来

碓窝 tuei¹³o⁴⁴ 碓（整体）

碓杵 tuei¹³tsʰu⁵⁴

钉耙 tin⁴⁴pʰa³¹

十字镐 sʅ³¹tsʅ¹³kao⁴⁴ 镐（刨硬地用，一头尖形，一头扁小）

锄头 tsʰu³¹tʰəu⁴⁴

铡刀 tsʰa³¹tao⁴⁴

镰刀 lian³¹tao⁴⁴

砍刀 kʰan⁵⁴tao⁴⁴

/ 柴刀 tsʰai³¹tao⁴⁴ 砍刀（用来劈开或剁断木柴的刀）

把把 pa¹³pa¹³ 把儿 刀~

耙耙 pʰa³¹pʰa⁴⁴ 木锹

铲铲 tsʰuan⁵⁴tsʰuan⁵⁴ 铁锹（口是平的）

簸箕 po⁵⁴tɕi⁴⁴

撮箕 tsʰo³¹tɕi⁴⁴

渣渣 tsa⁴⁴tsa⁴⁴ 垃圾

筐筐 kʰuaŋ⁴⁴kʰuaŋ⁴⁴

箩箩 lo³¹lo⁴⁴ 箩

扁担 pian⁵⁴tan¹³

挑担子 tʰiao⁴⁴tan¹³tsʅ⁵⁴

鸡公车 tɕi⁴⁴koŋ⁴⁴tsʰɛ⁴⁴ 独轮车

轮子 lən³¹tsʅ⁵⁴

/ 滚子 kuən⁵⁴tsʅ

/ 滚滚 kuən⁵⁴kuən⁵⁴

扫把 sao¹³pa⁵⁴ 笤帚（用高粱穗、黍子穗等绑成，扫地用）

竹扫把 tsu³¹sao¹³pa⁵⁴ 扫帚（用竹枝扎成，比笤帚大，扫地用）

五、植物

（一）农作物

庄稼 tsuaŋ⁴⁴tɕia⁴⁴

55

粮食 liaŋ³¹sʅ³¹
五谷 u⁵⁴ku³¹
谷子 ku³¹tsʅ⁵⁴ 稻谷
谷草 ku³¹tsʰao⁵⁴ 稻草
麦子 mɛ³¹tsʅ⁵⁴ 大麦、小麦
苞谷 pao⁴⁴ku³¹ 玉米
小米 ɕiao⁵⁴mi⁵⁴
高粱 kao⁴⁴liaŋ⁴⁴
荞子 tɕʰiao³¹tsʅ⁵⁴ 荞麦
毛稗 mao³¹pai¹³ 稗子
叶壳 iɛ³¹kʰo³¹ 秕子（空的或不饱满的籽粒）
米 mi⁵⁴ 白米（经过舂碾的米）
糯米 lo¹³mi⁵⁴
大米 ta¹³mi⁵⁴
黏米 tsan⁴⁴mi⁵⁴ 籼米（米粒长而细，黏性小）
糙米 tsʰao¹³mi⁵⁴
棉花 mian³¹xua⁴⁴
油菜 iəu³¹tsʰai¹³
芝麻 tsʅ⁴⁴ma³¹
葵花 kʰuei³¹xua⁴⁴ 向日葵；葵花子
亮稿 liaŋ¹³kao⁵⁴ 葵花秆
红薯 xoŋ³¹su³¹
洋芋 iaŋ³¹i¹³ 马铃薯；土豆
芋头 i¹³tʰəu³¹
山药 san⁴⁴io³¹
藕 ŋəu⁵⁴
茨菰 tsʰʅ³¹ku⁴⁴
莲子 lian³¹tsʅ⁵⁴

（二）豆类、蔬菜

黄豆 xuaŋ³¹təu¹³
绿豆 lu³¹təu¹³
黑豆 xɛ³¹təu¹³
红饭豆 xoŋ³¹fan¹³təu¹³ 红小豆
蚕豆 tsʰan³¹təu¹³/胡豆 fu³¹təu¹³
豌豆 uan⁴⁴təu¹³
豇豆 tɕiaŋ⁴⁴təu¹³
四季豆 sʅ¹³tɕi⁴⁴təu¹³ 扁豆
黄瓜 xuaŋ³¹kua⁴⁴
丝瓜 sʅ⁴⁴kua⁴⁴
老瓜 lao⁵⁴kua⁴⁴ 成熟的南瓜
小瓜 ɕiao⁵⁴kua⁴⁴ 西葫芦
苦瓜 kʰu⁵⁴kua⁴⁴
冬瓜 toŋ⁴⁴kua⁴⁴
葫芦 fu³¹lu⁴⁴
捧瓜 pʰoŋ⁵⁴kua⁴⁴ 佛手瓜
瓠瓜 fu¹³kua⁴⁴ 瓠子
菜 tsʰai¹³
白菜 pɛ³¹tsʰai¹³
莲花白 lian³¹xua⁴⁴pɛ³¹ 卷心菜
小白菜 ɕiao⁵⁴pɛ³¹tsʰai¹³
莴笋 o⁴⁴sən⁵⁴
花花菜 xua⁴⁴xua⁴⁴tsʰai¹³ 花椰菜
莴笋叶 o⁴⁴sən⁵⁴iɛ³¹
莴苣菜 o⁴⁴tɕi⁴⁴tsʰai¹³
生菜 sən⁴⁴tsʰai¹³
菠菜 po⁴⁴tsʰai¹³
芹菜 tɕʰin³¹tsʰai¹³
茄子 tɕʰiɛ³¹tsʅ⁵⁴
洋葱 iaŋ³¹tsʰoŋ⁴⁴
柿饼茄 sʅ¹³pin⁵⁴tɕʰiɛ³¹ 西红柿
萝卜 lo³¹pu¹³
红萝卜 xoŋ³¹lo³¹pu¹³
/萝卜缨 lo³¹pu¹³in⁴⁴ 胡萝卜

56

苋菜 xan¹³tsʰai¹³
茼蒿菜 tʰoŋ³¹xao⁴⁴tsʰai¹³
大头菜 ta¹³tʰəu³¹tsʰai¹³ 芥菜头
儿菜 ɚ³¹tsʰai¹³ 抱子芥
苤蓝 pʰiɛ⁵⁴lan³¹
茭瓜 tɕiao⁴⁴kua⁴⁴ 茭白
油菜（做蔬菜用）iəu³¹tsʰai¹³
油菜薹 iəu³¹tsʰai¹³tʰai³¹
油菜籽（榨油用）iəu³¹tsʰai¹³tsʅ⁵⁴
鸡脚菜 tɕi⁴⁴tɕio³¹tsʰai¹³
　/ 灰交菜 xuei⁴⁴tɕiao⁴⁴tsʰai¹³
　/ 地米菜 ti¹³mi⁵⁴tsʰai¹³ 荠菜
青菜 tɕʰin⁴⁴tsʰai¹³ 芥菜
韭黄 tɕiəu⁵⁴xuaŋ³¹
韭菜 tɕiəu⁵⁴tsʰai¹³
芫荽 ian³¹ɕi⁴⁴
葱 tsʰoŋ⁴⁴
葱白 tsʰoŋ⁴⁴pɛ³¹
葱叶 tsʰoŋ⁴⁴iɛ³¹
大蒜 ta¹³suan¹³
蒜苗 suan¹³miao³¹
蒜泥 suan¹³li³¹
姜 tɕiaŋ⁴⁴
辣子 la³¹tsʅ⁵⁴ 辣椒
辣子面 la³¹tsʅ⁵⁴mian¹³ 辣椒面儿
灯笼辣子 tən⁴⁴loŋ³¹la³¹tsʅ⁵⁴ 柿子椒
胡椒 fu³¹tɕiao⁴⁴

（三）树木

树子 su¹³tsʅ⁵⁴ 树
木头 mu³¹tʰəu⁴⁴
树林 su¹³lin³¹
树苗 su¹³miao³¹

树干 su¹³kan¹³
树颠颠 su¹³tian⁴⁴tian⁴⁴ 树梢
树根 su¹³kən⁴⁴
树叶 su¹³iɛ³¹
树枝 su¹³tsʅ⁴⁴
栽树 tsai⁴⁴su¹³ 种树
砍树 kʰan⁵⁴su¹³
松树 soŋ⁴⁴su¹³
松叶 soŋ⁴⁴iɛ³¹ 松针
松子 soŋ⁴⁴tsʅ⁵⁴ 松球
松香 soŋ⁴⁴ɕiaŋ⁴⁴
杉树 sa⁴⁴su¹³
杉树叶子 sa⁴⁴su¹³iɛ³¹tsʅ⁵⁴ 杉针
桑树 saŋ⁴⁴su¹³
桑猛 saŋ⁴⁴moŋ⁵⁴ 桑葚儿
桑叶 saŋ⁴⁴iɛ³¹
猛猛 moŋ⁵⁴moŋ¹³ 覆盆子
白杨树 pɛ³¹iaŋ⁴⁴su¹³
柏枝 pɛ³¹tsʅ⁴⁴ 柏树
杨柳 iaŋ³¹liəu⁵⁴ 柳树
桐子树 tʰoŋ³¹tsʅ⁵⁴su¹³ 桐油树
桐子 tʰoŋ³¹tsʅ⁵⁴
桐油 tʰoŋ³¹iəu³¹
竹子 tsu³¹tsʅ⁵⁴
笋子 sən⁵⁴tsʅ⁵⁴ 笋
冬笋 toŋ⁴⁴sən⁵⁴
春笋 tsʰuən⁴⁴sən⁵⁴
笋壳 sən⁵⁴kʰo³¹
竹竿 tsu³¹kan⁴⁴
竹叶 tsu³¹iɛ³¹
竹片 tsu³¹pʰian¹³ 篾片（竹子劈成的薄片）
篾黄 miɛ³¹xuaŋ³¹

篾青 miɛ³¹tɕʰin⁴⁴

(四) 瓜果

水果 suei⁵⁴ko⁵⁴

苹果 pʰin³¹ko⁵⁴

桃子 tʰao³¹tsɿ⁵⁴

梨 li³¹

李子 li⁵⁴tsɿ⁵⁴

杏子 ɕin¹³tsɿ⁵⁴

橘子 tɕiu³¹tsɿ⁵⁴

柚子 iəu¹³tsɿ⁵⁴

柿子 sɿ¹³tsɿ⁵⁴

石榴 sɿ³¹liəu⁴⁴

蔗秆 tsɛ¹³kan⁵⁴ 甘蔗

枇杷 pʰi³¹pʰa⁴⁴

金橘 tɕin⁴⁴tɕiu³¹

橙子 tsʰən³¹tsɿ⁵⁴

木瓜 mu³¹kua⁴⁴

龙眼 loŋ³¹ian⁵⁴

龙眼肉（去壳去核的龙眼干）loŋ³¹ian⁵⁴zu³¹

荔枝 li¹³tsɿ⁴⁴

芒果 maŋ³¹ko⁵⁴

菠萝 po⁴⁴lo³¹

西瓜 ɕi⁴⁴kua⁴⁴

甜瓜 tʰian³¹kua⁴⁴

荸荠 pʰu³¹tɕi⁴⁴

橄榄 kan⁵⁴lan⁵⁴

干果 kan⁴⁴ko⁵⁴

枣子 tsao⁵⁴tsɿ⁵⁴

板栗 pan⁵⁴li³¹

毛栗（个头稍小的板栗）mao³¹li⁴⁴

核桃 xɛ³¹tʰao⁴⁴

白果 pɛ³¹ko⁵⁴ 银杏

葵花 kʰuei³¹xua⁴⁴ 瓜子

花生 xua⁴⁴sən⁴⁴

花生米 xua⁴⁴sən⁴⁴mi⁵⁴

花生皮 xua⁴⁴sən⁴⁴pʰi³¹

(五) 花草、菌类

花 xua⁴⁴

花苞 xua⁴⁴pao⁴⁴

／花蕾 xua⁴⁴luei³¹ 没开放的花

花瓣 xua⁴⁴pan¹³

花心心 xua⁴⁴ɕin⁴⁴ɕin⁴⁴ 花蕊

梅花 mei³¹xua⁴⁴

牡丹 mao⁵⁴tan⁴⁴

荷花 xo³¹xua⁴⁴

荷叶 xo³¹iɛ³¹

桂花 kuei¹³xua⁴⁴

菊花 tɕiu³¹xua⁴⁴

莲蓬 lian³¹pʰoŋ³¹

水仙花 suei⁵⁴ɕian⁴⁴xua⁴⁴

指甲花 tsɿ⁵⁴tɕia³¹xua⁴⁴ 凤仙花

茉莉花 mo³¹li¹³xua⁴⁴

含羞草 xan³¹ɕiəu⁴⁴tsʰao⁵⁴

喇叭花 la⁵⁴pa⁴⁴xua⁴⁴ 牵牛花

艳山红 ian¹³san⁴⁴xoŋ³¹ 杜鹃花

芙蓉花（指木芙蓉）fu³¹ioŋ³¹xua⁴⁴

万年青 uan¹³lian³¹tɕʰin⁴⁴

仙人掌 ɕian⁴⁴zən³¹tsaŋ⁵⁴

芦苇 lu³¹uei⁵⁴

草草 tsʰao⁵⁴tsʰao⁵⁴ 草

叶子 iɛ³¹tsɿ⁵⁴／叶叶 iɛ³¹ iɛ⁴⁴

藤藤 tʰən³¹tʰən⁴⁴ 藤

刺刺 tsʰɿ¹³tsʰɿ¹³ 刺（名词）

木耳 mu³¹ ɚ⁵⁴
菌子 tɕin¹³tsɿ⁵⁴ 蘑菇（野生的）
香菇 ɕiaŋ⁴⁴ku⁴⁴
青苔 tɕʰin⁴⁴tʰai⁴⁴

六、动物

（一）牲畜、家禽

牲口 sən⁴⁴kʰəu⁵⁴
马 ma⁵⁴
叫马 tɕiao¹³ma⁵⁴ 公马
骒马 kʰo¹³ma⁵⁴ 母马
骟马 san¹³ma⁵⁴ 阉过的马
牛 liəu³¹
牯牛 ku⁵⁴liəu³¹ 公牛
母牛 mu⁵⁴liəu³¹
骟牛 san¹³liəu³¹ 犍牛（阉过的公牛）
黄牛 xuaŋ³¹liəu³¹
水牛 suei⁵⁴liəu³¹
小牛 ɕiao⁵⁴liəu³¹ 牛犊
放牛 faŋ¹³liəu³¹
羊子 iaŋ³¹tsɿ⁵⁴ 羊
绵羊 mian³¹iaŋ³¹
山羊 san⁴⁴iaŋ³¹
小羊 ɕiao⁵⁴iaŋ³¹ 羊羔
猪 tsu⁴⁴
郎猪 laŋ³¹tsu⁴⁴ 种猪
牙猪 ia³¹tsu⁴⁴ 公猪
母猪 mu⁵⁴tsu⁴⁴
小猪儿 ɕiao⁵⁴tsu⁴⁴ɚ³¹ 猪崽
猪圈 tsu⁴⁴tɕian¹³
喂猪 uei¹³tsu⁴⁴
骟猪 san¹³tsu⁴⁴ 阉猪（动宾）

杀猪 sa³¹tsu⁴⁴
猫猫 mao⁴⁴mao⁴⁴
男猫 lan³¹mao⁴⁴ 公猫
女猫 li⁵⁴mao⁴⁴ 母猫
狗 kəu⁵⁴
牙狗 ia³¹kəu⁵⁴ 公狗
草狗 tsʰao⁵⁴kəu⁵⁴ 母狗
小狗（脱奶后的幼犬）ɕiao⁵⁴kəu⁵⁴
哈巴狗 xa⁵⁴pa⁴⁴kəu⁵⁴
长耳朵 tsʰaŋ³¹ɚ⁵⁴to⁴⁴
／兔儿 tʰu¹³ɚ⁵⁴
／兔子 tʰu¹³tsɿ⁵⁴
鸡 tɕi⁴⁴
公鸡 koŋ⁴⁴tɕi⁴⁴
小公鸡 ɕiao⁵⁴koŋ⁴⁴tɕi⁴⁴ 鸡角（未成年的小公鸡）
骟鸡 san¹³tɕi⁴⁴ 阉鸡（阉过的公鸡）
母鸡 mu⁵⁴tɕi⁴⁴
抱窝鸡（正在孵蛋的母鸡）pao¹³o⁴⁴tɕi⁴⁴
小子鸡 ɕiao⁵⁴tsɿ⁵⁴tɕi⁴⁴ 鸡娘（未成年的小母鸡）
小鸡儿 ɕiao⁵⁴tɕi⁴⁴ɚ³¹
鸡蛋 tɕi⁴⁴tan¹³
下蛋 ɕia¹³tan¹³
抱~小鸡 pao¹³ 孵
鸡冠子 tɕi⁴⁴kuan⁴⁴tsɿ⁵⁴
鸡爪爪 tɕi⁴⁴tsao⁵⁴tsao⁵⁴ 鸡爪子
鸭 ia³¹
公鸭 koŋ⁴⁴ia³¹
母鸭 mu⁵⁴ia³¹
小鸭儿 ɕiao⁵⁴ia³¹ɚ³¹ 小鸭子
鸭蛋 ia³¹tan¹³

鹅 o³¹
小鹅 ɕiao⁵⁴o³¹ 小鹅儿
叫 狗~；公鸡~ tɕiao¹³
毛驴 mao³¹lu³¹ 驴
骡子 lo³¹tsȵ⁵⁴
骆驼 lo³¹tʰo³¹

（二）鸟兽

野兽 iɛ⁵⁴səu¹³
老虎 lao⁵⁴fu⁵⁴
母老虎（雌虎）mu⁵⁴lao⁵⁴fu⁵⁴
狮子 sȵ⁴⁴tsȵ⁵⁴
猴子 xəu³¹tsȵ⁵⁴
熊 ɕioŋ³¹
豹子 pao¹³tsȵ⁵⁴
狐狸 fu³¹li⁴⁴
黄鼠狼 xuaŋ³¹su⁵⁴laŋ³¹
老蛇 lao⁵⁴sɛ³¹ 蛇
菜花蛇 tsʰai¹³xua⁴⁴sɛ³¹
乌梢蛇 u⁴⁴sao⁴⁴sɛ³¹
四脚蛇 sȵ¹³tɕio³¹sɛ³¹ 壁虎
耗子 xao¹³tsȵ⁵⁴ 老鼠（家里的）
飞鼠 fei⁴⁴su⁵⁴
　/ 檐耗子 ian³¹xao¹³tsȵ⁵⁴ 蝙蝠
雀雀 tɕʰio³¹tɕʰio⁴⁴ 鸟儿
麻雀 ma³¹tɕʰio³¹
喜鹊 ɕi⁵⁴tɕʰio³¹
老鸹 lao⁵⁴ua¹³ 乌鸦
鸽子 ko³¹tsȵ⁵⁴
燕子 ian¹³tsȵ⁵⁴
大雁 ta¹³ian¹³
　/ 老雁 lao⁵⁴ŋan¹³ 雁
斑鸠 pan⁴⁴tɕiəu⁴⁴

鹌鹑 ŋan⁴⁴tsʰuən³¹
布谷鸟 pu¹³ku³¹liao⁵⁴
啄木鸟 tsua³¹mu³¹liao⁵⁴
猫东哥 mao⁴⁴toŋ⁴⁴ko⁴⁴
　/ 鬼东哥 kuei⁵⁴toŋ⁴⁴ko⁴⁴
　/ 猫头鹰 mao⁴⁴tʰəu³¹in⁴⁴
鹦鹉 in⁴⁴u⁵⁴
八哥 pa³¹ko⁴⁴ / 八二 pa³¹ɚ¹³ 八哥儿
仙鹤 ɕian⁴⁴xo³¹
老鹰 lao¹³in⁴⁴
野鸡 iɛ⁵⁴tɕi⁴⁴
野鸭 iɛ⁵⁴ia³¹
水老鸹 suei⁵⁴lao⁵⁴ua¹³ 鸬鹚
白鹤 pɛ³¹xo³¹ 鹭鸶
嘴（鸟类之嘴）tsuei⁵⁴
翅膀 tsȵ¹³paŋ⁵⁴ / tsʰȵ¹³paŋ⁵⁴
爪爪 tsao⁵⁴tsao⁵⁴ 爪子
尾巴 uei⁵⁴pa⁴⁴
雀雀窝 tɕʰio³¹tɕʰio⁴⁴ o⁴⁴ 鸟窝

（三）虫类

虫虫 tsʰoŋ³¹tsʰoŋ⁴⁴ 虫子
蝴蝶 fu³¹tiɛ³¹
张张伯儿 tsaŋ⁴⁴tsaŋ⁴⁴perȵ³¹ 蜻蜓
蜂子 foŋ⁴⁴tsȵ⁵⁴ 蜜蜂
马蜂 ma⁵⁴foŋ⁴⁴
叮人 tin⁴⁴zən³¹（马蜂）蜇人
蜂窝 foŋ⁴⁴o⁴⁴
蜂糖 foŋ⁴⁴tʰaŋ³¹ 蜂蜜
蚂蚁 ma⁵⁴ i⁵⁴
曲蟮 tɕʰiu³¹suan¹³ 蚯蚓
蚕子 tsʰan³¹tsȵ⁵⁴ 蚕
蚕蛹 tsʰan³¹ioŋ⁵⁴

蚕屎 tsʰan³¹sʅ⁵⁴ 蚕沙（家蚕的屎）
蚕丝 tsʰan³¹sʅ⁴⁴
蜘蛛 tsɛ³¹tsu⁴⁴
蚊子 uaŋ³¹tsʅ⁵⁴
苍蝇 tsʰuaŋ⁴⁴in⁴⁴
虼蚤 kɛ³¹tsao⁵⁴ 跳蚤
虱子 sɛ³¹tsʅ⁵⁴
土狗 tʰu⁵⁴kəu⁵⁴ 蝼蛄
地虱子 ti¹³sɛ³¹tsʅ⁵⁴ 土鳖（可入药，又叫地鳖）
鼻濞虫 pi³¹pi¹³tsʰoŋ³¹ 蜗牛
拱屎虫 koŋ⁵⁴sʅ⁵⁴tsʰoŋ³¹ 蜣螂
蜈蚣虫 u³¹koŋ⁴⁴tsʰoŋ³¹
　/ 雷公虫 luei³¹koŋ⁴⁴tsʰoŋ³¹
蝎子 ɕiɛ³¹tsʅ⁵⁴
粑壁虎 pa⁴⁴pi³¹fu⁵⁴ 壁虎
毛毛虫 mao³¹mao³¹tsʰoŋ³¹ 毛虫
谷牛 ku³¹liəu³¹ 肉虫（米里的米色虫）
蚜虫 ia³¹tsʰoŋ³¹
臭虫 tsʰəu¹³tsʰoŋ³¹
牛蚊子 liu³¹uaŋ³¹tsʅ⁵⁴ 牛虻
叫叽叽 tɕiao¹³tɕi⁴⁴tɕi⁴⁴
　/ 油鸡鸡 iəu³¹tɕi⁴⁴tɕi⁴⁴ 蟋蟀
灶蚂蚂 tsao¹³ma⁴⁴ma³¹ 灶蟋蟀（状似蟋蟀，常出没于厨房）
偷油婆 tʰəu⁴⁴iəu³¹pʰo³¹ 蟑螂
蚂蚱 ma³¹tsa⁴⁴ 蝗虫
刀螂 tao⁴⁴laŋ⁴⁴/ 螳螂 tʰaŋ³¹laŋ⁴⁴
知了 tsʅ⁴⁴liao⁵⁴
　/ 喳啦子 tsa⁴⁴la⁴⁴tsʅ⁵⁴ 蝉
亮火虫 liaŋ¹³xo⁵⁴tsʰoŋ³¹ 萤火虫
臭屁虫 tsʰəu¹³pʰi³¹tsʰoŋ³¹ 臭大姐

扑灯蛾 pʰu³¹tən⁴⁴o³¹ 灯蛾
小包车（学名"瓢虫"）ɕiao⁵⁴pao⁴⁴tsʰɛ⁴⁴
甲壳虫 tɕia³¹kʰo³¹tsʰoŋ³¹ 金龟子
天牛 tʰian⁴⁴liəu³¹
豪猪 xao³¹tsu⁴⁴ 刺猬

（四）鱼虾类

鱼 i³¹
鲤鱼 li⁵⁴i³¹
大头鱼 ta¹³tʰəu³¹i³¹ 鳙鱼；胖头鱼
鲫壳鱼 tɕi³¹kʰo³¹i³¹ 鲫鱼
草鱼 tsʰao⁵⁴i³¹
黄鱼 xuaŋ³¹i³¹
带鱼 tai¹³i³¹
鲈鱼 lu³¹i³¹
鲢巴啷 lian³¹pa⁴⁴laŋ⁴⁴ 身形修长，身上有黑白相间的条纹
胡子鱼 fu³¹tsʅ⁵⁴i³¹ 鲇鱼
鲢鱼 lian³¹i³¹
白鲦鱼 pɛ³¹pʰiao⁴⁴i³¹
参鱼 sən⁴⁴i³¹ 黑鱼
墨鱼 mɛ³¹i³¹
鱿鱼 iəu³¹i³¹
金鱼 tɕin⁴⁴i³¹
鱼鳅 i³¹tɕʰiəu⁴⁴
黄鳝 xuaŋ³¹san¹³ 鳝鱼
干鱼 kan⁴⁴i³¹ 鲞（剖开晒干的鱼）
鱼甲 i³¹tɕia³¹ 鱼鳞 i³¹lin³¹
剖鱼 pʰo¹³i³¹ 杀鱼
鱼刺 i³¹tsʰʅ¹³
鱼水泡 i³¹suei⁵⁴pʰao¹³ 鱼鳔儿
鱼翅膀 i³¹tsʰʅ¹³paŋ⁵⁴ 鳍

61

鱼鳃 i³¹sai⁴⁴
鱼蛋 i³¹tan¹³ 鱼子（鱼的卵）
细鱼秧 ɕi¹³i³¹iaŋ⁴⁴ 鱼苗儿
钓鱼 tiao¹³i³¹
鱼竿 i³¹kan⁴⁴ 钓鱼竿儿
鱼钩 i³¹kəu⁴⁴ 钓鱼钩儿
笓箩 pʰa⁴⁴lo³¹ 鱼篓儿
网 uaŋ⁵⁴ 渔网
虾 ɕia⁴⁴
（鲜）虾仁 ɕia⁴⁴zən³¹
干虾 kan⁴⁴ɕia⁴⁴（干）虾米
乌龟 u⁴⁴kuei⁴⁴
团鱼 tʰuan³¹ i³¹ 甲鱼；鳖
螃蟹 pʰaŋ³¹xai⁵⁴
蟹黄 ɕiɛ¹³xuaŋ³¹
青蛙 tɕʰin⁴⁴ ua⁴⁴
鼓肚鱼 ku⁵⁴tu¹³ i³¹ 蝌蚪
癞疙宝 lai¹³kɛ³¹pao⁵⁴ 癞蛤蟆；蟾蜍
蚂蟥 ma⁵⁴xuaŋ³¹ 水蛭
歪子儿 uai⁴⁴tsər⁵⁴
　/歪歪 uai⁴⁴uai⁴⁴ 蛤蜊
螺蛳 lo³¹sɿ⁴⁴
蚌壳 paŋ¹³kʰo³¹ 蚌

七、房舍

（一）房子
起房子 tɕʰi⁵⁴faŋ³¹tsɿ⁵⁴
　/立房子 li³¹faŋ³¹tsɿ⁵⁴ 盖房子
房子 faŋ³¹tsɿ⁵⁴（整座）房子
卧室 o¹³sɿ³¹
院坝 ian¹³pa¹³ 院子

院墙 ian¹³tɕʰiaŋ³¹
房间 faŋ³¹kan⁴⁴（单间）屋子
外头那间 uai¹³tʰəu⁴⁴a¹³tɕian⁴⁴ 外间
里头那间 li⁵⁴tʰəu⁴⁴a¹³tɕian⁴⁴ 里间
正房 tsən¹³faŋ³¹
厢房 ɕiaŋ⁴⁴faŋ³¹
客厅 kʰɛ³¹tʰin⁴⁴/堂屋 tʰaŋ³¹u⁴⁴
平房 pʰin³¹faŋ³¹
楼房 ləu³¹faŋ³¹
洋房（旧指新式楼房）iaŋ³¹faŋ³¹
楼上 ləu³¹saŋ¹³
楼下 ləu³¹ɕia¹³
楼梯 ləu³¹tʰi⁴⁴ 楼梯；梯子（可移动的）
阳台 iaŋ³¹tʰai³¹
露台 lu¹³tʰai³¹ 晒台
茅草房 mao³¹tsʰao⁵⁴faŋ³¹ 草房

（二）房屋结构
脊梁 tɕi³¹liaŋ³¹ 房脊
房顶站在~上 faŋ³¹tin⁵⁴
房檐 faŋ³¹ian³¹
梁 liaŋ³¹
椽皮 tsʰuan³¹pʰi³¹ 椽子
桁条 ɕin³¹tʰiao⁴⁴ 左右方向的檩
柱头 tsu¹³tʰəu⁴⁴ 柱子
柱础 tsu¹³tsʰu⁵⁴ 柱下石
坎坎 kʰan⁵⁴kʰan⁵⁴ 台阶儿
天花板 tʰian⁴⁴xua⁴⁴pan⁵⁴
大门 ta¹³mən³¹
正门 tsən¹³mən³¹
后门 xəu¹³mən³¹

侧门 tsʰɛ³¹mən³¹ 边门儿

门槛 mən³¹kʰan⁵⁴

门后头 mən³¹xəu¹³tʰəu³¹ 门后（门扇的后面）

门销 mən³¹ɕiao¹³ 门闩

门扇 mən³¹san¹³

锁 so⁵⁴

钥匙 io³¹sʅ⁴⁴

窗子 tsʰuaŋ⁴⁴tsʅ⁵⁴

窗台 tsʰuaŋ⁴⁴tʰai³¹

走廊 tsəu⁵⁴laŋ³¹

过道 ko¹³tao¹³

楼道 ləu³¹tao¹³

楼板 ləu³¹pan⁵⁴

（三）其他设施

灶房 tsao¹³faŋ³¹

/ 伙房 xo⁵⁴faŋ³¹

/ 厨房 tsʰu³¹faŋ³¹

煤灶 mei³¹tsao¹³ 灶

茅厕 mao³¹sʅ⁴⁴ 厕所

磨坊 mo¹³faŋ³¹

马圈 ma⁵⁴tɕian¹³ 马棚

牛圈 liəu³¹tɕian¹³ 牛圈

猪圈 tsu⁴⁴tɕian¹³ 猪圈

猪槽 tsu⁴⁴tsʰao³¹ 猪食槽

猪㳠 tsu⁴⁴sao¹³ 猪食

羊圈 iaŋ³¹tɕian¹³

狗窝 kəu⁵⁴o⁴⁴

鸡圈 tɕi⁴⁴tɕian¹³ 鸡窝

鸡笼 tɕi⁴⁴loŋ³¹

草堆 tsʰao⁵⁴tuei⁴⁴

/ 草垛 tsʰao⁵⁴to¹³ 柴草垛

八、器具用品

（一）一般家具

家具 tɕia⁴⁴tɕi¹³

柜柜 kuei¹³kuei¹³ / 柜子 kuei¹³tsʅ⁵⁴

桌子 tso³¹tsʅ⁵⁴

案桌 ŋan¹³tso³¹

/ 案条 ŋan¹³tʰiao³¹ 条案

圆桌 ian³¹tso³¹

方桌 faŋ⁴⁴tso³¹

/ 八仙桌 pa³¹ɕian⁴⁴tso³¹

办公桌 pan¹³koŋ⁴⁴tso³¹

饭桌 fan¹³tso³¹

桌布 tso³¹pu¹³ 台布（铺在桌面上的布）

围桌（挂在桌子前面的布）uei³¹tso³¹

抽屉 tsʰəu⁴⁴tʰi³¹

椅子 i⁵⁴tsʅ⁵⁴

靠椅 kʰao¹³i⁵⁴ 躺椅

靠背 kʰao¹³pei¹³ 椅子背儿

板凳（长条形的）pan⁵⁴tən¹³

方凳 faŋ⁴⁴tən¹³

小板凳 ɕiao⁵⁴pan⁵⁴tən¹³

圆凳 ian³¹tən¹³

高板凳 kao⁴⁴pan⁵⁴tən¹³ 高凳子

马扎子 ma⁵⁴tsa³¹tsʅ⁵⁴ 马扎

（二）卧室用具

床 tɕʰuaŋ³¹

铺板（用来拼搭床铺的木板）pʰu¹³pan⁵⁴

帐子 tsaŋ¹³tsʅ⁵⁴ / 蚊帐 uən³¹tsaŋ¹³

蚊帐钩 uən³¹tsaŋ¹³kəu⁴⁴ 帐钩
帐檐 tsaŋ¹³ian³¹
毯子 tʰan⁵⁴tsʅ⁵⁴
被窝 pei¹³o⁴⁴ 被子；被窝儿（为睡觉叠成的长筒形的被子）
被窝里子 pei¹³o⁴⁴li⁵⁴tsʅ⁵⁴ 被里
被面 pei¹³mian¹³
棉絮 mian³¹suei¹³ 棉花胎（棉被的胎）
垫单 tian¹³tan⁴⁴
／霸单 pa¹³tan⁴⁴ 床单
床垫 tɕʰuaŋ³¹tian¹³ 褥子
席子 ɕi³¹tsʅ⁵⁴ 草席（草编的）；竹席（竹篾编的）
枕头 tsən⁵⁴tʰəu³¹
枕套 tsən⁵⁴tʰao¹³
枕芯 tsən⁵⁴ɕin⁴⁴ 枕头芯
梳妆台 su⁴⁴tsuaŋ⁴⁴tʰai³¹
镜子 tɕin¹³tsʅ⁵⁴
箱子 ɕiaŋ⁴⁴tsʅ⁵⁴ 手提箱
衣架（立在地上的）i⁴⁴tɕia¹³
晾衣杆 laŋ¹³i⁴⁴kan⁴⁴ 晾衣架
夜壶 ie¹³fu³¹
手炉 səu⁵⁴lu³¹
烘笼 xoŋ⁴⁴loŋ⁴⁴
火盆 xo⁵⁴pʰən³¹
热水袋 zɛ³¹suei⁵⁴tai¹³
热水瓶 zɛ³¹suei⁵⁴pʰin³¹／
温瓶 uən⁴⁴pʰin³¹ 暖水瓶

（三）炊事用具

风箱 foŋ⁴⁴ɕiaŋ⁴⁴
火柱 xo⁵⁴tsu¹³ 通条（通炉子的）
火钳 xo⁵⁴tɕʰian³¹
火铲（铲炉灰用的）xo⁵⁴tsʰuan⁵⁴
柴 tsʰai³¹ 柴草
草 tsʰao⁵⁴ 稻秆
麦子秆秆 mɛ³¹tsʅ⁵⁴kan⁵⁴kan⁵⁴ 麦秸
高粱秆 kao⁴⁴liaŋ⁴⁴kan⁵⁴
黄豆秆秆 xuaŋ³¹təu¹³kan⁵⁴kan⁵⁴ 豆秸
锯木面 tɕi¹³mu¹³mian¹³ 锯末
刨木花 pao¹³mu³¹xua⁴⁴
／刨花 pao¹³xua⁴⁴
锅烟子 ko⁴⁴ian⁴⁴tsʅ⁵⁴
烟囱 ian⁴⁴tsʰoŋ⁴⁴
锅 ko⁴⁴
控饭锅 kʰoŋ⁵⁴fan¹³ko⁴⁴ 饭锅
炒菜锅 tsʰao⁵⁴tsʰai¹³ko⁴⁴
铝锅 luei⁵⁴ko⁴⁴
砂锅 sa⁴⁴ko⁴⁴
大锅 ta¹³ko⁴⁴
小锅 ɕiao⁵⁴ko⁴⁴
锅盖 ko⁴⁴kai¹³
锅铲 ko⁴⁴tsʰuan⁵⁴
缸 kaŋ⁴⁴
碗 uan⁵⁴
海碗 xai⁵⁴uan⁵⁴
汤匙 tʰaŋ⁴⁴sʅ³¹
／调羹 tʰiao³¹kən⁴⁴ 羹匙（瓷的，小的）
汤瓢 tʰaŋ⁴⁴pʰiao³¹
柴柴 tsʰai³¹tsʰai⁴⁴ 柴火
洋火 iaŋ³¹xo⁵⁴／火柴 xo⁵⁴tsʰai³¹
开水壶 kʰai⁴⁴suei⁵⁴fu³¹ 水壶（烧开水用）
茶杯（瓷的带把儿的）tsʰa³¹pei⁴⁴

盘子 pʰan³¹tsʅ⁵⁴

/盘盘 phan³¹phan⁴⁴ 碟子

饭瓢 fan¹³pʰiao³¹ 饭勺（盛饭用的）

筷子 kʰuai¹³tsʅ⁵⁴

筷箩 kʰuai¹³lo³¹ 筷笼（放筷子用的）

擂钵 luei³¹po³¹ 捣碎东西的深碗形容器

茶盘 tsʰa³¹pʰan³¹ 茶托（瓷的碟形的）

茶碗 tsʰa³¹uan⁵⁴ 盖碗儿（喝茶用，有盖不带把儿，下有茶托儿）

酒杯 tɕiəu⁵⁴pei⁴⁴

酒壶（茶壶形的）tɕiəu⁵⁴fu³¹

酒坛 tɕiəu⁵⁴tʰan³¹ 酒坛子

坛坛 tʰan³¹tʰan⁴⁴ 罐子

水瓢 suei⁵⁴pʰiao³¹ 瓢（舀水用的）

漏瓢 ləu¹³pʰiao³¹ 笊篱

筲箕 sao⁴⁴tɕi⁴⁴

瓶瓶 pʰin³¹pʰin⁴⁴ 瓶子

盖盖 kai¹³kai¹³ 瓶盖儿

菜刀 tsʰai¹³tao⁴⁴

砧板 tsən⁴⁴pan⁵⁴

水桶（挑水用的）suei⁵⁴tʰoŋ⁵⁴

药碾子 io³¹lian⁵⁴tsʅ⁵⁴ 研船（铁制研药材用具，船形）

饭甑 fan¹³tsən¹³ 也叫甑子，蒸饭用的木制桶状物，有屉而无底

蒸笼 tsən⁴⁴loŋ³¹

甑底 tsən¹³ti⁵⁴ 箅子（蒸食物用的）

水缸 suei⁵⁴kaŋ⁵⁴

潲桶 sao¹³tʰoŋ⁵⁴ 泔水缸

潲水 sao¹³suei⁵⁴ 泔水

抹布 ma³¹pu¹³

拖把 tʰo³¹pa⁵⁴

（四）工匠用具

推刨 tʰuei⁴⁴pao¹³ 刨子

斧头 fu⁵⁴tʰəu³¹ 斧子

螺丝刀 lo³¹sʅ⁴⁴tao⁴⁴/ 起子 tɕʰi⁵⁴tsʅ⁵⁴

棒棒 paŋ¹³paŋ¹³/ 棍棍 kuən¹³kuən¹³

锛斧 pən⁴⁴fu⁵⁴ 锛子

锯子 tɕi¹³tsʅ⁵⁴

凿子 tso³¹tsʅ⁵⁴

尺子 tsʰʅ³¹tsʅ⁵⁴

曲尺 tɕʰiu³¹tsʰʅ³¹

折尺 tsɛ³¹tsʰʅ³¹

卷尺 tɕian⁵⁴tsʰʅ³¹

墨斗 mɛ³¹təu⁵⁴

墨斗线 mɛ³¹təu⁵⁴ɕian¹³

钉子 tin⁴⁴tsʅ⁵⁴

夹钳 tɕia³¹tɕʰian³¹ 钳子

老虎钳（用来起钉子或夹断丝）lao⁵⁴fu⁵⁴tɕʰian³¹

锤 tsʰuei³¹

/锤锤 tsʰuei³¹tsʰuei⁴⁴ 钉锤

镊子 liɛ³¹tsʅ⁵⁴

索索 so³¹so⁴⁴

/绳绳 suan³¹suan⁴⁴

/绳子 suan³¹tsʅ⁵⁴

合页 xo³¹iɛ³¹

灰刀 xuei⁴⁴tao⁴⁴ 瓦刀

抿子 min⁵⁴tsʅ⁵⁴ 抹子

灰板 xuei⁴⁴pan⁵⁴ 泥板（瓦工用来盛抹墙物的木板）

麻筋 ma³¹tɕin⁴⁴ 麻刀（抹墙用的

碎麻，放在泥灰中增加凝聚力）

灰桶 xuei⁴⁴tʰoŋ⁵⁴ 灰兜子、灰斗子

錾子 tsan¹³tsɿ⁵⁴

砧等（打铁时垫铁块用）tsən⁴⁴tən⁵⁴

剃头刀 tʰi¹³tʰəu⁴⁴tao⁴⁴ 剃刀

推子 tʰuei⁴⁴tsɿ⁵⁴

理头刀 li⁵⁴tʰəu³¹tao⁴⁴ 理发剪

梳子 su⁴⁴tsɿ⁵⁴

荡刀皮 taŋ¹³tao⁴⁴pʰi³¹ 錾刀布

理发椅 li⁵⁴fa³¹i³¹

缝纫机 foŋ³¹zən³¹tɕi⁴⁴

剪子 tɕian⁵⁴tsɿ⁵⁴

熨斗 in¹³təu⁵⁴

烙铁 lo³¹tʰiɛ³¹

弓子（弹棉花）koŋ⁴⁴tsɿ⁵⁴

纺车 faŋ⁵⁴tsʰɛ⁴⁴

织布机（旧式的）tsɿ³¹pu¹³tɕi⁴⁴

梭子 so⁴⁴tsɿ⁵⁴ 梭（织布用的）

（五）其他生活用品

东西 toŋ⁴⁴ɕi⁴⁴

洗脸盆 ɕi⁵⁴lian⁵⁴pʰən³¹

洗脸水 ɕi⁵⁴lian⁵⁴suei⁵⁴

脸盆架 lian⁵⁴pʰən³¹tɕia¹³

澡盆 tsao⁵⁴pʰən³¹

香皂 ɕiaŋ⁴⁴tsao¹³

洋碱 iaŋ³¹tɕian⁵⁴/ 肥皂 fei³¹tsao⁵⁴

洗衣粉 ɕi⁵⁴i⁴⁴fən⁵⁴

洗脸帕 ɕi⁵⁴lian⁵⁴pʰa¹³ 毛巾

脚盆（洗脚用的）tɕio³¹pʰən⁵⁴

洗脚布 ɕi⁵⁴tɕio³¹pu¹³ 擦脚布

煤气灯 mei³¹tɕʰi¹³tən⁴⁴ 气灯

电筒 tian¹³tʰoŋ³¹

/ 手电筒 səu⁵⁴tian¹³tʰoŋ³¹

煤油灯（有玻璃罩的）mei³¹iəu³¹tən⁴⁴

灯芯 tən⁴⁴ɕin⁴⁴

灯罩 tən⁴⁴tsao¹³

灯盏 tən⁴⁴tsan⁵⁴

灯草 tən⁴⁴tsʰao⁵⁴

灯油 tən⁴⁴iəu³¹

灯笼 tən⁴⁴loŋ³¹

手提包 səu⁵⁴tʰi³¹pao⁴⁴

钱包 tɕʰian³¹pao⁴⁴

私章 sɿ⁴⁴tsaŋ⁴⁴ 图章（私人用的）

望远镜 uaŋ¹³ian⁵⁴tɕin¹³

糨糊 tɕiaŋ¹³fu³¹/ 糨子 tɕiaŋ¹³tsɿ⁵⁴

缝衣针 foŋ³¹i⁴⁴tsən⁴⁴

顶针 tin⁵⁴tsən⁴⁴

线轴 ɕian¹³tsu³¹

针眼 tsən⁴⁴ian⁵⁴ 针鼻儿（针上引线的孔）

针尖 tsən⁴⁴tɕian⁴⁴

针鼻子 tsən⁴⁴pi³¹tsɿ⁵⁴ 针脚

穿针（动宾）tsʰuan⁴⁴tsən⁴⁴

锥针 tsuei⁴⁴tsən⁴⁴/ 锥子 tsuei⁴⁴tsɿ⁵⁴

挖耳瓢 ua⁵⁴ɚ⁵⁴pʰiao³¹ 耳挖子

搓衣板 tsʰo⁴⁴i⁴⁴pan⁵⁴ 洗衣板

洗衣棒 ɕi⁵⁴i⁴⁴paŋ¹³ 棒槌（洗衣服用的）

鸡毛掸子 tɕi⁴⁴mao³¹tan⁵⁴tsɿ⁵⁴

扇子 san¹³tsɿ⁵⁴

蒲扇 pʰu³¹san¹³

拐棍 kuai⁵⁴kuən¹³ 拐杖（中式的）

文明棍 uən³¹min³¹kuən¹³ 手杖（西

66

式的）

手纸 səu⁵⁴tsɿ⁵⁴

温水瓶 uən⁴⁴suei⁵⁴pʰin³¹

／热水瓶 zɛ³¹suei⁵⁴pʰin³¹

剪刀 tɕian⁵⁴tao⁴⁴

单车 tan⁴⁴tsʰɛ⁴⁴

九、称谓

（一）一般称谓

人 zən³¹

男嘞 lan³¹lei⁴⁴ 男人（成年的，统称）

女嘞 li⁵⁴lei⁴⁴ 女人（已婚的，统称）

嫩娃娃 lən¹³ua³¹ua⁴⁴ 婴儿

小娃娃 ɕiao⁵⁴ua³¹ua⁴⁴ 小孩（统称）

小儿子 ɕiao⁵⁴ɚ³¹tsɿ⁵⁴

／男娃娃 lan³¹ua³¹ua⁴⁴ 男孩

小姑娘 ɕiao⁵⁴ku⁴⁴liaŋ⁴⁴

／女娃娃 li⁵⁴ua³¹ua⁴⁴ 女孩

老人家 lao⁵⁴zən³¹tɕia⁴⁴ 老人

老者 lao⁵⁴tse³¹ 老头儿

老厮儿 lao⁵⁴sɿ⁴⁴ɚ³¹

／老杂毛 lao⁵⁴tsa³¹mao³¹ 老头子（带贬义）

老大爷（尊称）lao⁵⁴ta¹³iɛ³¹

老奶 lao⁵⁴lai⁴⁴ 老太婆

小伙子 ɕiao⁵⁴xo⁵⁴tsɿ⁵⁴

城头人 tsʰən³¹tʰəu³¹zən³¹ 城里人

乡巴佬（带贬义）ɕiaŋ⁴⁴pa⁴⁴lao⁵⁴

乡下人 ɕiaŋ⁴⁴ɕia¹³zən³¹

本家 pən⁵⁴tɕia⁴⁴ 一家子（同宗同姓的）

外地人 uai¹³ti¹³zən³¹

本地人 pən⁵⁴ti¹³zən³¹

洋人 iaŋ³¹zən³¹ 外国人

自家人 tsɿ¹³tɕia⁴⁴zən³¹

外头人 uai¹³tʰəu¹³zən³¹

／外人 uai¹³zən³¹

客人 kʰɛ³¹zən³¹

邻居 lin³¹tɕi⁴⁴

／隔壁邻居 kɛ³¹pi³¹lin³¹tɕi⁴⁴

／上邻下坎 saŋ¹³lin³¹ɕia¹³kʰan⁵⁴

同年 tʰoŋ³¹lian³¹ 同庚

内行 luei¹³xaŋ³¹

外行 uai¹³xaŋ³¹

半瓶醋（比喻性说法）pan¹³pʰin³¹tsʰu¹³

介绍人 kai¹³sao¹³zən³¹ 荐头（介绍用人、奶妈等的介绍人）

光棍 kuaŋ⁴⁴kuən¹³

／单身汉 tan⁴⁴sən⁴⁴xan¹³

老姑娘 lao⁵⁴ku⁴⁴liaŋ⁴⁴

童养媳 tʰoŋ³¹iaŋ⁵⁴ɕi³¹

二婚 ɚ¹³xuən⁴⁴ 二婚头

寡妇 kua⁵⁴fu¹³ / 寡婆 kua⁵⁴pʰo³¹

寡公 kua⁵⁴koŋ⁴⁴ 鳏夫

婊子 piao⁵⁴tsɿ⁵⁴

□□ tsʰɛ¹³tsʰɛ¹³ 姘头

私儿 sɿ⁴⁴ɚ³¹ / 私生子 sɿ⁴⁴sən⁴⁴tsɿ⁵⁴

犯人 fan¹³zən³¹

／牢子 lao³¹tsɿ⁵⁴ 囚犯

暴发户 pao¹³fa³¹fu¹³

吝啬鬼 lin¹³se³¹kuei⁵⁴

败家子 pai¹³tɕia⁴⁴tsɿ⁵⁴

叫花子 tɕiao¹³xua¹³tsɿ⁵⁴

／拿抓 la³¹tsua⁴⁴

67

/ 要饭嘞 iao¹³fan¹³lei⁴⁴ 乞丐
跑江湖嘞 pʰao⁵⁴tɕiaŋ⁴⁴fu³¹lei⁴⁴
/ 跑码头嘞 pʰao⁵⁴ma⁵⁴tʰəu³¹lei⁴⁴ 走江湖的
骗子 pʰian¹³tsʅ⁵⁴
二流子 ɚ¹³liəu¹³tsʅ⁵⁴
/ 流氓 liəu³¹maŋ³¹
人贩子 zən³¹fan¹³tsʅ⁵⁴ 拍花子的（专门拐带小孩的）
土匪 tʰu⁵⁴fei⁵⁴/ 棒老二 paŋ¹³lao⁵⁴ɚ¹³
强盗 tɕʰiaŋ³¹tao¹³
偷二 tʰəu⁴⁴ɚ¹³ 小偷
贼 tsuei³¹
憨包 xan⁴⁴pao⁴⁴ 笨蛋
名字 min³¹tsʅ¹³
绰号 tsʰo³¹xao¹³

（二）职业称谓

工作 koŋ⁴⁴tso³¹
工人 koŋ⁴⁴zən³¹
小工 ɕiao⁵⁴koŋ⁴⁴ 雇工
长工 tsʰaŋ³¹koŋ⁴⁴
短工 tuan⁵⁴koŋ⁴⁴
零工 lin³¹koŋ⁴⁴
农民 loŋ³¹min³¹
生意人 sən⁴⁴i¹³zən³¹ 做买卖的；商人
老板 lao⁵⁴pan⁵⁴
东家 toŋ⁴⁴tɕia⁴⁴
老板娘 lao⁵⁴pan⁵⁴liaŋ³¹
伙计（店员或长工）xo⁵⁴tɕi¹³
师傅 sʅ⁴⁴fu¹³
徒弟 tʰu³¹ti¹³/ 学徒 ɕio³¹tʰu³¹
顾客 ku¹³kʰɛ³¹

小贩 ɕiao⁵⁴fan¹³
摊贩 tʰan⁴⁴fan¹³
私塾先生 sʅ⁴⁴su³¹ɕian⁴⁴sən⁴⁴（私塾）教书先生
老师 lao⁵⁴sʅ⁴⁴（学校）教员
学生 ɕio³¹sən⁴⁴
同学 tʰoŋ³¹ɕio⁵⁴
朋友 pʰoŋ³¹iəu⁵⁴
兵（相对百姓而言）pin⁴⁴
警察 tɕin⁵⁴tsʰa³¹
医生 i⁴⁴sən⁴⁴
司机 sʅ⁴⁴tɕi⁴⁴
手艺人 səu⁵⁴i¹³zən³¹
泥瓦匠 li³¹ua⁵⁴tɕiaŋ¹³
木匠 mu³¹tɕiaŋ¹³
锡匠 ɕi³¹tɕiaŋ¹³
铜匠 tʰoŋ³¹tɕiaŋ¹³
铁匠 tʰiɛ³¹tɕiaŋ¹³
补锅匠 pu⁵⁴ko⁴⁴tɕiaŋ¹³ 补锅的
裁缝 tsʰai³¹foŋ⁴⁴
剃头匠 tʰi¹³tʰəu³¹tɕiaŋ¹³
/ 刮刮匠 kua³¹kua³¹tɕiaŋ¹³ 理发员
厨子 tsʰu³¹tsʅ⁵⁴/ 厨师 tsʰu³¹sʅ⁴⁴
屠户 tʰu³¹fu¹³ 屠夫
八股绳 pa³¹ku⁵⁴suən³¹
/ 搬运工 pan⁴⁴in¹³koŋ⁴⁴ 脚夫（搬运夫的旧称）
挑夫 tʰiao⁴⁴fu⁴⁴
轿夫 tɕiao¹³fu⁴⁴
管家 kuan⁵⁴tɕia⁴⁴
喂马（猪）嘞 uei¹³ma⁵⁴（tsu⁴⁴）lei⁴⁴ 饲养员
奶妈 lai⁵⁴ma⁴⁴

佣人 ioŋ¹³zən³¹ 仆人
丫头 ia⁴⁴tʰəu⁴⁴ 丫鬟
接生婆 tɕie³¹sən⁴⁴pʰo³¹
和尚 xo³¹saŋ¹³
尼姑 li³¹ku⁴⁴
道士 tao¹³sʅ¹³ 道士（出家或火居的道教徒）

十、亲属

（一）长辈

长辈 tsaŋ⁵⁴pei¹³
老祖公 lao⁵⁴tsu⁵⁴koŋ⁴⁴ 曾祖父
老祖太 lao⁵⁴tsu⁵⁴tʰai¹³ 曾祖母
太爷 tʰai¹³ ie³¹ 爷爷
太太 tʰai³¹tʰai¹³ 奶奶
公公 koŋ⁴⁴koŋ⁴⁴ 外祖父
婆婆 pʰo³¹pʰo³¹ 外祖母
爹妈 tiɛ⁴⁴ma⁴⁴ 父母
老爹 lao⁵⁴tiɛ⁴⁴ 父亲（叙称）
老妈 lao⁵⁴ma⁴⁴ 母亲（叙称）
爸 pa¹³ 爸爸（呼称）
妈 ma⁴⁴ 妈妈（呼称）
后爹 xəu¹³tiɛ⁴⁴ 继父（叙称）
后妈 xəu¹³ma⁴⁴ 继母（叙称）
老丈人 lao⁵⁴tsaŋ¹³zən³¹ 岳父（叙称）
老岳母 lao⁵⁴ io³¹mu⁵⁴ 岳母（叙称）
公公 koŋ⁴⁴koŋ⁴⁴
婆婆 pʰo³¹pʰo⁴⁴ 婆婆（叙称）
伯 pɛ³¹/ 伯伯 pɛ³¹pɛ⁴⁴ 伯父（呼称）
伯娘 pɛ³¹liaŋ³¹ 伯母（呼称）
耶耶 iɛ⁴⁴ iɛ⁴⁴ 叔父（呼称）
幺耶 iao⁴⁴iɛ⁴⁴ 排行最小的叔父（呼称）

婶 sən⁵⁴/ 婶婶 sən⁵⁴sən⁵⁴
姑妈 ku⁴⁴ma⁴⁴
姑爹 ku⁴⁴tiɛ⁴⁴ 姑父
舅 tɕiəu¹³/ 舅舅 tɕiəu³¹tɕiəu¹³
舅妈 tɕiəu¹³ma⁴⁴
姨妈 i³¹ma⁴⁴
姨爹 i³¹tiɛ⁴⁴ 姻伯（弟兄的岳父、姐妹的公公）
姑太太 ku⁴⁴tʰai³¹tʰai¹³ 姑奶奶（父之姑母）
姨太太 i³¹tʰai³¹tʰai¹³ 姨奶奶（父之姨母）

（二）平辈

平班之辈 pʰin³¹pan⁴⁴tsʅ⁴⁴pei¹³ 平辈
两口子 liaŋ⁵⁴kʰəu⁵⁴tsʅ⁵⁴ 夫妻（合称）
男嘞 lan³¹lei⁴⁴ 丈夫（叙称）
女嘞 li⁵⁴lei⁴⁴/ 老婆 lao⁵⁴pʰo³¹
小老婆 ɕiao⁵⁴lao⁵⁴pʰo³¹
/ 小嘞 ɕiao⁵⁴lei⁴⁴
大伯 ta¹³pɛ³¹ 大伯子（夫之兄）
叔叔（夫之弟）su³¹su⁴⁴
姑妈（夫之姐）ku⁴⁴ma⁴⁴
姑姑 ku⁴⁴ku⁴⁴
/ 小姑妈 ɕiao⁵⁴ku⁴⁴ma⁴⁴ 小姑子（夫之妹）
舅子 tɕiəu¹³tsʅ⁵⁴（妻之兄弟）
大舅 ta¹³tɕiəu¹³ 内兄
小舅 ɕiao⁵⁴tɕiəu¹³ 内弟
小姨妈（面称、背称）ɕiao⁵⁴i³¹ma⁴⁴ 小姨子
弟兄 ti¹³ɕioŋ⁴⁴/ 兄弟 ɕioŋ⁴⁴ti¹³
姊妹 tsʅ⁵⁴mei¹³

哥 ko⁴⁴/ 哥哥 ko⁴⁴ko⁴⁴
嫂 sao⁵⁴/ 嫂子 sao⁵⁴tsʅ⁵⁴
弟 ti¹³
弟媳 ti¹³ɕi³¹/ 弟媳妇 ti¹³ɕi³¹fu¹³
姐 tɕiɛ⁵⁴
姐夫 tɕiɛ⁵⁴fu⁴⁴
妹 mei¹³
妹夫 mei¹³fu⁴⁴
堂兄弟 tʰaŋ³¹ɕioŋ⁴⁴ti¹³
堂哥 tʰaŋ³¹ko⁴⁴
堂弟 tʰaŋ³¹ti¹³
堂姊妹 tʰaŋ³¹tsʅ⁵⁴mei¹³
堂姐 tʰaŋ³¹tɕiɛ⁵⁴
堂妹 tʰaŋ³¹mei¹³
表兄弟 piao⁵⁴ɕioŋ⁴⁴ti¹³
老表 lao⁵⁴piao⁵⁴
／老表弟兄 lao⁵⁴piao⁵⁴ti¹³ɕioŋ⁴⁴
表哥 piao⁵⁴ko⁴⁴ 表兄
表嫂 piao⁵⁴sao⁵⁴
表弟 piao⁵⁴ti¹³
表姊妹 piao⁵⁴tsʅ⁵⁴mei¹³
表姐 piao⁵⁴tɕiɛ⁵⁴
表妹 piao⁵⁴mei¹³

（三）晚辈

晚辈 uan⁵⁴pei¹³
小嘞 ɕiao⁵⁴lei⁴⁴ 子女
儿子 ɚ³¹tsʅ⁵⁴
大儿子 ta¹³ɚ³¹tsʅ⁵⁴
幺儿 iao⁴⁴ɚ³¹
幺姑娘 iao⁴⁴ku⁴⁴liaŋ⁴⁴
抱养儿 pao¹³iaŋ⁵⁴ɚ³¹ 养子
儿媳妇 ɚ³¹ɕi³¹fu¹³

姑娘 ku⁴⁴liaŋ⁴⁴ 女儿（叙称）
姑爷 ku⁴⁴ iɛ⁴⁴ 女婿
孙孙 sən⁴⁴sən⁴⁴ 孙子；孙女
孙媳妇 sən⁴⁴ɕi³¹fu¹³
孙姑爷 sən⁴⁴ku⁴⁴iɛ⁴⁴ 孙女婿
重孙 tsʰoŋ³¹sən⁴⁴
重孙女 tsʰoŋ³¹sən⁴⁴li⁵⁴
外孙 uai¹³sən⁴⁴ 外孙（女之子）
外孙女（女之女）uai¹³sən⁴⁴li⁵⁴
外甥 uai¹³sən⁴⁴ 外甥（姐妹之子）
外甥女（姐妹之女）uai¹³sən⁴⁴li⁵⁴
侄儿子 tsʅ³¹ɚ³¹tsʅ⁵⁴ 侄子
侄女 tsʅ³¹li⁵⁴
外侄儿 uai¹³tsʅ³¹ɚ³¹ 内侄（妻的兄弟之子）
外侄女 uai¹³tsʅ³¹li⁵⁴ 内侄女（妻的兄弟之女）

（四）其他

妯娌 tsu³¹li⁵⁴
姨佬 i³¹lao⁵⁴ 连襟（姊妹丈夫的关系，叙称）
亲家 tɕʰin¹³tɕia⁴⁴
亲家母 tɕʰin¹³tɕia⁴⁴mu⁵⁴
亲家公 tɕʰin¹³tɕia⁴⁴koŋ⁴⁴ 亲家翁
亲戚 tɕʰin⁴⁴tɕʰi³¹
走亲戚 tsəu⁵⁴tɕʰin⁴⁴tɕʰi³¹
带来嘞 tai¹³lai³¹lei⁴⁴ 带犊儿（妇女改嫁带的儿女）
男子汉 lan³¹tsʅ⁵⁴xan¹³ 爷儿们（男子通称）
婆娘 pʰo³¹liaŋ⁴⁴ 娘儿们（妇女通称）
娘家 liaŋ³¹tɕia⁴⁴

婆家 pʰo³¹tɕia⁴⁴

男方家 lan³¹faŋ⁴⁴tɕia⁴⁴ 男家（从外人角度说，婚姻关系中的男方）

女方家 li⁵⁴faŋ⁴⁴tɕia⁴⁴ 女家（从外人角度说，婚姻关系中的女方）

外婆家 uai¹³pʰo³¹tɕia⁴⁴

老丈人家 lao⁵⁴tsaŋ¹³zən³¹tɕia⁴⁴

／岳父家 io³¹fu¹³tɕia⁴⁴ 丈人家

十一、身体

（一）五官

身体 sən⁴⁴tʰi⁵⁴／体子 tʰi⁵⁴tsʅ⁵⁴

腰身 iao⁴⁴sən⁴⁴ 身材

脑壳 lao⁵⁴kʰo³¹ 人的头，统称

啄脑壳 tsua³¹lao⁵⁴kʰo³¹ 奔儿头（前额生得向前突）

光头 kuaŋ⁴⁴tʰəu³¹ 秃头（头发掉光了的头）

秃头 tʰu³¹tʰəu³¹ 秃顶（掉了大量头发的头）

脑壳顶 lao⁵⁴kʰo³¹tin⁵⁴ 头顶

后脑壳 xəu¹³lao⁵⁴kʰo³¹

／后脑啄 xəu¹³lao⁵⁴tsua⁴⁴ 后脑勺子

脖颈 po³¹tɕiaŋ⁵⁴

后颈窝 xəu¹³tɕiaŋ⁵⁴o⁴⁴

／后颈根 xəu¹³tɕiaŋ⁵⁴kən⁴⁴ 后脑窝子（颈后凹处）

头发 tʰəu³¹fa⁴⁴

少年白 sao¹³lian³¹pɛ³¹ 少白头

落头发 lo³¹tʰəu³¹fa⁴⁴ 掉头发（动宾）

脑眉心 lao⁵⁴mi³¹ɕin⁴⁴ 额头

脑壳顶顶 lao⁵⁴kʰo³¹tin⁵⁴tin⁵⁴ 囟门

鬓角 pin¹³tɕio³¹

辫子 pian¹³tsʅ⁵⁴

纂纂 tsuan⁵⁴tsuan⁵⁴ 髻（中老年盘在脑后的鬏）

刘海 liəu³¹xai⁵⁴

脸 lian⁵⁴

脸包 lian⁵⁴pao⁴⁴ 脸蛋

脸包骨 lian⁵⁴pao⁴⁴ku¹³ 颧骨

酒窝 tɕiəu⁵⁴o⁴⁴／酒窝窝 tɕiəu⁵⁴o⁴⁴o⁴⁴

人中 zən³¹tsoŋ⁴⁴

腮帮 sai⁴⁴paŋ⁴⁴ 腮帮子

眼睛 ian⁵⁴tɕin⁴⁴

眼眶 ian⁵⁴kʰuaŋ⁴⁴

眼圈 ian⁵⁴tɕʰian⁴⁴

眼睛珠 ian⁵⁴tɕin⁴⁴tsu⁴⁴ 眼珠、瞳仁

白眼睛 pɛ³¹ian⁵⁴tɕin⁴⁴

黑眼睛 xɛ⁴⁴ian⁵⁴tɕin⁴⁴

眼睛角角 ian⁵⁴tɕin⁴⁴ko³¹ko⁴⁴ 眼角（上下眼睑的接合处或眼角靠近鼻子的部位）

眼泪 ian⁵⁴luei¹³

眼屎 ian⁵⁴sʅ⁵⁴ 眼眵

眼睛皮 ian⁵⁴tɕin⁴⁴pʰi³¹

／眼皮 ian⁵⁴pʰi³¹ 眼皮儿

单眼皮 tan⁴⁴ian⁵⁴pʰi³¹

双眼皮 suaŋ⁴⁴ian⁵⁴pʰi³¹

眼眨毛 ian⁵⁴tsa³¹mao³¹ 眼睫毛

眉毛 mi³¹mao⁴⁴

皱脑眉心 tsəu¹³lao⁵⁴mi³¹ɕin⁴⁴ 皱眉头（动宾）

鼻子 pi³¹tsʅ⁵⁴

鼻濞 pi³¹pi¹³ 鼻涕（液体）

鼻濞渣 pi³¹pi¹³tsa⁴⁴ 干鼻涕（鼻垢）
鼻孔 pi³¹kʰoŋ⁵⁴
鼻毛 pi³¹mao³¹
鼻颠颠 pi³¹tian⁴⁴tian⁴⁴ 鼻子尖儿（鼻子顶端）
鼻子尖（嗅觉灵敏）pi³¹tsʅ⁵⁴tɕian⁴⁴
鼻梁骨 pi³¹liaŋ³¹ku³¹
红鼻子 xoŋ³¹pi³¹tsʅ⁵⁴
／酒糟鼻子 tɕiəu⁵⁴tsao⁴⁴pi³¹tsʅ⁵⁴
嘴巴 tsuei⁵⁴pa⁴⁴ 嘴
嘴皮 tsuei⁵⁴pʰi³¹ 嘴唇儿
口水 kʰəu⁵⁴suei⁵⁴ 涎水
舌头 sɛ³¹tʰəu⁴⁴
舌苔 sɛ³¹tʰai⁴⁴
大舌头（口齿不清）ta¹³sɛ³¹tʰəu³¹
／夹嘴 tɕia³¹tsuei⁵⁴
牙齿 ia³¹tsʰʅ⁴⁴
当门牙 taŋ⁴⁴mən³¹ia³¹
／大牙 ta¹³ia³¹ 门牙
坐牙 tso¹³ia³¹
獠牙 liao³¹ia³¹／虎牙 fu⁵⁴ia³¹
牙齿屎 ia³¹tsʰʅ⁴⁴sʅ³¹ 牙垢
牙床 ia³¹tsʰuaŋ³¹
虫牙 tsʰoŋ³¹ia³¹
耳朵 ɚ⁵⁴to⁴⁴
耳朵眼 ɚ⁵⁴to⁴⁴ian⁵⁴
耳屎 ɚ⁵⁴sʅ⁵⁴
耳朵重 ɚ⁵⁴to⁴⁴tsoŋ¹³／耳背 ɚ⁵⁴pei¹³
下巴 ɕia¹³pa⁴⁴
喉咙 xəu³¹loŋ⁴⁴
喉结 xəu³¹tɕiɛ⁴⁴
胡子 fu³¹tsʅ⁵⁴

络腮胡 lo³¹sai⁴⁴fu³¹
／毛包胡 mao³¹pao⁴⁴fu³¹ 络腮胡子
八字胡 pa³¹tsʅ¹³fu³¹ 八字胡子
下巴胡 ɕia¹³pa⁴⁴fu³¹ 下巴须

（二）手、脚、胸、背
肩膀 tɕian⁴⁴paŋ⁵⁴
背膀 pei¹³paŋ⁵⁴ 肩胛骨
垮肩膀 kʰua⁵⁴tɕian⁴⁴paŋ⁵⁴ 溜肩膀儿
手杆 səu⁵⁴kan⁵⁴ 胳膊
手套拐 səu⁵⁴tʰao¹³kuai⁵⁴ 胳膊肘儿
夹肢窝 tɕia³¹tsʅ⁴⁴o⁴⁴ 胳肢窝
手 səu⁵⁴
手腕 səu⁵⁴uan¹³ 手腕子
左手 tso⁵⁴səu⁵⁴
右手 iəu¹³səu⁵⁴
手指头儿 səu⁵⁴tsʅ⁵⁴tʰəur⁴⁴ 手指
手节节 səu⁵⁴tɕiɛ³¹tɕiɛ³¹（指头）关节
老茧 lao⁵⁴tɕian⁵⁴ 手茧子
大指头儿 ta¹³tsʅ⁵⁴tʰəur⁴⁴ 大拇指
二指头儿 ɚ¹³tsʅ⁵⁴tʰəur⁴⁴ 食指
中指头儿 tsoŋ⁴⁴tsʅ⁵⁴tʰəur⁴⁴ 中指
无名指 u³¹min³¹tsʅ⁵⁴
啷巴指 laŋ⁴⁴pa⁴⁴tsʅ⁵⁴ 小拇指
指甲 tsʅ⁵⁴tɕia⁴⁴
指甲缝 tsʅ⁵⁴tɕia⁴⁴foŋ¹³ 指甲心儿（指甲盖和指尖肌肉连接处）
指头颠颠 tsʅ⁵⁴tʰəu¹³tian⁴⁴tian⁴⁴ 手指头肚儿（手指末端有指纹的略微隆起的部分）
碇子 tin¹³tsʅ⁵⁴／拳头 tɕʰian³¹tʰəu³¹
手掌 səu⁵⁴tsaŋ⁵⁴
耳巴 ɚ⁵⁴pa⁴⁴ 巴掌

手板心 səu⁵⁴pan⁵⁴ɕin⁴⁴ 手心
手背 səu⁵⁴pei¹³
脚杆 tɕio³¹kan⁵⁴ 腿（整条腿）
大膀腿 ta¹³pa¹³tʰuei⁵⁴ 大腿
卡阳窝 kʰa¹³iaŋ³¹o⁴⁴ 大腿根儿
臁二杆 lian³¹ɚ¹³kan⁵⁴ 小腿
臁包肚 lian³¹pao⁴⁴tu⁵⁴ 腿肚子
马面骨（小腿前面的长骨）ma⁵⁴mian¹³ku³¹
胫骨（小腿内侧的长骨）tɕin⁴⁴ku³¹
磕膝头 kʰɛ³¹ɕi⁴⁴tʰəu³¹ 膝盖
屁爬胯 pʰi¹³pʰa³¹kʰua¹³ 胯骨
脚颈颈 tɕʰio³¹tɕiaŋ⁵⁴tɕiaŋ⁵⁴ 脚腕子
螺丝拐 lo³¹sɿ⁴⁴kuai⁵⁴ 踝子骨
裤裆 kʰu¹³taŋ⁴⁴ 裆（两条腿的中间）
屁儿 pʰi¹³ɚ⁵⁴ / 屁股 pʰi¹³ku⁵⁴
屁眼 pʰi¹³ian⁵⁴ 肛门
屁股 pʰi¹³ku⁵⁴ 屁股蛋儿；屁股沟儿
尾巴骨 uei⁵⁴pa⁴⁴ku³¹ 尾骨
得儿 ter³¹
　　/ 鸡巴 tɕi⁴⁴pa⁴⁴
　　/ 卵 luan⁵⁴ 阴茎（成人的）
小麻雀 ɕiao⁵⁴ma³¹tɕio⁴⁴ 鸡鸡（赤子阴）
屄 pi⁴⁴ 女阴（成人的）
日 ʐɿ³¹ 交合
精水 tɕin⁴⁴suei⁵⁴ 精液
脚 tɕio³¹
光脚片 kuaŋ⁴⁴tɕio³¹pʰian⁵⁴ 赤脚
脚背 tɕio³¹pei¹³
脚底板 tɕio³¹ti⁵⁴pan⁵⁴ 脚掌

脚板心 tɕio³¹pan⁵⁴ɕin⁴⁴
脚尖 tɕio³¹tɕian⁴⁴
脚指头 tɕio³¹tsɿ⁵⁴tʰəu³¹
脚指甲 tɕio³¹tsɿ⁵⁴tɕia⁴⁴
后跟 xəu¹³kən⁴⁴ 脚跟儿
脚印 tɕio³¹in¹³
鸡眼（一种脚病）tɕi⁴⁴ian⁵⁴
胸口 ɕioŋ⁴⁴kʰəu⁵⁴ 心口；胸脯
肋巴骨 lɛ³¹pa⁴⁴ku³¹ 肋骨
咪咪 mi⁴⁴mi⁴⁴ 乳房（女性的）
奶水 lai⁵⁴suei⁵⁴ 奶汁
肚皮 tu¹³pʰi³¹
/ 肚子 tu¹³tsɿ⁵⁴ 肚子（腹部）
小肚子 ɕiao⁵⁴tu¹³tsɿ⁵⁴ 小肚子（小腹）
肚脐眼 tu¹³tɕʰi³¹ ian⁵⁴
腰杆 iao⁴⁴kan⁵⁴ 腰
背（名词）pei¹³ 脊背
背脊骨 pei¹³tɕi³¹ku³¹ 脊梁骨

（三）其他

旋窝 ɕian¹³o⁴⁴ 头发旋儿
双旋 suaŋ⁴⁴ɕian¹³
指纹 tsɿ⁵⁴uən³¹
箩 lo³¹ 斗（圆形的指纹）
笤箕 sao⁴⁴tɕi⁴⁴ 箕（簸箕形的指纹）
寒毛 xan³¹mao³¹
毛孔 mao³¹kʰoŋ⁵⁴ 寒毛眼儿
痣 tsɿ¹³
骨头 ku³¹tʰəu⁴⁴
筋 tɕin⁴⁴
血 ɕiɛ³¹
血管 iɛ³¹kuan⁵⁴
血脉 iɛ³¹mɛ³¹ 脉

73

五脏 u⁵⁴tsaŋ¹³
心 ɕin⁴⁴
肝 kan⁴⁴
肺 fei¹³
胆 tan⁵⁴
脾 pʰi³¹
胃 uei¹³
肾 sən¹³/ 腰子 iao⁴⁴tsɿ⁵⁴
肠子 tsʰaŋ³¹tsɿ⁵⁴
大肠 ta¹³tsʰaŋ³¹
小肠 ɕiao⁵⁴tsʰaŋ³¹
盲肠 maŋ³¹tsʰaŋ³¹

十二、疾病医疗

（一）一般用语

病噢 pin¹³ əu¹³病了
小病 ɕiao⁵⁴pin¹³
大病 ta¹³pin¹³ 重病
病轻噢 pin¹³tɕʰin⁴⁴ əu¹³
　　/ 病好点噢 pin¹³xao⁵⁴tian⁵⁴ əu¹³ 病轻了
病好噢 pin¹³xao⁵⁴ əu¹³病好了
请大夫 tɕʰin⁵⁴tai¹³fu⁴⁴请医生
看病 kʰan¹³pin¹³/ 瞧病 tɕʰiao¹³pin¹³
号脉 xao¹³mɛ³¹
开药方 kʰai⁴⁴io³¹faŋ⁴⁴ 开药方子
偏方 pʰian⁴⁴faŋ⁴⁴
抓药（中药）tsua⁴⁴io³¹
买药（西药）mai⁵⁴io³¹
（中）药铺 io³¹pʰu¹³
药房（西药）io³¹faŋ³¹
药引子 io³¹in⁵⁴tsɿ⁵⁴
药罐 io³¹kuan¹³药罐子
熬药 ŋao³¹io³¹ 煎药
药膏（西药）io³¹kao⁴⁴
膏药（中药）kao⁴⁴io³¹
中药 tsoŋ⁴⁴ io³¹
药面面 io³¹mian¹³mian¹³药面儿（药粉）
搽药膏 tsʰa³¹io³¹kao⁴⁴
上药（动宾）saŋ¹³io³¹
发汗 fa³¹xan¹³
追风 tsuei⁴⁴foŋ⁴⁴去风
去火 tɕʰi⁴⁴xo⁵⁴
祛湿 tɕʰi⁴⁴sɿ³¹
消食 ɕiao⁴⁴sɿ³¹
拔火罐 pa³¹xo⁵⁴kuan¹³ 拔火罐子
扎银针 tsa³¹ in³¹tsən⁴⁴
　　/ 针灸 tsən⁴⁴tɕiəu⁴⁴
打针 ta⁵⁴tsən⁴⁴
输液 su⁴⁴i³¹/ 吊盐水 tiao¹³ian³¹ suei⁵⁴
吃药 tsʰɿ³¹ io³¹
着凉 tsao³¹liaŋ³¹/ 凉倒噢 liaŋ³¹tao⁵⁴əu¹³

（二）内科

拉稀 la⁴⁴ɕi⁴⁴/ 屙肚子 o⁴⁴tu¹³tsɿ⁵⁴
　　/ 打标枪 ta⁵⁴piao⁴⁴tɕʰiaŋ⁴⁴ 泻肚
发烧 fa³¹sao⁴⁴
发抖 fa³¹tʰəu⁵⁴
起鸡皮疙瘩 tɕʰi⁵⁴tɕi⁴⁴pʰi³¹kɛ³¹ta⁴⁴
伤风 saŋ⁴⁴foŋ⁴⁴
咳 kʰɛ³¹咳嗽
气喘 tɕʰi¹³tsʰuan⁵⁴
气管炎 tɕʰi¹³kuan⁵⁴ian⁴⁴
中暑 tsoŋ¹³su⁵⁴

上火 saŋ¹³xo⁵⁴
吃隔倒噢 tsʰɿ³¹kɛ³¹tao⁵⁴əu¹³ 积滞
肚子痛 tu¹³tsɿ⁵⁴tʰoŋ¹³ 肚子疼
胸口痛 ɕioŋ⁴⁴kʰəu⁵⁴tʰoŋ¹³ 胸口疼
脑壳昏 lao⁵⁴kʰo³¹xuən⁴⁴ 头晕
晕车 in¹³tsʰɛ⁴⁴
晕船 in¹³tsʰuan³¹
脑壳痛 lao⁵⁴kʰo³¹tʰoŋ¹³ 头疼
心头难在 ɕin⁴⁴tʰəu³¹lan³¹tsai¹³
／恶心 o³¹ɕin⁴⁴
吐噢 tʰu⁵⁴əu¹³
／呕噢 ŋəu⁵⁴əu¹³ 吐了（呕吐）
干呕 kan⁴⁴ŋəu⁵⁴ 干哕
气包 tɕʰi¹³pao⁴⁴ 疝气
脱肛 tʰo³¹kaŋ⁴⁴
子宫脱垂 tsɿ⁵⁴koŋ⁴⁴tʰo³¹tsʰuei³¹
打摆子 ta⁵⁴pai⁵⁴tsɿ⁵⁴ 患疟疾
霍乱 xo³¹luan¹³
做沙功 tsəu¹³sa⁴⁴koŋ⁴⁴（出）麻疹
做水功 tsəu¹³suei⁵⁴koŋ⁴⁴（出）水痘
忙庄稼 maŋ³¹tsuaŋ⁴⁴tɕia⁴⁴（出）天花
种牛痘 tsoŋ¹³liəu³¹təu¹³ 种痘
伤寒 saŋ³³xan³¹
黄疸 xuaŋ³¹tan⁵⁴
肝炎 kan⁴⁴ian⁴⁴
肺炎 fei¹³ian⁴⁴
胃病 uei¹³pin¹³
盲肠炎 maŋ³¹tsʰaŋ³¹ian⁴⁴
痨病（中医指结核病）lao³¹pin¹³
扯母猪疯 tsʰɛ⁵⁴mu⁵⁴tsu⁴⁴foŋ⁴⁴ 癫痫
惊风 tɕin⁴⁴foŋ⁴⁴
中风 tsoŋ¹³foŋ⁴⁴

瘫噢 tʰan⁴⁴əu¹³ 瘫痪

（三）外科

跶 ta³¹／跌 tiɛ³¹／倒倒 tao⁵⁴tao⁵⁴ 跌伤
碰伤 pʰoŋ¹³saŋ⁴⁴
擦破点皮 tsʰa³¹pʰo¹³tian⁵⁴pʰi³¹ 蹭破皮儿
划个口口 xua⁴⁴ko¹³kʰəu⁵⁴kʰəu⁵⁴ 拉个口子
出血 tsʰu³¹ɕiɛ³¹
死血 sɿ⁵⁴ɕiɛ³¹ 淤血
脬 pʰao⁴⁴ 肿
红肿 xoŋ³¹tsoŋ⁵⁴
灌脓 kuan¹³loŋ³¹ 化脓；溃脓
疤瘌 pa⁴⁴la⁴⁴ 疤（好了的）
结疤噢 tɕiɛ³¹pa⁴⁴əu¹³ 结痂
猴儿包 xəu³¹ɚ³¹pao⁴⁴ 腮腺炎
生疮 sən⁴⁴tsʰuaŋ⁴⁴ 长疮（动宾）
生疔 sən⁴⁴tin⁴⁴ 长疔（动宾）
痔疮 tsɿ¹³tsʰuaŋ⁴⁴
干疙闹 kan⁴⁴kɛ³¹lao¹³ 疥疮
癣 ɕian⁵⁴
热痱子 zɛ³¹fei¹³tsɿ⁵⁴ 痱子
汗斑 xan¹³pan⁴⁴
瘊子 xəu³¹tsɿ⁵⁴
痣 tsɿ¹³ 痦子
秋斑 tɕʰiəu⁴⁴pan⁴⁴ 雀斑
骚疙瘩 sao⁴⁴kɛ³¹ta⁴⁴ 粉刺
狐骚 fu³¹sao⁴⁴ 狐臭
口臭 kʰəu⁵⁴tsʰəu¹³
大脖颈 ta¹³po³¹tɕiaŋ⁵⁴ 大脖子（甲状腺肿大）
鼻子聋嘞 pi³¹tsɿ⁵⁴loŋ⁴⁴lei⁴⁴ 嗅觉不灵

75

鼻子□嘞 pi³¹tsʅ⁵⁴tsu³¹lei⁴⁴ 鼻不通气，发音不清

杨柳腰 iaŋ³¹liəu⁵⁴iao⁴⁴ 水蛇腰

鸡公嗓 tɕi⁴⁴koŋ⁴⁴saŋ⁵⁴ 公鸭嗓儿（嗓音沙哑）

独眼龙 tu³¹ian⁵⁴loŋ³¹ 一只眼儿（一只眼睛是瞎的）

近视眼 tɕin¹³sʅ¹³ian⁵⁴

远视眼 ian⁵⁴sʅ¹³ian⁵⁴

老花眼 lao⁵⁴xua⁴⁴ian⁵⁴

鼓鼓眼 ku⁵⁴ku⁵⁴ian⁵⁴ 鼓眼泡儿

斗鸡眼（内斜视）təu¹³tɕi⁴⁴ian⁵⁴

疙瘩（蚊子咬后形成的）kɛ³¹ta⁴⁴/包包 pao⁴⁴pao⁴⁴

（四）残疾等

跛子 pai⁴⁴tsʅ⁵⁴ 瘸子

驼背 tʰo³¹pei¹³/驼子 tʰo³¹tsʅ⁵⁴

聋子 loŋ⁴⁴tsʅ⁵⁴

哑巴 ia⁵⁴pa⁴⁴

结巴 tɕiɛ³¹pa⁴⁴

瞎子 ɕia³¹tsʅ⁵⁴

疯子 foŋ⁴⁴tsʅ⁵⁴

□包 xa⁵⁴pao⁴⁴ 傻子

爪爪 tsua⁵⁴tsua⁵⁴ 拽子 _{腿残者叫瘸子，手残者叫~}

光脑壳 kuaŋ⁴⁴lao⁵⁴kʰo³¹ 秃子（头发脱光的人）

麻子（脸上有麻子的人）ma³¹tsʅ⁵⁴

豁豁 xo³¹xo⁴⁴ 豁唇子

缺牙巴 tɕʰiɛ³¹ia³¹pa⁴⁴ 豁牙子

妈妈脸 ma⁴⁴ma⁴⁴lian⁵⁴ 老公嘴儿（成年而不生胡须的人）

六指头儿 lu³¹tsʅ⁵⁴tʰəur⁴⁴

左裹裹 tso⁵⁴ko⁵⁴ko⁵⁴ 左撇子

十三、衣服、穿戴

（一）服装

穿戴 tsʰuai⁴⁴tai¹³

打扮 ta⁵⁴pan¹³

衣裳 i⁴⁴saŋ⁴⁴

制服 tsʅ¹³fu³¹

中装 tsoŋ⁴⁴tsuaŋ⁴⁴

西装 ɕi⁴⁴tsuaŋ⁴⁴

袍子 pʰao³¹tsʅ⁵⁴ 长衫

马褂 ma⁵⁴kua¹³

旗袍（女装）tɕʰi³¹pʰao³¹

棉衣 mian³¹i⁴⁴

棉袄 mian³¹ŋao⁵⁴

皮袄 pʰi³¹ŋao⁵⁴

大衣 ta¹³i⁴⁴

短大衣 tuan⁵⁴ta¹³i⁴⁴

衬衣 tsʰən¹³i⁴⁴/衬衫 tsʰən¹³san⁴⁴

外衣 uai¹³i⁴⁴

内衣 luei¹³i⁴⁴

衣领 i⁴⁴lin⁵⁴ 领子

坎肩 kʰan⁵⁴tɕian⁴⁴

毛线衣 mao³¹ɕian¹³i⁴⁴

褂褂 kua¹³kua¹³ 背心

衣襟 i⁴⁴tɕin⁴⁴

大襟 ta¹³tɕin⁴⁴

小襟 ɕiao⁵⁴tɕin⁴⁴

对襟 tuei¹³tɕin⁴⁴

下摆 ɕia¹³pai⁵⁴
袖子 ɕiəu¹³tsɿ⁵⁴
长袖 tsʰaŋ³¹ɕiəu¹³
短袖 tuan⁵⁴ɕiəu¹³
裙子 tɕin³¹tsɿ⁵⁴
衬裙 tsʰən¹³tɕʰin³¹
裤儿 kʰu¹³ɚ³¹ 裤子
单裤 tan⁴⁴kʰu¹³
摇裤 iao³¹kʰu¹³ 裤衩儿（贴身穿的）
短裤 tuan⁵⁴kʰu¹³
/二马基 ɚ¹³ma⁵⁴tɕi⁴⁴ 短裤（穿在外面的）
连脚裤 lian³¹tɕio³¹kʰu¹³
开裆裤 kʰai⁴⁴taŋ⁴⁴kʰu¹³
蒙裆裤 moŋ³¹taŋ⁴⁴kʰu¹³ 死裆裤（相对开裆裤而言）
裤裆 kʰu¹³taŋ⁴⁴
裤腰 kʰu¹³iao⁴⁴
裤带 kʰu¹³tai¹³ 裤腰带
裤脚 kʰu¹³tɕio³¹ 裤腿儿
荷包 xo³¹pao⁴⁴（衣服上的）口袋
纽子 liəu⁵⁴tsɿ⁵⁴ 纽扣（中式、西式）
疙瘩纽子（中式的）kɛ³¹ta⁴⁴liəu⁵⁴tsɿ⁵⁴
扣襻 kʰəu¹³pʰan¹³
扣眼（西式的）kʰəu¹³ian⁵⁴

（二）鞋帽

鞋 xai³¹
拖鞋 tʰo⁴⁴xai³¹
棉鞋 mian³¹xai³¹
皮鞋 pʰi³¹xai³¹
布鞋 pu¹³xai³¹
鞋底 xai³¹ti⁵⁴
鞋帮 xai³¹paŋ⁴⁴
鞋拔 xai³¹pa³¹ 鞋拔子
水鞋 suei⁵⁴xai³¹
/水胶鞋 suei⁵⁴tɕiao⁴⁴xai³¹ 雨鞋（橡胶做的）
鞋带 xai³¹tai¹³
袜子 ua³¹tsɿ⁵⁴
线袜 ɕian¹³ua³¹
丝袜 sɿ⁴⁴ua³¹
长袜 tsʰaŋ³¹ua³¹
短袜 tuan⁵⁴ua³¹
小脚鞋 ɕiao⁵⁴tɕio³¹xai³¹ 弓鞋（旧时裹脚妇女穿的鞋）
裹脚布（旧时妇女裹脚的布）ko⁵⁴tɕio³¹pu¹³
绑腿 paŋ⁵⁴tʰuei⁵⁴ 裹腿（军人用的）
帽儿 mao¹³ɚ³¹ 帽子
皮帽 pʰi³¹mao¹³
礼帽 li⁵⁴mao¹³
瓜皮帽 kua⁴⁴pʰi³¹mao¹³
军帽 tɕin⁴⁴mao¹³
草帽 tsʰao⁵⁴mao¹³
斗篷 toŋ⁵⁴pʰoŋ³¹ 斗笠
遮阳 tsɛ⁴⁴iaŋ³¹ 帽檐儿

（三）装饰品

首饰 səu⁵⁴sɿ¹³
手镯 səu⁵⁴tso³¹ 镯子
戒指 kai¹³tsɿ⁵⁴
项链 xaŋ¹³lian¹³
项圈 xaŋ¹³tɕʰian⁴⁴

长命锁 tsʰaŋ³¹min³¹so⁵⁴ 百家锁（小儿佩戴的）
别针 piɛ³¹tsən⁴⁴ 别针儿
簪子 tsan⁴⁴tsʅ⁵⁴
耳环 ɚ⁵⁴xuan³¹
胭脂 ian⁴⁴tsʅ⁴⁴
粉 fən⁵⁴

（四）其他穿戴用品

围腰 uei³¹ iao⁴⁴ 围裙
围嘴 uei³¹tsuei⁴⁴ 围嘴儿
片 pʰian¹³/尿片 liao¹³pʰian¹³ 尿布
手巾 səu⁵⁴tɕin⁴⁴ 手绢儿
围巾 uei³¹tɕin⁴⁴
手套 səu⁵⁴tʰao¹³
眼镜 ian⁵⁴tɕin¹³
伞 san⁵⁴
蓑衣 so⁴⁴i⁴⁴
手表 səu⁵⁴piao⁵⁴

十四、饮食

（一）伙食

饭 fan¹³
早餐 tsao⁵⁴tsʰan⁴⁴
中午饭 tsoŋ⁴⁴u⁵⁴fan¹³
晚饭 uan⁵⁴fan¹³
打腰栈 ta⁵⁴iao⁴⁴tsan¹³ 打尖（途中吃点东西）
吃嘞东西 tsʰʅ³¹lei⁴⁴toŋ⁴⁴ɕi⁴⁴ 食物
零嘴嘴 lin³¹tsuei⁵⁴tsuei⁵⁴
 /零食 lin³¹sʅ³¹
冰棒 pin⁴⁴paŋ¹³

点心 tian⁵⁴ɕin⁴⁴
夜宵 iɛ¹³ɕiao⁴⁴
消夜（吃夜宵）ɕiao⁴⁴iɛ¹³

（二）米食

吃饭 tsʅ³¹fan¹³
剩饭（吃剩下的饭）sən¹³fan¹³
煳噢 fu³¹əu¹³（饭）煳了
馊噢 səu⁴⁴əu¹³（饭）馊了
锅巴 ko⁴⁴pa⁴⁴
稀饭 ɕi⁴⁴fan¹³ 粥
米汤（煮饭滗出来的）mi⁵⁴tʰaŋ⁴⁴
米糊糊 mi⁵⁴fu³¹fu⁴⁴ 米糊（用米磨成的粉做的糊状食物）
粽粑 tsoŋ¹³pa⁴⁴ 粽子
糕粑 kao⁴⁴pa⁴⁴ 用米做的年糕

（三）面食

灰面 xuei⁴⁴mian¹³ 面粉
挂面 kua¹³mian¹³/面 mian¹³
苞谷面 pao⁴⁴ku⁵⁴mian¹³ 玉米面
宽面 kʰuan⁴⁴mian¹³ 干切面（机制的宽的干面条）
汤面（带汤的面条）tʰaŋ⁴⁴mian¹³
臊子（肉末）sao¹³tsʅ⁵⁴
面疙瘩 mian¹³kɛ³¹ta⁴⁴ 面片儿（用面做成的片状食物，吃法与汤面同）
面糊糊 mian¹³fu³¹fu⁴⁴ 面糊（用面做成的糊状食物）
馒头 man³¹tʰəu⁴⁴
包子 pao⁴⁴tsʅ⁵⁴
油条 iəu³¹tʰiao³¹
烧饼 sao⁴⁴pin⁵⁴
烙饼（名词）lo³¹pin⁵⁴

花卷 xua^{44}tɕian^{54}

饺子 tɕiao^{54}tsʅ^{54}

馄饨 kʰuən^{31}tʰən^{44}

心子 ɕin^{44}tsʅ^{54} 馅儿

烧卖 sao^{44}mai^{13}

蛋糕（老式小圆形的）tan^{13}kao^{44}

汤圆 tʰaŋ^{44} ian^{31} 元宵（用干粉淋水反复多次摇成，有馅）；汤圆（用湿粉团搓成的）

月饼 iɛ^{31}pin^{54}

饼干 pin^{54}kan^{44}

老面 lao^{54}mian^{13} 酵子（发酵用的面团）

（四）肉、蛋

肉丁 zu^{31}tin^{44}

肉片 zu^{31}pʰian^{13}

肉丝 zu^{31}sʅ^{44}

肉末 zu^{31}mo^{31}

肉皮 zu^{31}pʰi^{31}

肉松 zu^{31}soŋ^{44}

肘子（猪腿靠近身体的部位）tsəu^{54}tsʅ^{54}

猪脚 tsu^{44}tɕio^{31} 猪蹄儿

背绺肉 pei^{13}liəu^{54}zu^{31} 里脊

蹄筋 tʰi^{31}tɕin^{44}

牛舌头 liəu^{31}sɛ^{31}tʰəu^{44}

猪舌头 tsu^{44}sɛ^{31}tʰəu^{44}

杂闹 tsa^{31}lao^{13} 下水（猪牛羊的内脏）

肺（猪的）fei^{13}

大肠（猪的）ta^{13}tsʰaŋ^{31}

小肠（猪的）ɕiao^{54}tsʰaŋ^{31}

龙骨 loŋ^{31}ku^{54} 腔骨（猪的）

排骨（猪的）pʰai^{31}ku^{31}

毛肚 mao^{31}tu^{54} 牛肚儿（带毛状物的那种）

千层肚 tɕʰian^{44}tsʰən^{31}tu^{54} 牛肚儿（光滑的那种）

猪肝 tsu^{44}kan^{44}

腰子（猪的）iao^{44}tsʅ^{54}

鸡杂 tɕi^{44}tsa^{31}

鸡胗 tɕi^{44}tsən^{44} 鸡肫

㿻子 uaŋ^{13}tsʅ^{54} 当菜的猪血

猪血 tsu^{44}ɕiɛ^{31}

鸡血 tɕi^{44}ɕiɛ^{31}

鸡蛋 tɕi^{44}tan^{13}

炒鸡蛋 tsʰao^{54}tɕi^{44}tan^{13}

煎鸡蛋 tɕian^{44}tɕi^{44}tan^{13} 荷包蛋（油炸的）

荷包蛋 xo^{31}pao^{44}tan^{13} 卧鸡子儿（水煮的鸡蛋，不带壳）

煮鸡蛋 tsu^{54}tɕi^{44}tan^{13} 煮鸡子儿（连壳煮的鸡蛋）

鸡蛋花 tɕi^{44}tan^{13}xua^{44}

/ 嫩蛋 lən^{13}tan^{13}

/ 芙蓉蛋 fu^{31}ioŋ^{31}tan^{13} 蛋羹

皮蛋 pʰi^{31}tan^{13} 松花蛋

咸鸭蛋 ɕian^{31}ia^{31}tan^{13}

香肠 ɕiaŋ^{44}tsʰaŋ^{31}

（五）菜

菜 tsʰai^{13}

干菜 kan^{44}tsʰai^{13}

素菜 su^{13}tsʰai^{13}

荤菜 xuən^{44}tsʰai^{13}

盐菜 ian³¹tsʰai¹³ 咸菜

小菜 ɕiao⁵⁴tsʰai¹³ 小菜儿（非正式菜总称）

豆腐 təu¹³fu⁵⁴

豆腐皮 təu¹³fu⁵⁴pʰi³¹

腐竹 fu⁵⁴tsu³¹

干豆腐 kan⁴⁴təu¹³fu⁵⁴ 豆腐干儿

豆腐脑 təu¹³fu⁵⁴lao⁵⁴

菜豆腐 tsʰai¹³təu¹³fu⁵⁴ 加入细青菜叶制作而成的豆腐

豆腐渣 təu¹³fu⁵⁴tsa⁴⁴

豆腐果 təu¹³fu⁵⁴ko⁵⁴ 油豆腐；豆腐泡

豆浆 təu¹³tɕiaŋ⁴⁴

霉豆腐 mei³¹ təu¹³ fu⁵⁴

粉丝（绿豆做的，细条的）fən⁵⁴sɿ⁴⁴

粉条（白薯做的，粗条的）fən⁵⁴tʰiao³¹

粉皮（绿豆做的，片状的）fən⁵⁴pʰi³¹

凉粉（大米、绿豆、荞麦、豌豆等做的，凝冻状的）liaŋ³¹fən⁵⁴

藕粉 ŋəu⁵⁴fən⁵⁴

豆豉 təu¹³sɿ¹³

芡粉 tɕʰian¹³fən⁵⁴

荸荠粉 pʰu³¹tɕi⁴⁴fən⁵⁴

木耳 mu³¹ɚ⁵⁴

银耳 in³¹ɚ⁵⁴

金针菇 tɕin⁴⁴tsən⁴⁴ku⁴⁴ 金针

海参 xai⁵⁴sən⁴⁴

海带 xai⁵⁴tai¹³

海蜇 xai⁵⁴tsɛ³¹

（六）油盐作料

味道 uei¹³tao¹³ 滋味（吃的滋味）

气气 tɕʰi¹³tɕʰi¹³ 气味（闻的气味）

颜色 ian³¹sɛ³¹

猪油 tsu⁴⁴iəu³¹

花生油 xua⁴⁴sən⁴⁴iəu³¹

茶油 tsʰa³¹iəu³¹

菜油 tsʰai¹³iəu³¹ 菜籽油

芝麻油 tsɿ⁴⁴ma³¹ iəu³¹

盐巴 ian³¹pa⁴⁴ 盐

颗颗盐 kʰo⁵⁴kʰo⁵⁴ian³¹ 粗盐

精盐 tɕin⁴⁴ian³¹

酱油 tɕiaŋ¹³iəu³¹

芝麻酱 tsɿ⁴⁴ma³¹tɕiaŋ¹³

甜酱 tʰian³¹tɕiaŋ¹³ 甜面酱

豆瓣酱 təu¹³pan¹³tɕiaŋ¹³

辣酱 la³¹tɕiaŋ¹³

酸醋 suan⁴⁴tsʰu¹³ 醋

料酒 liao¹³tɕiəu⁵⁴

红糖 xoŋ³¹tʰaŋ³¹

白糖 pɛ³¹tʰaŋ³¹

冰糖 pin⁴⁴tʰaŋ³¹

糖块（一块块用纸包装好的）tʰaŋ³¹kʰuai⁵⁴

花生糖 xua⁴⁴sən⁴⁴tʰaŋ³¹

麦芽糖 mɛ³¹ia³¹tʰaŋ³¹

作料 tso³¹liao¹³

八角 pa³¹ko³¹

桂皮 kuei¹³pʰi³¹

花椒 xua⁴⁴tɕiao⁴⁴

胡椒粉 fu³¹tɕiao⁴⁴fən⁵⁴

（七）烟、茶、酒

烟 ian⁴⁴

烟叶 ian⁴⁴iɛ³¹

烟丝 ian⁴⁴sɿ⁴⁴

纸烟 tsɿ⁵⁴ian⁴⁴ 香烟

叶子烟 iɛ³¹tsɿ⁵⁴ian⁴⁴ 旱烟

水壶烟袋 suei⁵⁴fu³¹ian⁴⁴tai¹³ 水烟袋（铜制的）

烟杆 ian⁴⁴kan⁴⁴ 旱烟袋（细竹竿儿做的烟具）

烟盒（装香烟的金属盒）ian⁴⁴xo³¹

烟灰 ian⁴⁴xuei⁴⁴

火镰（旧时取火用具）xo⁵⁴lian³¹

火石（用火镰打的那种石头）xo⁵⁴sɿ³¹

纸媒子 tsɿ⁵⁴mei³¹tsɿ⁵⁴ 纸媒儿

茶（沏好的）tsʰa³¹

茶叶 tsʰa³¹iɛ⁴⁴

开水 kʰai¹³suei⁵⁴

泡茶 pʰao¹³tsʰa³¹ 沏茶

倒茶 tao¹³tsʰa³¹

酒 tɕiəu⁵⁴

白酒 pʰɛ³¹tɕiəu⁵⁴

甜酒 tʰian³¹tɕiəu⁵⁴

/ 甜酒酿 tʰian³¹tɕiəu⁵⁴liaŋ³¹ 江米酒

黄酒 xuaŋ³¹tɕiəu⁵⁴

十五、红白大事

（一）婚姻、生育

亲事 tɕʰin⁴⁴sɿ¹³

做媒 tsəu¹³mei³¹

媒婆 mei³¹pʰo³¹/ 媒人 mei³¹zən³¹

相亲 ɕiaŋ¹³ɕin⁴⁴

样子 iaŋ¹³tsɿ⁵⁴ 相貌

年纪 lian³¹tɕi⁵⁴ 年龄

订婚 tin¹³xuən⁴⁴

定礼 tin¹³li⁵⁴ 聘礼

日子 zɿ³¹tsɿ⁵⁴ 喜期（结婚的日子）

喜酒 ɕi⁵⁴tɕiəu⁵⁴

定亲 tin¹³tɕʰin⁴⁴

/ 下日子 ɕia¹³zɿ³¹tsɿ⁵⁴

陪嫁 pʰei³¹tɕia¹³

/ 嫁奁 tɕia¹³lian³¹ 嫁妆

过嫁奁 ko¹³tɕia¹³lian³¹ 过嫁妆

讨老婆 tʰao⁵⁴lao⁴⁴pʰo³¹

/ 讨婆娘 tʰao⁵⁴pʰo³¹liaŋ⁴⁴

/ 接媳妇 tɕiɛ³¹ɕi³¹fu¹³（男子）娶亲

出阁 tsʰu³¹kɛ³¹（女子）出嫁

嫁姑娘 tɕia¹³ku⁴⁴liaŋ⁴⁴ 嫁闺女

结婚 tɕiɛ³¹xuən⁴⁴

花轿 xua⁴⁴tɕiao¹³

拜堂 pai¹³tʰaŋ³¹

新郎官 ɕin⁴⁴laŋ³¹kuan⁴⁴

新娘子 ɕin⁴⁴liaŋ³¹tsɿ⁵⁴

/ 新媳妇 ɕin⁴⁴ɕi³¹fu¹³

交杯酒 tɕiao⁴⁴pei⁴⁴tɕiəu⁵⁴

闹新房 lao¹³ɕin⁴⁴faŋ³¹ 暖房

回门 xuei³¹mən³¹

寡婆再嫁 kua⁵⁴pʰo³¹tsai¹³tɕia¹³ 再醮（寡妇再嫁）

重新讨 tsʰoŋ³¹ɕin⁴⁴tʰao⁵⁴ 续弦（从男方说）

填房（从女方说）tʰian³¹faŋ³¹

81

怀娃娃 xuai³¹ua³¹ua⁴⁴ 怀孕
大肚子 ta¹³tu¹³tsɿ⁵⁴ 孕妇
害儿 xai¹³ɚ³¹ 害喜（妊娠反应）
生娃娃 sən⁴⁴ua³¹ua⁴⁴ 生孩子
落噢 lo³¹əu¹³ 流产
接生 tɕiɛ³¹sən⁴⁴
衣胞 i⁴⁴pao⁴⁴ / 胎盘 tʰai⁴⁴pʰan³¹
坐月 tso¹³iɛ³¹ 坐月子
满月 man⁵⁴iɛ³¹
头胎 tʰəu³¹tʰai⁴⁴
双巴 suaŋ⁴⁴pa⁴⁴ 双胞胎
打胎 ta⁵⁴tʰai⁴⁴
遗腹子（父亲死后才出生的）i³¹fu³¹tsɿ⁵⁴
吃咪咪 tsʰɿ³¹mi⁴⁴mi⁴⁴ 吃奶
隔咪咪 kɛ³¹mi⁴⁴mi⁴⁴ 断奶
奶头 lai⁵⁴tʰəu³¹
屙尿放床 o⁴⁴liao¹³faŋ¹³tsʰuaŋ³¹ / 画地图 xua¹³ti¹³tʰu³¹（小孩子）尿床

（二）寿辰、丧葬

生日 sən⁴⁴zɿ³¹
做生 tsəu¹³sən⁴⁴ 做寿
老寿星 lao⁵⁴səu¹³ɕin⁴⁴ 寿星
办灵 pan¹³lin³¹
／办丧事 pan¹³saŋ¹³sɿ¹³ 丧事
奔丧 pən⁴⁴saŋ⁴⁴
死（统称）sɿ⁵⁴
过世 ko¹³sɿ¹³
／成神 tsʰən³¹sən³¹ 死（婉称）
落气 lo³¹tɕʰi¹³ 咽气
木头 mu³¹tʰəu⁴⁴

／老家 lao⁵⁴tɕia⁴⁴
／材子 tsʰai³¹tsɿ⁵⁴ 棺材
合老家 xo³¹lao⁵⁴tɕia⁴⁴ 寿材（生前预制的棺材）
入殓 zu³¹lian¹³
灵堂 lin³¹tʰaŋ³¹
佛堂 fu³¹tʰaŋ³¹
守夜 səu⁵⁴iɛ¹³ 守灵
做七 tsəu¹³tɕʰi¹³
守孝 səu⁵⁴ɕiao¹³
戴孝 tai¹³ɕiao¹³
卸孝 ɕiɛ¹³ɕiao¹³
孝子 ɕiao¹³tsɿ⁵⁴
孝孙 ɕiao¹³sən⁴⁴
发引 fa³¹in⁵⁴ 出殡
牌位 pʰai³¹uei¹³ 灵位
发丧 fa³¹saŋ⁴⁴ 送葬
戳丧棒 tsʰo³¹saŋ⁴⁴paŋ¹³ 哭丧棒
钱纸 tɕʰian³¹tsɿ⁵⁴ 纸钱
坟山 fən³¹san⁴⁴ 坟地（坟墓所在的地方）
坟 fən³¹ 坟墓
碑 pei⁴⁴ 墓碑或其他石碑
挂纸 kua¹³tsɿ⁵⁴ / 上坟 saŋ¹³fən³¹
自杀 tsɿ¹³sa³¹
跳水 tʰiao¹³suei⁵⁴ 投水（自尽）
吊死 tiao¹³sɿ⁵⁴ 上吊
尸骨 sɿ⁴⁴ku⁵⁴
骨灰盒 ku³¹xuei⁴⁴xo³¹ 骨灰坛子

（三）迷信

天家 tʰian⁴⁴tɕia⁴⁴
／老天 lao⁵⁴tʰian⁴⁴ 老天爷

灶神菩萨 tsao¹³sən³¹pʰu³¹sa⁴⁴ 灶王爷
佛 fu³¹
菩萨 pʰu³¹sa⁴⁴
观世音 kuan⁴⁴sɿ¹³in⁴⁴
庙 miao¹³
土地庙 tʰu⁵⁴ti¹³miao¹³
关帝庙 kuan⁴⁴ti¹³miao¹³
城隍庙 tsʰən³¹xuaŋ³¹miao¹³
阎王 ian³¹uaŋ³¹
祠堂 tsʰɿ³¹tʰaŋ³¹
神龛 sən³¹kʰan⁵⁴ 佛龛
香案 ɕiaŋ⁴⁴ŋan¹³ 香台
上供 saŋ¹³koŋ¹³
烛台 tsu³¹tʰai³¹
蜡 la³¹ 蜡烛（敬神灵所用）
香 ɕiaŋ⁴⁴ 线香（敬神灵所用）
香炉 ɕiaŋ⁴⁴lu³¹
烧香（动宾）sao⁴⁴ɕiaŋ⁴⁴
签 tɕʰian³¹ 签诗（印有谈吉凶的诗文的纸条）
抽签 tsʰəu⁴⁴tɕʰian³¹ 求签
打卦 ta⁵⁴kua¹³
卦 kua¹³ 珓（占卜用，通常用一正一反两片竹片制成）
阴卦 in⁴⁴kua¹³ 阴珓（两面都朝下）
阳卦 iaŋ³¹kua¹³ 阳珓（两面都朝上）
圣卦 sən¹³kua¹³ 圣（一正一反）
庙会 miao¹³xuei¹³
做道场 tsəu¹³tao¹³tsʰaŋ³¹
念经 lian¹³tɕin⁴⁴
测字 tsʰɛ³¹tsɿ³¹
看风水 kʰan¹³foŋ⁴⁴suei⁵⁴
算命 suan¹³min¹³

算命先生 suan¹³min¹³ɕian⁴⁴sən⁴⁴
看相嘞 kʰan¹³ɕian¹³lei⁴⁴ 看相的
媒拉婆 mei³¹la⁴⁴pʰo³¹ 巫婆
跳神 tʰiao¹³sən³¹
许愿 ɕi⁵⁴ian¹³
还愿 xuan³¹ian¹³
卯运 mao⁵⁴in¹³/运气 in¹³tɕʰi¹³
保佑 pao⁵⁴iəu¹³

十六、日常生活

（一）衣

穿衣服 tsʰuan⁴⁴i⁴⁴fu³¹
脱衣服 tʰo³¹i⁴⁴fu³¹
脱鞋 tʰo³¹xai³¹
量衣服 lian³¹i⁴⁴fu³¹
缝衣服 foŋ³¹i⁴⁴fu³¹ 做衣服
贴边 tʰiɛ³¹pian⁴⁴ 缝在衣服里子边上的窄条
绲边 kuən⁵⁴pian⁴⁴ 在衣服、布鞋等的边缘特别缝制的一种圆棱的边儿
缲边 tɕʰiao⁴⁴pian⁴⁴ 缲边儿
绲鞋口 kuən⁵⁴xai³¹kʰəu⁵⁴ 鞔鞋帮儿
打鞋底 ta⁵⁴xai³¹ti⁵⁴ 纳鞋底子
系鞋带 tɕi¹³xai³¹tai¹³
钉纽子 tin¹³liəu⁵⁴tsɿ⁵⁴
　/钉扣子 tin¹³kʰəu¹³tsɿ⁵⁴
绣花 ɕiəu¹³xua⁴⁴ 绣花儿
打补巴 ta⁵⁴pu⁵⁴pa⁴⁴ 打补丁
做被窝 tsəu¹³pei¹³o⁴⁴ 做被卧
洗衣服 ɕi⁵⁴i⁴⁴fu³¹
洗一水（一次）ɕi⁵⁴i¹³suei⁵⁴
　/回 xuei³¹

清 tɕʰin⁴⁴ 用清水漂洗
晾衣服 laŋ¹³i⁴⁴fu³¹ 晾衣服
熨衣服 in¹³i⁴⁴fu³¹

（二）食

发火 fa³¹xo⁵⁴ 生火
做饭（总称）tsəu¹³fan¹³
淘米 tʰao³¹mi⁵⁴
发面 fa³¹mian¹³
和面 xo¹³mian¹³
接面 zua³¹mian¹³ 揉面
擀面 kan⁵⁴mian¹³
蒸馒头 tsən⁴⁴man¹³tʰəu⁴⁴
拣菜 tɕian⁵⁴tsʰai¹³ 择菜
炒菜 tsʰao⁵⁴tsʰai¹³ 做菜（总称）
做汤 tsəu¹³tʰaŋ⁴⁴
饭好噢 fan¹³xao⁵⁴əu¹³ 饭好了（包括饭菜）
（饭）夹生 tɕia³¹sən⁴⁴
吃饭 tsʰʅ³¹fan¹³ 吃饭、开饭
添饭 tʰian⁴⁴fan¹³
／舀饭 iao⁵⁴fan¹³ 盛饭
拈菜 lian⁴⁴tsʰai¹³ 搛菜
舀汤 iao⁵⁴tʰaŋ⁴⁴
过早 ko¹³tsao⁵⁴ 吃早饭
吃中午饭 tsʰa³¹tsoŋ⁴⁴u⁵⁴fan¹³
吃晚饭 tsʰʅ³¹uan⁵⁴fan¹³
吃零嘴 tsʰʅ³¹lin¹³tsuei⁵⁴ 吃零食
用筷子 ioŋ¹³kʰuai³¹tsʅ⁵⁴ 使筷子
肉没炖炝 zu³¹mei⁵⁴tən¹³pʰa⁴⁴ 肉不烂
嚼不动 tɕiao¹³pu³¹toŋ¹³
梗倒噢 kən⁵⁴tao¹³əu¹³（吃饭）噎住了

打嗝 ta⁵⁴kɛ⁵⁴ 打嗝儿（吃饭后）
吃太饱噢 tsʰʅ³¹tʰai⁴⁴pao⁵⁴əu¹³ 撑着了
嘴巴没得味道 tsuei¹³pa⁴⁴mei³¹tɛ³¹uei¹³tao¹³ 嘴没味儿
喝茶 xo⁴⁴tsʰa³¹
喝酒 xo⁴⁴tɕiəu⁵⁴
满酒 man⁵⁴tɕiəu⁵⁴／斟酒 tsən⁴⁴tɕiəu⁵⁴
吃烟 tsʰʅ³¹ian⁴⁴
饿噢 o¹³əu¹³ 饿了
煮 tsu⁵⁴
煎鸡蛋 tɕian⁴⁴tɕi⁴⁴tan¹³
炸油条 tsa³¹iəu³¹tʰiao³¹
口干 kʰəu⁵⁴kan⁴⁴ 口渴

（三）住

起床 tɕʰi⁵⁴tsʰaŋ³¹
洗手 ɕi⁵⁴səu⁵⁴
洗脸 ɕi⁵⁴lian⁵⁴
漱口 su¹³kʰəu⁵⁴
刷牙 sua³¹ia³¹
梳头 su⁴⁴tʰəu³¹
梳辫子 su⁴⁴pian¹³tsʅ⁵⁴
剪指甲 tɕian⁵⁴tsʅ³¹tɕia⁴⁴
掏耳朵 tʰao⁴⁴ə⁵⁴to⁴⁴
洗澡 ɕi⁵⁴tsao⁵⁴
擦澡 tsʰa³¹tsao⁵⁴
好事来噢 xao⁵⁴sʅ¹³lai³¹əu¹³ 来月经
解大手 kai⁵⁴ta¹³səu⁵⁴
／屙屎 o⁴⁴sʅ⁵⁴
／屙粥儿 o⁴⁴tsəu⁴⁴ɚ¹³ 大便（动词）
解小手 kai⁵⁴ɕiao⁵⁴səu⁵⁴
／屙尿 o⁴⁴liao¹³ 小便（动词）
放屁 faŋ¹³pʰi¹³

躲阴凉 to⁵⁴in⁴⁴liaŋ³¹ 乘凉
晒太阳 sai¹³tʰai⁴⁴iaŋ³¹
烤火（取暖）kʰao⁵⁴xo⁵⁴
点灯 tian⁵⁴tən⁴⁴
关灯（熄灯）kuan⁴⁴tən⁴⁴
歇下 ɕiɛ³¹xa¹³ 歇歇（休息一会儿）
□瞌睡 tsuai⁴⁴kʰo³¹suei¹³
／眯下 mi⁴⁴xa¹³ 打盹儿
打哈欠 ta⁵⁴xo⁴⁴tɕʰian¹³
够噢 kəu¹³əu¹³
／瞌睡来噢 kʰo³¹suei¹³lai³¹əu¹³ 困了
铺床 pʰu⁴⁴tsʰuaŋ³¹
躺倒 tʰaŋ⁵⁴tao⁵⁴ 躺下
睡着噢 suei¹³tso³¹əu¹³ 睡着了
睡不着 suei¹³pu⁴⁴tso³¹
睡午觉 suei¹³u⁵⁴tɕiao¹³
仰起睡 iaŋ⁵⁴tɕʰi⁵⁴suei¹³ 仰面睡
棱倒睡 lən³¹tao⁵⁴suei¹³ 侧着睡
趴倒睡 pʰa⁴⁴tao⁵⁴suei¹³ 趴着睡
落枕 lo³¹tsən⁵⁴
抽筋 tsʰəu⁴⁴tɕin⁴⁴
／转筋（特指脚抽筋）tsuan¹³tɕin⁴⁴
做梦 tsəu¹³moŋ¹³
说梦话 so³¹moŋ¹³xua¹³
着迷倒噢 tsao³¹mi³¹tao⁵⁴əu¹³ 魇住了
熬夜 ŋao³¹iɛ¹³

（四）行

下地（去地里干活）ɕia¹³ti¹³
上工 saŋ¹³koŋ⁴⁴
做活路 tsəu¹³xo³¹lu¹³ 干活
收工 səu⁴⁴koŋ⁴⁴
出去噢 tsʰu³¹tɕʰi⁴⁴əu¹³ 出去了
回家噢 xuei³¹tɕia⁴⁴əu¹³ 回家了
逛街 kuaŋ¹³kai⁴⁴
逛下 kuaŋ¹³xa¹³／散步 san¹³pu¹³

十七、讼事

打官司 ta⁵⁴kuan⁴⁴sɿ⁴⁴
告状（动宾）kao¹³tsuaŋ¹³
原告 ian³¹kao¹³
被告 pei¹³kao¹³
状子 tsuaŋ¹³tsɿ⁵⁴
坐堂 tso¹³tʰaŋ³¹
退堂 tʰuei¹³tʰaŋ³¹
问案 uən¹³ŋan¹³
过堂 ko¹³tʰaŋ³¹
证人 tsən¹³zən³¹
人证 zən³¹tsən¹³
物证 u³¹tsən¹³
对质 tuei¹³tsɿ³¹
刑事 ɕin³¹sɿ¹³
民事 min³¹sɿ¹³
家务事 ~清官难断~ tɕia⁴⁴u¹³sɿ¹³
律师 li³¹sɿ⁴⁴
代书（代人写状子的）tai¹³su⁴⁴
服 fu³¹
不服 pu⁴⁴fu³¹
上诉 saŋ¹³su¹³
宣判 ɕian⁴⁴pʰan¹³
招认 tsao⁴⁴zən¹³
口供 kʰəu⁵⁴koŋ¹³
供 ~出同谋~ koŋ¹³
同谋 tʰoŋ³¹məu³¹
故犯 ku¹³fan¹³

误犯 u¹³fan¹³
犯法 fan¹³fa³¹
犯罪 fan¹³tsuei¹³
诬告 u⁴⁴kao¹³
连坐 lian³¹tso¹³
保释 pao⁵⁴sʅ³¹
取保 tɕʰi⁵⁴pao⁵⁴
逮捕 tai⁵⁴pu⁵⁴
押解 ia³¹kai⁵⁴
囚车 tɕʰiəu³¹tsʰɛ⁴⁴
青天老爷 tɕʰin⁴⁴tʰian⁴⁴lao⁵⁴iɛ³¹
贪官 tʰan⁴⁴kuan⁴⁴ 赃官
受贿 səu⁴⁴xuei¹³
行贿 ɕin³¹xuei¹³
罚款 fa³¹kʰuan⁵⁴
斩首 tsan⁵⁴səu⁵⁴
枪毙 tɕʰiaŋ⁴⁴pi¹³
斩条（插在死囚背后验明正身的木条）tsan⁵⁴tʰiao³¹
拷打 kʰao⁵⁴ta⁵⁴
打屁股（旧时刑罚）ta⁵⁴pʰi¹³ku⁵⁴
上枷 saŋ¹³tɕia⁴⁴
手铐 səu⁵⁴kʰao¹³
脚镣 tɕio³¹liao³¹
捆起来 kʰuən⁵⁴tɕʰi⁵⁴lai³¹
　／绑起来 paŋ⁵⁴tɕʰi⁵⁴lai³¹
关起来 kuan⁴⁴tɕʰi⁵⁴lai³¹ 囚禁起来
坐牢 tso¹³lao³¹
探监 tʰan¹³tɕian⁴⁴
打脱 ta⁵⁴tʰo³¹ ／越狱 iɛ³¹iu³¹
立字据 li³¹tsʅ³¹tɕi³¹
画押 xua¹³ia³¹
按手印 ŋan¹³səu⁵⁴in¹³

捐税 tɕian⁴⁴suei¹³
地租 ti¹³tsu⁴⁴
地契 ti¹³tɕʰi¹³
税契（持契交税盖印，使契有效）suei¹³tɕʰi¹³
交税 tɕiao⁴⁴suei¹³ 纳税
执照 tsʅ³¹tsao¹³
告示 kao¹³sʅ¹³
通知 tʰoŋ⁴⁴tsʅ⁴⁴
路条 lu¹³tʰiao³¹
命令 min¹³lin¹³
公章 koŋ⁴⁴tsaŋ⁴⁴ 印（官方图章）
私访 sʅ⁴⁴faŋ⁵⁴
交代（把经手的事务移交给接替的人）tɕiao⁴⁴tai¹³
上任 saŋ¹³zən¹³
卸任 ɕiɛ¹³zən¹³
罢免 pa¹³mian⁵⁴
案卷 ŋan¹³tɕian¹³
传票 tsʰuan³¹pʰiao¹³

十八、交际

应酬 in¹³tsʰəu³¹
来往 lai³¹uaŋ⁵⁴
看人（去看望人）kʰan¹³zən³¹
拜访 pai¹³faŋ⁵⁴
回拜 xuei³¹pai¹³
客人 kʰɛ¹³zən¹³
请客 tɕʰin⁵⁴kʰɛ³¹
招待 tsao⁴⁴tai¹³
男客 lan³¹kʰɛ³¹
女客 li⁵⁴kʰɛ³¹
送礼 soŋ¹³li⁵⁴

礼物 li⁵⁴u³¹
人情 zən³¹tɕʰin³¹
做客 tsəu¹³kʰɛ³¹
待客 tai¹³kʰɛ³¹
陪客（动宾）pʰei³¹kʰɛ³¹
送客 soŋ¹³kʰɛ³¹
不送噢 pu³¹soŋ³¹əu¹³ 不送了（主人说的客气话）
谢谢 ɕiɛ¹³ɕiɛ¹³/ 道谢 tao¹³ɕiɛ¹³ 感谢
不客气 pu⁴⁴kʰɛ³¹tɕʰi¹³
对不起 tuei¹³pu⁴⁴tɕʰi⁵⁴
再会 tsai¹³xuei¹³ 再见
摆酒席 pai⁵⁴tɕiəu⁵⁴ɕi³¹
一桌酒席 i¹³tso³¹tɕiəu⁵⁴ɕi³¹
帖子 tʰiɛ³¹tsʅ⁵⁴/ 请帖 tɕʰin⁵⁴tʰiɛ³¹
下帖子 ɕia¹³tʰiɛ³¹tsʅ⁵⁴
　/ 下请帖 ɕia¹³tɕʰin⁵⁴tʰiɛ³¹
入席 zu³¹ɕi³¹
上菜 saŋ¹³tsʰai¹³
倒酒 tao¹³tɕiəu⁵⁴ 斟酒
劝酒 tɕʰian¹³tɕiəu⁵⁴
干杯 kan⁴⁴pei⁴⁴
行酒令 ɕin³¹tɕiəu⁵⁴lin¹³
（他们两人）不和 pu⁴⁴xo³¹
　/ 搞不来 kao⁵⁴pu⁴⁴lai³¹
冤家 ian⁴⁴tɕia⁴⁴
不平 路见~ pu⁴⁴pʰin³¹
冤枉 ian⁴⁴uaŋ⁵⁴
插嘴 tsʰa³¹tsuei⁵⁴
做作 tsəu¹³tso³¹
摆架子 pai⁵⁴tɕia¹³tsʅ³¹
装憨 tsuaŋ⁴⁴xan⁴⁴/ 装□ tsuaŋ⁴⁴xa⁵⁴
出洋相 tsʰu³¹iaŋ³¹ɕiaŋ¹³

丢人 tiəu⁴⁴zən³¹
巴结 pa⁴⁴tɕiɛ³¹
逛人家户 kuaŋ¹³zən³¹tɕia⁴⁴fu¹³ 串门
套近乎 tʰao¹³tɕin¹³fu⁴⁴ 拉近乎
看得起 kʰan¹³tɛ³¹tɕʰi⁵⁴
看不起 kʰan¹³pu⁴⁴tɕʰi⁵⁴
打伙 ta⁵⁴xo⁵⁴ 合伙儿
答应 ta³¹in¹³
不答应 pu⁴⁴ta³¹in¹³
撵出去 lian⁵⁴tsʰu³¹tɕʰi⁴⁴

十九、商业交通

（一）经商行业

字号 tsʅ¹³xao¹³
招牌 tsao⁴⁴pʰai³¹
广告 kuaŋ⁵⁴kao¹³
开铺子 kʰai⁴⁴pʰu¹³tsʅ⁵⁴
铺面（商店的门面）pʰu¹³mian¹³
摆摊子 pai⁵⁴tʰan⁴⁴tsʅ⁵⁴
跑单帮 pʰao⁵⁴tan⁴⁴paŋ⁴⁴
做生意 tsəu¹³sən⁴⁴i¹³
　/ 做买卖 tsəu¹³mai⁵⁴mai⁵⁴
旅店 li⁵⁴tian¹³/ 客栈 kʰɛ³¹tsan¹³
馆子 kuan⁵⁴tsʅ⁵⁴/ 饭馆 fan¹³kuan⁵⁴
下馆子 ɕia¹³kuan⁵⁴tsʅ⁵⁴
堂倌 tʰan³¹kuan⁴⁴ 堂倌儿
商店 saŋ⁴⁴tian¹³
布店 pu¹³tian¹³
百货店 pɛ³¹xo¹³tian¹³
杂货店 tsa³¹xo¹³tian¹³
油盐店 iəu³¹ian³¹tian¹³
粮店 liaŋ³¹tian¹³

87

瓷器店 tsʰʅ³¹tɕi¹³tian¹³
文具店 uən³¹tɕi¹³tian¹³
茶馆 tsʰa³¹kuan⁵⁴ 茶馆儿
理发店 li⁵⁴fa³¹tian¹³
剃头 tʰi¹³tʰəu³¹
　／剪头发 tɕian⁵⁴tʰəu³¹fa⁴⁴ 理发
修面 ɕiəu⁴⁴mian¹³ 刮脸
刮胡子 kua³¹fu³¹tsʅ⁵⁴
肉摊 zu¹³tʰan⁴⁴ 肉铺
杀猪 sa³¹tsu⁴⁴
榨油房 tsa¹³iəu³¹faŋ³¹ 油坊
当铺 taŋ¹³pʰu¹³
租房子 tsu⁴⁴faŋ³¹tsʅ⁵⁴
　／佃房子 tian¹³faŋ³¹tsʅ⁵⁴
　／典房子 tian⁵⁴faŋ³¹tsʅ⁵⁴
煤炭店 mei³¹tʰan¹³tian¹³ 煤铺
块煤 kʰuai⁵⁴mei³¹ 煤球
蜂窝煤 foŋ⁴⁴o⁴⁴mei³¹
跑江湖 pʰao⁵⁴tɕiaŋ⁴⁴fu³¹
　／跑码头 pʰao⁵⁴ma⁵⁴tʰəu³¹ 走江湖
帮人 paŋ⁴⁴zən³¹
　／卖力气 mai¹³li³¹tɕʰi¹³ 打工

（二）经营、交易

开业 kʰai⁴⁴iɛ³¹
停业 tʰin³¹iɛ³¹
盘点 pʰan³¹tian⁵⁴
柜台 kuei¹³tʰai³¹
开价 kʰai⁴⁴tɕia¹³
还价 xuan³¹tɕia¹³
（价钱）公道 koŋ⁴⁴tao¹³
贵 kuei¹³
相因 ɕiaŋ⁴⁴in⁴⁴ 便宜

划得来 xua³¹tɛ³¹lai³¹/ 划算 xua³¹suan¹³
折扣 tsɛ³¹kʰəu¹³
钱 tɕʰian³¹
银子 in³¹tsʅ⁵⁴
零钱 lin³¹tɕʰian³¹
　／碎银子 suei¹³ in³¹tsʅ⁵⁴
用～钱ioŋ¹³ 花
得打工～了一千块钱tɛ³¹/ 找 tsao⁵⁴ 挣
算盘 suan¹³pʰan¹³
称用杆秤～tsʰən⁴⁴/ 约 io³¹
赶场 kan⁵⁴tsʰaŋ³¹ 赶集
场上 tsʰaŋ³¹saŋ¹³
　／场坝 tsʰaŋ³¹pa¹³ 集市
全部要噢 tɕʰian³¹pu¹³iao¹³əu¹³ 包圆
儿（剩下的全部买了）
生意好 sən⁴⁴i¹³xao⁵⁴ 买卖好
生意不好 sən⁴⁴i¹³pu⁴⁴xao⁵⁴ 买卖清淡
本钱 pən⁵⁴tɕʰian³¹
赚钱 tsuan¹³tɕʰian³¹
　／找钱 tsao⁵⁴tɕʰian³¹
折本 sɛ³¹pən⁵⁴ 亏本
路费 lu¹³fei¹³/ 盘缠 pʰan³¹tsʰan³¹
利息 li¹³ɕi³¹
卯运好 mao⁵⁴in¹³xao⁵⁴ 运气好
该～他三元钱kai⁴⁴ 欠
差～五角十元，即九元五角tsʰa⁴⁴
押金 ia³¹tɕin⁴⁴

（三）账目、度量衡

度量衡 tu¹³liaŋ³¹xən³¹
账房 tsaŋ¹³faŋ³¹
开销 kʰai⁴⁴ɕiao⁴⁴
收账（记收入的账）səu⁴⁴tsaŋ¹³

出账（记付出的账）tʰu³¹tsaŋ¹³
该账 kai⁴⁴tsaŋ¹³
　/ 差账 tsʰa⁴⁴tsaŋ¹³ 欠账
要账 iao¹³tsaŋ¹³
烂账（要不来的账）lan¹³tsaŋ¹³
发票 fa³¹pʰiao¹³
收据 səu⁴⁴tɕi¹³
存款（存下的钱）tsʰən³¹kʰuan⁵⁴
□钱 kən⁵⁴tɕʰian³¹ 整钱（如十元、百元的钱）
零钱 lin³¹tɕʰian³¹
票子（纸币）pʰiao¹³tsʅ⁵⁴
毫毫 xao³¹xao⁴⁴
　/ 毫子 xao³¹tsʅ⁵⁴ 硬币
铜钱 带孔的 tʰoŋ³¹tɕʰian³¹
铜板 不带孔的 tʰoŋ³¹pan⁵⁴
大洋 ta¹³iaŋ³¹ / 银圆 in³¹ian³¹
一分钱 i¹³fən⁴⁴tɕʰian³¹
一角钱 i¹³tɕio³¹tɕʰian³¹
一块钱 i¹³kʰai⁵⁴tɕʰian³¹
十块钱 sʅ³¹kʰai⁵⁴tɕʰian³¹
一百块钱 i¹³pe³¹kʰai⁵⁴tɕʰian³¹
一张票子（钞票）i¹³tsaŋ⁴⁴pʰiao¹³tsʅ⁵⁴
一个铜板 i³¹ko¹³tʰoŋ³¹pan⁵⁴ 一个铜子儿
天平 tʰian⁴⁴pʰin³¹
戥子（等子）tən⁵⁴tsʅ⁵⁴
秤 tsʰən¹³
磅秤 paŋ¹³tsʰən¹³
秤盘 tsʰən¹³pʰan³¹
秤平星 tsʰən¹³pʰin³¹ɕin⁴⁴ 秤星儿
秤杆 tsʰən¹³kan⁵⁴ 秤杆儿
秤钩 tsʰən¹³kəu⁴⁴ 秤钩子

秤砣 tsʰən¹³tʰo³¹ 秤锤
秤毫 tsʰən¹³xao³¹
（称物时）秤尾高 tsʰən¹³uei⁵⁴kao⁴⁴
（称物时）秤尾低 tsʰən¹³uei⁵⁴ti⁴⁴
刮板（平斗斛的木片）kua³¹pan⁵⁴

（四）交通
铁路 tʰie³¹lu¹³
轨道 kuei⁵⁴tao¹³ 铁轨
火车 xo⁵⁴tsʰɛ⁴⁴
火车站 xo⁵⁴tsʰɛ⁴⁴tsan¹³
马路 ma⁵⁴lu¹³ / 公路 koŋ⁴⁴lu¹³
汽车 tɕʰi¹³tsʰɛ⁴⁴
客车（指汽车的）kʰɛ¹³tsʰɛ⁴⁴
货车（指汽车的）xo¹³tsʰɛ⁴⁴
公共汽车 koŋ⁴⁴koŋ¹³tɕʰi¹³tsʰɛ⁴⁴
小轿车 ɕiao⁵⁴tɕiao¹³tsʰɛ⁴⁴
　/ 小包车 ɕiao⁵⁴pao⁴⁴tsʰɛ⁴⁴
摩托车 mo⁴⁴tʰo³¹tsʰɛ⁴⁴
三轮车 san⁴⁴lən³¹tsʰɛ⁴⁴ 三轮车（载人的、拉货的）
板车 pan⁵⁴tsʰɛ⁴⁴ 一种以其平板部分载货或载人的非机动车辆
单车 tan⁴⁴tsɛ⁴⁴ 自行车
马车 ma⁵⁴tsʰɛ⁴⁴ 大车（骡马拉的运货的车，北方多用；注意车的各部位名称）
鸡公车（多用于南方）tɕi⁴⁴koŋ⁴⁴tsʰɛ⁴⁴
船（总称）tsʰuan³¹
帆 fan³¹
篷（织竹夹箬覆舟）pʰoŋ³¹
桅杆 uei³¹kan⁴⁴
舵 to¹³

橹 lu⁵⁴
桨 tɕiaŋ⁵⁴
篙 kao⁴⁴
跳板（上下船用）tʰiao¹³pan⁵⁴
帆船 fan³¹tsʰuan³¹
渔船 i³¹tsʰuan³¹
渡船 tu¹³tsʰuan³¹
轮船 lən³¹tsʰuan³¹
过摆渡（坐船过河）ko¹³pai⁵⁴tu¹³
渡口 tu¹³kʰəu⁵⁴

二十、文化教育

（一）学校

学校 ɕio³¹ɕiao¹³
读书 开始~噢；去学校~tu³¹su⁴⁴ 上学
放学 faŋ¹³ɕio³¹
逃学 tʰao³¹ɕio³¹
幼儿园（年龄较大）iəu¹³ɚ³¹ian³¹
托儿所（年龄较小）tʰo³¹ɚ³¹so⁵⁴
义学 i¹³ɕio³¹
私塾 sɿ⁴⁴su³¹
学费 ɕio³¹fei¹³
放假 faŋ¹³tɕia¹³
暑假 su⁵⁴tɕia¹³
寒假 xan³¹tɕia¹³
请假 tɕʰin⁵⁴tɕia¹³

（二）教室、文具

教室 tɕiao¹³sɿ³¹
上课 saŋ¹³kʰo¹³
下课 ɕia¹³kʰo¹³
讲台 tɕiaŋ⁵⁴tʰai³¹

黑板 xɛ³¹pan⁵⁴
粉笔 fən⁵⁴pi³¹
黑板擦 xɛ³¹pan⁵⁴tsʰa³¹ 板擦儿
点名册 tian⁵⁴min³¹tsʰɛ³¹
戒尺 kai¹³tsʰɿ³¹
书包 su⁴⁴pao⁴⁴
本子 pən⁵⁴tsɿ⁵⁴
笔记本 pi³¹tɕi¹³pən⁵⁴
课本 kʰo¹³pən⁵⁴
作文本 tso³¹uən³¹pən⁵⁴
大字本 ta¹³tsɿ¹³pən⁵⁴
格子本 kɛ³¹tsɿ⁵⁴pən⁵⁴
铅笔 tɕʰian⁴⁴pi³¹
钢笔 kaŋ⁴⁴pi³¹
圆珠笔 ian³¹tsu⁴⁴pi³¹
毛笔 mao³¹pi³¹
笔壳 pi³¹kʰo³¹ 笔帽
笔筒 pi³¹tʰoŋ³¹
墨 mɛ³¹
砚台 lian¹³tʰai³¹
磨墨 mo³¹mɛ³¹ 研墨（动宾）
墨盒 mɛ³¹xo³¹ 墨盒儿
墨汁（毛笔用的）mɛ³¹tsɿ³¹
舔笔（动宾）tʰian⁵⁴pi³¹
墨水 mɛ³¹suei⁵⁴墨水儿（钢笔用的）
信 ɕin¹³
跐皮擦 tsʰɿ⁴⁴pʰi³¹tsʰa³¹ 橡皮
铅笔刀（指旋着削的那种）
tɕʰian⁴⁴pi³¹tao⁴⁴
圆规 ian³¹kuei⁴⁴
三角板 san⁴⁴ko³¹pan⁵⁴
镇纸 tsən¹³tsɿ⁵⁴

（三）读书识字

读书人 tu³¹su⁴⁴zən³¹
/秀才 ɕiəu¹³tsʰai³¹

认得倒字嘞 zən¹³tɛ¹³tao⁵⁴tsʅ¹³lei⁴⁴ 识字的

认不倒字嘞 zən¹³pu⁴⁴tao⁵⁴tsʅ¹³lei⁴⁴ 不识字的

读书 tu³¹su⁴⁴

温书 uən⁴⁴su⁴⁴

背书 pei¹³su⁴⁴

报考 pao¹³kʰao⁵⁴

考场 kʰao⁵⁴tsʰaŋ³¹

进场 tɕin¹³tsʰaŋ³¹ 入场（进考场）

考试 kʰao⁵⁴sʅ¹³

卷子 tɕian¹³tsʅ⁵⁴ 考卷

满分 man⁵⁴fən⁴⁴

零分 lin³¹fən⁴⁴

发榜 fa³¹paŋ⁵⁴

头名 tʰəu³¹min³¹

尾巴 uei⁵⁴pa⁴⁴ 末名

毕业 pi³¹iɛ³¹

肄业 i¹³iɛ³¹

文凭 uən³¹pʰin³¹

（四）写字

大字 ta¹³tsʅ¹³ 大楷

小字 ɕiao⁵⁴tsʅ¹³ 小楷

字帖 tsʅ¹³tʰiɛ³¹

临帖 lin³¹tʰiɛ³¹

涂噢 tʰu³¹əu¹³ 涂了

写白字 ɕiɛ⁵⁴pɛ³¹tsʅ¹³

写倒笔画 ɕiɛ⁵⁴tao¹³pi¹³xua¹³ 写字（笔顺不对）

掉字 tiao¹³tsʅ¹³

草稿 tsʰao⁵⁴kao⁵⁴

打稿子 ta⁵⁴kao⁵⁴tsʅ⁵⁴ 起稿子

抄写 tsʰao⁴⁴ɕiɛ⁵⁴ 誊清

一点 i¹³tian⁵⁴

一横 i¹³xuən³¹

一竖 i³¹su¹³

一撇 i¹³pʰiɛ³¹

一捺 i¹³la³¹

一勾 i¹³kəu⁴⁴

一提 i¹³tʰi³¹ 一挑

一笔 i¹³pi³¹ 一画（王字是四画）

偏旁 pʰian⁴⁴pʰaŋ³¹ 偏旁儿

单人旁 tan⁴⁴zən³¹pʰaŋ³¹ 立人儿（亻）

双人旁 suaŋ⁴⁴zən³¹pʰaŋ³¹ 双立人儿（彳）

弓长张 koŋ⁴⁴tsʰaŋ³¹tsaŋ⁴⁴ 弯弓张

立早章 li³¹tsao⁵⁴tsaŋ⁴⁴

禾口程 xo³¹kʰəu⁵⁴tsʰən³¹ 禾旁程

方框 faŋ⁴⁴kʰaŋ⁴⁴ 四框栏儿（囗）

宝盖头 pao⁵⁴kai¹³tʰəu³¹ 宝盖儿（宀）

秃宝盖 tʰu³¹pao⁵⁴kai¹³ 秃宝盖儿（冖）

竖心旁（忄）su¹³ɕin⁴⁴pʰaŋ³¹

反犬旁（犭）fan⁵⁴tɕian⁵⁴pʰaŋ³¹

单耳旁 tan⁴⁴ɚ⁵⁴pʰaŋ³¹ 单耳刀儿（卩）

双耳旁 suaŋ⁴⁴ɚ⁵⁴pʰaŋ³¹ 双耳刀儿（阝）

反文旁（攵）fan⁵⁴uən³¹pʰaŋ³¹

斜玉旁 ɕiɛ³¹i¹³pʰaŋ³¹ 斜玉儿（王）

提土旁（扌）tʰi³¹tʰu³¹pʰaŋ³¹

竹字头 tsu³¹tsʅ¹³tʰəu³¹ 竹字头儿（⺮）

火字旁 xo⁵⁴tsʅ¹³pʰaŋ³¹

四点（灬）sʅ¹³tian⁵⁴

三点水 san⁴⁴tian⁵⁴suei⁵⁴ 三点水儿（氵）

两点水 liaŋ⁵⁴tian⁵⁴suei⁵⁴ 两点水儿（冫）
病字旁 pin¹³tsʅ¹³pʰaŋ³¹ 病旁儿（疒）
走之底 tsəu⁵⁴tsʅ⁴⁴ti⁵⁴ 走之儿（辶）
绞丝旁（纟）tɕiao⁵⁴sʅ⁴⁴pʰaŋ³¹
提手旁（扌）tʰi³¹səu⁵⁴pʰaŋ³¹
草字头（艹）tsʰao⁵⁴tsʅ¹³tʰəu³¹

二十一、文体活动

（一）游戏、玩具

风筝 foŋ⁴⁴tsən⁴⁴
躲猫猫 to⁵⁴mao⁴⁴mao⁴⁴ 捉迷藏；藏老蒙儿
踢毽 tʰi³¹tɕian¹³ 踢毽儿
拣子儿 tɕian⁵⁴tsər⁵⁴ 抓子儿（用几个小沙包或石子儿，扔起其一，做规定动作后再接住）
弹珠珠 tʰan³¹tsu⁴⁴tsu⁴⁴ 弹球儿
打水漂 ta⁵⁴suei⁵⁴pʰiao⁴⁴ 在水面上掷瓦片
跳大海 tʰiao¹³ta¹³xai⁵⁴ 跳房子
翻花 fan⁴⁴xua⁴⁴ 翻绳（两人轮换翻动手指头上的细绳，变出各种花样）
划拳（喝酒时）xua³¹tɕʰian³¹
出谜谜 tsʰu³¹mi¹³mi¹³ 出谜语
猜谜谜 tsʰai⁴⁴mi¹³mi¹³ 猜谜语
不倒翁 pu⁴⁴tao⁵⁴oŋ⁴⁴
推牌九 tsʰuei⁴⁴pʰai³¹tɕiəu⁵⁴
打牌 ta⁵⁴pʰai³¹
打麻将 ta⁵⁴ma³¹tɕiaŋ¹³
／搓麻将 tsʰo⁴⁴ma³¹tɕiaŋ¹³
掷色子 tsʅ³¹sɛ³¹tsʅ⁵⁴

押宝 ia³¹pao⁵⁴
炮仗 pʰao¹³tsaŋ⁵⁴ 爆竹
放炮仗 faŋ¹³pʰao¹³tsaŋ⁵⁴ 放鞭炮
冲天炮 tsʰoŋ⁴⁴tʰian⁴⁴pʰao¹³ 二踢脚
烟花 ian⁴⁴xua⁴⁴ 烟火
放花炮 faŋ¹³xua⁴⁴pʰao¹³
花书 xua⁴⁴su⁴⁴ 连环画
跳绳 tʰiao¹³suən³¹

（二）体育

象棋 ɕian¹³tɕʰi³¹
下棋 ɕia¹³tɕʰi³¹
将 tɕiaŋ¹³
帅 suai¹³
士 sʅ¹³
象 ɕiaŋ¹³
车 tɕi⁴⁴
马 ma⁵⁴
炮 pʰao¹³
兵 pin⁴⁴
卒 tsu³¹
拱卒 koŋ⁵⁴tsu³¹
上士（士走上去）saŋ¹³sʅ¹³
落士（士走下来）lo³¹sʅ¹³
飞象 fei⁴⁴ɕiaŋ¹³
落象 lo³¹ɕiaŋ¹³
将军 tɕiaŋ⁴⁴tɕin⁴⁴
围棋 uei³¹tɕʰi³¹
黑子 xɛ³¹tsʅ⁵⁴
白子 pɛ³¹tsʅ⁵⁴
和棋 xo³¹tɕʰi³¹
拔河 pa³¹xo³¹
游泳 iəu³¹in¹³/ioŋ⁵⁴

仰泳 iaŋ⁵⁴ioŋ⁵⁴
蛙泳 ua⁴⁴ioŋ⁵⁴
自由泳 tsʅ¹³iəu³¹ioŋ⁵⁴
插汤子 tsʰa³¹mi¹³tsʅ⁵⁴ 潜水
打球 ta⁵⁴tɕʰiəu³¹
赛球 sai¹³tɕʰiəu³¹
乒乓球 pin⁵⁴poŋ⁵⁴tɕʰiəu³¹
篮球 lan³¹tɕʰiəu³¹
排球 pʰai³¹tɕʰiəu³¹
足球 tsu³¹tɕʰiəu³¹
羽毛球 i⁵⁴mao³¹tɕʰiəu³¹
跳远 tʰiao¹³ian⁵⁴
跳高 tʰiao¹³kao⁴⁴

（三）武术、舞蹈
翻跟头 fan⁴⁴kən⁴⁴tʰəu³¹
倒立 tao¹³li³¹
舞狮子 u⁵⁴sʅ⁴⁴tsʅ
划旱船 xua³¹xan¹³tsʰuan³¹ 跑旱船
高跷 kao⁴⁴tɕiao⁴⁴
对刀 tuei¹³tao⁴⁴
耍刀 sua⁵⁴tao⁴⁴
对枪 tuei¹³tɕʰiaŋ⁴⁴
耍枪 sua⁵⁴tɕʰiaŋ⁴⁴
耍流星 sua⁵⁴liəu³¹ɕin⁴⁴
扭秧歌 liəu⁵⁴iaŋ⁴⁴ko⁴⁴ 扭秧歌儿
打腰鼓 ta⁵⁴iao¹³ku⁵⁴
跳舞 tʰiao¹³u⁵⁴

（四）戏曲
木偶戏 mu³¹ŋəu⁵⁴ɕi¹³
大戏（大型戏曲，角色多、乐器多、演唱内容复杂）ta¹³ɕi¹³
京戏 tɕin⁴⁴ɕi¹³ 京剧

话剧 xua¹³tɕi¹³
戏院 ɕi¹³ian¹³
戏台 ɕi¹³tʰai³¹
演员 ian⁵⁴ian³¹
变戏法 pian¹³ɕi¹³fa³¹ 变魔术
说书 so³¹su⁴⁴
花脸 xua⁴⁴lian⁵⁴
小丑 ɕiao⁵⁴tsʰəu⁵⁴
老生 lao⁵⁴sən⁴⁴
小生 ɕiao⁵⁴sən⁴⁴
武生 u⁵⁴sən⁴⁴
刀马旦 tao⁴⁴ma⁵⁴tan¹³
／女将 li⁵⁴tɕiaŋ¹³
老旦 lao⁵⁴tan¹³
青衣 tɕʰin¹³i⁴⁴
花旦 xua⁴⁴tan¹³
小旦 ɕiao⁵⁴tan¹³
跑龙套嘞 pʰao⁵⁴loŋ³¹tʰao¹³lei⁴⁴ 跑龙套的
唱歌 tsʰaŋ¹³ko⁴⁴
演戏 ian⁵⁴ɕi¹³
锣鼓 lo³¹ku⁵⁴
二胡 ɚ¹³xu³¹
笛子 ti³¹tsʅ⁵⁴

二十二、动作

（一）具体动作
站~起来 tsan¹³
跍~下 ku⁴⁴/蹲~下 tən⁴⁴
摇头 iao³¹tʰəu³¹
点头 tian⁵⁴tʰəu³¹
抬头 tʰai³¹tʰəu³¹

93

低头 ti⁴⁴tʰəu³¹

回头 xuei³¹tʰəu³¹

转过脸去 tsuan⁵⁴ko¹³lian⁵⁴tɕʰi⁴⁴ 脸转过去

睁眼睛 tsən⁴⁴ian⁵⁴tɕin⁴⁴

闭眼睛 pi¹³ian⁵⁴tɕin⁴⁴

眨眼睛 tsa⁵⁴ian⁵⁴tɕin⁴⁴ 眨眼

瞪眼睛 tən¹³ian⁵⁴tɕin⁴⁴

挤眼睛 tɕi⁵⁴ian⁵⁴tɕin⁴⁴ 挤眼儿

遇到 i¹³tao⁵⁴ 遇见

看 ~电视 kʰan¹³

眼睛乱转 ian⁵⁴tɕin⁴⁴luan¹³tsuan¹³

淌眼泪 taŋ⁵⁴ian⁵⁴luei¹³ 流眼泪

张嘴 tsaŋ⁴⁴tsuei⁵⁴/ 奓嘴 tsa⁴⁴tsuei⁵⁴

闭嘴 pi¹³tsuei⁵⁴

翘嘴 tɕʰiao¹³tsuei⁵⁴ 努嘴

摇手 iao³¹səu⁵⁴/ 摆手 pai⁵⁴səu⁵⁴

松手 soŋ⁴⁴səu⁵⁴ 撒手

听 tʰin⁴⁴

动手 只许动口，不许~ toŋ¹³səu⁵⁴

拍手 pʰɛ³¹səu⁵⁴

背起手 pei¹³tɕʰi⁵⁴səu⁵⁴ 背着手儿

叉起手 tsʰa⁴⁴tɕʰi⁵⁴səu⁵⁴ 叉着手儿（两手交叉在胸前）

笼起手 loŋ³¹tɕʰi⁵⁴səu⁵⁴ 笼着手（双手交叉伸到袖筒里）

拨 po³¹ 拨拉

捂倒 u³¹tao⁵⁴ 捂住

摸 mo⁴⁴ 摩挲 用手~猫背

搊 tsʰəu⁴⁴ 用手托着向上

掂屎 tian⁴⁴sʅ⁵⁴ 把屎（抱持小儿双腿，哄他大便）

掂尿 tian⁴⁴liao¹³ 把尿

扶倒 fu³¹tao⁵⁴ 扶着

弹指头 tʰan³¹tsʅ⁵⁴tʰəu³¹

捏起碇子 liɛ³¹tɕʰi⁵⁴tin¹³tsʅ⁵⁴ 攥起拳头

跺脚 to¹³tɕio³¹

踮脚 tian¹³tɕio³¹

卷起脚 tɕian⁴⁴tɕʰi⁵⁴tɕio³¹ 蜷腿

抖脚 tʰəu⁵⁴tɕio³¹ 抖腿

踢腿 tʰi³¹tʰuei⁵⁴

伸腰 sən⁴⁴iao⁴⁴

撑腰（支持）tsʰən⁴⁴iao⁴⁴

翘屁股 tɕʰiao¹³pʰi¹³ku⁵⁴ 撅屁股

擤鼻濞 ɕin⁵⁴pi³¹pi¹³ 擤鼻涕

喝鼻濞 xo³¹pi³¹pi¹³ 吸溜鼻涕

打喷嚏 ta⁵⁴pʰən¹³tʰi¹³

闻 用鼻子~ uən³¹

吸 ~气 ɕi³¹

咬 狗~人 ŋao⁵⁴/liao⁵⁴

嚼 ~碎 tɕiao³¹

吞 ~下去 tʰən⁴⁴ 咽

舔 用舌头~ tʰian⁵⁴

含 ~在嘴里 xan³¹

响 xiaŋ⁵⁴ 亲嘴

哑（用嘴唇聚拢吸取液体）tsa³¹ 吮吸

吐 ~掉 tʰu⁵⁴

吐 ~喝了 tʰu¹³

拿 ~过来 la³¹

跟 ~我一个苹果 kən⁴⁴ 给

摸 ~头 mo⁴⁴

抻 ~手 tsʰən⁴⁴/ 摘 tsʅ⁴⁴ 伸

哈 ~痒痒 xa³¹ 挠

掐 用拇指和食指的指甲~肉 tɕʰia³¹

扣 ~扣子 kʰəu¹³

扭 ~螺丝；~毛巾 liəu⁵⁴

□ ~碎 lən⁴⁴ 捻

□ ~开 pʰiɛ⁵⁴/ 搬~开 pan⁴⁴ 掰

剥 ~花生 po³¹

撕 ~纸 tsɿ⁴⁴

□ 把树枝~断 pʰiɛ⁵⁴ 折

扯 ~萝卜 tsʰɛ⁵⁴ 拔

讨 ~花 tʰao⁵⁴ 摘

凭 斜靠；~在墙上 pʰən⁴⁴ 倚

坐 ~下 tso¹³

跳 ~起来 tʰiao¹³

□ 从门槛上~过去 tɕʰia³¹ 迈

踩 ~在牛粪上 tsʰai⁵⁴

跷 ~腿 tɕʰiao⁴⁴ 翘

弯 ~腰 uan⁴⁴

挺 ~胸 tʰin⁵⁴

趴 ~倒睡 pʰa⁴⁴

爬 在地上~ pʰa³¹

走 慢~ tsəu⁵⁴

跑 不要~ pʰao⁵⁴

□ 追；~小偷 luei⁴⁴

抓 ~小偷 tsua⁴⁴

抱 ~娃娃 pao¹³

背 ~娃娃 pei⁴⁴

牵 ~老人 tɕʰian⁴⁴/ 扶 fu³¹ 搀

推 ~车 tʰuei⁴⁴

跶 小娃娃~倒噢 ta³¹ 跌

撞 ~倒墙上 tsʰuaŋ⁵⁴

挡 ~住我噢 taŋ⁵⁴

躲 ~在床脚 to⁵⁴ 躲藏

收钱 ~在柜柜头 səu⁴⁴ 躲 to⁵⁴/ 鹅 o³¹ 藏

放，收藏

放 ~在桌子上 faŋ¹³

擦 ~起来 lo¹³

埋 ~在地下 mai³¹

盖 ~上 kai¹³

压 用石头~住 ia¹³

压 ~图钉 ŋa¹³

捅 ~鸟窝 tʰoŋ⁴⁴

插 ~在香炉里头 tsʰa³¹

丞 ~个洞 to³¹ 戳

砍 ~树 kʰan⁵⁴

剁 ~碎 to¹³

削 ~苹果 ɕio³¹

炸 木板~开了 tsa¹³ 裂开

重皮 ~起来 tsoŋ¹³ 皱

腐烂 死鱼~噢 fu⁵⁴ lan¹³

揩 用毛巾~手 kʰai⁴⁴/ 摘 tsʰɿ⁴⁴ 擦

倒 ~掉 tao¹³

甩 suai⁵⁴ 投掷，丢弃

落 ~下来；钥匙~了 lo³¹ 掉，丢失

滴 ~下来 ti³¹

找 钥匙没~到 tsao⁵⁴

捡 ~到十块钱 tɕian⁵⁴

拎 ~起来 lin⁴⁴ 提

挑 ~担 tʰiao⁴⁴

扛 ~在肩上 kaŋ³¹

抬 ~轿 tʰai³¹

举 ~手 tɕi⁵⁴

打 ~伞 ta⁵⁴

拗 把门~开 ŋao¹³ 撬

挑 你自~一个 tʰiao⁴⁴

打整 ~东西 ta⁵⁴tsən⁵⁴/ 收拾 səu⁴⁴sɿ³¹

撸 ~袖子 lu⁴⁴ 挽

涮 ~羊肉 suan¹³

洗 ~衣服 ɕi⁵⁴

捞~鱼 lao³¹
拴~牛 suan⁴⁴
绑~起来 paŋ⁵⁴/ 捆 kʰuən⁵⁴
解~开 kai⁵⁴
展~桌子 tsan⁵⁴/ 移 i³¹ 挪
端~碗 tuan⁴⁴/ 抬 tʰai³¹
打~碗~碎了 ta⁵⁴ 摔
掺~水 tsʰan⁴⁴/ 加~水 tɕia⁴⁴
烧~柴 sao⁴⁴
拆~房子 tsʰɛ³¹
转~圈 tsuan¹³
捶~背 tsʰuei³¹
打~他~了我一下 ta⁵⁴/ □ tsuai³¹
打架 ta⁵⁴tɕia¹³
歇气 ɕiɛ³¹tɕʰi¹³ 休息
打呵欠 ta⁵⁴xo⁴⁴ɕian¹³
□瞌睡 tsuai³⁴kʰo³¹suei¹³ 打瞌睡
睡 suei¹³
扯噗鼾 tsʰɛ⁵⁴pʰu³¹xan¹³ 打呼噜
做梦 tsəu¹³moŋ¹³
起床 tɕʰi⁵⁴tsʰuan³¹
刷牙 sua³¹ ia³¹
洗澡 ɕi⁵⁴tsao⁵⁴
隔隐 kɛ⁴⁴in⁵⁴ 嫌弃
讨嫌 tʰao⁵⁴ɕian³¹
丢把没用东西~了 tiəu⁴⁴ 扔
掺酒里~水 tsʰan⁴⁴
选择 ɕian⁵⁵tsʰɛ³¹
涂噢 tʰu³¹əu¹³ 擦掉
丢（因忘而把东西遗放在某处）
tiəu⁴⁴ 落
　　找倒噢 tsao⁵⁴tao⁵⁴əu¹³ 找着了
　　堆起来 tuei⁴⁴tɕʰi⁵⁴lai³¹ 码起来

（二）抽象动作

晓得我~这件事 ɕiao⁵⁴tɛ³¹ 知道
不晓得 pu⁴⁴ɕiao⁵⁴tɛ³¹ 不知道
懂我~英语 toŋ⁵⁴
不懂我~英语 pu⁴⁴toŋ⁵⁴
会我~开车 xuei¹³
不会我~开车 pu³¹xuei¹³
认得我~他 zən¹³tɛ³¹ 认识
不认得我~他 pu³¹zən¹³tɛ³¹ 不认识
认字 zən¹³tsʅ¹³/ 识字 sʅ³¹tsʅ¹³
想下 ɕiaŋ⁵⁴xa¹³ 想想
估下 ku⁵⁴xa¹³ 估量
打主意 ta⁵⁴tsu⁵⁴i¹³ 想主意
猜下 tsʰai⁴⁴xa¹³ 猜想
料定 liao¹³tin¹³
主张 tsu⁵⁴tsaŋ⁴⁴
怀疑 xuai³¹li³¹
小心 ɕiao⁵⁴ɕin⁴⁴ 留神
害怕 xai¹³pʰa¹³
吓倒噢 xɛ³¹tao⁵⁴əu¹³ 吓着了
着急 tso³¹tɕi³¹
挂念 kua¹³lian¹³
放心 faŋ¹³ɕin⁴⁴
盼望 pʰan⁴⁴uaŋ¹³
巴不得 pa⁴⁴pu⁴⁴tɛ³¹
忘记噢 uaŋ¹³tɕi¹³əu¹³ 忘记了
想起来噢 ɕiaŋ⁵⁴tɕʰi⁵⁴lai³¹əu¹³ 想起来了
恨 xən¹³
羡慕 ɕian¹³mu¹³
偏心 pʰian⁴⁴ɕin⁴⁴
怄气 ŋəu¹³tɕʰi¹³

抱怨 pao¹³ian¹³
憋气 piɛ³¹tɕʰi¹³
（对物）爱惜 ŋai¹³ɕi³¹
惯悻 kuan¹³sɿ¹³ 娇惯
将就 tɕiaŋ⁴⁴tɕiəu¹³ 迁就
想我~下；我~他；~娃娃 ɕiaŋ⁵⁴ 思索，想念，疼爱
弯酸 uan⁴⁴suan⁴⁴ 犹疑
准备我~开个店 tsuən⁵⁴pei¹³
记得 tɕi¹³tɛ³¹
搞忘 kao⁵⁴uaŋ¹³ 忘记
怕不要~ pʰa¹³
相信我~你 ɕiaŋ⁴⁴ɕin¹³
愁 tsʰəu³¹ 发愁
注意过马路要~ tsu¹³i¹³
  / 小心 ɕiao⁵⁴ɕin⁴⁴
喜欢~看书 ɕi⁵⁴xuan⁴⁴
  / 欢喜 xuan⁴⁴ɕi⁵⁴
讨厌我~他 tʰao⁵⁴ian¹³
安逸住得~ ŋan⁴⁴i³¹/ 舒服 su⁴⁴fu³¹
难在（生理的）lan³¹tsai¹³ 难受
难过（心理的）lan³¹ko¹³
高兴 kao⁴⁴ɕin¹³
鬼火戳 kuei⁵⁴xo⁵⁴tsʰo³¹
  / 发火 fa³¹xo⁵⁴
  / 冒火 mao¹³xo⁵⁴ 生气
怪 kuai¹³ 责怪
后悔 xəu¹³xuei⁵⁴
眼红 ian⁵⁴xoŋ³¹ 嫉妒
不好意思 pu⁴⁴xao⁵⁴i¹³sɿ⁴⁴
  / 害羞 xai¹³ɕiəu⁴⁴
丢人 tiəu⁴⁴zən³¹/ 丢脸 tiəu⁴⁴lian⁵⁴
欺负 tɕʰi⁴⁴fu¹³

装~病 tsuaŋ⁴⁴
要我~那个 iao¹³
有他~个娃娃 iəu⁵⁴
不得他~娃娃 pu⁴⁴tɛ³¹ 没有
是我~老师 sɿ⁴⁴
不是我~老师 pu³¹sɿ⁴⁴
在他~家 tsai¹³
不在他~家 pu³¹tsai¹³
好嘞（应答语）xao⁵⁴lei⁴⁴ 好的，行
不行（应答语）pu⁴⁴ɕin¹³
会~来 xuei¹³
应该~去 in¹³kai⁴⁴
可以~去 kʰo⁵⁴i⁵⁴

（三）言语动作

讲话 tɕiaŋ⁵⁴xua¹³ 说话
摆白 pai⁵⁴pɛ³¹
  / 吹牛 tsʰuei⁴⁴liəu³¹ 聊天
摆故事 pai⁵⁴ku¹³sɿ¹³
  / 摆王伯六 pai⁵⁴uaŋ³¹pɛ³¹lu¹³
  / 唑聊斋 tsa³¹liao³¹tsai⁴⁴
接话 tɕiɛ³¹xua¹³ 搭茬儿
不支 pu³¹tsɿ⁴⁴
  / 吭声 kʰən⁴⁴sən⁴⁴ 不作声
跟他讲 kən⁴⁴la⁴⁴tɕiaŋ⁵⁴ 告诉
抬杠 tʰai³¹kaŋ¹³
顶嘴 tin⁵⁴tsuei⁵⁴
闹架 lao¹³tɕia¹³/ 吵架 tsʰao⁵⁴tɕia¹³
肏当面~人 tsʰao¹³/ 骂当面~人 ma¹³
骂（破口骂）ma¹³
着骂 tsao³¹ma¹³ 挨骂
嘱咐 tsu³¹fu¹³
着批评 tsao³¹pʰi⁴⁴pʰin³¹

／着刮鼻子 tsao³¹kua³¹pi³¹tsʅ⁵⁴ 挨说（挨批评）

嘴碎 tsuei⁵⁴suei¹³ 叨唠

喊 ~他来 xan⁵⁴ 叫

喳巴卖嗓 tsa⁴⁴pa⁴⁴mai¹³saŋ⁵⁴ 吆喝

哭 kʰu³¹

诓 ~人 kʰuaŋ⁴⁴ 骗

哄 ~娃娃 xoŋ⁵⁴ 骗人，用言语或行动逗人喜欢

扯谎 tsʰɛ⁵⁴xuaŋ⁵⁴

／日白撂谎 zʅ³¹pɛ³¹liao¹³xuaŋ⁵⁴

／砸聊斋 tsa³¹liao¹³tsai⁴⁴ 撒谎

吹牛皮 tsʰuei⁴⁴liəu³¹pi³¹

捧脬 pʰoŋ⁵⁴pʰao⁴⁴ 拍马屁（含贬义）

抬（巴）tʰai⁴⁴（pa⁴⁴）奉承抬举别人（无贬义）

开玩笑 kʰai⁴⁴ uan³¹ɕiao¹³

二十三、位置

上 saŋ¹³

下 ɕia¹³

上头 saŋ¹³tʰəu⁴⁴ 上面

下头 ɕia¹³tʰəu⁴⁴ 下面

地下 当心！别掉~了；~脏极了 ti¹³ɕia¹³ 地下、地上

天上 tʰian⁴⁴saŋ¹³

山上 san⁴⁴saŋ¹³

路上 lu¹³saŋ¹³

街上 kai⁴⁴saŋ¹³

墙上 tɕʰiaŋ³¹saŋ¹³

门上 mən³¹saŋ¹³

桌子上 tso³¹tsʅ⁵⁴saŋ¹³ 桌上

椅子上 i⁵⁴tsʅ⁵⁴saŋ¹³

边边 pian⁴⁴pian⁴⁴ 边儿

角角 ko³¹ko⁴⁴ 角儿

里头 li⁵⁴tʰəu⁴⁴ 里面

外头 uai¹³tʰəu⁴⁴ 外面

手头 səu⁵⁴tʰəu⁴⁴ 手里

心头 ɕin⁴⁴tʰəu⁴⁴ 心里

露天坝 lu¹³tʰian⁴⁴pa¹³ 野外

大门外 ta¹³mən³¹uai¹³

门外 mən³¹uai¹³ 门儿外

墙外 tɕʰiaŋ³¹uai¹³

窗户外头 tsʰuaŋ⁴⁴fu¹³uai¹³tʰəu³¹

车上 ~坐着人 tsʰɛ⁴⁴saŋ¹³

车外 ~下着雪 tsʰɛ⁴⁴uai¹³

车前 tsʰɛ⁴⁴tɕʰian³¹

车后 tsʰɛ⁴⁴xəu¹³

前头 tɕʰian³¹tʰəu⁴⁴ 前面

后头 xəu¹³tʰəu⁴⁴ 后面

前面 tɕʰian³¹mian¹³ 前边

后面 xəu¹³mian¹³ 后边

山前 san⁴⁴tɕʰian³¹

山后 san⁴⁴xəu¹³

房后 faŋ³¹xəu¹³

背后 pei¹³xəu¹³

中间 tsoŋ⁴⁴tɕian⁴⁴

尾巴 排队排在~ uei⁵⁴pa⁴⁴ 末尾

对面 tuei¹³mian¹³

面前 mian¹³tɕʰian³¹

侧边 tsɛ³¹pian⁴⁴ 旁边

以前 i⁵⁴tɕʰian³¹

以后 i⁵⁴xəu¹³

以上 i⁵⁴saŋ¹³

以下 i⁵⁴ɕia¹³

后来（指过去某事之后）xəu¹³

lai³¹
　赶后 kan⁵⁴xəu¹³ 随后
　从今以后（将来）tsʰoŋ³¹tɕin⁴⁴ i⁵⁴xəu¹³
　从此以后（不拘过去将来）tsʰoŋ³¹tsʰʅ⁵⁴i⁵⁴xəu¹³
　东 toŋ⁴⁴
　西 ɕi⁴⁴
　南 lan³¹
　北 pɛ³¹
　东南 toŋ⁴⁴lan³¹
　东北 toŋ⁴⁴pɛ³¹
　西南 ɕi⁴⁴lan³¹
　西北 ɕi⁴⁴pɛ³¹
　路边 lu¹³pian⁴⁴ 路边儿
　中间 tsoŋ⁴⁴tɕian⁴⁴ 当间儿
　床脚 tsʰuan³¹tɕio³¹ 床底下
　楼脚 ləu³¹tɕio³¹ 楼底下
　脚底下 tɕio³¹ti⁵⁴ɕia¹³
　碗底 uan⁵⁴ti⁵⁴ 碗底儿
　锅底 ko⁴⁴ti⁵⁴ 锅底儿
　缸底 kaŋ⁴⁴ti⁵⁴ 缸底儿
　附近 fu¹³tɕin¹³
　眼前 ian⁵⁴tɕʰian³¹
　／目前 mu³¹tɕʰian³¹ 跟前儿
　地方 ti¹³faŋ⁴⁴
　哪里 la⁵⁴tɛ⁵⁴
　／哪堂 la⁵⁴tʰaŋ³¹
　／哪样地方 lan⁵⁴ iaŋ¹³ti¹³faŋ⁴⁴ 什么地方
　家头 tɕia⁴⁴tʰəu³¹ 家里
　城头 tsʰən³¹tʰəu⁴⁴ 城里
　乡下 ɕiaŋ⁴⁴ɕia¹³

左边 tso⁵⁴pian⁴⁴
右边 iəu¹³pian⁴⁴
上去 saŋ¹³tɕʰi⁴⁴
下来 ɕia¹³lai³¹
进去 tɕin¹³tɕʰi⁴⁴
出来 tsʰu³¹lai³¹
出去 tsʰu³¹tɕʰi⁴⁴
回来 xuei³¹lai³¹
起来 tɕʰi⁵⁴lai³¹
朝里走 tsʰao³¹li⁵⁴tsəu⁵⁴ 往里走
朝外走 tsʰao³¹uai¹³tsəu⁵⁴ 往外走
朝东走 tsʰao³¹toŋ⁴⁴tsəu⁵⁴ 往东走
朝西走 tsʰao³¹ɕi⁴⁴tsəu⁵⁴ 往西走
朝回走 tsʰao³¹xuei³¹tsəu⁵⁴ 往回走
朝前走 tsʰao³¹tɕʰian³¹tsəu⁵⁴ 往前走
……以东 i⁵⁴toŋ⁴⁴
……以西 i⁵⁴ɕi⁴⁴
……以南 i⁵⁴lan³¹
……以北 i⁵⁴pɛ³¹
……以内 i⁵⁴luei¹³
……以外 i⁵⁴uai¹³
……以来 i⁵⁴lai³¹
……之后 tsʅ⁴⁴xəu¹³
……之前 tsʅ⁴⁴tɕʰian³¹
……之外 tsʅ⁴⁴uai¹³
……之内 tsʅ⁴⁴luei¹³
……之间 tsʅ⁴⁴tɕian⁴⁴
……之上 tsʅ⁴⁴saŋ¹³
……之下 tsʅ⁴⁴ɕia¹³

二十四、代词等

我 ŋo⁵⁴
你 li⁵⁴

他 la⁴⁴
我们 ŋo⁵⁴mən⁴⁴
你们 li⁵⁴mən⁴⁴
他们 la⁴⁴mən⁴⁴
我们两个 ŋo⁵⁴mən⁴⁴liaŋ⁵⁴ko¹³ 我俩
你们两个 li⁵⁴mən⁴⁴liaŋ⁵⁴ko¹³ 你俩
他们两个 la⁴⁴mən⁴⁴liaŋ⁵⁴ko¹³ 他俩
我嘞 ŋo⁵⁴lei⁴⁴ 我的
你嘞 li⁵⁴lei⁴⁴ 你的
他嘞 la⁴⁴lei⁴⁴ 他的
我们嘞 ŋo⁵⁴mən⁴⁴lei⁴⁴ 我们的
你们嘞 li⁵⁴mən⁴⁴lei⁴⁴ 你们的
他们嘞 la⁴⁴mən⁴⁴lei⁴⁴ 他们的
人家 zən³¹tɕia⁴⁴ 人家
大家 ta¹³tɕia⁴⁴
个个 ko¹³ko¹³ 人人
自家 tsʅ¹³tɕia⁴⁴
／各人 ko³¹zən³¹ 自己
别个 piɛ³¹ko¹³ 别人
爸 pa¹³／我家爸 ŋo⁵⁴tɕia⁴⁴pa¹³
你家爸 li⁵⁴tɕia⁴⁴pa¹³
他家爸 la⁴⁴tɕia⁴⁴pa¹³
之 tsʅ⁴⁴ 这
那 a¹³
之个 tsʅ⁴⁴ko¹³ 这个
那个 a¹³ko¹³
哪个 你要~杯子? la⁵⁴ko¹³
哪个 你找~? la⁵⁴ko¹³ 谁
哪个嘞 la⁵⁴ko¹³lei⁴⁴ 谁的
之些 tsʅ⁴⁴ɕiɛ⁴⁴ 这些
那些 a¹³ɕiɛ⁴⁴
哪些 la⁵⁴ɕiɛ⁴⁴
之里 tsʅ⁴⁴tɛ⁵⁴ 这里

那里 a¹³tɛ⁵⁴ 那里
哪里 la⁵⁴tɛ⁵⁴ 哪里
□□ ~嘞事情；~高；~做 tsoŋ³¹ŋo¹³ 这样；这么
龙□ 事情不是~嘞；~做；~办 loŋ³¹ŋo¹³ 那样；怎么
哪样 你要~嘞? ; 之是~字? ; 你找~? lan⁵⁴iaŋ¹³ 怎样；什么
为哪样 uei¹³lan⁵⁴ iaŋ¹³ 为什么
做哪样 tsəu¹³lan⁵⁴ iaŋ¹³ 做什么
好多 xao⁵⁴to⁴⁴ 多少
好久 xao⁵⁴tɕiəu⁵⁴ 多久
好大点 xao⁵⁴ta¹³tian⁵⁴ 多大
好高点 xao⁵⁴kao⁴⁴tian⁵⁴ 多高
好重点 xao⁵⁴tsoŋ¹³tian⁵⁴ 多重
两口子 liaŋ⁵⁴kʰəu⁵⁴tsʅ⁵⁴ 夫妻俩
两娘母 liaŋ⁵⁴liaŋ³¹mu⁵⁴ 娘儿俩
两爷崽 liaŋ⁵⁴iɛ³¹tsai⁵⁴ 爷儿俩
两公孙 liaŋ⁵⁴koŋ⁴⁴sən⁴⁴ 爷孙俩
两妯娌 liaŋ⁵⁴tsu³¹li⁵⁴ 妯娌俩
两姑嫂 liaŋ⁵⁴ku⁴⁴sao⁵⁴ 姑嫂俩
两婆媳 liaŋ⁵⁴pʰo³¹ɕi³¹ 婆媳俩
两弟兄 liaŋ⁵⁴ti¹³ɕioŋ⁴⁴ 兄弟俩
两姊妹 liaŋ⁵⁴tsʅ⁵⁴mei¹³ 姐妹俩；兄妹俩；姐弟俩
两舅侄 liaŋ⁵⁴tɕiəu¹³tsʅ³¹ 舅甥俩
两姑侄 liaŋ⁵⁴ku⁴⁴tsʅ³¹ 姑侄俩
两叔侄 liaŋ⁵⁴su³¹tsʅ³¹ 叔侄俩
两师徒 liaŋ⁵⁴sʅ⁴⁴tʰu³¹ 师徒俩
人些 zən³¹ɕiɛ⁴⁴ 人们
学生些 ɕio³¹sən⁴⁴ɕiɛ⁴⁴ 学生们
桌子些 tso³¹tsʅ⁵⁴ɕiɛ⁴⁴ 桌子们
椅子些 i⁵⁴tsʅ⁵⁴ɕiɛ⁴⁴ 椅子们

书些 su⁴⁴ɕiɛ⁴⁴ 书们

二十五、形容词

（一）形貌

大 ₍苹果₎ ta¹³/ □ xai⁴⁴
小 ₍苹果₎ ɕiao⁵⁴/ 躴巴 laŋ⁴⁴pa⁴⁴
粗 tsʰu⁴⁴
细 ɕi¹³
长 ₍线₎ tsʰaŋ³¹
短 ₍线₎ tuan⁵⁴
久 ₍时间₎ tɕiəu⁵⁴/ 长 tsʰaŋ³¹
短 ₍时间₎ tuan⁵⁴
宽 ₍路₎ kʰuan⁴⁴
宽敞 ₍房子₎ kʰuan⁴⁴tsʰaŋ⁵⁴
逼窄 ₍路₎ pi³¹tsɛ³¹ 窄
高 ₍飞机飞得₎ kao⁴⁴
矮 ₍鸟飞得₎ ŋai⁵⁴ 低
高 ₍比我₎ kao⁴⁴
矮 ₍比我₎ ŋai⁵⁴
远 ian⁵⁴
近 tɕin¹³
深 sən⁴⁴
浅 tɕʰian⁵⁴
清亮 ₍水₎ tɕʰin⁴⁴liaŋ¹³
浑 ₍水₎ xuən³¹
圆 ian³¹
瘪 pia⁵⁴ 扁
方 faŋ⁴⁴
尖 tɕian⁴⁴
平 pʰin³¹
肥（形容猪等动物）₍肉₎ fei³¹
胖 maŋ⁴⁴ 形容人胖

躴精 laŋ⁴⁴tɕin⁴⁴/ 瘦 səu¹³
瘦 ₍肉₎ səu¹³/ 精 ₍肉₎ tɕin⁴⁴
红 xoŋ³¹
朱红 tsu⁴⁴xoŋ³¹
粉红 fən⁵⁴xoŋ³¹
深红 sən⁴⁴xoŋ³¹
浅红 tɕʰian⁵⁴xoŋ³¹
大红 ta¹³xoŋ³¹
蓝 lan³¹
浅蓝 tɕʰian⁵⁴lan³¹
深蓝 sən⁴⁴lan³¹
天蓝 tʰian⁴⁴lan³¹
绿 lu³¹
菠菜绿 po⁴⁴tsʰai¹³lu³¹ 葱心儿绿
草绿 tsʰao⁵⁴lu³¹
水绿 suei⁵⁴lu³¹
浅绿 tɕʰian⁵⁴lu³¹
大绿 ta¹³lu³¹
白 pɛ³¹
灰白 xuei⁴⁴pɛ³¹
苍白 tsʰaŋ⁴⁴pɛ³¹
漂白 pʰiao¹³pɛ³¹
深白 sʰən⁴⁴pɛ³¹
浅白 tɕʰian⁵⁴pɛ³¹
灰 xuei⁴⁴
深灰 sən⁴⁴xuei⁴⁴
浅灰 tɕʰian⁵⁴xuei⁴⁴
银灰 in³¹xuei⁴⁴
黄 xuaŋ³¹
杏黄 ɕin¹³xuaŋ³¹
深黄 sən⁴⁴xuaŋ³¹
浅黄 tɕʰian⁵⁴xuaŋ³¹
正黄 tsən¹³xuaŋ³¹

大黄 ta¹³xuaŋ³¹
青 tɕʰin⁴⁴
豆青 təu¹³tɕʰin⁴⁴
藏青 tsaŋ¹³tɕʰin⁴⁴
鸭蛋青 ia³¹tan¹³tɕʰin⁴⁴
紫 tsɿ⁵⁴
玫瑰紫 mei³¹kuei¹³tsɿ⁵⁴
浅紫 tɕʰian⁵⁴tsɿ⁵⁴
深紫 sən⁴⁴tsɿ⁵⁴
藕荷色 ŋəu⁵⁴xo³¹sɛ³¹
古铜色 ku⁵⁴tʰoŋ³¹sɛ³¹
黑 xɛ³¹
深黑 sən⁴⁴xɛ³¹
浅黑 tɕʰian⁵⁴xɛ³¹

（二）状态

多 to⁴⁴
少 sao⁵⁴
重 tsoŋ¹³
轻 tɕʰin⁴⁴
直 tsɿ³¹
陡 təu⁵⁴
弯 uan⁴⁴
正 tsən¹³
斜 ɕiɛ³¹
歪 uai⁴⁴
厚 xəu¹³/ 厚实﹤木板﹥xəu¹³sɿ³¹
薄 po³¹/ 薄页﹤木板﹥po³¹iɛ³¹
酽﹤稀饭﹥lian¹³ 稠
清﹤稀饭﹥tɕʰin⁴⁴ 稀
密麻麻 mi³¹ma³¹ma³¹ 密
稀薕﹤菜种得﹥ɕi⁴⁴xao⁴⁴ 不健壮

稀疏 ɕi⁴⁴su⁴⁴ 稀（不密）
亮 lian¹³
热﹤天气~;~水﹥zɛ³¹
热和 zɛ³¹xo⁴⁴ 暖和
凉﹤天气~﹥lian³¹
冷﹤天气~;~水﹥lən⁵⁴
烫﹤水﹥tʰaŋ¹³
干 kan⁴⁴
湿 sɿ³¹
干净 kan⁴⁴tɕin¹³
邋遢 la³¹tsa⁴⁴
／朗当 laŋ³¹taŋ⁴⁴ 肮脏，不干净
快﹤锋利：刀子~；速度~﹥kʰuai¹³
钝 tən¹³
慢 man¹³
早 tsao⁵⁴
晏 ŋan¹³/ 晚 uan⁵⁴
黑﹤天色~了﹥xɛ³¹
松 soŋ⁴⁴
紧 tɕin⁵⁴
容易 ioŋ³¹i¹³
难 lan³¹
新 ɕin⁴⁴
旧 tɕiəu¹³
老 lao⁵⁴
年轻 lian³¹tɕʰin⁴⁴
融﹤肉煮~了﹥zoŋ³¹ 烂
糊﹤烧~了﹥fu³¹
扎实 tsa³¹sɿ³¹ 结实
破﹤衣服﹥pʰo¹³
有钱 iəu⁵⁴tɕʰian³¹ 富有
穷 tɕʰioŋ³¹

忙 maŋ³¹
清闲 tɕʰin⁴⁴ɕian³¹
够 ₍走~了₎ kəu¹³ 累
痛 tʰoŋ¹³
痒 iaŋ⁵⁴
闹热 lao¹³zɛ³¹ 热闹
熟 su³¹ 熟悉
生疏 sən⁴⁴su⁴⁴ 陌生
味道 uei¹³tao¹³
气气 tɕʰi¹³tɕʰi¹³ 气味
咸 ɕian³¹
淡 tan¹³
酸 suan⁴⁴
甜 tʰian³¹
苦 kʰu⁵⁴
辣 la³¹
鲜 ɕian⁴⁴
香 ɕiaŋ⁴⁴
臭 tsʰəu¹³
馊 səu⁴⁴
腥 ɕin¹³
要紧 iao¹³tɕin⁵⁴
扎实 tsa³¹sʅ³¹ / 牢实 lao³¹sʅ³¹ 坚固
炪和 pʰa⁴⁴xo⁴⁴ 软
硬 ŋən¹³
干净 kan⁴⁴tɕin¹³
安逸 ŋan⁴⁴i³¹ 舒服
难在 lan³¹tsai¹³ 难受
梗 kən⁵⁴ / 浑 kʰuən³¹ 整₍鸡蛋吃~的₎
浑 ₋身是汗 kʰuən³¹
凸 koŋ⁵⁴
凹 ua¹³

凉快 liaŋ³¹kʰuai¹³
背静 pei¹³tɕin¹³ 偏僻；清静
活络（活动的、不稳固）xo³¹lo³¹
地道 ₋四川风味 ti¹³tao¹³
整齐 tsən⁵⁴tɕʰi³¹
合心 xo³¹ɕin⁴⁴ 称心
晏 ŋan¹³ 晚₍来~了₎

（三）品性

好₍人~₎ xao⁵⁴
可以 kʰo⁵⁴i⁵⁴ 不错（颇好之意）
差不多 tsʰa⁴⁴pu³¹to⁴⁴
不咋个 pu⁴⁴tsa³¹ko¹³ 不怎么样
不经事 pu³¹tɕin⁴⁴sʅ¹³ 不顶事
坏₍人~₎ xuai¹³
崴 uai⁵⁴
／差劲 tsʰa⁴⁴tɕin¹³（质量）差
将就 tɕiaŋ⁴⁴tɕiəu¹³ 凑合
对 ₍做得~₎ tuei¹³
错 ₍做~噢₎ tsʰo¹³
抻敨 tsʰən⁴⁴tʰəu⁵⁴
／漂亮 pʰiao¹³liaŋ¹³ 美
丑 tsʰəu⁵⁴
勤快 tɕʰin³¹kʰuai¹³
懒 lan⁵⁴
乖 kuai⁴⁴
费 fei¹³ 顽皮
老实 lao⁵⁴sʅ³¹
□ xa⁵⁴ 傻
蠢 tsʰuən⁵⁴ 笨
舍得 sɛ⁵⁴tɛ³¹ / 大方 ta¹³faŋ⁴⁴
大浪 ta¹³laŋ¹³ 豪爽

103

抠 k^{h}əu^{44}/ 小气 ɕiao^{54}tɕ^{h}i^{13}

爽性 suaŋ^{54}ɕin^{13}/ 爽快 suaŋ^{54}k^{h}uai^{13}

犟 tɕiaŋ^{13}

抠搜客 k^{h}əu^{44}səu^{44}kɛ^{31} 吝啬鬼

害羞 xai^{13}ɕiəu^{44}腼腆

太厉害 t^{h}ai^{13}li^{13}xai^{13}（这小伙子）真行

  太崴 t^{h}ai^{13}uai^{54}

  / 差劲 ts^{h}a^{44}tɕin^{13}（那家伙）不行

缺德 tɕ^{h}iɛ^{31}tɛ^{31}

灵干 lin^{31}kan^{44} 机灵

巧 tɕ^{h}iao^{54}/ 灵巧 lin^{31}tɕ^{h}iao^{54}

恍惚 xuaŋ^{54}fu^{31}/ 昏 xuən^{44} 糊涂

呆板 ŋai^{31}pan^{54} 死心眼儿

饭桶 fan^{13}t^{h}oŋ^{54} 脓包（无用的人）；

孬种

二十六、副词、介词等

将将 ~好；~到 tɕiaŋ^{44}tɕiaŋ^{44}

  / 刚刚 kaŋ^{44}kaŋ^{44}

正好 tsən^{13}xao^{54}

  / 恰好 tɕ^{h}ia^{31}xao^{54}

  / 刚好 ~十块钱 kaŋ^{44}xao^{54}

刚刚 不大不小,~合适 kaŋ^{44}kaŋ^{44}

  / 正 tsən^{13} 刚

正好 ~我在那儿 tsən^{13}xao^{54}/ 恰好 tɕ^{h}ia^{31}

xao^{54} 刚巧

净 ~吃米，不吃面 tɕin^{13}/ 只 tsɿ^{54}

有点 天~冷 iəu^{54}tian^{54} 有点儿

恐怕 k^{h}oŋ^{54}p^{h}a^{13}

  / 怕 也许；~要下雨 p^{h}a^{13} 怕；也许

差一点 ~摔噢 ts^{h}a^{44}i^{13}tian^{54} 差点儿

一定……才 ~到九点~开会 i^{31}tin^{13}……

ts^{h}ai^{31}/ 硬是……才 ŋən^{13}sɿ^{44}……ts^{h}ai^{31}

非……不

立马 ~就来；~就到期噢 li^{31}ma^{54}

  / 马上 ma^{54}saŋ^{13}

趁早 ~走吧 ts^{h}ən^{13}tsao^{54}

哪下子 随时；~来都行 la^{54}xa^{13}tsɿ^{54} 早晚

占得 ~你来噢，要不然我们就走错 tsan^{13}tɛ^{13}

  / 好在 xao^{54}tsai^{13} 幸亏

当面 有话~说 taŋ^{44}mian^{13}

背地 不要~说 pei^{13}ti^{13}

一起 ~去 i^{13}tɕ^{h}i^{54}

自家 tsɿ^{13}tɕia^{44}

  / 一个人 i^{31}ko^{13}zən^{31}

  / 自己 他~去 tsɿ^{13}tɕi^{54}

顺倒 请他~给我买本书 suən^{13}tao^{54}

  / 顺便 suən^{13}pian^{13}

得志 ~打破嘞 tɛ^{31}tsɿ^{13} 故意

到底 他~走了没有，你要问清楚 tao^{13}ti^{54}

根本 他~不知道 kən^{44}pən^{54} 压根儿

实在 这人~好 sɿ^{31}tsai^{13}/ 太 t^{h}ai^{13}

快四十 这人已经~了 k^{h}uai^{13}sɿ^{31}sɿ^{31} 接近四十

拢共 ~才十个人 loŋ^{54}koŋ^{13}/ 总共 tsoŋ^{54} koŋ^{13}

不得 昨天我~去 pu^{44}tɛ^{31} 没有

不 明天~去 pu^{31}

嫑 piao^{13}/ 不要你~去 pu^{31}iao^{13} 别，甭

白 不要钱；~吃 pɛ^{13}

白 ~跑一回 pɛ^{31}

偏 你不喊我去，我~去 p^{h}ian^{44}

乱 ~搞 ~讲 luan^{13} 胡

第三章 词汇

先 ~你~走，我随后就来 ɕian⁴⁴
先 ~他~不知道，后来才听人说嘞 ɕian⁴⁴
另外 ~还有一个人 lin¹³uai¹³
太 ~热；~贵 tʰai¹³
□实 ~热 xɛ⁵⁴sʅ³¹ 非常
下 比昨天~热 xa¹³ 更
最 tsuei¹³
都 təu⁴⁴
只 我~去过一回 tsʅ⁵⁴
才 怎么~来 tsʰai³¹
就 吃了饭~去 tɕiəu¹³
经常 tɕin⁴⁴tsʰaŋ³¹
／扯常 tsʰɛ⁵⁴tsʰaŋ³¹
／时常 sʅ³¹tsʰaŋ³¹
又 ~来噢 iəu¹³
还 他~不得回家 xa³¹
再 明天~来 tsai¹³
也 我~去 iɛ⁵⁴
反正 ~还来得及 fan⁵⁴tsən¹³
快 ~亮了 kʰuai¹³
宁愿 lin³¹ian¹³
／支倒 ~挨骂也要去 tsʅ⁴⁴tao⁵⁴
随便 ~弄一下 suei³¹pian³¹
肯定 ~是他干嘞 kʰən⁵⁴tin¹³
好像 ~是他干嘞 xao⁵⁴ɕiaŋ¹³ 可能
一边 ~走；~说 i¹³pian⁴⁴
着 ~狗咬了一口 tsao³¹ 被
把 ~门关上 pa⁵⁴
对 他~我不好 tuei¹³
对倒 他~我直笑 tuei¹³tao⁵⁴ 对着
到 ~哪里去? tao¹³
到 ~哪天为止? tao¹³

到 ~水里 tao¹³
在 ~哪儿住家? tsai¹³
从 ~哪儿走? tsʰoŋ³¹
自从 ~他走后我一直不放心 tsʅ¹³tsʰoŋ³¹
照 ~他嘞要求做 tsao¹³ 按
照 ~我看不算错 tsao¹³
用 你~毛笔写 ioŋ¹³ 使
顺倒 ~这条大路一直走；~河边走 suən¹³tao⁵⁴
顺着、沿着
朝 ~东走 tsʰao³¹／往 uaŋ⁵⁴
帮 ~他写信 paŋ⁴⁴ 替
帮 ~大家办事 paŋ⁴⁴ 给
帮我 虚用，加重语气：你~吃干净这碗饭！paŋ⁴⁴ŋo⁵⁴ 给我
和 我~他都姓王 xo³¹
和 我昨天~他去超市噢 xo³¹
跟 ~他借本书 kən⁴⁴ 向
跟 ~他借一本书 kən⁴⁴ 问
把……喊 有些地方把土豆喊洋芋 pa⁵⁴……xan⁵⁴ 管……叫
拿……当 有些地方拿麦秸当柴烧 la³¹……taŋ⁴⁴
从小 他~就能吃苦 tsʰoŋ³¹ɕiao⁵⁴
朝外头 老王钱多，不~拿 tsʰao³¹uai¹³tʰəu³¹ 望外
赶 你在天黑前~到 kan⁵⁴
假如 tɕia⁵⁴zu³¹
／假设 tɕia⁵⁴sɛ³¹
／要是 ~忙你就不要来噢 iao¹³sʅ⁴⁴
不管 pu⁴⁴kuan⁵⁴

105

二十七、量词

一把（椅子）i¹³pa⁵⁴

一个（奖章）i³¹ko¹³一枚

一本（书）i¹³pən⁵⁴

一笔（款）i¹³pi³¹

一匹（马）i¹³pʰi³¹

一头（牛、猪）i¹³tʰəu³¹

一条（狗）i¹³tʰiao³¹只

一只（鸡）i¹³tsʅ³¹

一个（蚊子）i³¹ko¹³只

一尾（鱼）i¹³uei⁵⁴条

一条（鱼、蛇）i¹³tʰiao³¹

一封（信）i¹³foŋ⁴⁴

一副（中药）i³¹fu¹³服、剂

一味（药）i³¹uei¹³

一条（河）i¹³tʰiao³¹

一个/顶（帽子）i³¹ko¹³/tin⁵⁴

一锭（墨）i³¹tin¹³

一张（席子）i¹³tsaŋ⁴⁴

一把（刀、锁）i¹³pa⁵⁴

一棵（绳子）i¹³kʰo⁴⁴根

一面（镜子）i³¹mian¹³

一坨/块（香皂）i¹³tʰo³¹/kʰuai⁵⁴

一条（路）i¹³tʰiao³¹

一块（钱）i¹³kʰuai⁵⁴

一角（钱）i¹³tɕio³¹

一点（东西）i¹³tɛ⁵⁴

一些（东西）i¹³ɕiɛ⁴⁴

一回（事）i¹³xuei³¹一档子

一顿（饭）i³¹tən¹³

一块（手巾）i¹³kʰuai⁵⁴一条

一部（车）i³¹pu¹³一辆

一炷（香）i³¹tsu¹³

一朵（花）i¹³to⁵⁴一枝

一只（手）i¹³tsʅ³¹

一盏（灯）i¹³tsan⁵⁴

一张（桌子、嘴）i¹³tsaŋ⁴⁴

一桌（酒席）i¹³tso³¹

一场（雨）i¹³tsʰaŋ³¹

一出/场（戏）i¹³tsʰu³¹/tsʰaŋ³¹

一床（被、席子）i¹³tsʰuaŋ³¹

一件（棉衣）i³¹tɕian¹³一身

一杆（毛笔）i¹³kan⁵⁴

一杆/把（枪）i¹³kan⁵⁴/pa⁵⁴

一支（钢笔）i¹³tsʅ⁴⁴

一根（头发）i¹³kən¹³

一棵（树）i¹³kʰo⁴⁴

几根/棵（面条）tɕi⁵⁴kən⁴⁴/kʰo⁴⁴

一颗（珠子、米）i¹³kʰo⁵⁴

一块（砖）i¹³kʰuai⁵⁴

一个（人）i³¹ko¹³一口儿

两口子（夫妻俩）liaŋ⁵⁴kʰəu⁵⁴tsʅ⁵⁴

一个（铺子）i³¹ko¹³一家

一架（飞机）i³¹tɕia¹³

一间（屋子）i¹³kan⁴⁴

一栋（房子）i³¹toŋ¹³一座

一件（衣裳）i³¹tɕian¹³一件儿

一行（字）i¹³xaŋ³¹

一篇（文章）i¹³pʰian⁴⁴

一页（书）i¹³iɛ³¹

一节（文章）i¹³tɕiɛ³¹

一段（文章）i³¹tuan¹³

一片（好心）i³¹pʰian¹³

一片（肉）i³¹pʰian¹³一片儿

一杆（旗）i¹³kan⁵⁴一面

一层（纸）i¹³tsʰən³¹一层

一股（香味）i¹³ku⁵⁴

一座（桥）i³¹tso¹³

一盘（棋）i¹³pʰan³¹

一门（亲事）i¹³mən³¹

一刀（纸）i¹³tao⁴⁴

一叠（纸）i¹³tie³¹一沓

一桩/一件（事情）i¹³tsuan⁴⁴/i³¹tɕian¹³

一缸（水）i¹³kaŋ⁴⁴

一碗（饭）i¹³uan⁵⁴

一杯（茶）i¹³pei⁴⁴

一把（米）i¹³pa⁵⁴

一个（萝卜）i³¹ko¹³一把儿

一包（花生）i¹³pao⁴⁴

一卷（纸）i¹³tɕian⁵⁴一卷儿

一包/一捆（行李）i¹³pao⁴⁴/i³¹kʰuən⁵⁴

一挑/一担（米）i¹³tʰiao⁴⁴/i³¹tan¹³

一挑/一担（水）i¹³tʰiao⁴⁴/i³¹tan¹³

一排（桌子）i¹³pʰai³¹

一进（院子）i³¹tɕin¹³

一串（鞭炮）i³¹tsʰuan¹³一挂

一句（话）i³¹tɕi¹³

一个（客人）i³¹ko¹³一位

一双（鞋）i¹³suaŋ⁴⁴

一对（花瓶）i³¹tuei¹³

一副（眼镜）i³¹fu¹³

一套（书）i³¹tʰao¹³

一种（虫子）i¹³tsoŋ⁵⁴

一群 i¹³tɕʰin³¹/帮 i¹³paŋ⁴⁴/伙（人）

i¹³xo⁵⁴

一批（货）i¹³pʰei⁴⁴

一个 i³¹ko¹³

一起 i¹³tɕʰi⁵⁴

一窝（蜂）i¹³o⁴⁴

一串（葡萄）i³¹tsʰuan¹³一嘟噜

一拃（大拇指与中指张开的长度）i¹³tsa⁵⁴

一□（两臂平伸两手伸直的长度）i¹³pʰai⁵⁴一庹

一指（长）i¹³tsʅ⁵⁴

一成 i¹³tsʰən³¹

一脸（灰）i¹³lian⁵⁴

一身（灰）i¹³sən⁴⁴

一肚子（气）i³¹tu¹³tsʅ⁵⁴

一尊/一座（佛像）i¹³tsən⁴⁴/i³¹tso¹³

一扇（门）i³¹san¹³

一幅（画）i¹³fu³¹

一堵/一面（墙）i¹³tu⁵⁴/i³¹mian¹³

一瓣（花瓣）i³¹pan¹³

一个（地方）i³¹ko¹³一处

一本（书）i¹³pən⁵⁴一部（书）

一班/趟（车）i¹³pan⁴⁴/i³¹tʰaŋ¹³

一个（鸡蛋）i³¹ko¹³

一坨（泥巴）i¹³tʰo³¹一团

一堆（雪）i¹³tuei⁴⁴

一口（牙）i¹³kʰəu⁵⁴一槽

一列（火车）i³¹lie³¹

一堆（问题）i¹³tuei⁴⁴一系列

一路（公共汽车）i³¹lu³¹

一组 i¹³tsu

一撮（毛）i¹³tsʰo³¹

<<< 第三章 词 汇

107

一支/捆（线）i¹³tsʅ⁴⁴/i¹³kʰuən⁵⁴一轴儿

一撮（头发）i¹³tsʰo³¹一绺

一片/块（肉）i³¹pʰian¹³/i¹³kʰuai⁵⁴一丝儿

一点（面粉）i¹³tɛ⁵⁴一点儿

一颗（雨）i¹³kʰo⁵⁴一滴（雨）

一盒（火柴）i¹³xo³¹一盒儿

一盒（首饰）i¹³xo³¹一匣子

一箱子（衣裳）i¹³ɕiaŋ⁴⁴tsʅ⁵⁴一箱

一架子（小说）i³¹tɕia¹³tsʅ⁵⁴

一柜子（书）i³¹kuei¹³tsʅ⁵⁴一橱

一抽屉（文件）i¹³tsʰəu⁴⁴tʰi¹³

一提篮（菠菜）i¹³tʰi³¹lan⁴⁴一筐子

一提篮（梨）i¹³tʰi³¹lan⁴⁴一篮子

一撮箕（炭）i¹³tsʰo³¹tɕi³¹一篓子

一炉（灰）i¹³lu³¹

一包（书）i¹³pao⁴⁴

一袋（干粮）i³¹tai¹³一口袋

一池（水）i¹³tsʰʅ³¹一池子

一缸（金鱼）i¹³kaŋ⁴⁴

一瓶（醋）i¹³pʰin³¹一瓶子

一罐（荔枝）i³¹kuan¹³

一坛（酒）i¹³tʰan³¹一坛子

一桶（汽油）i¹³tʰoŋ⁵⁴

一壶（开水）i¹³fu³¹一吊子

一盆（洗澡水）i¹³pʰən³¹

一壶（茶）i¹³fu³¹

一锅（饭）i¹³ko⁴⁴

一笼（包子）i¹³loŋ³¹

一盘（水果）i¹³pʰan³¹

一盘（小菜）i¹³pʰan³¹一碟儿

一碗（饭）i¹³uan⁵⁴

一杯（茶）i¹³pei⁴⁴

一杯（烧酒）i¹³pei⁴⁴一盅

一瓢（汤）i¹³pʰiao³¹一勺子

一瓢（酱油）i¹³pʰiao³¹一勺儿

（吃、打）一顿 i³¹tən¹³

（走、跑）一趟 i³¹tʰaŋ¹³

（看）一眼 i³¹ian⁵⁴

（吃）一口 i¹³kʰəu⁵⁴

（谈、坐）一下 i³¹xa¹³一会儿

（下了）一下（雨）i³¹xa¹³一阵

（闹）一架 i³¹tɕia¹³一场

（见）一面 i³¹mian¹³

（烧）一炉（陶器）i¹³lu³¹

（洗）一水（衣裳）i¹³suei⁵⁴

（写）一手（好字）i¹³səu⁵⁴一笔

（当）一票（当）i³¹pʰiao¹³

（开）一次（会议）i³¹tsʰʅ¹³一届

（任）一次（官）i³¹tsʰʅ¹³一任

（下）一盘（棋）i¹³pʰan³¹

（请）一桌（客）i¹³tso³¹

（打）一圈（麻将）i¹³tɕʰian⁴⁴

（唱）一台（戏）i¹³tʰai³¹

个把两个 ko¹³pa⁵⁴liaŋ⁵⁴ko¹³

百十来个 pɛ³¹sʅ³¹lai³¹ko¹³百把来个

千把人 tɕʰian⁴⁴pa⁵⁴zən³¹

万把块钱 uan¹³pa⁵⁴kʰuai⁵⁴tɕʰian³¹

里把路 li⁵⁴pa⁵⁴lu¹³

里把两里路 li⁵⁴pa⁵⁴liaŋ⁵⁴li⁵⁴lu¹³里把二里路

亩把两亩 mu⁵⁴pa⁵⁴liaŋ⁵⁴mu⁵⁴亩把二亩

二十八、附加成分

后加成分：

……得很/很噢 tɛ^{31}xən^{54}/xən^{54}əu^{13}

……要命/要死 iao^{13}min^{13}/iao^{13}sɿ^{54}

……死噢 sɿ^{54}əu^{13}

/完嘞 uan^{31}lei^{44}……死了；……极了

……不得了 pu^{44}tɛ^{31}liao^{54}

最……不过 tsuei^{13}……pu^{31}ko^{13}

吃场 tsʰɿ^{31}tsʰaŋ^{31}

/吃法 tsʰɿ^{31}fa^{31} 吃头儿 这个菜没~

喝场 xo^{44}tsʰaŋ^{31}

/喝法 xo^{44}fa^{31} 喝头儿 那个酒没~

看场 kʰan^{13}tsʰaŋ^{31} 看头儿 这出戏有个~

干场 kan^{13}tsʰaŋ^{31} 干头儿

奔头 pən^{13}tʰəu^{31} 奔头儿

苦头 kʰu^{54}tʰəu^{31} 苦头儿

甜头 tʰian^{31}tʰəu^{31} 甜头儿

前加成分：

老…… lao^{54}

虚字：

噢 əu^{13} 了

倒 tao^{54} 着

得 tɛ^{31}

嘞 lei^{44} 的

二十九、数字等

一号 i^{31}xao^{13}

二号 ɚ^{13}xao^{13}

三号 san^{44}xao^{13}

四号 sɿ^{13}xao^{13}

五号 u^{54}xao^{13}

六号 lu^{31}xao^{13}

七号 tɕʰi^{31}xao^{13}

八号 pa^{31}xao^{13}

九号 tɕiəu^{54}xao^{13}

十号 sɿ^{31}xao^{13}

初一 tsʰu^{44}i^{31}

初二 tsʰu^{44}ɚ^{13}

初三 tsʰu^{44}san^{44}

初四 tsʰu^{44}sɿ^{13}

初五 tsʰu^{44}u^{54}

初六 tsʰu^{44}lu^{31}

初七 tsʰu^{44}tɕʰi^{31}

初八 tsʰu^{44}pa^{31}

初九 tsʰu^{44}tɕiəu^{54}

初十 tsʰu^{44}sɿ^{31}

老大 lao^{54}ta^{13}

老二 lao^{54}ɚ^{13}

老三 lao^{54}san^{44}

老四 lao^{54}sɿ^{13}

老五 lao^{54}u^{54}

老六 lao^{54}lu^{31}

老七 lao^{54}tɕʰi^{31}

老八 lao^{54}pa^{31}

老九 lao^{54}tɕiəu^{54}

老十 lao^{54}sɿ^{31}

大哥 ta^{13}ko^{44}

二哥 ɚ^{13}ko^{44}

老幺 lao^{54}iao^{44} 老幺；老末儿

一个 i^{31}ko^{13}

两个 liaŋ^{54}ko^{13}

三个 san^{44}ko^{13}

四个 sɿ^{13}ko^{13}

五个 u⁵⁴ko¹³
六个 lu³¹ko¹³
七个 tɕʰi³¹ko¹³
八个 pa³¹ko¹³
九个 tɕiəu⁵⁴ko¹³
十个 sɿ³¹ko¹³
第一 ti¹³ i³¹
第二 ti¹³ɚ¹³
第三 ti¹³san⁴⁴
第四 ti¹³sɿ¹³
第五 ti¹³u⁵⁴
第六 ti¹³lu³¹
第七 ti¹³tɕʰi³¹
第八 ti¹³pa³¹
第九 ti¹³tɕiəu⁵⁴
第十 ti¹³sɿ³¹
第一个 ti¹³i³¹ko¹³
第二个 ti¹³ɚ¹³ko¹³
第三个 ti¹³san⁴⁴ko¹³
第四个 ti¹³sɿ¹³ko¹³
第五个 ti¹³u⁵⁴ko¹³
第六个 ti¹³lu³¹ko¹³
第七个 ti¹³tɕʰi³¹ko¹³
第八个 ti¹³pa³¹ko¹³
第九个 ti¹³tɕiəu⁵⁴ko¹³
第十个 ti¹³sɿ³¹ko¹³
一 i³¹
二 ɚ¹³
三 san⁴⁴
四 sɿ¹³
五 u⁵⁴
六 lu³¹

七 tɕʰi³¹
八 pa³¹
九 tɕiəu⁵⁴
十 sɿ³¹
二十 ɚ¹³sɿ³¹
二十一 ɚ¹³sɿ³¹i³¹
三十 san⁴⁴sɿ³¹
三十一 san⁴⁴sɿ³¹i³¹
四十 sɿ¹³sɿ³¹
四十一 sɿ¹³sɿ³¹i³¹
五十 u⁵⁴sɿ³¹
五十一 u⁵⁴sɿ³¹i³¹
六十 lu³¹sɿ³¹
六十一 lu³¹sɿ³¹i³¹
七十 tɕʰi³¹sɿ³¹
七十一 tɕʰi³¹sɿ³¹i³¹
八十 pa³¹sɿ³¹
八十一 pa³¹sɿ³¹i³¹
九十 tɕiəu⁵⁴sɿ³¹
九十一 tɕiəu⁵⁴sɿ³¹i³¹
一百 i¹³pɛ³¹
一百零五 i¹³pɛ³¹lin³¹ u⁵⁴
一百一 i¹³pɛ³¹i³¹ 一百一十
一百一十个 i¹³pɛ³¹i¹³sɿ³¹ko¹³
一百一十一 i¹³pɛ³¹i¹³sɿ³¹i³¹
一百一十二 i¹³pɛ³¹i¹³sɿ³¹ɚ¹³
一百二 i¹³pɛ³¹ɚ¹³ 一百二十
一百三 i¹³pɛ³¹san⁴⁴ 一百三十
一百五 i¹³pɛ³¹ u⁵⁴
一百五十个 i¹³pɛ³¹u⁵⁴sɿ³¹ko¹³
两百五 liaŋ⁵⁴pɛ³¹ u⁵⁴ 二百五十
二百五 ɚ¹³pɛ³¹u⁵⁴ 傻子

二百五十个 ɚ¹³pɛ³¹u⁵⁴sʅ³¹ko¹³

三百一 san⁴⁴pɛ³¹i³¹ 三百一十

三百三 san⁴⁴pɛ³¹san⁴⁴ 三百三十

三百六 san⁴⁴pɛ³¹lu³¹ 三百六十

三百八 san⁴⁴pɛ³¹pa³¹ 三百八十

一千一 i¹³tɕʰian⁴⁴i³¹ 一千一百

一千一百个 i¹³tɕʰian⁴⁴i¹³pɛ³¹ko¹³

一千九 i¹³tɕʰian⁴⁴tɕiəu⁵⁴ 一千九百

一千九百个 i¹³tɕʰian⁴⁴tɕiəu⁵⁴pɛ³¹ko¹³

三千 san⁴⁴tɕʰian⁴⁴

五千 u⁵⁴tɕʰian⁴⁴

八千 pa³¹tɕʰian⁴⁴

一万 i³¹uan¹³

一万二 i³¹uan¹³ɚ¹³ 一万二千

一万二千个 i³¹uan¹³ɚ¹³tɕʰian⁴⁴ko¹³

三万五 san⁴⁴uan¹³u⁵⁴ 三万五千

三万五千个 san⁴⁴uan¹³u⁵⁴tɕʰian⁴⁴ko¹³

零 lin³¹

两斤 liaŋ⁵⁴tɕin⁴⁴

二两 ɚ¹³liaŋ⁵⁴

两钱 liaŋ⁵⁴tɕʰian³¹

两分 liaŋ⁵⁴fən⁴⁴

两厘 liaŋ⁵⁴li³¹

两丈 liaŋ⁵⁴tsaŋ¹³

两尺 liaŋ⁵⁴tsʰʅ³¹

两寸 liaŋ⁵⁴tsʰən¹³

两里 liaŋ⁵⁴li⁵⁴

两担 liaŋ⁵⁴tan¹³

两斗 liaŋ⁵⁴təu⁵⁴

两升 liaŋ⁵⁴sən⁴⁴

两盒 liaŋ⁵⁴xo³¹

两项 liaŋ⁵⁴xaŋ¹³

两亩 liaŋ⁵⁴mu⁵⁴

好多 xao⁵⁴to⁴⁴/ 几个 tɕi⁵⁴ko¹³

两个 liaŋ⁵⁴ko¹³

三个 san⁴⁴ko¹

个把 ko¹³pa⁵⁴

好多个 xao⁵⁴to⁴⁴ko¹³

好几个 xao⁵⁴tɕi⁵⁴ko¹³

一些 i¹³ɕiɛ⁴⁴

好一些 xao⁵⁴i¹³ɕiɛ⁴⁴

大一些 ta¹³i¹³ɕiɛ⁴⁴

一点 i¹³tɛ⁵⁴ 一点儿

一点点 i¹³tian⁵⁴tian⁵⁴

大点 ta¹³tian⁵⁴

十几个（比十个多）sʅ³¹tɕi⁵⁴ko¹³ 十多个

一百多个 i¹³pɛ³¹to⁴⁴ko¹³

十来个（不到十个）sʅ³¹lai³¹ko¹³ / 头十个 tʰəu³¹sʅ³¹ko¹³

千把个 tɕʰian⁴⁴pa⁵⁴ko¹³ 千数个

百把个 pɛ³¹pa⁵⁴ko¹³

半个 pan¹³ko¹³

一半 i³¹pan¹³

两半 liaŋ⁵⁴pan¹³ 两半儿

多半 to⁴⁴pan¹³

一大半 i³¹ta¹³pan¹³

一个半 i³¹ko¹³pan¹³

……上下 saŋ¹³ɕia¹³

……左右 tso⁵⁴iəu¹³

成语：

一来二去 i¹³lai³¹ɚ¹³tɕʰi⁴⁴

一清二白 i¹³tɕʰin⁴⁴ɚ¹³pɛ³¹

一清二楚 i¹³tɕʰin⁴⁴ɚ¹³tsʰu⁵⁴

111

一干二净 i¹³kan⁴⁴ɚ¹³tɕin¹³ 千军万马 tɕʰian⁴⁴tɕin⁴⁴uan¹³ma⁵⁴
　　一刀两断 i¹³tao⁴⁴liaŋ⁵⁴tuan¹³ 千人万马 tɕʰian⁴⁴zən³¹uan¹³ma⁵⁴
　　一举两得 i¹³tɕi⁵⁴liaŋ⁵⁴tɛ³¹ 千变万化 tɕʰian⁴⁴pian³¹uan¹³xua¹³
　　三番五次 san⁴⁴fan⁴⁴u⁵⁴tsʰɿ¹³ 千门万户 tɕʰian⁴⁴mən³¹uan¹³fu¹³
　　三番两次 san⁴⁴fan⁴⁴liaŋ⁵⁴tsʰɿ¹³ 千家万户 tɕʰian⁴⁴tɕia⁴⁴uan¹³fu¹³
　　三年两年 san⁴⁴lian³¹liaŋ⁵⁴lian³¹ 千言万语 tɕʰian⁴⁴ian³¹uan¹³i⁵⁴
　　三年五载 san⁴⁴lian³¹u⁵⁴tsai⁵⁴ 干支：
　　三天两头 san⁴⁴tʰian⁴⁴liaŋ⁵⁴tʰəu³¹ 甲 tɕia³¹
　　三天两夜 san⁴⁴tʰian⁴⁴liaŋ⁵⁴iɛ¹³ 乙 i³¹
　　三长两短 san⁴⁴tsʰaŋ³¹liaŋ⁵⁴tuan⁵⁴ 丙 pin⁵⁴
　　三言两语 san⁴⁴ian³¹liaŋ⁵⁴i⁵⁴ 丁 tin⁴⁴
　　三心二意 san⁴⁴ɕin⁴⁴ɚ¹³i¹³ 戊 u¹³
　　三三两两 san⁴⁴san⁴⁴liaŋ⁵⁴liaŋ⁵⁴ 己 tɕi⁵⁴
　　四平八稳 sɿ¹³pʰin³¹pa³¹uən⁵⁴ 庚 kən⁴⁴
　　四通八达 sɿ¹³tʰoŋ⁴⁴pa³¹ta³¹ 辛 ɕin⁴⁴
　　四面八方 sɿ¹³mian¹³pa³¹faŋ⁴⁴ 壬 zən³¹
　　五零四散 u⁵⁴lin³¹sɿ¹³san¹³ 癸 kuei¹³
　　五湖四海 u⁵⁴fu³¹sɿ¹³xai⁵⁴ 子 tsɿ⁵⁴
　　五花八门 u⁵⁴xua⁴⁴pa³¹mən³¹ 丑 tsʰəu⁵⁴
　　七上八下 tɕʰi³¹saŋ¹³pa³¹ɕia¹³ 寅 in³¹
　　七颠八倒 tɕʰi³¹tian⁴⁴pa³¹tao⁵⁴ 卯 mao⁵⁴
　　乱七八糟 luan¹³tɕʰi³¹pa³¹tsao⁴⁴ 辰 tsʰən³¹
　　乌七八糟 u⁴⁴tɕʰi³¹pa³¹tsao⁴⁴ 巳 sɿ¹³
　　七长八短 tɕʰi³¹tsʰaŋ³¹pa³¹tuan⁵⁴ 午 u⁵⁴
　　七拼八凑 tɕʰi³¹pʰin⁴⁴pa³¹tsʰəu¹³ 未 uei¹³
　　七手八脚 tɕʰi³¹səu⁵⁴pa³¹tɕʰio³¹ 申 sən⁴⁴
　　七嘴八舌 tɕʰi³¹tsuei⁵⁴pa³¹sɛ³¹ 酉 iəu⁵⁴
　　七言八语 tɕʰi³¹ian³¹pa³¹i⁵⁴ 戌 ɕiu³¹
　　千辛万苦 tɕʰian⁴⁴ɕin⁴⁴uan¹³kʰu⁵⁴ 亥 xai¹³
　　千真万确 tɕʰian⁴⁴tsən⁴⁴uan¹³tɕʰio³¹

第二节　方言核心特征词考察

方言特征词是一定地域里一定批量的，区内大体一致，区外相对殊异的方言词。[①]根据其使用频度、义项多少和派生能力的强弱等，可将其划分为核心特征词和一般特征词。核心特征词，就是在方言中经常"抛头露面"（出现频次高）、且乐于"身兼数职"（一词多义）或"穿针引线"（派生能力强）的比较有特色的词目。核心特征词由于具有这些特点，因此在方言中往往占据重要地位，也最能体现方言词汇特点。加强方言核心特征词研究，可以为汉语方言分区、方言间的关系定位提供依据，也有助于了解方言形成的历史。下面将在前人研究[②]的基础上，重点考察安顺方言核心特征词。

1. 安【$ŋan^{44}$】设下圈套，使对象落网或受害：～麻雀。与"安"组合的词语还有：安媒子（设圈套骗人）、安小板凳（比喻设圈套害人）等。

2. 拗【$ŋao^{13}$】①撬开：～门；②比喻顶住压力进行抗衡：跟他～着；③用秤称：拿把秤～下；④指交易中双方讨价还价：～价钱。

3. 巴【pa^{44}】①盼，期望：～不得；②靠近，贴近：～边，～谱；③粘贴，依附：～倒，～家；④紧贴，合身：～肉，～身。

4. 摆【pai^{54}】①安放：～平（引申为收拾、解决）；②搁置：这件事先～倒；③说、谈、陈述：～白，～家常；④哄骗：别～我，～嘴。

5. 扯【$tsʰɛ^{54}$】①拉、拔、牵引：～炉（推拉风箱手柄，也比喻打鼾），～草，～直（也引申为直接或抵消）；②抽搐：那种药吃了会～；③打或拧：～他两耳光，～他几下；④购买或办理（车票、布匹）：～两张票，～两尺布，～结婚证；⑤吸收（水气）：撒些石灰将水分～干；～露水；⑥消费、挪用：钱着（被）他～光了，～用；⑦使平均或相互抵消：～平，两～；⑧无原则地争论、纠缠、推诿：那姑娘～得很，～筋。

与"扯"组合的词语还有：扯巴、扯白（说谎）、扯草帽子（比喻无正经事可做）、扯抻（拉直、扯平）、扯风（出现故障）、扯横条（强词夺理）、扯花（指犬科动物的性行为）、扯回销（反馈信息）、扯火闪（闪电）、扯卵谈

[①] 李如龙.汉语方言的比较研究[M].北京：商务印书馆，2003：112.

[②] 下面一些特征词的释义、用例来自刘文仲先生的《安顺方言土语》。

（胡扯）、扯噗鼾（打呼噜）。

6. 抻【tsʰən⁴⁴】①（肢体某一部分）伸展：~直腿，~开手；②直、平展：拉~，扯~；③量词，用于床铺的单位：两~铺。

与"抻"组合的词语还有：抻敨（形容衣服挺括；形容外观端正、漂亮；形容叙述清楚明白：话都讲不~；指把问题、事情弄清楚或处理完善：把问题搞~，把这边的事先搞~再说）、抻头怕痒（比喻畏首畏尾，不敢抛头露面）、抻蚂蟥腰（比喻儿童生长发育中腰身变得细长）、抻展（形容衣服挺括、平展；整齐有序：把东西收拾~）。

7. 冲【tsʰoŋ¹³】①向上钻：~出水面；②指长条形的东西朝某一端移动或走在后面的人赶超前面的人：把凳子~过来点，他们已经~到前面去了；③比喻长高：这孩子今年又~了一头；④添加（水、柴等）：~水，~柴；⑤唆使，怂恿；⑥形容冒失：说~话。

与"冲"组合的词语还有：冲宝（指喜欢自我表现和逞能的年轻人）、冲菜（以芥菜薹及其嫩叶制作而成的食料）、冲气（干劲足；冒失逞能；刺鼻的气味）冲成（建议、促成）、冲嘴（唆使别人做坏事）。

8. 搊【tsʰəu⁴⁴】①扶：你~她起来吃饭；②手扶住一端用力向上使物体立起或翻倒：把倒嘞凳子~起来；③比喻在事业上扶持。

与"搊"组合的词语还有：搊板（一种给水田堆埂的农具，由弯把手柄和矩形木板构成）、搊合（扶持、帮助、照顾）、搊后（子女有出息，对父母帮助大）、搊抬（抬举）。

9. 杵【tsʰu⁵⁴】①直立（在别人前面等）；②用棍棒点戳，触碰；③盖，印。

与"杵"组合的词语还有：杵杵（工具因磨损等变得短而秃的样子：扫把~，也用作后缀，短~嘞不好用）、杵倒（难为情地碰在一起：当面~不好讲得）、杵脱（失去，丢掉：~个好机会；扯平）、杵头杵脑（也作"杵头"，说话不顾场合）。

10. 抖【təu⁵⁴】①颤抖：~淋淋；②揍：讨~；③吃（暗含吃得多）：一顿要~几大碗；④说出，表达；⑤理解：先~清楚文件内容；⑥把隐晦的事情揭露出来：~露。

11. 翻【fan⁴⁴】①在背后转述别人的话：~小话，~嘴；②编造谎言或狡辩：那张嘴会~得很；③呕吐。

与"翻"组合的词语还有：翻工（返工）、翻关（指言语行为等超过了适当的限度）、翻精捣怪（变换手法、玩弄花样）、翻身一料［好不容易（做某事）］。

12. 够【kəu¹³】①劳累，疲倦：~得很；②腻，厌烦：吃~了；③在整数

114

上还多出一点：洋芋三斤~点，算三斤。

与"够"组合的词语还有：够当（恰当、适合、满足）、够得……（用在谓语动词前，表示很难达到某个预期目标）、够想（特指子女数能满足父母心愿）、够心（形容心里感到痛苦或怨恨）、够向汤（比喻数量少远不能满足实际需要）。

13. 拐【kuai⁵⁴】①转弯：从那点~过去就到噢；②坏，糟糕：~噢，不该喊他去嘞；③用肘部来攻击人：你不要~我，我不是好惹勒；④专指人被骗走、拐骗或勾引：你家老婆都被~起走啰，你还不晓得；⑤音【kuai³¹】动作别扭不协调：他跳舞是~嘞；行走艰难、缓慢的样子：他走起路来一~一~嘞。

与"拐"组合的词语还有：拐火（坏、糟糕）、拐子（人的肘部，也指拐骗儿童、妇女的人贩子）、拐拐（转弯处）、拐角（同"拐拐"）、拐打拐（形容因情况很坏而焦急不安的样子）。

14. 掼【kuan¹³】①扔：~出去；②握住东西一端而摔另一端：~谷子；③跌：~了一跤；④打（耳光）：~他两嘴巴。

15. 裹【ko⁵⁴】①包，缠绕：~脚；②纠集：他经常和那几个人~在一起；③比喻思维混乱、层次不清：他说得有点~；④指发生不正当男女关系；⑤指吸（奶）：~奶。

与"裹"组合的词语还有：裹编（厚着脸皮索取财物，有时也用作谦辞）、裹绞（挑剔，纠缠不清）、裹卷（当地小吃，用米皮将折耳根、绿豆芽、辣椒酱等材料裹成筒形）、裹口（指刀等刃部弯曲或反卷）。

16. 夹【tɕia³¹】①钳住、剪断：~电线；②两旁有物限制住，在两者之间；③掺杂：~生饭。

与"夹"组合的词语还有：夹二（抠门，同"夹抠"；形容虚伪、做作）、夹二憨（指抠门的人，多用于小孩；指虚伪、做作的人）、夹倒（特指闭口不言）、夹灰软口（指刀等刃部出现夹层导致硬度不够的现象，也比喻不规则的行为、动作）、夹疑（忌讳或怀疑）、夹嘴（指说话时发音不准，也指口吃或发音不准的人）、夹嘴夹舌（也作"夹口夹舌""夹口夹嘴"，指说话时口吃或发音不清楚）。

17. 汩【mi¹³】①潜藏，隐没：~入水中；②埋头不视前方，也用来比喻不顾一切地做某事：~起脑壳赌一把；③沉迷于某一事物：他玩游戏~得很；④用溺水的方式宰杀小动物，也泛指杀人。

与"汩"组合的词语还有：汩底（沉入水底）、汩头（游泳时潜入水中）、汩头汩脑（形容不假思索或急急忙忙做某事的样子）、汩头酒（大口喝酒的方式）、汩泱鸡（浑身湿透的样子）。

115

18. 麻【ma^{31}】①因喧闹引起头脑、耳朵等不适的状况：耳朵都着你们闹~完；②蒙骗：~我不懂政策；③酒醉神志不清状。

与"麻"组合的词语还有：麻票（坐车、船或看电影等不买票而蒙混过去）、麻皱（皮肤因寒冷或劳作而出现的粗糙的痕迹或小裂口，常与"开"搭配）、麻鲊（密密麻麻、杂乱无章貌，也形容做事马虎）、麻闹（酒后话多、胡闹）、麻雀（男阴，主要用于幼儿；鸟的泛称）、麻打火勾（糊弄别人，用某些伎俩蒙混过关）。

第三节 词汇特点分析

与普通话相比，安顺方言词汇的特点主要表现在词形、词义的差异上。词形差异包括造词理据的差异、构词方式的差异和源流差异，词义差异包括词形相同而词义不同、词义的广狭范围不同等。下面分别从这几方面进行论述。

一、造词理据的差异

造词理据就是给事物命名的缘由。同一个概念在普通话和方言中，命名的缘由不同，可能就会形成不同的词形。造词理据的差异主要取决于客观事物本身和主观的选择，客观事物本身往往有许多的特征，命名时如果从不同的角度选用其某个特征作为依据，相应地也就选用了不同的语素，那么就形成了不同的词形。

（一）着眼于形状

在给事物命名时因着眼于事物的形状而形成了与普通话不同的词形。

表3-1 方普造词理据比较表之一

安顺方言	普通话	形状特点
指甲花	凤仙花	花瓣像指甲
螺蛳拐	脚踝	像螺蛳，有拐弯
骨油	骨髓	像油一样
鼓肚鱼	蝌蚪	像肚子鼓起
气包	疝气	像包子

（二）着眼于处所

给事物命名时着眼于事物所处的处所，从而形成了与普通话不同的词形。

表3-2　方普造词理据比较表之二

安顺方言	普通话	处所
扑灯蛾	飞蛾	喜欢聚集在灯光周围
尽头牙	智牙	位置在牙弓的末端
脑顶皮	头皮	处于脑袋上面
围腰	围裙	围在腰上

（三）着眼于属性、类别

给事物命名时着眼于事物的属性、类别，从而形成了与普通话不同的词形。

表3-3　方普造词理据比较表之三

安顺方言	普通话	属性、类别
四脚蛇	壁虎	归入蛇类
柿饼茄	西红柿	归入茄类

（四）着眼于用途

给事物命名时着眼于事物的用途，从而形成与普通话不同的词形。

表3-4　方普造词理据比较表之四

安顺方言	普通话	用途
吸铁石	磁铁	用于吸引铁类物质
滚子/滚滚	轮子	用来滚动的
粽粑叶	箬叶	用来包粽粑

（五）着眼于颜色

给事物命名时着眼于事物的颜色，从而形成与普通话不同的词形。

表 3-5　方普造词理据比较表之五

安顺方言	普通话	颜色
白山药	薯蓣	白色
白雨	冰雹	白色
艳山红	杜鹃花	红色
黄蜡	蜂蜡	黄色

（六）着眼于味道

给事物命名时着眼于事物的味道，从而形成与普通话不同的词形。

表 3-6　方普造词理据比较表之六

安顺方言	普通话	造词理据
苦胆	胆汁	味道是苦的
甜酒	江米酒	味道是甜的
苦蒜	野葱	味辛

（七）着眼于原因、来源、材料、声音等

表 3-7　方普造词理据比较表之七

安顺方言	普通话	造词理据
热痱子	痱子	因热而生
骚疙瘩	粉刺	因风骚而生
晾肠	腊肠	通过晾晒制作而成
偷油婆	蟑螂	好偷油吃
洋烟	鸦片	从外国引进的
木头/材子	棺材	以木头为原料
叫叽叽	蟋蟀	叫的声音

少数词不止一种造词理据，如"蝌蚪"叫"鼓肚鱼"，即肚子鼓起的一种鱼，就有形状（鼓肚）和类别（认为是鱼类）两种理据。

为事物命名时选用事物的哪一种特征作为根据，首先取决于事物本身，而最终却取决于主体对事物的认识，也取决于某一语言社团的心理状态、风俗习惯、宗教意识、文化传统等，因此，分析某种语言造词理据，可以看出该语言社团对事物的认知水平、关注点或者该语言社团所具有的文化观念、思维方式等。

二、构词方式的差异

构词方式的差异包括构词特点与构形特点（构形特点在语法章有论述）、音节数目的差异、词序的差异等。

（一）音节数目不同

构词时由于音节数目不同从而形成了方言与普通话不同的词形。

1. 安顺方言音节少，普通话音节多

伞—雨伞　　饭—米饭　　嘴—嘴巴　　熟—熟悉
咳—咳嗽　　费—顽皮　　面—面条　　过早—吃早饭
坐月—坐月子　双巴—双胞胎

2. 安顺方言音节多，普通话音节少

煤炭—煤　　　烟子—烟　　雾罩—雾　　清闲—闲
藤藤—藤　　　哪个—谁　　煤灶—灶　　盐巴—盐
脑壳—头　　　脚杆—腿　　炧和—软　　归—完
观世音—观音　大头鱼—鳙鱼　吹牛皮—吹牛　锯木面—锯末

（二）词序不同

构词时由于语素的次序不同，从而形成了方言与普通话不同的词形。下面举例安顺方言在前，普通话在后。

磨折—折磨　　闹热—热闹　　欢喜—喜欢
挂牵—牵挂　　弟兄—兄弟　　纸钱—钱纸

三、源流差异

源流差异包括方言向别的民族语言借用外来词、沿用古语词、方言创新等。借用外来词有待将来做语言接触研究时再深入研究，这里先讨论古语词沿用和方言创新。

（一）古语词沿用

安顺方言中保留了部分普通话不再使用了的古汉语词，如：拈（用筷子夹菜）、抻（平展）、凌（冰、冻）、酽（浓）、灡（液体喷射而出）、滗（挡住液体中的东西，把液体倒出）、晏（迟）、跐（用脚在地上擦）、薅（用手抓）、蘷（接近，迫近）、跍（蹲）等。再如，"恍惚"一词在安顺话中表示"表示所见所忆不清"，出自老子《道德经》第二十一章："道之为物，惟恍惟惚。惚兮恍兮，其中有象；恍兮惚兮，其中有物。"又如"郎当"，出唐明皇自蜀还长安事，本为驮马铃声，转而为形容词，有潦倒颓唐义。清王渔洋有诗："却使青骡行千里，三郎当日太郎当。"安顺话中这个词可以单用，也可以说成"郎里郎当"，表示邋遢、不堪入目之义，如"之儿这家伙嘞样子太郎当"。

(二) 方言创新

方言中有些词在普通话中找不到与之对应的词，这些词为方言所特有。它们或者是指方言区特有的事物，或者只是名称为方言区所特有，但所指事物在普通话中也有。如：逼鼠（形容猫捉老鼠的本来强，比喻人的监管或办事能力强）、绑嘴（因味苦而使舌头感到麻木干燥）、背皮（被卷入矛盾、纠纷之中，并担负一定过错）、闯遇（特指碰见鬼魂）、淡嘴（吃点东西使嘴里有些味道）、担钩亲（比喻姻亲之间再度联姻形成的亲缘关系）、倒二（说话重复；形容性情、语言、行为别扭，不合情理）、冲冲糕（又叫松糕荸粉，用糯米面加水和成颗粒，放进特制的大锡壶上或蒸笼里蒸熟，再放进荸荠粉里冲开水搅拌，然后加上玫瑰糖、芝麻、核桃、花生粒、冬瓜条等佐料，食之味美香甜，松软可口）、丝娃娃（皮是用糯米粉或面粉烙成的薄饼，薄薄如纸却有一只手掌那么大，再将绿豆芽、海带丝、萝卜丝等用开水氽过，分别装入小盘中，菜丝切得极细，红、白、黄、黑等各种色彩相间，小碗内放入酱油、醋、味精、麻油、姜末、葱花、糊辣椒兑成汁，然后将切好的各种素菜丝裹在皮中，包成上大下小的兜形，再放入酥黄豆和兑好的汁液）等等。安顺方言中还有一些有音无字的词，也颇具方言特色，这里不再一一列举。

这类方言创新词大都能鲜明地反映出方言区的自然环境、生产生活方式、风俗习惯等方面的特点，就像一面镜子折射出方言区社会生活的特有图景。

四、词义差异

词义差异包括词形相同而词义不同、词义的广狭范围不同、词义的搭配不同等方面。

(一) 词形同而词义不同

少数方言词的用字和普通话用字相同，但意义和普通话不同。如：

表3-8 方普词义差异比较表

词条	安顺话里的意思	普通话里的意思
懂电	比喻明白事理	明白电路原理并会修理电路
当家	比喻实惠	主持家政,又比喻在一定范围内起主要作用
灯笼	比喻人的视力或眼光	照明用具,有透明的罩防风,通常有支架或提手
陡	比喻性子急	斜度很大,近于垂直
方圆	①事情圆满处置②打圆场	①指定半径范围内的面积②围绕;在……周围地
换气	交换劳动力	①屏息后再呼吸②游泳时浮出水面透气
来往	相当于"左右"	①来和去②通行③联系、交往或接触
老气	形容傲慢	①老练,沉着稳重②形容服装等的颜色深暗、样式陈旧
千金	形容女性矫情、刁钻	①很多钱财②尊称他人女儿
招呼	小心,留神	用言语、点头、招手、行礼等方式表示问候
衣食	①比喻利润、赚头等②比喻在对待食物方面养成的品行	衣服和食物,泛指各种基本生活资料

（二）词义的广狭范围不同

词义的广狭范围不同,可以分两种情况来看。

一种是义项多少不同。比如安顺话中的"拗",除表示"撬开"的意思之外,还有另外三个义项:比喻顶住压力进行抗衡;用秤称;指交易中双方讨价还价。再比如安顺话中的"水",除表示"无色、无臭、透明的液体"和"用于衣服洗涤的次数"外,还用来"形容货物质量低劣"和"比喻身体虚弱"。又如安顺话中的"裹",除表示"包、缠绕"之意外,还用来"比喻几个人纠集在一起""比喻思维混乱、层次不清""指发生不正当男女关系""指吸（奶）"。

另一种是词义所指范围大小不同。比如安顺话里的"姊妹"可指"兄弟姐妹"。安顺话里的"早上"包括早晨和上午。

（三）词义的搭配不同

方言与普通话词形相同,但搭配范围不同。

以"吃"为例,"吃"在普通话中多与表固体食物的语素或词搭配成词和短语,如吃菜、吃饭等,但在安顺话中,其搭配比普通话要广得多,比如:吃茶、吃酒、吃烟、吃气（受气）、吃心（贪求钱财的欲望）、吃相因（在语言、行为上占人便宜）、吃俏（走俏）。

安顺话中的"开""落"，其搭配有些与普通话也不一样，如"开"：

开河口（指天刚蒙蒙亮）、开黄腔（用脏话骂人）、

开裂蹦口（形容物体表面裂痕满布）、

开间（旧式房屋的宽度单位，相当于一根檩的长度，约一丈）、

开前（刚才）、开凌眼（指持续结冰的阴雨天开始转晴）、

开首（开初）、开堂（开场）、

开亲（联姻）、开亲对眷（指儿女成婚，两家人成为眷属）、

开折（指衣服被启用）、

开孝（在丧事中给前来吊唁的人分发孝服或孝帕；婉辞，指办丧事）。

如"落"：

落板（事情确定、落实）、落潮（价格回落或时鲜产品由旺季转入淡季）、

落家（待在家里，用于否定式中）、落觉（进入熟睡状态）、

落教（讲义气）、落可（满意、舒服）、

落眶（眼眶凹陷）、落盘（交易谈定）、落气（断气、死）、

落平（肌体不再抽搐，表示死，多用于动物）、落窝（地势低洼）、

落心（放心）、落地红（物品畅销）、

落卡子（比喻自己说出的话正是对方需要的把柄）。

再以"打"为例，"打"在安顺话中的搭配有一些与普通话相同，但也有很多搭配不一样，比如：

打本（按成本价出售）、打边边（拍巴掌，用于婴幼儿）、

打标枪（腹泻或吐唾沫的戏谑说法）、

打禅机（试探别人口气，从中获取有利信息）、

打敞口（与人说话不带称谓）、打冲火（唆使或促成别人做某事）、

打冲成（提出建议以促成某事）、打出牙口（主动开口索取）、

打得粗（不挑食）、打寡（守寡）、

打醋坛（将红媒放入盛水的陶器中并焚烧纸钱以驱鬼辟邪）、

打瞎摸（在黑暗中做事情）、

打野食（指家畜、家禽到野外觅食，也比喻人寻求婚外性关系）、

打得老脸（不拘束）、打黄头（指稻谷临近成熟时植株泛黄）、

打脚（因鞋小或窄而伤脚）、打寡公（打光棍）、

打绊脚（摔跤时用脚绊人，使对方倒地）、

打帮帮腔（帮某人说话或做辅助性工作）、打家官（自家人闹矛盾）、

打空手（指手里没带东西或做客没带礼物）、打空（缺席或空缺）、

打个腰栈（中途逗留、休息）、打整（整理、应对、整治）、

打脱（挣脱，逃脱；错过机会）、打落（遗失）、

打雄（禽类雄性的性行为）、打赖歪（耍赖）、

打烂仗（比喻颠沛流离、穷困潦倒的生活状况）、

打样（充当样品或者替身）、打直（伸直）、

打齐（与……齐平）、打亲家（结成亲家关系）、

打私搅（相互争执、纠缠）、打药（专治跌打损伤的药）。

类似的例子，在安顺话中，还有"拉""老""毛""生""收""下"等。

第四章 语 法[1]

第一节 名词的构词特点及复数形式

一、重叠构词[2]

（一）名素重叠构成的名词

刀刀｜盆盆｜皮皮｜草草｜灰灰｜瓢瓢｜洞洞｜桶桶｜钵钵

沟沟｜板板｜杯杯｜单单｜袋袋｜缸缸｜格格｜巷巷｜粑粑

棒棒｜边边｜钵钵｜槽槽｜丝丝｜糖糖｜筒筒｜瓶瓶｜节节物体各段之间相连的地方

公公｜婆婆｜耶耶｜伯伯｜舅舅

嘴嘴指像嘴一样的东西 心心植物或果实的中间部分 脚脚剩余的残渣

眼眼小孔 手手把手或提手 米米细微的疙瘩状的 水水液体

名素重叠构词后有两种情况，一种是重叠后基本意义不变，如上面前四行的那些例词；另一种是重叠后意义有变化，如上面后两行的那些例词。

这类名素重叠构词还可以与其意义相关的名素重叠构词组合在一起，形成"AABB"型重叠，表示泛指、类别等意义。例如：

花花草草泛指植物　锅锅碗碗泛指餐具　坛坛罐罐泛指家庭用品　汤汤水水指多水、潮湿貌

---

[1] 为突出方言语法特点以及便于与贵州各地方言的比较，语法这部分主要根据《贵州省志·汉语方言志》编写者——涂光禄先生编写的语法调查提纲进行调查描写的。

[2] 重叠构词在安顺方言中伴有变调现象，具体参见前面第二章语音中的音变现象。

（二）量素重叠构成的名词

本本　串串　颗颗　条条　砣砣

量素重叠后，由其所表示的计算单位转指为受这种计算单位修饰的事物。

（三）动素重叠构成的名词

锤锤｜垫垫｜绷绷｜簸簸｜抽抽｜铲铲｜锥锥｜滚滚｜隔隔｜夹夹｜刮刮｜筛筛｜□tsu³¹□tsu⁴⁴塞塞｜刷刷｜套套

动素重叠后，由其所表示的动作行为转指为实施该动作行为的工具。这种重叠形式的构词作用相当于普通话的儿化。

（四）形素重叠构成的名词

尖尖｜凹凹｜弯弯｜皱皱｜偏偏｜团团

形素重叠后，由其所表示的特征转指为具有这种特征的事物。

二、附加构词

安顺话中名词词缀不多，主要有"子""头""场""儿"。

（一）"子 [tsɿ⁵⁴]"

"子"在安顺话中可以附在名素、动素和形素后面构词名词。

1. 名素+子

A. 笛子、席子、帐子、桌子、钉子、椅子、筷子、梳子、袖子、袜子、筛子、轮子、窗子、材子棺材、纽子扣子、馆子、房子

B. 叶子、桃子、李子、杏子、橘子、柚子、柿子、枣子、谷子、麦子、菌子野生蘑菇、茄子、树子树、笋子、辣子、竹子

C. 猴子、鸽子、蜂子蜜蜂、蚕子蚕、蚊子、虱子、骡子、羊子

D. 饺子、海子湖、烟子烟、样子、胡子、盎子猪血

E. 肚子、肠子

F. 厨子、心子馅儿

上述例子的中"子"虽然都是附加在名素后，但还是可以看出些不同，A类是附加在表器物的语素后面，B类是附加在表植物的语素后，C类是附加在表动物的语素后，E类是附加在表器官的语素后，F类是附加在具有某种特征的名素后表示和这种特征相关的人或物，在这些类当中，A、B两类构词居多。

2. 动素+子

起子、辫子、包子、叫花子、耗子

这类构词基本都是指称动素所表示的动作行为的发出者或承受者。

3. 形素 + 子

二流子_{流氓}、瞎子、聋子、□pai⁴⁴_瘸子、圆子

这类构词很显然是指称形素所表示特征的人或物。

综上，后缀"子"在安顺话中有成词、衬音的作用，有些还兼有转义的作用。

（二）"头"[1]

"头"在安顺话中可成为普通名词和方位名词的词缀，例如：

表方位语素 + 头：高头 上头 下头 前头 后头 里头 外头 城头 家头

名词性语素 + 头：骨头 舌头 额头 木头 锄头 馒头 榔头 斧头³¹ 砖头³¹

谓词性语素 + 头：看头 弯头 嚼头 落头 滑头 甜头 行头 由头

很显然，后缀"头"在安顺话中同样也具有成词、衬音的作用，有些兼有转义的作用。

（三）"场 [tsʰaŋ³¹]"

具有"+ 持续"语义特征的动词性语素加后缀"场"后可以转变为名词，表示有实施该动作行为的意义或价值。例如：

做场、看场、想场、搞场、赚场、吃场

后缀"场"在这类构词中很显然主要起转义的作用。

"V 场"用法比较单一，不能单说，也不能用指示词复指，一般只做宾语中心，且前面受"哪样"修饰，例如：

之起_{这种}生意有个哪样做场。| 之个事情还有哪样商量场。

在安顺方言中，与后缀"场"类似的还有"法"，如"吃法、喝法"等，但由于语法化程度较"场"低，其组合能力不如"场"。

（四）"儿 [ɚ³¹]"

安顺话中还有少量以"儿"收尾的词，例如：

裤儿、帽儿、小猪儿、兔儿、手指头儿、张张伯儿_{蜻蜓}、屁儿、得儿_{成人阴茎}、圆枚枚儿_{圆扁形小物}

"儿"在这类构词中主要起成词或衬音的作用，当然有的还伴有"小称""喜爱"的意义，但不具有普遍性。

---

[1] "头"作为词缀在安顺方言中伴有变调，具体参见前面第二章语音中的音变现象。

三、复数及类别意义的"些"和"家"

（一）"些"

人些｜牛些｜笔些｜钱些｜米些｜水些｜纸些

娃儿些｜学生些｜头头些｜肥猪些｜桌子些｜事情些｜问题些｜矛盾些｜困难些

售票员些｜名演员些｜毕业生些｜中巴车些｜电视机些

卖菜嘚些｜吃饱噢嘚些｜想早点去嘚些｜挨刀砍脑壳嘚些

旮旮角角些｜瓶瓶罐罐些｜条条款款些｜根根底底些

过程些少讲点，结果些到底咋样？｜黄果树些去玩过不得？｜老王些都来噢叻。

（二）"家"

娃娃家 姑娘家 婆娘家 学生家

"些"和"家"在安顺方言中虽然都可以表示复数或类别意义，但从上述例子中可以发现，二者有明显不同：

（1）"些"倾向表复数意义多一些，而"家"倾向表类别意义多一些；

（2）"些"既可以用在单音节名词、双音节名词后，又可以用在多音节名词或名词性短语后，而"家"通常用在双音节名词后；

（3）"些"可以用在除方位名词、处所名词、时间名词外的大多数名词性词语后面，如专有名词、个体名词、集体名词、物质名词、抽象名词、"的"字类短语等，而"家"一般用在称谓名词后面。

可见，在表复数和类别意义上，"些"较"家"语法化程度要高。

第二节 动词的重叠格式和意义

一、伴随格式

（一）连续自动状"一V一V嘚"或"V一V嘚"

他一跳一跳嘚跑起过来噢｜扁担一颤一颤嘚像是要断噢

（二）连续过程状"V下V（下）嘚"或"VV嘚"

摇下摇下嘚把椅子都摇烂噢｜看下看嘚就看出问题来噢｜颤下颤下嘚扁担

127

要颤断噢

两口子商商量量嘞过。| 一天到晚吵吵闹闹嘞。

（三）方式状"V倒V倒嘞"

省倒省倒嘞用 | 匀倒匀倒嘞倒 | 试倒试倒嘞搞 | 争倒争倒嘞要 | 抢倒抢倒嘞买

坐倒坐倒嘞就□tsuai^{44}睡着噢 | 说倒说倒嘞他就走进来噢 | 走倒走倒嘞就打不倒三四噢

（四）姿态状"V起V起嘞"

够起够起嘞看 | 歪起歪起嘞坐 | 跳起跳起嘞骂 | 抢起抢起嘞买 | 喊起喊起嘞卖

二、贬谑格式

（一）"鬼V鬼V嘞"式

鬼喊鬼喊嘞 | 鬼画鬼画嘞 | 鬼闹鬼闹嘞 | 鬼念鬼念嘞

变化a."鬼V1鬼V2嘞"式（V1，V2近义，但口语中不构成复合词）

鬼吼鬼闹嘞 | 鬼哭鬼叫嘞 | 鬼跑鬼跳嘞 | 鬼哭鬼闹嘞

变化b."鬼V实V嘞"式（"实"仅取其音，并无实义）

鬼吼实吼嘞 | 鬼叫实叫嘞 | 鬼跳实跳嘞 | 鬼闹实闹嘞

（二）"干V干V嘞"式

干念干念嘞 | 干混干混嘞 | 干笑干笑嘞 | 干跳干跳嘞

干吵干闹嘞 | 干吼干叫嘞 | 干说干笑嘞 | 干跑干跳嘞

干念实念嘞 | 干跳实跳嘞 | 干吹实吹嘞 | 干扯实扯嘞

（三）"V嘛V"式

你喝嘛喝，喝死噢我看你还喝！| 你吃嘛吃，总有一天胀死你。

这种格式表示说话人对听话人从事的过量行为表示不满或埋怨，里面包含一种"主观量"的语法意义。

（四）其他

猴跳舞跳嘞 | 猴抓舞抓嘞

憨跳实跳嘞 | 憨闹实闹嘞 | 憨笑实笑嘞

细整细整嘞｜细念细念嘞｜细戳细戳嘞

三、摹态格式

（一）将行状"要 VP 要 VP 嘞"

要哭要哭嘞｜要倒要倒嘞｜要走要走嘞｜要睡着要睡着嘞｜要跶倒要跶倒嘞

要着开除要着开除嘞｜要出纰漏要出纰漏嘞

（二）欲行状"想 VP 想 VP 嘞"

想笑想笑嘞｜想不买票想不买票嘞｜不想搭白不想搭白嘞

有点想考研究生有点想考研究生嘞

（三）介中状"倒 VP 不 VP 嘞"（"倒"音 tao[13]）｜

倒来不去嘞｜倒走不走嘞｜倒喜欢不喜欢嘞｜倒像他不像他嘞｜倒想下决心不想下决心嘞

第三节　形容词的重叠形式和意义

一、三音节 Abb（嘞）格式（记录时省"嘞"，下同）

（一）常用的叠音后缀

□□ kɛ[13]kɛ[13]：老 ~~｜青 ~~｜麻 ~~｜蛮 ~~｜绵 ~~｜生 ~~

□□ pʰia[54]pʰia[54]：黄 ~~｜黑 ~~｜□ iaŋ[54]_焉_ ~~｜淡 ~~｜旧 ~~

鲊鲊 tsa[54]tsa[54]：白 ~~｜水 ~~｜湿 ~~｜□ iaŋ[54]_焉_ ~~｜烂 ~~｜干 ~~

□□ lu[44] lu[44]：新 ~~｜白 ~~｜□ pʰa[44] ~~｜干 ~~｜湿 ~~

兮兮：脏 ~~｜烂 ~~｜□ pʰa[44] ~~｜水 ~~｜冲 ~~｜哭 ~~｜抠 ~~

□□ tai[31] tai[31]：肥 ~~｜重 ~~

摄摄：神 ~~｜球 ~~｜鬼 ~~｜□ xa[54]_傻_ ~~｜昏 ~~｜笨 ~~

垮垮：水 ~~｜吊 ~~｜□ lia[31] ~~｜懒 ~~

扯扯：红 ~~｜绵 ~~｜疯 ~~｜皮 ~~｜笑 ~~

129

翻翻：红 ~~｜□ tsa^{44}~~｜鸣 ~~

杵杵：木 ~~｜□ u^{13}~~｜蛮 ~~｜短 ~~

氉氉 tu^{31}tu^{31}：齐 ~~｜矮 ~~｜肥 ~~

叉叉：高 ~~｜飞 ~~｜凶 ~~｜野 ~~

落落 lao^{44}lao^{44}：急 ~~｜□ kao^{31}~~｜饿 ~~

（二）常见的 Abb 式

红东东｜红翻翻｜红扯扯｜黄铮铮｜蓝映映｜蓝瓦瓦｜灰普普｜白生生
白卡卡｜黑黢黢｜乌黢黢｜黑□□ pʰa^{54}pʰa^{54}｜新崭崭｜齐崭崭｜湿焦焦
干□□ tɕʰio^{44}tɕʰio^{44}｜弯□□ tɕʰio^{44}tɕʰio^{44}｜长甩甩｜活甩甩｜高耸耸｜直秒秒
圆罗罗｜□ kʰuən^{31}董董｜悬吊吊｜辣呼呼｜甜咪咪｜热哄哄｜温嘟嘟
凉嗖嗖｜油腻腻｜腻刮刮｜冰喇喇｜冰浸浸｜硬梆梆｜薄菲菲｜尖棱棱
细□□ tɕiu^{44}tɕiu^{44}｜厚□□ toŋ^{31}toŋ^{31}｜滑□□ piao^{13}piao^{13}｜软□□ tʰa^{54}tʰa^{54}
酸□□ tɕiu^{44}tɕiu^{44}｜慢悠悠｜贼 tsuei^{31}喝喝｜憨痴痴｜霉杭杭｜日古古
涩古古｜烦躁躁｜胖 maŋ^{44}胖嘟嘟｜瘦精精｜细精精｜凶嗤嗤｜凶叉叉
细□□ tɕiu^{44}tɕiu^{44}

二、四音节格式

（一）AbAb"嘞"式（记录时省"嘞"，下同）

白卡白卡｜灰普灰普｜水垮水垮｜烂朽烂朽｜干□ tɕʰio^{44}干□ tɕʰio^{44}
长甩长甩｜悬吊悬吊｜慢悠慢悠｜凉嗖凉嗖｜冰喇冰喇｜辣呼辣呼
皮扯皮扯｜□ xa^{54}傻撮□ xa^{54}傻撮｜冲兮冲兮｜水垮水垮｜酸□ tɕiu^{44}
酸□ tɕiu^{44}

（二）"二A二A"式

二冲二冲｜二流二流｜二昏二昏｜二憨二憨｜二麻二麻｜二假二假

（三）"兀A八A"式

兀大八大｜兀高八高｜兀长八长｜兀远八远

（四）"A头A脑"式

油头油脑｜笨头笨脑｜怪头怪脑｜呆头呆脑｜□ xa^{54}傻头□ xa^{54}傻脑
神头神脑｜鬼头鬼脑｜古头古脑｜蛮头蛮脑｜突头突脑｜缩头缩脑

□pia^{54}头□pia^{54}脑

（五）"A眉A眼"式

鬼眉鬼眼｜死眉死眼｜烂眉烂眼｜贼眉贼眼｜花眉花眼｜怪眉怪眼｜
懒眉懒眼｜歪眉歪眼｜眍眉眍眼｜闭眉闭眼｜细眉细眼｜瞎眉瞎眼｜
睖眉睖眼｜鼓眉鼓眼｜眨眉眨眼｜□xa$^{54}_{傻}$眉□xa$^{54}_{傻}$眼｜憨眉憨眼

变异型

死眉烂眼｜花眉□liao^{13}眼｜睁眉闭眼｜睖眉鼓眼｜花眉日眼｜怪眉日眼｜
马眉马脸｜鬼眉鬼脸｜花眉花脸｜怪眉怪脸｜

（六）"倒A不A"式

倒红不红｜倒绿不绿｜倒黑不黑｜倒灰不灰｜倒大不大｜倒长不长｜
倒粗不粗｜倒细不细｜倒方不方｜倒圆不圆｜倒好不好｜倒坏不坏｜
倒亮不亮｜倒早不早｜倒冷不冷｜倒热不热｜倒硬不硬｜倒炮不炮｜
倒老不老｜倒熟不熟｜倒憨不憨｜倒油不油｜倒洋不洋｜倒兔不兔｜
倒舒服不舒服｜倒高兴不高兴｜倒调皮不跳皮｜

变化形式"倒A不B"（A、B反义或对立）：

倒红不黑｜倒大不小｜倒长不短｜倒粗不细｜倒方不圆｜倒好不坏｜
倒早不晏｜倒冷不热｜倒炮不硬｜倒老不少｜倒生不熟｜倒土不洋｜
倒男不女｜倒公不母｜倒憨不痴｜倒尖不□xa$^{54}_{傻}$／兔｜

（七）"AABB"式

裹裹绞绞｜弯弯酸酸｜惊惊咋咋｜抻抻敨敨｜

（八）非重叠生动形式

灰巴拢耸｜□k^{h}uən^{31}不拢董｜黑不噜黢｜圆不拢董｜圆不噜黢｜瞎眯科拖｜
青□kɛ^{13}郎当｜硬唝掇棒｜硬壳十三｜冷皮秋烟｜长麻吊线｜蔫巴屁臭｜
吆二喝三｜软炮搭稀｜瘦壳躴精｜炮稀郎带｜黑黢麻黢｜□lia^{31}二垮三｜
活摇活甩｜造孽巴沙｜胡子拉沙｜眼泪巴沙｜眼屎巴沙｜鼻涕拿聋｜
口水滴答｜瞌睡迷兮｜傀二连三｜恍打惚兮｜啰里八唆｜糊里糊涂｜
啰里啰唆｜□xa^{54}里□xa^{54}气

第四节　数量结构的形态

一、"头"

头十个人｜头十封信｜头十张桌子｜找你头十回
头二十个人｜头二十斤肉｜去噢头二十回
头十万（块）｜头十万（斤）｜赌输噢头二十万｜投资噢头十个亿

二、"把"

（一）用于"百、千、万、亿"之后

百把（个）人｜千把块钱｜万把斤米｜不到十年中国人口又增加噢亿把

（二）嵌于量词重叠之中，表示数量少

个把个人安排得下｜张把张纸值不倒几个钱｜赢盘把盘扳不倒老本
只跑噢趟把趟就喊着不住噢

三、"打"

（一）单纯数词的重叠中加"打"

打两个｜三打三盘｜六打六砣｜九打九块｜十打十瓶
百打百挑｜千打千吨｜万打万斤｜折噢万打万｜以前嘞贫困人口有亿打亿

（二）物量词重叠中加"打"

个打个月｜斤打斤米｜吨打吨钢筋｜桌打桌人客

（三）复合数词和量词重叠中加"打"

二打二十个｜三打三十斤｜五打五十岁｜八打八千块｜五打五十万｜十打十三亿
今年要考六打六科｜他一个月要找万打万｜五打五十岁噢，还像个娃娃样嘞
年打年噢，不想还钱噢不是？｜喝噢两打两瓶酒还不得醉

第五节　部分封闭性词类

一、处所、方位

表4-1　方普处所方位词比较表

1	普通话	这（那）里			
	安顺话	之［tsʅ⁴⁴］(那 a¹³)里 tɛ⁵⁴		之（那 a¹³）堂	
2	普通话	这（那）边			
	安顺话	之（那 a¹³）边		之（那 a¹³）头	
3	普通话	上边			
	安顺话	上头		高头	
4	普通话	下面			
	安顺话	下头	底下	透底	脚 tɕio³¹ 脚 tɕio⁴⁴
5	普通话	左（右）边、左（右）面			
	安顺话	左（右）手	左（右）手边	左（右）边	左（右）半边	左（右）面

二、代词

（一）人称代词

表4-2　方普人称代词比较表

1	普通话	我（们）	你（们）	他（们）
	安顺话	我（们）	你（们）	他 la⁴⁴（们）
2	普通话	自己		
	安顺话	自己：~去；~做	自家：~去；~做	各人：~去；~做

（二）指示代词

表4-3　方普指示代词比较表

1	普通话	这（那）
	安顺话	之（那 a¹³）

续表

2	普通话	这样		这么	
	安顺话	之样：~嘞事情；~做	□ tsoŋ³¹ŋo¹³：~搞	□ tsoŋ³¹ŋo¹³：~做；~贵	
3	普通话	那样			
	安顺话	那 a¹³样：~嘞事情；~做			□ loŋ³¹ŋo¹³：不是~嘞；~搞	

（三）疑问代词

表 4-4　方普疑问代词比较表

1	普通话	谁、哪个				
	安顺话	哪个：你找~？			你要~杯子？	
2	普通话	怎么				
	安顺话	咋 ta¹³	咋 tsa³¹个	□ tsaŋ³¹个	□□ tsaŋ³¹ŋo¹³	□□ loŋ³¹ŋo¹³
3	普通话	什么、怎样				
	安顺话	哪样				
4	普通话	多（大、高……）				
	安顺话	好（大、高……）				
5	普通话	几（个、张、斤……）、多少（个、张、斤……）				
	安顺话	好多（个、张、斤……）				

三、副词

（一）程度副词

表 4-5　方普程度副词比较表

普通话	非常、特别	太
安顺话	□ xε⁵⁴实：今天~热。| □ xε⁵⁴其：那件衣服~好看	当 taŋ¹³：去那里有一截路不~好走

（二）范围副词

表 4-6　方普范围副词比较表

普通话	一共	全都
安顺话	拢共：~好多人	一哈：之些书~都看过噢

（三）否定副词

表4-7　方普否定副词比较表

普通话	没有	别、甭
安顺话	不得：昨天我~去	[不要]合音 不要：你~去。|你~客气

（四）时间、频率副词

表4-8　方普时间、频率副词比较表

普通话	不停地、一个劲地	一下子
安顺话	紧倒：你~啰嗦个哪样嘛？	一发势：他~就不见噢

（五）情状副词

表4-9　方普情状副词比较表

1	普通话	赶紧	悄悄地
	安顺话	滴倒：你~出去看一下	阴倒：你们几个在~搞哪样？
2	普通话	执意、勉强	故意
	安顺话	牯倒：他~要开钱，拦都拦不倒。吃不下不要~吃	得志：~打破嘞

（六）语气副词

表4-10　方普语气副词比较表

普通话	宁愿	简直
安顺话	支倒：~挨骂也要去	直截：他~是有点□ xa^{54}

四、介词

表4-11　方普介词比较表

1	普通话	往	
	安顺话	朝：~东走	~之里运家具
2	普通话	向	
	安顺话	跟：~他借噢一本书	

续表

3	普通话	按	
	安顺话	照：~他嘞要求做	
4	普通话	替	
	安顺话	帮：~我拿过来	
5	普通话	从	到
	安顺话	齐：~之点这里量起	齐：之娃娃长得太快，都打~你嘞肩膀噢喽

五、语气词

（一）安顺方言语气词的特点

1. 语气词数量较多，主要有15个，在现代汉语各方言中比较少见

啊 a^{31}| 呢 $lε^{44}$| 叻 $lε^{31}$| 嘞 lei^{44}①| 喽 $ləu^{31}$| 嘛 ma^{31}| 么 $mε^{44}$| 哦 $əu^{31}$②|
噢 $əu^{13}$| 咝 $sɿ^{44}$| 嚜 $mε^{31}$| 哈 xa^{31}| 家 $tɕia^{44}$| 喽嘛 $ləu^{31}ma^{31}$| 嘞话 $lei^{44}xua^{13}$

2. 绝大部分语气词一词多义（语气），在不同的语境中表达不同、甚至迥异的语气，一般都不与陈述、疑问、祈使、感叹语气做比较固定的联系

以语气词"哈"为例：

a. 小心点哈！路滑完叻。（关心）——你小心点哈！老子会来找你嘞。（警告、威胁）

b. 之个是你嘞哈？我借用下。（询问）——之个是你嘞哈，不要忘记噢。（申明、提示）

3. 语气词除单用外，常常叠用，并有一定的叠用组合层次

他见过大世面嘞噢。　他走都走噢喽。　　娃娃们总是要长大嘞嘛。
我走喽哈。　　　　　不想看书噢叻。　　我跟他讲噢嘞哈。

---

① "嘞"有时也说成［le^{44}］或［li^{44}］，这里根据老年男性发音人的发音记为［lei^{44}］。

② "哦"有时也说成［o^{31}］，这里根据老年男性发音人的发音记为［$əu^{31}$］。

（二）安顺方言语气词

表4-12　陈述句句末语气词

语气词	表达语气	例句
嘞 lei⁴⁴	肯定	1. 我晓得嘞　　2. 他来过嘞
	已然	1. 我坐车去嘞　　2. 他昨天来嘞
	描述	1. 家头乱完嘞　　2. 字写得整整齐齐嘞
叻 lɛ³¹	指明事实	1. 电话打不通叻　　2. 只剩三天噢叻
噢 əu¹³	提醒，强调	1. 电是摸不得嘞噢　2. 他姓王噢，记倒，不要搞错！
	表示变化	1. 要下雨噢　　2. 天黑街上就不得人噢
喽 ləu³¹	申明已成的既定事实	1. 他走都走噢喽　2. 等你去哕早卖完噢喽
嘛 ma³¹	表示确实显而易见	1. 他是我们学校嘞学生叻嘛 2. 娃娃们总是要长大嘞嘛
喽嘛① ləu³¹ma³¹	申明事实，"就这么回事"的意思	1. 了不起么就再跑一趟喽嘛 2. 他就是有点钱喽嘛
家 tɕia⁴⁴	强调数量充足	1. 还有七八站家　2. 八打八个家，够噢
哈 xa³¹	申辩，说明	1. 我来过几趟嘞哈　2. 是他哈，不是我

注：①"喽嘛"因经常联用，本表作为一个单位列出。

表4-13　疑问句末的语气词

语气词	表达语气	何类问句	例句
啊 a³¹	提问	是非问	1. 书是你写嘞啊？　2. 你去过他家啊？
呢 lɛ⁴⁴	探询	特指问	1. 书是哪个写呢？　2. 你去问过哪些人呢？
		选择问	1. 书是不是他写呢？　2. 你去过他家不得呢？
喽 ləu³¹	要求认可的提问	是非问	1. 你说书是你写嘞喽？ 2. 看样子，你是去过他家嘞喽？
嘛 ma³¹	提问	特指问	1. 书是哪个写嘞嘛？　2. 你去过哪家嘛？
		选择问	1. 书是不是他写嘛？　2. 你去过他家不得嘛？
喽嘛 ləu³¹ma³¹	反问	是非问	1. 书不是你写喽嘛？　2. 你不是去他家喽嘛？
	质疑	是非问	1. 书是你写嘞喽嘛？　2. 你不是去过他家喽嘛？
哦 əu³¹	追问	特指问	1. 书是哪个写嘞哦？　2. 你到底去过哪家哦？
哦 əu³¹	追问	选择问	1. 你到底走不走哦？　2. 你去过他家不得哦？
哈 xa³¹	揣测	是非问	1. 书是你写嘞哈？　2. 你去过他家嘞哈？

表4-14　祈使句末的语气词

语气词	主要语气	例句
哈 xa³¹	要求，建议的意思较强	1. 早点来哈！　2. 再好生想下哈！
	催促，含对现状的抱怨	1. 来哈！咋还不动？　2. 还不快点跑哈！
	命令，督促	1. 早点来哈！　2. 好生想下哈！
叻 le³¹	劝告	1. 来得噢叻！　2. 好生想下叻！
喽 ləu³¹	召唤，催促	1. 快点来喽！　2. 好生想下喽！
喽嘛 ləu³¹ma³¹	请求，央告	1. 快来喽嘛，我求你！2. 再好生想下喽嘛！
嘛 ma³¹	要求	1. 早点来嘛！　2. 好生想下嘛！
	同意要求后的要求	1. 要得，来嘛！　2. 好嘞，我想下嘛！
么 mɛ⁴⁴	建议，征询同意	1. 来么！　2. 再试下么！　3. 再好生想下么！
噢 əu¹³	嘱咐，提醒，警告	1. 早点来噢！2. 记倒噢！3. 想好噢，不后悔！
	要求处置、完结某事物	1. 一下吃噢！　2. 之碗酒喝噢！
	要求中止、停止某行为	1. 不要喊噢！　2. 不卖噢！　3. 不和他讲噢！
	对对方的要求提出反要求，以……为先决条件才……	1.a: 来下盘棋！b: 我下白棋噢！ 2.a: 快点走！b: 等我把单车修好倒噢！

表4-15　感叹句末的语气词

语气词	主要语气	例句
喽 ləu³¹	欢呼，起哄	1. 胜利喽！　2. 哦——进球喽！
哦 əu³¹	感叹	1. 好漂亮哦！2. 他跑得好快哦！3. 难哦，那道题！

表4-16　句中或复句中的语气词

语气词	出现位置	主要语气	例句
啊 a⁴⁴	句中并列结构的各项末	停顿	贵州嘞山呵，水呵，都好看完嘞
嘛 mɛ³¹	句中主谓成分或其他成分之间	停顿，引出否定或消极的评论	1. 你嘛，太不懂事 2. 其实嘛，我不想去嘞
	选择问选择各项末	提顿	你想唱歌嘛，跳舞嘛，还是下棋？
	陈述句并列各项末	提顿	看书嘛，看球赛嘛，还不得想好
	句中主语等成分后	提顿	你嘛，还年轻噢点
	复句的假设分句末	假设	下雨嘛，我就不去噢
呲 sɿ⁴⁴	复句的假设分句末	假设（含警告、不满等否定意义）	1. 有意见呲，早提噢喽 2. 不去呲，怪不倒哪个噢

续表

语气词	出现位置	主要语气	例句
嘞 lei⁴⁴	复句的原因和条件分句末	强调既定的事实推导出结论	你去过北京嘞,王府井在哪点你肯定晓得
嘞嘛 lei⁴⁴ma³¹	复句的原因和条件分句末	同上,含反问义,强调结果理所当然	我是老贵阳嘞嘛,头桥在哪点我咋会不晓得
嘞话 lei⁴⁴ɕua¹³	复句的假设分句末	假设	1. 忙嘞话,我就不去噢 2. 他来嘞话,请他主持

六、安顺方言助词

表4-17 安顺方言助词

助词类型	助词	语法意义	例句	备注
结构助词	嘞 lei⁴⁴	定语标志	1. 我嘞书 2. 木头嘞房子 3. 黑嘞壳壳	
	嘞 lei⁴⁴	状语标志	1. 慢慢嘞走 2. 好好嘞想下	
	得 tɛ³¹	补语标志	1. 打得好 2. 累得心慌 3. 红得发紫	
动态助词	噢 əu¹³	完结、变化	1. 他看噢本书 2. 他开始看书噢	
	过 ko¹³	经历	1. 他看过那本书 2. 拿去重抄过	
	嘞 lei⁴⁴	已然确认	1. 不吃噢,我才吃噢嘞 2. 他昨天进城嘞	
	倒₁ tao⁵⁴	达及	1. 找倒₁本书 2. 闪倒₁腰杆 3. 送倒₁之里来	
	倒₂ tao⁵⁴	持续	1. 他在学校上倒₂课嘞 2. 站倒₂等	
	倒₃ tao⁵⁴	先行	1. 你先走倒₃! 2. 等我好生想下倒₃	
	起 tɕʰi⁵⁴	态势	1. 门是开起嘞 2. 大起胆子搞	
	起来 tɕʰi⁵⁴lai³¹	起始	1. 说起来你还是老辈子 2. 一做起事来就把哪样都搞忘噢	
	下₁ xa¹³	随意、尝试	1. 看下₁书 2. 消下₁气 3. 端正下₁态度	
	下₂ xa¹³	先行	1. 等我吃完饭下₂! 2. 等太阳出来下₂!	
	下去 ɕia¹³tɕʰi⁴⁴	继续	1. 搞下去 2. 打下去 3. 忍下去 4. 摆下去	直接附在动词后
	参 tsʰan⁴⁴	继续	1. 再来一盘参! 2. 再唱首歌参! 3. 再吃点参!	附在动宾结构后
	得₁ tɛ³¹	完成(结果)	1. 买得₁本书 2. 才写得₁两行字	
	得₂ tɛ³¹	应当、有能力	1. 之生意做不得₂ 2. 脚痛站不得₂	

139

第六节　特色句法句式

一、名词性特殊句法结构

（一）"之"字句

他家牛肉粉味道之好，是远近出噢名嘞。

之个娃娃反应之快，不得哪个赶得倒。

不得想倒公共汽车之难挤。

这种"之"字句其实是古汉语句法形式在安顺方言中的遗留。"之"字是古汉语中最常用的虚字，它的一个重要用法是出现在主谓结构之中，作为该结构不独立（即不是独立的主谓句，而只是句子中的一个成分）的句法标志，如《列子·汤问》书中的"汝心之固，固不可彻"，《左传·僖公三十二年》书中的"吾见师之出"，等等。

二、动词性特色句法结构

（一）"咋（个）VP 法"疑问式

你咋（个）来法？｜咋（个）写信法嘛？

你咋（个）跟人家交代清楚法？｜咋（个）打报告法还不得想好。

（二）"着"字句 ||

1."着"用在名词性词语前，作述语。

他脸上着噢一耳巴。｜着噢，今天忘记带驾驶证噢。

买之本书着二十块钱。｜看个病排队就要着个把钟头。

2."着"直接用在谓语动词前，表示主语是动作的承受者。

碗着打烂完。｜衣服着咬噢洞洞。｜他着开除噢。｜钱包着划开噢。

3."着"用在谓语动词前引入动作行为的施事，表示被动。

今天要着老师批评嘞。｜碗着他打烂完。｜衣服着耗子咬噢个洞洞。

据袁本良先生考证，从词源上说，这里的"着"写成"遭"字更为合理。[①]

[①] 钱理群，戴明贤，袁本良，等.安顺城记［M］.贵阳：贵州人民出版社，2020：1335.

普通话中"被"表示被动是从它的动词义引申来的，方言的"遭"也如此。"遭"的动词义是"受"，如"你遭得住遭不住？"由此便自然地引申为表被动情态。在古语中也可以找到例证，如杜甫《佳人》诗中的"关中昔丧败，兄弟遭杀戮"，"遭杀戮"是"受杀戮"，也就是"被杀戮"。笔者赞同这个观点。从上面1—3中的例句也可大致看出，"遭"由用在名词性词语前转而用在谓语动词前后，其动词义"受"其实已淡化，其表被动情态已显现，再在其后面引入动作行为的施事后，其动词义可以说已完全失去，但其表示的被动意义得到了凸显。

上述3中的例句就是安顺方言中典型的被动句式。在很多语言或方言中，典型的被动句式都可以转换为处置式，但在安顺方言中则不太能做到，因为安顺方言较少使用处置式，特别是在老派安顺话里头，即使用也可能是近些年受普通话的影响。普通话中的处置式在安顺方言中通常使用其他的形式来表示，例如：

普通话		安顺方言
你把碗洗一下。	→	你洗下碗。
他把橘子剥了皮，但是没吃。	→	他剥噢橘子皮皮，但是没吃。
他们把教室都装上了空调。	→	他们在教室头都安噢空调。

（三）"得（N）VP/A"式

得玩｜得看｜得吃｜得坐｜得过瘾｜得当官｜得上班｜得坐车｜得看电影
得回家一趟｜得当噢几天官｜得舒舒服服嘞看噢一回不要钱嘞电影
得官当｜得班上｜得车坐｜得电影看｜得几天官当｜得过一趟不要钱嘞车坐
得闲｜得便宜｜得安逸｜得舒服

（四）"过VP"式

过打｜过骂｜过说｜过抄｜过嘴巴讲｜过手掐｜过耳朵听｜过一把一把地抓｜
过说不过骂｜过走不过跑｜不过挖过犁｜不过听过看｜写文章不要过抄
开玩笑不兴（不允许）过手掐

（五）"V倒"动补式

1. 结果式"V倒"

买倒噢｜看倒噢｜得倒噢｜找倒噢｜碰倒噢｜说倒噢｜吓倒他噢｜听倒声音噢
不（没）得买倒｜不（没）得听倒｜不（没）得吓倒他｜不（没）得麻蒙骗倒他

2. 可能式"V得倒"

买得倒｜看得倒｜想得倒｜得得倒钱｜碰得倒人｜听得倒声音

买不倒 | 看不倒 | 想不倒 | 哄不倒人 | 请不倒老师 | 写不倒几个字
走不倒：不能走，走不开 ——　　到不倒：到达不了
走得倒：可以走，可以离开 ——　走得到：可以到达

（六）"V起"动补式

1. 结果式"V起"（否定形式"没得V起"）

"起"表示动作行为呈完成状态。例如：

饭做起嘞，就等你们去吃噢。| 米都帮你用口袋装起噢。| 水开起嘞，下得面噢。

2. 可能式"V起"（否定形式是"V不起"）

买得起（书）| 做得起（生意）| 承sen^{21}不起（三百斤）| 输不起 | 养不起（娃娃）

（七）往返动趋势

1. 合起来直接作主要谓语动词，或作主要动词的补语。

他才刚来去，你早一步来就遇到他了。| 我昨天才去来，没得哪样新消息。
小老二早晨走他家大舅妈家去来。| 我昨天才进城去来。| 他上个月跑深圳去来。

2. 分开使用，前为主要谓语动词，后为趋向补语，中间插入行动的目的地。

他才刚来我之里去。| 我昨天才去学校来。

（八）形象动趋式

1. 加"丢"式——"V丢出来（出去、下来、下去）"

钻进去又着tsao^{31}挤丢出来。| 两脚就把他□tsua^{31}丢下去。
才报上去就着tsao^{31}刷丢下来噢。| 巴不得哪样用处嘞整丢出去。

2. 加"钻"式——"V钻出来"

齐哪点又整钻出个并列第一名来哦？| 有哪样话早点说钻出来。| 把老窖些拿钻出来。

3. 加"滚"式——"V滚出来（出去、下来、下去）"

打滚出去 | 挤滚下来 | □tsua^{31}踢滚出来 | □tsa^{31}扔滚出去

4. "滚""丢""钻"的联用

□tsa^{31}扔滚丢出来 | 挤滚丢下来 | 甩滚丢出去 | □tsua^{31}踢滚丢下去
打滚丢出去 | 扯滚丢出去 | 甩滚丢下去

（九）"NP$_L$+V得有+NP"式

墙上贴得有一张地图。　他里面穿得有件毛衣。　床上睡得有娃娃。
这是安顺话中的静态存在句结构，结构中"得有"表示"物体附着于某

处或保持某种状态",类似于普通话中的"着",但两者并不完全等同,"得有"表示的这个意义只用在这种静态存在句结构中。另外,安顺话中没有与之对应的动态存在句,如普通话中的动态存在句,在安顺话里通常要换成其他句式来表示,例如:

　　普通话　　　　　　安顺话
　　河里游着好多小鱼→河里好多小鱼游来游去

三、形容词性特色句法结构

（一）形容词后加量词的摹状结构

大个大个嘞｜大砣大砣嘞｜粗棵粗棵嘞｜小个小个嘞｜细根细根嘞｜短节短节嘞｜薄片薄片嘞｜长棵长棵嘞｜方块方块嘞｜厚本厚本嘞｜黑颗黑颗嘞｜圆颗圆颗嘞｜

在有比较的情况下,这种形容词与量词的组合也可以不重叠。

我要那种大个嘞（不要小个小个嘞）｜把大颗嘞苞谷籽选出来做种｜那边放嘞书要厚本点｜他买嘞要比你买嘞大个点｜把大颗点嘞苞谷籽选出来做种｜把肉切薄片点｜字要写大个点｜把纸裁小张点

（二）形容词后加"完"的程度结构

脏完｜累完｜红完｜黑完｜苦完｜老实完｜漂亮完｜灰心完｜后悔完｜高兴完｜天黑完｜笑眯完｜闹麻完｜搞蒙完｜胀饱完｜学憨完｜吓虚完｜搞正完｜象神完｜吼嘈完｜搞笑完｜搞吼完｜搞发完搞刨完形容极度手忙脚乱的状况｜他那几天倒霉完｜老张高兴完｜之娃娃长高完｜瓶瓶些着打烂完｜小李之两天忙昏完｜她像她家妈像神完｜饭煮得糊完嘞｜吃得饱完嘞｜他那几天倒霉完嘞｜老张高兴完嘞｜天黑完嘞｜老师些忙完嘞｜她像她家妈完嘞｜头发长得长完嘞｜天黑完嘞｜她头发长得长完嘞｜黑板上画得花完嘞

（三）形容词后加"很噢"的程度结构

大很噢｜粗很噢｜长很噢｜冷很噢｜红很噢｜快很噢｜累很噢｜过分很噢｜聪明很噢｜安逸很噢｜纸薄很噢,要不得｜你拿来嘞之棵索索（太）粗很噢｜昨天忙很噢不得去看你娃娃打很噢不行｜昨天跑很噢,今天周身痛｜笑很噢 肚皮都笑痛噢

第五章　口头文化

第一节　谜语

1. i³¹ ko¹³ ɕiao⁵⁴ tin⁵⁴ kuan¹³, tsuaŋ⁴⁴ tɕʰi⁵⁴ lo¹³ mi⁵⁴ fan¹³,
一 个 小 鼎 罐，装 起 糯 米 饭，
pu⁴⁴ tsʅ³¹ lo¹³ mi⁵⁴ fan¹³, iao¹³ tsʅ³¹ ɕiao⁵⁴ tin⁵⁴ kuan¹³. ta⁵⁴ i¹³ sʅ³¹ u³¹ tsʰʅ¹³ li³¹
不 吃 糯 米 饭，要 吃 小 鼎 罐。(打一食物——刺 梨)

2. i³¹ ko¹³ pɛ³¹ kəu⁵⁴, suən¹³ tao⁵⁴ tɕʰiaŋ³¹ tsəu⁵⁴,
一 个 白 狗，顺 倒 墙 走，
ta⁵⁴ la⁴⁴ i³¹ paŋ¹³, liao⁵⁴ la⁴⁴ i¹³ kʰəu⁵⁴. ta⁵⁴ i¹³ sʅ³¹ u³¹ tʰaŋ⁴⁴ ian³¹①
打 它 一 棒，咬 它 一 口。(打一食物——汤 圆)

3. i¹³ kʰuai⁵⁴ pɛ³¹ sʅ³¹ tʰəu⁴⁴, faŋ¹³ tsai¹³ xai⁵⁴ lo³¹ tʰəu³¹,
一 块 白 石 头，放 在 海 螺 头，
tsʅ⁵⁴ tʰin⁴⁴ xai⁵⁴ lo³¹ ɕiaŋ⁴⁴, pu³¹ tɕian¹³ pɛ³¹ sʅ³¹ tʰəu⁴⁴. ta⁵⁴ i¹³ sʅ³¹ u³¹ tsu⁴⁴ iəu³¹
只 听 海 螺 响，不 见 白 石 头。(打一食物——猪 油)

4. tɕin⁴⁴ tsʅ⁵⁴ tso³¹ tsʰən³¹ tʰuan³¹, in³¹ tsʅ⁵⁴ lai³¹ pao⁴⁴ pian⁴⁴. ta⁵⁴ i¹³ sʅ³¹ u³¹ tan¹³
金 子 作 成 团，银 子 来 包 边。(打一食物——蛋)

5. i¹³ pa⁵⁴ tao⁴⁴, suən¹³ xo³¹ pʰiao⁴⁴; iəu⁵⁴ ian⁵⁴ tɕin⁴⁴, u³¹ mi³¹ mao⁴⁴. ta⁵⁴ i³¹ toŋ¹³ u³¹ i³¹
一 把 刀，顺 河 飘；有 眼 睛，无 眉 毛。(打一动物——鱼)

---

① 该口头文化发音人为中学语文教师，可能受普通话影响较大，发音中有撮口呼。这一章口头文化及后一章语句、话语讲述语料，是根据老年男性、青年男性、老年女性、青年女性及口头文化发音人等多人的发音进行据实转写的，由于各发音人受年龄、文化程度、职业等因素的影响，会存在与老年男性发音不一致的地方。

6. i¹³ tsʅ⁴⁴ tsʰuan³¹, tsɛ³¹ iəu¹³ tsɛ³¹, tɕʰia³¹ xao⁵⁴ tso¹³ tɛ³¹ u⁵⁴ ko³¹ kʰɛ³¹. ta⁵⁴ i³¹ ioŋ¹³ u³¹ xai¹³ tsʅ⁵⁴
   一只 船，窄又窄，恰好 坐得五个客。(打一用物——鞋子)

7. ma³¹u³¹tsʅ⁵⁴, xoŋ³¹ tsaŋ¹³tsʅ⁵⁴, li⁵⁴mian¹³ iəu⁵⁴ ko³¹pɛ³¹pʰaŋ³¹tsʅ⁵⁴. ta³¹ i³¹ u³¹lo³¹xua⁴⁴sən⁴⁴
   麻屋子，红帐子，里面 有个 白胖子。(打一食物——落花生)

8. liaŋ³¹ pʰei⁴⁴so⁴⁴ i⁴⁴, ə³¹ kai¹³ tɕin⁴⁴ pei¹³; liaŋ³¹tsuan¹³toŋ¹³, ə³¹ lo³¹ ti¹³. ta⁵⁴ i³¹ sʅ¹³ i³¹ mao³¹ li³¹
   娘 披蓑衣，儿盖 金被；娘 转 动，儿落地。(打一食物——毛栗)

9. tai¹³ xoŋ³¹mao¹³tsʅ⁵⁴, tsʰuan⁴⁴ lu⁴⁴ pʰao³¹tsʅ⁵⁴; tsəu⁵⁴ lu¹³ tsʰuei⁴⁴ti¹³tsʅ⁵⁴, tso⁵⁴ tao¹³ mo⁵⁴ fu³¹tsʅ⁵⁴.
   戴红帽子，穿 绿袍子；走 路 吹 笛子，坐倒 摸 胡子。
   ta⁵⁴ i³¹ toŋ¹³ u³¹ ta¹³ in³¹
   (打一动 物——大蝇)

10. tsəu¹³ uaŋ³¹ u³¹ tao¹³ tai¹³ faŋ⁴⁴ tɕin⁴⁴, pi⁵⁴ kan¹³ tsʰən³¹ɕiaŋ¹³ ua⁴⁴ la⁴⁴ɕin⁴⁴.tsəu⁴⁴ sən⁴⁴ tai¹³
    纣 王无道戴方巾，比干 丞 相 挖了心。周身带
    tɕian¹³ iaŋ³¹ uən³¹ kuaŋ⁵⁴, suan⁴⁴ tʰian³¹ kʰu⁵⁴ sɛ³¹ sʅ⁴⁴ su⁴⁴ tɕʰin³¹. ta⁵⁴ i³¹ sʅ³¹ u³¹ tsʰʅ¹³ li³¹
    箭 杨 文 广，酸 甜 苦 涩是苏秦。(打一食物——刺梨)

11. tsən⁴⁴ iɛ³¹ u³¹ tsʰu⁴⁴ i³¹. ta⁵⁴ i³¹ tsʅ¹³ kʰən⁵⁴
    正 月 无初 一。(打一字——肯)

12. i³¹ ko¹³ tsʅ¹³ ə³¹ lu³¹ sʅ³¹ tʰian⁴⁴, tɕiəu¹³ tsai³¹ ɕio⁵⁴ ə³¹ ti¹³ i³¹ pʰian⁴⁴. ta⁵⁴ i³¹ tsʅ¹³ pʰoŋ³¹
    一个字儿六十天，就 在《学而》第一篇。(打一字——朋)

13. i¹³ tian⁵⁴·¹³ i³¹ xuən³¹ tsʰaŋ³¹,i³¹ pʰiɛ³¹ tsəu⁵⁴ lan³¹ iaŋ¹³. saŋ³¹ sʅ³¹ tuei³¹ ɕia³¹ sʅ³¹,iɛ³¹ liaŋ³¹ tuei¹³
    一点一横长，一撇 走南 洋。上 十对 下 十，月 亮 对
    tʰai⁵⁴·¹³ iaŋ³¹. ta⁵⁴ i³¹ tsʅ¹³ miao¹³
    太 阳。(打一字——庙)

14. i¹³ tian⁵⁴·¹³ i³¹ xuən³¹ tsʰaŋ³¹,ləu³¹tʰi⁴⁴ ta³¹ ko¹³tɕʰiaŋ³¹.tɕʰiaŋ³¹ ɕia¹³ i³¹tso¹³miao¹³,miao¹³ luei¹³
    一点一横长，楼梯搭过 墙。墙 下一座 庙，庙 内
    i¹³ lu³¹ɕiaŋ⁴⁴. ta⁵⁴ i³¹ tsʅ¹³ kao⁴⁴
    一炉香。(打一字——高)

15. xuəŋ³¹mu³¹ kʰan³¹xoŋ³¹ liaŋ³¹, xoŋ³¹ liaŋ³¹ pan⁴⁴ sən⁴⁴ tsʰaŋ³¹.li³¹ sʅ⁴⁴ tsʰuei³¹sʅ³¹li³¹, sʅ⁴⁴ li⁵⁴lan⁵⁴
    横 目看 红 娘，红 娘 半身 藏。疑是崔氏女，是女懒
    su⁴⁴ tsuan⁴⁴. ta⁵⁴ i³¹ tsʅ¹³ lo³¹
    梳 妆。(打一字——罗)

16. ŋan⁴⁴tsʅ³¹ tsʰu³¹ pao⁵⁴ kai¹³, piɛ³¹ tso³¹ li⁵⁴ tsʅ¹³ tsʰai⁴⁴; zo³¹ tso³¹ li⁵⁴ tsʅ¹³ tsʰai⁴⁴, i³¹ sʅ¹³ iɛ⁵⁴ tsʰai⁴⁴
    安字除宝盖，别作女字猜；若作女字猜，一世也 猜
    pu⁴⁴ tsʰu³¹ lai³¹. ta⁵⁴ i³¹ tsʅ¹³ xao⁵⁴
    不出 来。(打一字——好)

17. koŋ⁴⁴tɕi⁴⁴tɕia¹³ tan¹³ mu⁵⁴tɕi⁴⁴ pao¹³, u⁵⁴ ɚ⁻¹³ ta⁵⁴ fu⁵⁴ kɛ³¹ tɕʰiaŋ³¹ liao¹³.koŋ⁴⁴ koŋ⁴⁴ pei⁴⁴ tɕʰi⁵⁴
公　鸡　下　蛋　母　鸡　菢，武　二　打　虎　隔　墙　撂。①公　公　背　起
ɕi³¹ fu¹³ tsəu⁵⁴, tʰu⁵⁴ ti¹³ tsʰu¹³ lai³¹ so³¹ koŋ⁴⁴ tao¹³. ta⁵⁴ sʅ¹³ tsʅ¹³ kuai¹³ li³¹ luan¹³ sən³¹
媳　妇　走，土　地　出　来　说　公　道。(打　四　字——怪　力　乱　神)

第二节　惯用语

1.【安小板凳 ŋan⁴⁴ɕiao⁵⁴pan⁵⁴tən¹³】比喻设置圈套害人：不要~害我噢。

2.【包小脚 pao⁴⁴ɕiao⁵⁴ tɕio³¹】形容走路慢：你~啊，走得□□ tsoŋ³¹ ŋo¹³ 这么慢？

3.【棒棒敲不脱 paŋ¹³paŋ¹³kʰao⁴⁴pu⁴⁴tʰo³¹】比喻不可能失去，很有把握得到。

4.【不关风 pu³¹kuaŋ⁴⁴foŋ⁴⁴】比喻乱说话，泄露机密：他那张嘴有点~，之事先不要让他晓得。

5.【带枪不遇鸟 tai¹³tɕʰiaŋ⁴⁴pu³¹·¹³liao⁵⁴】比喻有准备的时候却碰不到所期待的事情。

6.【等烧不等煮 tən⁵⁴sao⁴⁴pu⁴⁴tən⁵⁴tsu⁵⁴】比喻办事急于求成，没有耐心等待。

7.【踩痛脚 tsʰai⁵⁴tʰoŋ¹³tɕio³¹】比喻揭（别人的）短：谈事情就谈事情，不要~嘛。

8.【长起眼睛看 tsʰaŋ³¹tɕʰi⁵⁴ian⁵⁴tɕin⁴⁴kʰan¹³】等待着看将来某人的下场：他说老来不靠任何人，我们~。

9.【扯照牌 tsʰɛ⁵⁴tsao¹³pʰai³¹】以虚假理由搪塞：老师问他为哪样打架，他就会~。

10.【带个眼睛 tai¹³ko¹³ian⁵⁴tɕin⁴⁴】指顺便留神或照看：弟弟睡着噢，你在家~。

11.【放飞鸽 faŋ¹³fei⁴⁴ko³¹】比喻欲擒故纵的欺诈行为：那些人是~嘞，你小心上当。

12.【勾二弦 kəu⁴⁴ɚ¹³ɕian³¹】间接挑唆：他不但不帮忙，反而在那里~。

13.【见粪扒 tɕian¹³fən¹³pa³¹】比喻不经选择地接受任何可以接受的东西：她~，哪样东西都要。

14.【脚底板翻天 tɕio³¹ti⁵⁴pan⁵⁴fan⁴⁴tʰian⁴⁴】指跑得快：跑得~。

---

① 原文作"撩"，当误，今正。

15.【校老弦 tɕiao¹³lao⁵⁴ɕian³¹】向对方挑战或挑衅：要是他跟你真正校起老弦来，你不定会赢。

16.【看水鸭 kʰan¹³suei⁵⁴ia³¹】指所面临的情况的很糟，没希望了：他现在是~，根本不得翻盘嘞可能。

17.【问三不问四 uən¹³san⁴⁴pu³¹uən¹³sɿ¹³】指没全面了解事由：他~就指手画脚。

第三节　歇后语

1. liaŋ⁵⁴ ko¹³ xu³¹ lu⁴⁴ ɕia¹³ suei⁵⁴　ɚ¹³ tsʰoŋ¹³ ɚ¹³ tsʰoŋ¹³ lei⁴⁴
   两　个　葫　芦　下　水——二　冲　二　冲　嘞

2. tsao⁴⁴ la³¹ tɕiao⁴⁴ tsu⁵⁴ ɕi⁴⁴ fan¹³　pʰi³¹ pʰi⁴⁴ fan⁴⁴ fan⁴⁴
   糟　辣　椒　煮　稀　饭——皮　皮　翻　翻

3. tʰiɛ³¹ tɕiaŋ¹³ lei⁴⁴ uei³¹ iao¹³ pu¹³　tɕin¹³ sɿ¹³ ian⁵⁴
   铁　匠　嘞　围　腰　布——近　视　眼

4. tian¹³ ɕian¹³ kan⁴⁴ saŋ¹³ tsa⁴⁴ tɕi⁴⁴ mao³¹　xao⁵⁴ ta¹³ lei⁴⁴ tan¹³ tsɿ⁵⁴
   电　线　杆　上　扎　鸡　毛——好　大　嘞　胆　子

5. mao⁴⁴ ɚ⁴⁴ tsua⁴⁴ tsʰɿ³¹ pa⁴⁴　tʰo³¹ pu⁴⁴ tao⁵⁴ tsao⁵⁴ tsao⁵⁴
   猫　儿　抓　糍　粑——脱　不　倒　爪　爪

6. tɕiao¹³ xua¹³ tsɿ⁵⁴ uan³¹ in⁴⁴ ko⁴⁴　tɕʰioŋ³¹ tso³¹ lo³¹
   叫　化　子　玩　鹦　哥——穷　作　乐

7. liəu³¹ ko³¹ pei⁴⁴ pei⁴⁴ xo⁴⁴ tsʰu¹³　uan⁴⁴ suan⁴⁴
   牛　角　杯　杯　喝　醋——弯　酸

8. kuan⁴⁴in³¹tsʰaŋ¹³tɕʰi⁴⁴ian¹³tsɿ⁴⁴ma⁵⁴ko⁴⁴xan⁵⁴tsʰai¹³ti¹³　tsən⁴⁴tsai¹³xoŋ³¹tsoŋ⁴⁴
   关　云　长　骑　胭　脂　马　过　苋　菜　地——正　在　红　中

9. tʰin⁴⁴ su⁴⁴ kʰan¹³ɕi¹³　pɛ³¹ tʰi¹³ ku⁵⁴ zən³¹ tan⁴⁴ iəu⁴⁴
   听　书　看　戏——白　替　古　人　担　忧

10. xo³¹ pao⁴⁴ tʰəu³¹ tsuaŋ⁴⁴ lao¹³ tsoŋ⁴⁴　təu⁴⁴ tɕʰi⁵⁴ lao¹³
    荷　包　头　装　闹　钟——逗　起　闹

11. ɕin⁴⁴ ɕin⁴⁴ kən⁴⁴ tao⁵⁴ iɛ⁴⁴ liaŋ¹³ tsəu⁵⁴　tsan⁴⁴ kuaŋ⁴⁴
    星　星　跟　倒　月　亮　走——沾　光

147

12. ɕiəu¹³ tsʰai³¹ taŋ⁴⁴ pin⁴⁴　uən³¹ u⁵⁴ suaŋ⁴⁴ tɕʰian³¹
　　秀　才　当　兵——文　武　双　全

13. tsʅ⁵⁴ fu³¹ lei⁴⁴ tən⁴⁴ loŋ³¹　i¹³ to³¹ tɕiəu¹³ tsʰuan⁴⁴
　　纸　糊　嘞　灯　笼——一　戳　就　穿

14. xo³¹ saŋ¹³ tao¹³ tɕia⁴⁴ miao¹³
　　和　尚　到　家——妙（庙）

15. ɕioŋ⁴⁴ kʰəu⁵⁴ saŋ¹³ kua¹³ io³¹ sʅ⁴⁴　kʰai⁴⁴ ɕin⁴⁴
　　胸　口　上　挂　钥　匙——开　心

16. ɕia³¹ tsʅ⁵⁴ tian⁵⁴ tən⁴⁴　pe³¹ fei¹³ la³¹
　　瞎　子　点　灯——白　费　蜡

17. sʅ³¹ tsʅ¹³ lu⁴⁴ kʰəu⁵⁴ tʰiɛ³¹ kao⁵⁴ sʅ¹³　tsoŋ¹³ so⁵⁴ tsəu⁴⁴ tsʅ⁴⁴
　　十　字　路　口　贴　告　示——众　所　周　知

18. ɕia¹³ əu¹³ ko⁴⁴ lei⁴⁴ mian¹³ tʰiao³¹ ŋən¹³ pu⁴⁴ tɕʰi⁵⁴ lai³¹
　　下　噢　锅　嘞　面　条——硬　不　起　来

19. tɕin⁵⁴ ti⁵⁴ tsai⁴⁴ xua⁴⁴　pu⁴⁴ te³¹ tsʰu³¹ tʰəu³¹ tsʅ⁴⁴ zʅ³¹
　　井　底　栽　花——不　得　出　头　之　日

20. mu³¹ tɕiaŋ¹³ la⁴⁴ tɕi¹³　iəu⁵⁴ lai³¹ iəu⁵⁴ tɕʰi⁴⁴
　　木　匠　拉　锯——有　来　有　去

21. lai¹³ kɛ³¹ pao⁵⁴ ta⁵⁴ xo⁴⁴ tɕʰian¹³　xao⁵⁴ ta¹³ lei⁴⁴ kʰəu⁵⁴ tɕʰi¹³
　　癞　疙　宝　打　呵　欠——好　大　嘞　口　气

22. san⁴⁴ sʅ³¹ uan⁵⁴ saŋ¹³ lei⁴⁴ tsən⁴⁴ pan⁵⁴　tɕiɛ¹³ pu⁴⁴ te³¹
　　三　十　晚　上　嘞　砧　板——借　不　得

23. xo³¹ saŋ¹³ lao⁵⁴ kʰo³¹ saŋ¹³ lei⁴⁴ sɛ³¹ tsʅ⁵⁴　min³¹ pai⁵⁴ tɕʰi⁵⁴
　　和　尚　脑　壳　上　嘞　虱　子——明　摆　起

24. ɕia³¹ tsʅ⁵⁴ tai¹³ ian⁵⁴ tɕin¹³　to⁴⁴ i³¹ lei⁴⁴ tɕʰian⁴⁴ tɕʰian⁴⁴
　　瞎　子　戴　眼　镜——多　余　嘞　圈　圈

25. mu³¹ tɕiaŋ¹³ tai¹³ tɕia⁴⁴　tsʅ⁴⁴ tso⁴⁴ tsʅ⁴⁴ səu¹³
　　木　匠　戴　枷——自　作　自　受

26. xo⁵⁴ sao⁵⁴ mi³¹ mao⁴⁴ tsʅ⁴⁴ ku¹³ ian⁵⁴ tɕʰian³¹
　　火　烧　眉　毛——只　顾　眼　前

27. tsəu¹³ moŋ¹³ tsʰʅ³¹ ɕi⁴⁴ kua⁴⁴　ɕiaŋ⁵⁴ te³¹ tʰian³¹
　　做　梦　吃　西　瓜——想　得　甜

28. tu³¹ ian⁵⁴ loŋ³¹ ɕiaŋ⁴⁴ tɕʰin⁴⁴　i¹³ ian⁵⁴ kʰan¹³ tsoŋ¹³
　　独　眼　龙　相　亲——一　眼　看　中

148

29. sʅ³¹ liəu⁴⁴ kʰai⁴⁴ xua⁴⁴ lao⁵⁴ lai³¹ xoŋ³¹
    石 榴 开 花——老 来 红

30. i⁵⁴ xəu¹³ soŋ¹³ san⁵⁴ kʰoŋ⁴⁴ tʰəu³¹ zən³¹ tɕʰin³¹
    雨 后 送 伞——空 头 人 情

31. tsuan⁴⁴ tʰəu³¹ tɕʰi¹³ tɕʰiaŋ³¹ pu¹³ pu¹³ kao⁴⁴
    砖 头 砌 墙——步 步 高

32. tsʰai³¹ ko¹³ mən³¹ lei⁴⁴ ɕi³¹ fu¹³ san⁴⁴ tʰian⁴⁴ ɕin⁴⁴ ɕian⁴⁴
    才 过 门 嘞 媳 妇——三 天 新 鲜

33. tɕiao¹³ xua¹³ tsʅ⁵⁴ tɕin¹³ mən³¹ tɛ³¹ tsʰən¹³ tɕin¹³ tsʅ³¹
    叫 化 子 进 门——得 寸 进 尺

34. tsʰʅ³¹ ɕi⁴⁴ fan³¹ pʰao¹³ mi⁵⁴ tʰaŋ⁴⁴ tɕʰin⁴⁴ saŋ¹³ tɕia⁴⁴ tɕʰin⁴⁴
    吃 稀 饭 泡 米 汤——亲（清）上 加 亲（清）

35. lao⁵⁴ tʰai¹³ pʰo³¹ lei⁴⁴ tsuei⁵⁴ tsʰʅ³¹ zuan⁵⁴ pu³¹ tsʰʅ³¹ ŋən¹³
    老 太 婆 嘞 嘴——吃 软 不 吃 硬

36. lən⁵⁴ suei⁵⁴ pʰao¹³ tsʰa³¹ man¹³ man¹³ loŋ³¹
    冷 水 泡 茶——慢 慢 浓

37. lao⁵⁴ kʰo³¹ tin⁵⁴ saŋ¹³ kʰai⁴⁴ kəu⁵⁴ tɕiaŋ⁵⁴ tʰian⁴⁴ xua¹³
    脑 壳 顶 上 开 口——讲 天 话

38. tɕiao⁴⁴ xəu³¹ tsʅ⁵⁴ pa³¹ su¹³ to⁴⁴ i³¹
    教 猴 子 爬 树——多 余

39. pao⁴⁴ ku³¹ kan⁵⁴ tin⁵⁴ mən³¹ kuan⁵⁴ pʰi¹³ ioŋ¹³
    包 谷 杆 顶 门——管 屁 用

40. o⁴⁴ sʅ⁵⁴ pu⁴⁴ tsʰu³¹ lai¹³ ti¹³ ŋən¹³ tsao⁵⁴ tɕiɛ⁵⁴ kəu⁵⁴
    屙 屎 不 出 赖 地 硬——找 借 口

41. tsʅ³¹ xo³¹ suei⁵⁴ tsaŋ⁵⁴ ta¹³ lei⁴⁴ kuan⁵⁴ tɛ³¹ kʰuan⁴⁴
    吃 河 水 长 大 嘞——管 得 宽

42. tsuei⁵⁴ pa⁴⁴ saŋ¹³ tsaŋ⁵⁴ sʅ¹³ tsʰu¹³ kəu⁵⁴ saŋ⁴⁴ zən³¹
    嘴 巴 上 长 刺——出 口 伤 人

43. san⁴⁴ tʰian⁴⁴ kʰan⁵⁴ ko¹³ liəu³¹ ta⁵⁴ ɕio³¹ man¹³ koŋ⁴⁴ tsʰu¹³ ɕi¹³ xo³¹
    三 天 砍 个 牛 打 脚——慢 工 出 细 活

44. kʰan¹³ liəu¹³ ua³¹ ua³¹ mai¹³ liəu³¹ tso³¹ pu⁴⁴ tao⁵⁴ tsu⁵⁴
    看 牛 娃 娃 卖 牛——作 不 倒 主

45. miɛ³¹ tʰiao⁴⁴ suan⁴⁴ təu¹³ fu⁵⁴ tʰi³¹ pu⁴⁴ tɕʰi⁵⁴
    篾 条 拴 豆 腐——提 不 起

46. ɕia³¹ tsʅ⁵⁴ kʰan¹³ ɕiaŋ¹³ tɕʰian³¹ kʰao¹³ mo⁴⁴
    瞎 子 看 相——全 靠 摸

47. loŋ⁴⁴ tsʅ⁵⁴ lei⁵⁴ ɚ⁵⁴ to⁴⁴ pʰei¹³ ɕiaŋ¹³
    聋 子 嘞 耳 朵——配 相

48. ŋai⁵⁴ tsʅ⁵⁴ ko¹³ xo³¹ ŋan⁴⁴ ɕin⁴⁴
    矮 子 过 河——安（淹）心

49. tɕiao¹³ xua⁴⁴ tsʅ⁵⁴ soŋ¹³ li⁵⁴ tɕʰian³¹ sao⁵⁴ xua¹³ to⁴⁴
    叫 花 子 送 礼——钱 少 话 多

50. ma³¹ pu¹³ ɕiəu¹³ xua⁴⁴ ti⁵⁴ tsʅ⁵⁴ tsʰa⁴⁴
    麻 布 绣 花——底 子 差

51. sʅ⁴⁴ uən³¹ tsaŋ⁴⁴ kʰai⁴⁴ pʰi¹³ ku⁵⁴ tsau⁴⁴ tʰa¹³ sən⁷³ ɕian³¹
    撕 文 章 揩 屁 股——糟 蹋 圣 贤

52. tɕi⁴⁴ tɕio³¹ sən³¹ la¹³ ɚ¹³ fu³¹ kuei⁵⁴ tsʰɛ⁵⁴
    鸡 脚 神 拉 二 胡——鬼 扯

53. tsʰən³¹ xuaŋ³¹ miao¹³ lei⁴⁴ ku⁵⁴ tsʰuei³¹ i³¹ tuei¹³
    城 隍 庙 嘞 鼓 槌——一 对

54. uaŋ⁵⁴ li⁵⁴ lei⁴⁴ i³¹ pʰao⁵⁴ pu³¹ tiao¹³
    网 里 嘞 鱼——跑 不 掉

55. loŋ³¹ tsʅ⁵⁴ li⁵⁴ lei⁴⁴ liao⁵⁴ iəu⁵⁴ tsʅ¹³ lan³¹ fei⁴⁴
    笼 子 里 嘞 鸟——有 翅 难 飞

56. si¹³ liaŋ⁵⁴ mian³¹ xua³³ tʰan³¹ pu³¹ saŋ¹³
    四 两 棉 花——谈（弹）不 上

57. tsʰʅ³¹ mian¹³ pu³¹ faŋ¹³ ian³¹ iəu⁵⁴ ian³¹ tsai¹³ ɕian⁴⁴
    吃 面 不 放 盐——有 言（盐）在 先

58. tɕʰiaŋ³¹ saŋ¹³ kua¹³ so⁴⁴ i⁴⁴ pu³¹ ɕiaŋ¹³ xua¹³
    墙 上 挂 蓑 衣——不 像 话（画）

59. lao⁵⁴ fu⁴⁴ la⁴⁴ tsʰɛ³¹ suei³¹ kan⁵⁴
    老 虎 拉 车——谁 敢（赶）

60. xuaŋ³¹ saŋ¹³ lei⁴⁴ ma⁴⁴ tʰai¹³ xəu¹³
    皇 上 嘞 妈——太 厚（后）

61. tɕiaŋ¹³ uən⁴⁴ ɕiao⁴⁴ ɕi³¹ lən⁵⁴ ian³¹ lən⁵⁴ i⁵⁴
    降 温 消 息——冷 言 冷 语

62. ɕia¹³ i⁵⁴ tʰian⁴⁴ pʰa³¹ san⁴⁴ lan³¹ san¹³ lan³¹ ɕia¹³
　　下　雨　天　爬　山——难　上　难　下

63. tʰian³¹ kan⁵⁴ saŋ¹³ pai⁵⁴ pɛ³¹ ɕiao⁵⁴ tao¹³ ɕiao⁴⁴ ɕi³¹
　　田　坎　上　摆　白——小　道　消　息

64. tian¹³ təŋ⁴⁴ saŋ¹³ tian⁵⁴ tsʅ⁵⁴ ian⁴⁴ tɕʰi³¹ sʅ¹³ pu⁴⁴ zan³¹
　　电　灯　上　点　纸　烟——其　实　不　然（燃）

65. tɕʰi³¹ liəu³¹ luei⁴⁴ ma⁵⁴ uaŋ⁴⁴ tsʰən¹³ mo³¹ tɕi³¹
　　骑　牛　追　马——望　尘　莫　及

66. ian³¹ uaŋ³¹ iɛ³¹ lei³¹ pao¹³ kao¹³ kuei⁵⁴ xua⁴⁴ lian¹³ pʰian⁴⁴
　　阎　王　爷　嘞　报　告——鬼　话　连　篇

67. fan¹³ tsən¹³ tʰəu³¹ lei⁴⁴ lao⁵⁴ kʰo³¹ su³¹ zən³¹
　　饭　甑　头　嘞　脑　壳——熟　人

68. ta¹³ xo³¹ tsaŋ⁵⁴ suei⁵⁴ ko¹³ pu⁴⁴ tɛ¹³
　　大　河　涨　水——过　不　得

69. ŋai⁵⁴ tsʅ⁵⁴ pʰa³¹ ləu³¹ pu¹³ pu¹³ təŋ⁴⁴ kao⁴⁴
　　矮　子　爬　楼——步　步　登　高

70. xao¹³ tsʅ⁵⁴ tsuan⁴⁴ liəu³¹ ko³¹ tɕin¹³ tʰəu³¹
　　耗　子　钻　牛　角——尽　头

71. xao¹³ tsʅ⁵⁴ ŋao⁵⁴ iəu³¹ tai¹³ kʰəu⁵⁴ ɕin¹³
　　耗　子　咬　邮　袋——肯（啃）信

72. xao¹³ tsʅ⁵⁴ pʰa³¹ tsʰən¹³ kiəu⁴⁴ tsʅ¹³ tɕia⁴⁴ tsʰən⁴⁴
　　耗　子　爬　秤　钩——自　家　称

73. kao⁴⁴ san⁴⁴ kuən³¹ sʅ³¹ tʰəu⁴⁴ i¹³ tɕʰi⁴⁴ u³¹ xuei³¹
　　高　山　滚　石　头——一　去　无　回

74. liəu³¹ tɕian¹³ tʰəu⁴⁴ kʰan¹³ lo³¹ tʰo³¹ tsʅ¹³ kao⁴⁴ tsʅ¹³ ta¹³
　　牛　圈　头　看　骆　驼——自　高　自　大

75. tsuei⁴⁴ xo⁵⁴ tʰoŋ³¹ tsəu³¹ ian⁵⁴ tɕin¹³ tsʰaŋ³¹ tɕʰi⁵⁴ ian⁵⁴ tɕin⁴⁴ kʰan¹³
　　吹　火　筒　做　眼　镜——长　起　眼　睛　看

151

第四节 谚语

一、节令、气象类

tsʰuən⁴⁴ fən⁴⁴ tɕʰiəu⁴⁴ fən⁴⁴, tsəu¹³ iɛ¹³ pʰin³¹ fən⁴⁴.
春　分　秋　分，昼　夜　平　分。

tɕʰin⁴⁴ min³¹ iao¹³ tɕʰin³¹, ku³¹ i⁵⁴ iao¹³ lin³¹.
清　明　要　晴，谷　雨　要　淋。

li³¹ ɕia¹³ pu³¹ ɕia¹³, li³¹ pʰa³¹ kao⁴⁴ kua¹³.
立　夏　不　下，犁　耙　高　挂。

ɕiao⁵⁴ man⁵⁴ pu⁴⁴ man⁵⁴, kan⁴⁴ tuan¹³ tʰian³¹ kʰan⁵⁴.
小　满　不　满，干　断　田　坎。

zo³¹ iao¹³ mian³¹ i⁴⁴ soŋ¹³, tsʰʅ³¹ əu¹³ tuan⁴⁴ u⁵⁴ tsoŋ¹³.
若　要　棉　衣　送，吃　噢　端　午　粽。

pɛ³¹ lu¹³ pɛ³¹ maŋ³¹ maŋ³¹, ku³¹ tsʅ⁵⁴ man⁵⁴ tʰian³¹ xuaŋ³¹.
白　露　白　茫　茫，谷　子　满　田　黄。

pɛ³¹ lu¹³ tɕʰiəu⁴⁴ foŋ⁴⁴ iɛ¹³, i³¹ iɛ¹³ lən⁵⁴ i³¹ iɛ¹³.
白　露　秋　风　夜，一　夜　冷　一　夜。

xan³¹ lu³¹ fu³¹ təu¹³ suaŋ⁴⁴ tɕiaŋ¹³ mɛ³¹, li³¹ toŋ⁴⁴ iəu³¹ tsʰai¹³ tsoŋ¹³ pu⁴⁴ tɛ³¹.
寒　露　胡　豆　霜　降　麦，立　冬　油　菜　种　不　得。

tɕiəu⁵⁴ iɛ³¹ tsʰoŋ³¹ iaŋ³¹, i³¹ xo⁵⁴ tɕin¹³ faŋ³¹.
九　月　重　阳，移　火　进　房。

tsʰoŋ³¹ iaŋ⁴⁴ u³¹ i⁵⁴ kʰan³¹ sʅ³¹ san⁴⁴, sʅ³¹ san⁴⁴ u³¹ i⁵⁴ i¹³ toŋ⁴⁴ kan⁴⁴.
重　阳　无　雨　看　十　三，十　三　无　雨　一　冬　干。

tsao⁵⁴ ɕia³¹ pu⁴⁴ tsʰu³¹ mən³¹, uan⁵⁴ ɕia³¹ sai¹³ sʅ⁵⁴ zən³¹.
早　霞　不　出　门，晚　霞　晒　死　人。

tʰai¹³ iaŋ³¹ tsʰu³¹ tɛ³¹ tsao⁵⁴, sai¹³ tɛ³¹ ti³¹ pʰi³¹ fan⁴⁴.
太　阳　出　得　早，晒　得　地　皮　翻。

t^{h}ian^{44} saŋ^{13} li^{54} i^{31} pan^{44}, min^{31} t^{h}ian^{44} sai^{13} ku^{31} pu^{31} ioŋ^{13} fan^{44}.
天　上　鲤 鱼 斑，明　天　晒　谷　不 用　翻。
iəu^{54} i^{54} t^{h}ian^{44} pian^{44} liaŋ^{13}, u^{31} i^{54} tin^{54} saŋ^{13} kuaŋ^{44}.
有 雨 天 边　亮，无 雨 顶　上　光。
luei^{31} koŋ^{44} ɕian^{44} ts^{h}aŋ^{13} ko^{44}, iəu^{54} i^{54} iɛ^{54} pu^{31} to^{44}.
雷　公　先　唱　歌，有　雨 也 不 多。
iɛ^{31} liaŋ^{13} ta^{54} san^{54}, sai^{13} tɛ^{31} kuei^{54} xan^{54}.
月　亮　打　伞，晒　得　鬼　喊。
u^{13} tɕia^{31} i^{54}, tɕ^{h}in^{31} pu^{44} tɕ^{h}i^{54}.
雾 夹　雨，晴　不　起。
t^{h}ian^{44} xuaŋ^{31} iəu^{54} i^{54}, zən^{31} xuaŋ^{31} iəu^{54} pin^{13}.
天　黄　有 雨，人　黄　有　病。
ɕin^{44} ɕin^{44} tsa^{54} ian^{54}, li^{31} i^{54} pu^{44} ian^{54}.
星　星　眨　眼，离 雨 不 远。
ian^{31} kuan^{31} xuan^{31} ts^{h}ao^{31}, ta^{54} i^{54} lan^{31} t^{h}ao^{31}.
盐　罐　还　潮，大 雨 难　逃。
ma^{54} i^{54} pan^{44} tɕia^{44}, lin^{31} tɛ^{31} ian^{54} xua^{44}.
蚂　蚁　搬　家，淋　得　眼 花。
ɕia^{13} ɕiɛ^{31} pu^{44} lən^{54} xua^{13} ɕiɛ^{31} lən^{54}.
下　雪　不 冷　化 雪　冷。
u^{44} in^{31} tɕiɛ^{31} zŋ^{31} t^{h}əu^{31}, pan^{13} iɛ^{13} i^{54} pu^{44} ts^{h}əu^{31}.
乌 云　接　日　头，半　夜 雨 不 愁。
i^{31} iɛ^{13} tɕ^{h}i^{54} luei^{31} san^{44} iɛ^{13} i^{54}.
一　夜　起　雷 三　夜 雨。

二、农事类

t^{h}ian^{31} iao^{13} sən^{44} kən^{44}, t^{h}u^{54} iao^{13} ɕi^{13} suei^{13}.
田　要　深 耕，土　要　细　碎。
li^{31} tɛ^{31} sən^{44}, p^{h}a^{31} tɛ^{31} lan^{13}, i^{13} uan^{54} li^{31} pa^{44} i^{13} uan^{54} fan^{13}.
犁　得　深，耙　得　烂，一　碗　泥 巴 一　碗　饭。
zən^{31} k^{h}ao^{13} liaŋ^{31} iaŋ^{54}, miao^{13} k^{h}ao^{13} fei^{31} tsaŋ^{54}.
人　靠　粮　养，苗　靠　肥 长。

153

tsai⁴⁴ su¹³ tsai⁴⁴ tʰoŋ³¹, tsʅ⁵⁴ sən⁴⁴ pu⁴⁴ tɕʰioŋ³¹.
栽 树 栽 桐，子 孙 不 穷。
faŋ³¹ tɕʰian³¹ u³¹ xəu¹³, tsai⁴⁴ kua⁴⁴ tsoŋ¹³ təu¹³.
房 前 屋 后，栽 瓜 种 豆。
su¹³ pu³¹ ɕiəu⁴⁴, ko⁵⁴ pu³¹ səu⁴⁴.
树 不 修，果 不 收。
liəu³¹ iao¹³ man⁵⁴ pao⁵⁴, ma⁵⁴ iao¹³ iɛ¹³ tsʰao⁵⁴.
牛 要 满 饱，马 要 夜 草。
iaŋ⁵⁴ tsu⁴⁴ pu³¹ tsuan¹³ tɕʰian³¹, fei³¹ əu¹³ tsʅ¹³ tɕia⁴⁴ tʰian³¹.
养 猪 不 赚 钱，肥 噢 自 家 田。

三、哲理类

xuei¹³ tɕiaŋ⁵⁴ tɕiaŋ⁵⁴ pu³¹ ko¹³ li⁵⁴, xuei¹³ pʰao⁵⁴ pʰao⁵⁴ pu³¹ ko¹³ i⁵⁴.
会 讲 讲 不 过 理，会 跑 跑 不 过 雨。
kʰai⁴⁴ suei⁵⁴ pu⁴⁴ ɕiaŋ⁵⁴, ɕiaŋ⁵⁴ suei⁵⁴ pu³¹ kʰai⁴⁴.
开 水 不 响，响 水 不 开。
man⁵⁴ fu³¹ iao³¹ pu⁴⁴ ɕiaŋ⁵⁴, pan¹³ fu³¹ ɕiaŋ⁵⁴ tin⁴⁴ taŋ⁴⁴.
满 壶 摇 不 响，半 壶 响 叮 当。
sʅ⁴⁴ tsʰao⁵⁴ iəu⁵⁴ kən⁴⁴, sʅ⁴⁴ xua¹³ iəu⁵⁴ in⁴⁴.
是 草 有 根，是 话 有 因。
u³¹ foŋ⁴⁴ pu⁴⁴ tɕʰi⁵⁴ laŋ¹³, u³¹ suei⁵⁴ pu⁴⁴ ɕin³¹ tsʰuan³¹.
无 风 不 起 浪，无 水 不 行 船。
liəu³¹ pu³¹ tsʅ⁴⁴ ko³¹ uan⁴⁴, ma⁵⁴ pu³¹ tsʅ⁴⁴ lian⁵⁴ tsʰaŋ³¹.
牛 不 知 角 弯，马 不 知 脸 长。
u⁴⁴ ia⁴⁴ ɕiao¹³ tsu⁴⁴ xɛ³¹, tsʅ¹³ tsʰəu⁵⁴ pu⁴⁴ tɕio³¹ tɛ³¹.
乌 鸦 笑 猪 黑，自 丑 不 觉 得。
zən³¹ tɕʰiaŋ³¹ pi⁵⁴ pu³¹ ko¹³ tɕia⁴⁴ sʅ¹³ ŋən¹³.
人 强 比 不 过 家 什 硬。
su¹³ tsaŋ⁵⁴ tʰian⁴⁴ kao⁴⁴, iɛ³¹ lo³¹ kuei⁵⁴ kən⁴⁴.
树 长 天 高，叶 落 归 根。
suan⁴⁴ tʰaŋ⁴⁴ tian⁵⁴ təu¹³ fu³¹, i¹³ u³¹ ɕiaŋ³¹ i¹³ u³¹.
酸 汤 点 豆 腐，一 物 降 一 物。
suei⁵⁴ tɕʰin⁴⁴ u³¹ i³¹, zən³¹ o³¹ u³¹ iəu⁵⁴.
水 清 无 鱼，人 恶 无 友。

xuei¹³ tʰiao⁴⁴ suei⁵⁴ pu³¹ pʰa¹³ suei⁵⁴ taŋ¹³, ɕin⁴⁴ ɕioŋ⁴⁴ kʰuan⁴⁴ pu³¹ pʰa¹³ u³¹ tsɛ³¹.
会 挑 水 不 怕 水 荡，心 胸 宽 不 怕 屋 窄。

səu⁵⁴ pa⁴⁴ tsaŋ⁵⁴ tsɛ⁴⁴ pu³¹ tsu¹³ tʰai¹³ iaŋ¹³, tɕio³¹ ti⁵⁴ pan⁵⁴ kai¹³ pu⁴⁴ tao⁵⁴ ta¹³ ti¹³.
手 巴 掌 遮 不 住 太 阳，脚 底 板 盖 不 倒 大 地。

zən³¹ iao¹³ tsoŋ⁴⁴ ɕin⁴⁴, xo⁵⁴ iao¹³ kʰoŋ⁴⁴ ɕin⁴⁴.
人 要 忠 心，火 要 空 心。

pu⁴⁴ tsəu⁵⁴ kao⁴⁴ san⁴⁴, pu³¹ tsʅ⁴⁴ pʰin³¹ lu¹³; pu⁴⁴ tsʰʅ³¹ kao⁴⁴ liaŋ⁴⁴, pu³¹ tsʅ⁴⁴ tsʰu⁴⁴ɕi¹³.
不 走 高 山，不 知 平 路；不 吃 高 粱，不 知 粗 细。

xao⁵⁴ ɕin⁴⁴ pu⁴⁴ tɛ³¹ xao⁵⁴ pao¹³, xao⁵⁴ li¹³ pa⁵⁴ ta³¹ pu⁴⁴ tɛ³¹ xao⁵⁴ tsao¹³.
好 心 不 得 好 报，好 泥 巴 搭 不 得 好 灶。

fei³¹ zu³¹ saŋ¹³ tʰian⁴⁴ piao⁴⁴, tɕi⁴⁴ tɕio³¹ kan⁵⁴ saŋ¹³ kua³¹ iəu³¹.
肥 肉 上 添 膘，鸡 脚 杆 上 刮 油。

koŋ⁴⁴ pu⁴⁴ li³¹ pʰo³¹, tsʰən¹³ pu⁴⁴ li³¹ tʰo³¹.
公 不 离 婆，秤 不 离 砣。

i³¹ ko¹³ kɛ¹³ tsao¹³ tin⁵⁴ pu⁴⁴ tɕʰi⁵⁴ i¹³ tsʰuaŋ³¹ pei¹³ o⁴⁴.
一 个 虼 蚤 顶 不 起 一 床 被 窝。

toŋ⁵⁴ pʰoŋ³¹ ti⁵⁴ ɕia¹³ kʰan¹³ pu⁴⁴ tsʰu¹³ zən³¹ lai³¹.
斗 篷 底 下 看 不 出 人 来。

四、教育类

pu³¹ pʰa¹³ u³¹ lən³¹, tɕiəu¹³ pʰa¹³ u³¹ xən³¹.
不 怕 无 能，就 怕 无 恒。

tu³¹ su⁴⁴ pu³¹ ioŋ¹³ koŋ⁴⁴, tən⁵⁴ i³¹ pɛ³¹ fei¹³ koŋ⁴⁴.
读 书 不 用 功，等 于 白 费 工。

ian⁵⁴ ko¹³ tɕʰian⁴⁴ pian¹³, pu⁴⁴ zu³¹ səu⁵⁴ ko¹³ i³¹ pian¹³.
眼 过 千 遍，不 如 手 过 一 遍。

tʰin⁴⁴ ko¹³ pu⁴⁴ zu³¹ tɕian¹³ ko¹³, tɕian¹³ ko¹³ pu⁴⁴ zu³¹ tsəu¹³ ko¹³.
听 过 不 如 见 过，见 过 不 如 做 过。

tsʅ⁴⁴ san⁴⁴ uaŋ¹³ tao⁵⁴ a¹³ san⁴⁴ kao⁴⁴, tao¹³ əu¹³ a¹³ san⁴⁴ u³¹ tsʰai³¹ sao⁴⁴.
之 山 望 倒 那 山 高，到 噢 那 山 无 柴 烧。

iɛ³¹ ɕian³¹ iɛ³¹ lan⁵⁴, iɛ³¹ tsʰʅ³¹ iɛ³¹ tsʰan³¹.
越 闲 越 懒，越 吃 越 馋。

155

foŋ⁴⁴ səu⁴⁴ uan¹³ tan¹³, iɛ⁵⁴ iao¹³ tsʰu¹³ tsʰa³¹ tan¹³ fan¹³.
丰 收 万 担，也 要 粗 茶 淡 饭。
xan⁵⁴ pʰo¹³ li⁵⁴ lei⁴⁴ saŋ⁵⁴ tsʅ⁵⁴, pu⁴⁴ zu³¹ tsəu¹³ tsʰu³¹ iaŋ¹³ tsʅ⁵⁴.
喊 破 你 嘞 嗓 子，不 如 做 出 样 子。
pu⁴⁴ toŋ⁵⁴ tsuaŋ⁴⁴ toŋ⁵⁴, i³¹ pei¹³ tsʅ⁵⁴ fan¹³ tʰoŋ⁵⁴.
不 懂 装 懂，一 辈 子 饭 桶。
tɕʰi⁴⁴ san⁴⁴ mo³¹ tɕʰi⁴⁴ suei⁵⁴, tɕʰi⁴⁴ zən³¹ mo³¹ tɕʰi⁴⁴ ɕin⁴⁴.
欺 山 莫 欺 水，欺 人 莫 欺 心。
tɕiao⁴⁴ tsʰai¹³ tɕiao⁴⁴ kən⁴⁴, tɕiao⁴⁴ zən³¹ tɕiao⁴⁴ ɕin⁴⁴.
浇 菜 浇 根，交 人 交 心。
so³¹ xua¹³ iao¹³ iəu⁵⁴ li⁵⁴, tsəu¹³ fan¹³ iao¹³ iəu⁵⁴ mi⁵⁴.
说 话 要 有 礼，做 饭 要 有 米。
su¹³ ta¹³ tsao⁴⁴ foŋ⁴⁴, zən³¹ kʰuaŋ³¹ tsao⁴⁴ xo¹³.
树 大 招 风，人 狂 招 祸。
ŋai¹³ so³¹ sʅ¹³ fei⁴⁴ tsɛ⁴⁴, pian¹³ sʅ⁴⁴ sʅ¹³ fei⁴⁴ zən³¹.
爱 说 是 非 者，便 是 是 非 人。
ɕin⁴⁴ tsoŋ⁴⁴ u³¹ lən⁵⁴ pin¹³, la⁵⁴ pʰa¹³ tsʰʅ³¹ ɕi⁴⁴ kua⁴⁴.
心 中 无 冷 病，哪 怕 吃 西 瓜。
ɕio³¹ xao⁵⁴ san⁴⁴ lian³¹, ɕio³¹ xuai¹³ san⁴⁴ tʰian⁴⁴.
学 好 三 年，学 坏 三 天。
tsəu¹³ sʅ¹³ tsəu¹³ tao¹³ tʰəu³¹, sa³¹ tɕi⁴⁴ sa³¹ tuan¹³ xəu³¹.
做 事 做 到 头，杀 鸡 杀 断 喉。
tɕʰiɛ³¹ tsʅ⁵⁴ pu³¹ kʰai¹³ kʰoŋ¹³ xua⁴⁴, ua³¹ ua⁴⁴ pu⁴⁴ so³¹ tɕia⁵⁴ xua¹³.
茄 子 不 开 空 花，娃 娃 不 说 假 话。

五、生活类

tsʰʅ³¹ pu⁴⁴ tɕʰioŋ³¹, tsʰuan⁴⁴ pu⁴⁴ tɕʰioŋ³¹, pu³¹ xuei¹³ xua³¹ suan¹³ i³¹ sʅ¹³ tɕʰioŋ³¹.
吃 不 穷，穿 不 穷，不 会 划 算 一 世 穷。
tɕin⁴⁴ ta⁵⁴ ɕi¹³ suan¹³, tɕʰian³¹ liaŋ³¹ pu³¹ tuan¹³.
精 打 细 算，钱 粮 不 断。
ɕin⁴⁴ san⁴⁴ lian³¹, tɕiəu¹³ san⁴⁴ lian³¹, foŋ³¹ foŋ³¹ pu⁵⁴ pu⁵⁴ iəu¹³ san⁴⁴ lian³¹.
新 三 年，旧 三 年，缝 缝 补 补 又 三 年。
i¹³ tsən⁴⁴ pu⁴⁴ pu⁵⁴, sʅ³¹ tsən⁴⁴ lan³¹ foŋ³¹.
一 针 不 补，十 针 难 缝。

ɕiao⁵⁴ toŋ¹³ pu⁴⁴ pu⁵⁴, ta¹³ toŋ¹³ i¹³ tsʅ⁵⁴ u⁵⁴.
小 洞 不 补，大 洞 一 尺 五。
tɕia⁴⁴ pʰin³¹ tsʰu³¹ ɕian³¹ tɕʰi⁴⁴.
家 贫 出 贤 妻。
tɕia⁴⁴ tsoŋ⁴⁴ iəu⁵⁴ tɕin⁴⁴ in³¹, kɛ³¹ pi³¹ iəu⁵⁴ tən⁵⁴ tsʰən¹³.
家 中 有 金 银，隔 壁 有 戥 秤。
ma⁵⁴ sʅ⁵⁴ uai¹³ mian¹³ kuaŋ⁴⁴, li¹³ mian¹³ tɕʰian⁵¹ sʅ⁴⁴ kʰaŋ⁴⁴.
马 屎 外 面 光，里 面 全 是 糠。
xao⁵⁴ tsʰʅ³¹ pu³¹ ko¹³ tsʰa³¹ pʰao¹³ fan¹³, xao⁵⁴ kʰan¹³ pu⁴⁴ zu¹³ su¹³ ta⁵⁴ pan¹³.
好 吃 不 过 茶 泡 饭，好 看 不 如 素 打 扮。
pu³¹ pʰa¹³ man¹³, tsʅ⁵⁴ pʰa¹³ tsan¹³.
不 怕 慢，只 怕 站。
liəu⁵⁴ pu³¹ kan⁴⁴ lei⁴⁴ ma³¹ pu¹³, tsʰɛ⁵⁴ pu³¹ tɕʰin⁴⁴ lei⁴⁴ pʰi³¹.
扭 不 干 嘞 抹 布，扯 不 清 嘞 皮。

六、预防疾病类

sʅ³¹ to⁴⁴ saŋ⁴⁴ uei¹³, tɕʰi¹³ ta¹³ saŋ⁴⁴ sən⁴⁴.
食 多 伤 胃，气 大 伤 身。
toŋ⁴⁴ tsʰʅ³¹ lo³¹ pu¹³ ɕia¹³ tsʰʅ³¹ tɕiaŋ⁴⁴, pu⁴⁴ lao³¹ i⁴⁴ sən⁴⁴ kʰai⁴⁴ io³¹ faŋ⁴⁴.
冬 吃 萝 卜 夏 吃 姜，不 劳 医 生 开 药 方。
kʰuaŋ³¹ in⁵⁴ saŋ⁴⁴ sən⁴⁴, pao¹³ sʅ¹³ saŋ⁴⁴ uei¹³.
狂 饮 伤 身，暴 食 伤 胃。
tsʰʅ³¹ tɛ³¹ kan⁴⁴ tɕin¹³, sao⁵⁴ sən⁴⁴ tɕi³¹ pin¹³.
吃 得 干 净，少 生 疾 病。
tsʰʅ³¹ fan¹³ pu³¹ iao¹³ lao¹³, fan¹³ xəu¹³ tɕʰiɛ³¹ tɕi¹³ tʰiao¹³.
吃 饭 不 要 闹，饭 后 切 忌 跳。
xan³¹ tsʰoŋ³¹ tɕio³¹ ɕia¹³ tɕʰi⁵⁴, pin¹³ tsʰoŋ³¹ kəu⁵⁴ tsoŋ⁴⁴ zu³¹.
寒 从 脚 下 起，病 从 口 中 入。
tsʰʅ³¹ io³¹ pu³¹ tɕi¹³ kəu¹³, uaŋ⁵⁴ fei¹³ i⁴⁴ sən⁴⁴ səu⁵⁴.
吃 药 不 忌 口，枉 费 医 生 手。
ɕia¹³ tʰian⁴⁴ i¹³ uan⁵⁴ lu³¹ təu¹³ tʰaŋ⁴⁴, tɕʰin⁴⁴ zɛ¹³ kai⁵⁴ tu³¹ kuei¹³ sən³¹ faŋ⁴⁴.
夏 天 一 碗 绿 豆 汤，清 热 解 毒 贵 神 方。

157

tʰao³¹ pao⁵⁴ li⁵⁴ saŋ⁴⁴ zən³¹, xua⁴⁴ xoŋ³¹ tsʰʅ³¹ əu¹³ iaŋ⁵⁴ tɕin⁴⁴ sən³¹.
桃 饱 李 伤 人,花 红 吃 噢 养 精 神。

san⁴⁴ tʰian⁴⁴ pu⁴⁴ tsʰʅ³¹ tɕʰin⁴⁴, ɕin⁴⁴ li⁵⁴ mao¹³ xo⁵⁴ ɕin⁴⁴.
三 天 不 吃 青,心 里 冒 火 星。

kua⁴⁴ ko⁵⁴ kʰai⁴⁴ suei³¹ tʰaŋ¹³, tsʰʅ³¹ əu¹³ pa⁵⁴ ɕin⁴⁴ faŋ¹³.
瓜 果 开 水 烫,吃 噢 把 心 放。

sʅ³¹ to⁴⁴ tɕiao³¹ pu³¹ lan¹³, uei¹³ pin¹³ ioŋ³¹ i¹³ fan¹³.
食 多 嚼 不 烂,胃 病 容 易 犯。

i³¹ tən¹³ tsʰʅ³¹ saŋ⁴⁴, sʅ³¹ tən¹³ xo⁴⁴ tʰaŋ⁴⁴.
一 顿 吃 伤,十 顿 喝 汤。

sao⁵⁴ tsʰʅ³¹ ɕiaŋ⁴⁴, to⁴⁴ tsʰʅ³¹ saŋ⁴⁴.
少 吃 香,多 吃 伤。

sao⁵⁴ tsʰʅ³¹ iəu⁵⁴ tsʅ⁴⁴ uei¹³, to⁴⁴ tsʰʅ³¹ saŋ⁴⁴ pʰi³¹ uei¹³.
少 吃 有 滋 味,多 吃 伤 脾 胃。

mei⁵⁴ tsʰan⁴⁴ pa³¹ tsʰən³¹ pao⁵⁴, pao⁵⁴ li⁵⁴ sən⁴⁴ tʰi⁵⁴ xao⁵⁴.
每 餐 八 成 饱,保 你 身 体 好。

iao¹³ xo³¹ tɕiəu⁵⁴ sʅ³¹ tɕiəu⁵⁴, mei⁵⁴ tsʰan⁴⁴ liəu³¹ i¹³ kʰəu⁵⁴.
要 活 九 十 九,每 餐 留 一 口。

suei¹³ tɕʰian³¹ tʰaŋ¹³ tʰaŋ¹³ tɕio³¹, sən¹³ fu³¹ ŋan⁴⁴ mian³¹ io³¹.
睡 前 烫 烫 脚,胜 服 安 眠 药。

tsʰaŋ³¹ sai¹³ tʰai¹³ iaŋ³¹ kuaŋ⁴⁴, sən⁴⁴ tʰi⁵⁴ tɕian¹³ zu³¹ kaŋ⁴⁴.
常 晒 太 阳 光,身 体 健 如 钢。

kai¹³ ian⁴⁴ iəu¹³ kai¹³ tɕiəu⁵⁴, pin¹³ mo⁵⁴ zao¹³ tao¹³ tsəu⁵⁴.
戒 烟 又 戒 酒,病 魔 绕 道 走。

七、健康保健类

ɕiao¹³ i³¹ ɕiao¹³, sʅ³¹ lian¹³ sao¹³; tsʰəu³¹ i¹³ tsʰəu³¹ pɛ³¹ əu¹³ tʰəu³¹.
笑 一 笑,十 年 少;愁 一 愁,白 噢 头。

lao⁵⁴ suei⁵⁴ iɛ³¹ ioŋ¹³ iɛ³¹ xao⁵⁴, sən⁴⁴ tʰi⁵⁴ iɛ³¹ lian¹³ iɛ³¹ tɕʰiaŋ³¹.
脑 水 越 用 越 好,身 体 越 练 越 强。

pɛ³¹ tʰian⁴⁴ to⁴⁴ toŋ¹³, iɛ³¹ li⁵⁴ sao⁵⁴ moŋ¹³.
白 天 多 动,夜 里 少 梦。

zʅ³¹ zʅ³¹ tuan¹³ lian¹³, tɕio³¹ tɕʰin⁴⁴ səu⁵⁴ tɕian¹³.
日 日 锻 练,脚 轻 手 健。

tuan¹³ lian¹³ pu⁴⁴ kʰɛ³¹ kʰu⁵⁴ tsʅ⁵⁴, saŋ⁵⁴ xua⁵⁴ lao⁵⁴ fu⁵⁴.
锻 练 不 刻 苦，纸 上 画 老 虎。
zo³¹ iao¹³ sən⁴⁴ tʰi⁵⁴ tɕian¹³, tsʰu⁵⁴ fei⁴⁴ tʰian⁴⁴ tʰian⁴⁴ lian¹³.
若 要 身 体 健，除 非 天 天 练。
fan¹³ xəu¹³ pɛ³¹ pu¹³ tsəu⁵⁴, xo³¹ tao¹³ tɕiəu⁵⁴ sʅ³¹ tɕiəu⁵⁴.
饭 后 百 步 走，活 到 九 十 九。
tsao⁵⁴ tɕʰi⁵⁴ tsao⁵⁴ suei¹³, tɕin⁴⁴ sən³¹ pɛ³¹ pei¹³.
早 起 早 睡，精 神 百 倍。

八、礼仪

i⁵⁴ zən³¹ faŋ⁴⁴ pian¹³, tsʅ¹³ tɕi⁵⁴ faŋ⁴⁴ pian¹³.
与 人 方 便，自 己 方 便。
tsəu⁵⁴ lu¹³ pu³¹ sʅ⁴⁴ li⁵⁴, to⁴⁴ tsəu⁵⁴ sʅ³¹ tɕi⁵⁴ li⁵⁴.
走 路 不 施 礼，多 走 十 几 里。
zo³¹ iao¹³ zən³¹ tɕin¹³ ŋo⁵⁴, ŋo⁵⁴ pi³¹ ɕian⁴⁴ tɕin¹³ zən³¹.
若 要 人 敬 我，我 必 先 敬 人。
tsʰʅ³¹ zən³¹ san⁴⁴ tsʰan⁴⁴, xuan³¹ zən³¹ i¹³ ɕi³¹.
吃 人 三 餐，还 人 一 席。
paŋ⁴⁴ zən³¹ paŋ⁴⁴ tao¹³ ti⁵⁴, tɕiəu¹³ zən³¹ tɕiəu¹³ tao¹³ tʰəu³¹.
帮 人 帮 到 底，救 人 救 到 头。
tsʅ⁵⁴ iəu⁵⁴ pan⁴⁴ pu³¹ toŋ¹³ lei⁴⁴ san⁴⁴, mei⁵⁴ iəu⁵⁴ tɕʰin⁵⁴ pu³¹ toŋ¹³ lei⁴⁴ zən³¹.
只 有 搬 不 动 嘞 山，没 有 请 不 动 嘞 人。

第五节 童谣

一、品酒

san⁴⁴ kuan⁴⁴ san⁴⁴ kuan⁴⁴ tsai¹³ pʰin⁵⁴ tɕiəu⁵⁴,
三 官 三 官 在 品 酒，
san⁴⁴ pʰi³¹ pɛ³¹ ma⁵⁴ tsʰao³¹ ɕia¹³ tsəu⁵⁴,
三 匹 白 马 朝 下 走，

159

liaŋ⁵⁴ ko¹³ mən³¹ kəu⁵⁴ tsai¹³ ta⁵⁴ tɕia⁵³,
两　个　门　狗　在　打　架，
uaŋ³¹ ma⁴⁴ ma⁴⁴ tsʰu³¹ lai³¹ ma¹³ i³¹ ma¹³.
王　妈　妈　出　来　骂　一　骂。
ɕiao⁵⁴ kəu⁵⁴ ɚ³¹ tsai¹³ tsʰuan³¹ tɕio³¹ xao⁵⁴ i¹³ xao⁴⁴,
小　狗　儿　在　床　脚　薅　一　薅，
xɛ³¹ tɛ³¹ uaŋ³¹ ma⁴⁴ ma⁴⁴ tao⁵⁴ ko¹³ ta¹³ tɕʰin⁴⁴ pao⁴⁴.
吓　得　王　妈　妈　倒　个　大　青　包。

二、做客

ian³¹ mi⁵⁴ xua⁴⁴ ian³¹ iəu¹³ ian³¹, ɕiao⁵⁴ ɕiao⁵⁴ ku⁴⁴ liaŋ⁴⁴ lai³¹ tso¹³ kɛ³¹.
圆　米　花　圆　又　圆，小　小　姑　娘　来　做　客。
pu⁴⁴ tsʰa³¹ fen⁵⁴ lian⁵⁴ pu⁴⁴ pɛ³¹, tsʰa³¹ tɕʰi⁵⁴ fen⁵⁴ lai³¹ lian⁵⁴ iəu¹³ pɛ³¹.
不　搽　粉　脸　不　白，搽　起　粉　来　脸　又　白。
kʰai⁴⁴ kʰai⁴⁴ ɕiaŋ⁴⁴ xua⁴⁴ i⁴⁴ saŋ⁴⁴, kʰai⁴⁴ kʰai⁴⁴ kuei¹³ xua⁴⁴ mian³¹ suei¹³,
开　开　箱　花　衣　裳，开　开　柜　花　棉　絮，
kʰai⁴⁴ kʰai⁴⁴ xəu¹³ mən³¹ tsuai⁴⁴ kʰo³¹ suei¹³.
开　开　后　门　打　瞌　睡。

三、推豆腐

i¹³ kʰo⁵⁴ təu¹³tsʅ³¹ ian³¹ iəu¹³ ian³¹, tʰuei⁴⁴ tsʰən³¹ təu¹³ fu⁵⁴ mai¹³ tsʰən³¹ tɕʰian³¹.
一　颗　豆　子　圆　又　圆，推　成　豆　腐　卖　成　钱。
zən³¹ zən³¹ so³¹ ŋo⁵⁴ sən⁴⁴ i¹³ ɕiao⁵⁴, ɕiao⁵⁴ ɕiao⁵⁴ sən⁴⁴ i¹³ tsuan¹³ ta¹³ tɕʰian³¹.
人　人　说　我　生　意　小，小　小　生　意　赚　大　钱。

四、推磨一

tʰuei⁴⁴ mo¹³ iao³¹ mo¹³, pa⁴⁴ pa⁴⁴ tsuan¹³ ko¹³,
推　磨　摇　磨，粑　粑　转　过，
ɕiao⁵⁴ mao⁴⁴ tsʰʅ³¹ ko¹³, sən¹³ ɕia¹³ pan¹³ pian⁴⁴
小　猫　吃　过，剩　下　半　边，
kʰo⁴⁴ tsai¹³ tsən⁵⁴ tʰəu³¹ pian⁴⁴, xao¹³ tsʅ⁵⁴ tʰo⁴⁴ tao¹³ tsʰuaŋ³¹ mian¹³ tɕʰian⁴⁴,
搁　在　枕　头　边，耗　子　拖　到　床　面　前，
mao⁴⁴ ɚ³¹ tʰo⁴⁴ tao¹³ ta¹³ mən³¹ pian⁴⁴, XX　　　tɕʰi⁵⁴ lai³¹ xan⁵⁴ xuaŋ³¹ tʰian⁴⁴.
猫　儿　拖　到　大　门　边，XX（姓名）起　来　喊　皇　天。

五、推磨二

tʰuei˦˦ mo˩˧ taŋ˧˩, iao˧˩ mo˩˧ taŋ˧˩, tʰuei˦˦ ko˩˧ pa˦˦ pa˦˦ tɕʰi˦˦ tɕʰiao˩˧ liaŋ˧˩.
推　磨　堂，摇　磨　堂，推　个　粑　粑　去　瞧　娘。
liaŋ˧˩ iəu˩˧ ian˥˦, lu˩˧ iəu˩˧ tsʰaŋ˧˩.
娘　又　远，路　又　长。
tsəu˥˦ i˧˩ pu˩˧, ŋao˥˦ i˧˩ kʰəu˩˧, tsəu˥˦ tao˩˧ liaŋ˧˩ pian˦˦ ta˥˦ kʰoŋ˦˦ səu˥˦.
走　一　步，咬　一　口，走　到　娘　边　打　空　手。

六、猜中指

tsʰai˦˦ tsoŋ˦˦ tsoŋ˦˦, ta˥˦ lia˧˩ pʰi˧˩, lian˧˩ ta˥˦ lian˧˩ ta˥˦ sɿ˧˩ ɚ˩˧ pʰi˧˩.
猜　中　中，打　□　皮（脱皮），连　打　连　打　十　二　皮。
tao˩˧ ta˥˦ iaŋ˧˩ tɕʰio˧˩ i˩˧ tsɿ˦˦ xua˦˦, ŋai˥˦ sɿ˥˦ ko˥˦ xo˧˩ i˩˧ pʰa˦˦ la˦˦.
倒　打　阳　雀　一　枝　花，矮　子　过　河　一　趴　拉。
xoŋ˧˩ koŋ˦˦ tɕi˦˦, soŋ˩˧ fan˩˧ lai˩˧, pʰɛ˧˩ koŋ˦˦ tɕi˦˦, tɕian˦˦ pa˥˦ tsʰai˧˩.
红　公　鸡，送　饭　来，白　公　鸡，拣　把　柴，
uən˩˧ li˥˦ iao˩˧ tɕʰian˧˩ mɛ˦˦ iao˩˧ tʰu˥˦.
问　你　要　钱（钳）么　要　土（吐）。

七、月亮婆婆

iɛ˧˩ liaŋ˩˧ pʰo˧˩ pʰo˦˦, san˥˦ san˥˦ io˧˩ io˦˦,
月　亮　婆　婆，闪　闪　耀　耀，
tsaŋ˦˦ tɕia˦˦ tsʰɿ˧˩ tɕiəu˥˦, li˥˦ tɕia˦˦ tsʰaŋ˩˧ ko˦˦,
张　家　吃　酒，李　家　唱　歌，
tsʰaŋ˩˧ ko˩˧ lan˥˦ iaŋ˩˧ ko˦˦, tsʰaŋ˩˧ ko˩˧ lan˧˩ san˦˦ li˥˦ ta˩˧ ko˦˦.
唱　个　哪　样　歌，唱　个　南　山　李　大　哥。

八、洗衣裳

iɛ˧˩ liaŋ˩˧ kuaŋ˦˦ kuaŋ˦˦, ɕia˩˧ xo˧˩ ɕi˥˦ i˦˦ saŋ˦˦,
月　亮　光　光，下　河　洗　衣　裳，
ɕi˥˦ tɛ˧˩ pɛ˧˩ pɛ˧˩ liaŋ˩˧, xao˩˧ xan˥˦ ko˦˦ ko˦˦ saŋ˩˧ ɕio˧˩ tʰaŋ˧˩.
洗　得　白　白　亮，好　喊　哥　哥　上　学　堂。

九、斗虫虫一

təu¹³ tsʰoŋ³¹ tsʰoŋ⁴⁴, tsʰoŋ³¹ ŋao⁵⁴ səu⁵⁴, tɕi³¹ tɕi³¹ fei⁴⁴, fei⁴⁴ tao¹³ pʰo³¹ pʰo³¹ tɕia⁴⁴,
斗 虫 虫， 虫 咬 手，疾 疾 飞，飞 到 婆 婆 家，
ɕia¹³ ko¹³ ko⁴⁴ ko⁴⁴ tan¹³, la³¹ kən⁴⁴ iao⁴⁴ iao⁴⁴ tsəu¹³ tsao⁵⁴ fan¹³.
下 个 咯 咯 蛋，拿 跟 幺 幺 做 早 饭。

十、斗虫虫二

təu¹³ tsʰoŋ³¹ tsʰoŋ⁴⁴, tsʰoŋ³¹ liao⁵⁴ səu⁵⁴, tɕi³¹ tɕi³¹ fei⁴⁴, fei⁴⁴ tao¹³ pʰo³¹ pʰo³¹ tɕia⁴⁴,
斗 虫 虫， 虫 咬 手，疾 疾 飞，飞 到 婆 婆 家，
pʰo³¹ pʰo³¹ ta⁵⁴ pa⁴⁴ pa⁴⁴, tsʰʅ³¹ pu⁴⁴ uan³¹, la³¹ xuei³¹ tɕia⁴⁴,
婆 婆 打 粑 粑，吃 不 完，拿 回 家，
ta⁵⁴ kʰai⁴⁴ i³¹ kʰan³¹ sʅ⁴⁴ ko¹³ təu¹³ sa⁴⁴ pa⁴⁴.
打 开 一 看 是 个 豆 沙 粑。

十一、季节游戏

su¹³ iɛ³¹ tɕʰin⁴⁴, faŋ¹³ foŋ⁴⁴ tsən⁴⁴; su¹³ iɛ³¹ xuaŋ³¹, tsʰɛ⁵⁴ ɕiaŋ⁵⁴ xuaŋ³¹;
树 叶 青，放 风 筝；树 叶 黄，扯 响 簧；
su¹³ iɛ³¹ lo³¹, ta⁵⁴ kɛ³¹ lo⁴⁴.
树 叶 落，打 格 螺_{陀螺}。

十二、指头顶手心

tin⁵⁴ ko⁴⁴ kai¹³, kai¹³ ian³¹ tsʰai¹³, ian³¹ tsʰai³¹ ɕiaŋ⁴⁴, tɕʰin⁵⁴ i³¹ liaŋ⁴⁴,
顶 锅 盖，盖 盐 菜，盐 菜 香，请 姨 娘，
ian³¹ tsʰai¹³ tsʰəu¹³, tɕʰin⁵⁴ lao⁵⁴ tɕiəu¹³, lao⁵⁴ tɕiəu¹³ to⁵⁴ tsai¹³ mən³¹ pei¹³ xəu¹³,
盐 菜 臭，请 老 舅，老 舅 躲 在 门 背 后，
faŋ¹³ ko¹³ ta¹³ pʰi¹³ man⁵⁴ tɕia⁴⁴ tsʰəu¹³.
放 个 大 屁 满 家 臭。

十三、马兰花

ma⁵⁴ lan³¹ xua⁴⁴, ma⁵⁴ lan³¹ xua⁴⁴, foŋ⁴⁴ tsʰuei⁴⁴ i⁵⁴ ta⁵⁴ təu⁴⁴ pu³¹ pʰa¹³,
马 兰 花，马 兰 花，风 吹 雨 打 都 不 怕，

162

tɕʰin³¹ lao³¹ lei⁴⁴ zən³¹ tsai¹³ so³¹ xua¹³, tɕʰin⁵⁴ li⁵⁴ ma⁵⁴ saŋ⁵⁴ tɕiəu¹³kʰai⁴⁴ xua⁴⁴.
勤　劳　嘞　人　在　说　话，请　你　马　上　就　开　花。

十四、小马小二郎

ɕiao⁵⁴ ma⁵⁴ ɕiao⁵⁴ ɚ¹³ laŋ³¹, tɕʰi³¹ ma⁵⁴ saŋ⁵⁴ ɕio³¹ tʰaŋ³¹.ɕian⁴⁴ sən⁴⁴ mo³¹ ɕian³¹ ɕiao⁵⁴, tu¹³ luei¹³ iəu⁵⁴
小　马　小　二　郎，骑　马　上　学　堂。先　生　莫　嫌　小，肚　内　有
uən³¹ tsaŋ⁴⁴.
文　章。

十五、一张白纸飞过街

i¹³ tsaŋ⁴⁴ pɛ³¹ tsʅ⁵⁴ fei⁴⁴ ko¹³ kai⁴⁴, la⁵⁴ ko¹³ tu³¹ su⁴⁴ la⁵⁴ ko¹³ kuai⁴⁴.zən³¹ zən³¹ tu³¹ su⁴⁴ ɕiaŋ⁵⁴
一　张　白　纸　飞　过　街，哪　个　读　书　哪　个　乖。人　人　读　书　想
kuan⁴⁴ tsu¹³, tiəu⁴⁴ ɕia¹³ iaŋ⁴⁴ miao⁴⁴ la⁵⁴ ko¹³ tsai⁴⁴?
官　做，丢　下　秧　苗　哪　个　栽?

十六、太阳出来一点红

tai¹³ iaŋ³¹ tsʰu³¹ lai³¹ i¹³ tian⁵⁴ xoŋ³¹, ko⁴⁴ ko⁴⁴ tɕʰi³¹ ma⁵⁴ ti¹³ tɕʰi¹³ loŋ³¹.tɕʰi³¹ ma⁵⁴ saŋ¹³ san⁴⁴
太　阳　出　来　一　点　红，哥　哥　骑　马　弟　骑　龙。骑　马　上　山
tɕʰi⁴⁴, tɕʰi³¹ loŋ³¹ iəu³¹ suei⁵⁴ tsoŋ⁴⁴, ko⁴⁴ ko⁴⁴ ti¹³ ti¹³ tsən⁴⁴ in⁴⁴ ɕioŋ³¹.
去，骑　龙　游　水　中，哥　哥　弟　弟　争　英　雄。

第六节　故事

一、牛郎和织女

tɕiaŋ⁵⁴ ku⁵⁴ sʅ³¹ xəu¹³ a³¹, iəu⁵⁴ko⁵⁴ ɕiao⁵⁴ xo⁵⁴ tsʅ⁵⁴, tie⁴⁴ ma⁴⁴lɛ⁴⁴təu⁴⁴sʅ¹³ əu¹³, tsao¹³ lie³¹ pa⁴⁴
讲　古　时　候　啊，有　个　小　伙　子，爹　妈　呢　都　死　噢，造　孽　巴
tsa⁴⁴lei⁴⁴, tɕia⁴⁴tʰəu³¹tsʅ⁵⁴ iəu⁵⁴ tʰəu³¹ lao⁵⁴ liəu³¹ pʰei¹³ tao⁵⁴ tʰa⁴⁴. tsʅ⁴⁴ ko¹³lao⁵⁴liəu³¹ sʅ⁴⁴
扎　嘞，家　头　只　有　头　老　牛　陪　到　他。之　个　老　牛　是
la⁵⁴ko¹³lɛ⁴⁴? tɕʰi³¹sʅ³¹tsʅ⁴⁴ko¹³lao⁵⁴liəu³¹, sʅ⁴⁴ tʰian⁵⁴saŋ¹³ a¹³tɕin⁴⁴ liəu³¹ɕin⁴⁴. tsʅ⁴⁴tɕin⁴⁴liəu³¹
哪　个　呢? 其　实　之　个　老　牛，是　天　上　那　金　牛　星。之　金　牛

163

ɕin⁴⁴ kʰan¹³ ɕiao⁵⁴ xo⁵⁴ tsʅ⁵⁴ iəu¹³ tɕʰin³¹ kʰuai¹³ iəu¹³ lən³¹ kan¹³, tɕiəu¹³ ɕiaŋ⁵⁴ kɛ⁵⁴ la⁴⁴ tɕiɛ³¹
星　看　小　伙　子　又　勤　快　又　能　干，就　想　给　他　接
ko¹³ ɕi³¹ fu³¹. tsʅ⁴⁴ tɕin⁴⁴ liəu³¹ ɕin⁴⁴ lei³¹, ɕiao⁵⁴ tɛ³¹ tʰian⁴⁴ saŋ¹³ ɕin⁴⁴ ɕian⁴⁴ly⁵⁴ mən⁴⁴ a³¹,
个　媳　妇。之　金　牛　星　嘞，晓　得　天　上　星——仙女们　啊，
iao¹³ lai³¹ tsʅ⁴⁴ xo³¹ tʰəu¹³ ɕi⁵⁴ tsao⁵, tɕiəu¹³ tʰo³¹ moŋ³¹ kɛ⁵⁴ liəu³¹ laŋ³¹, xan⁵⁴ la⁴⁴ ti:¹³ ɚ¹³ tʰian⁴⁴
要　来　之河　头　洗　澡，就　托　梦　给　牛郎，喊　他第　二　天
tɕʰi⁴⁴ a¹³ xo³¹ pian⁴⁴, tʰəu¹³ i³¹ tɕian¹³ ɕian⁴⁴ ly⁴² a¹⁴ fu³¹, la³¹ tɕʰi:⁵⁴ tɕiəu¹³ pʰao⁵⁴, tsoŋ³¹
去　那　河　边，偷　一　件　仙　女　那　衣服，拿　起　就　跑，□
ŋo¹³ lɛ⁴⁴, tɕiəu¹³ xuei¹³ iəu⁵⁴ i³¹ tuan¹³ in³¹ yan³¹. ko⁵⁴ zan³¹, ti:³¹ tʰin⁴⁴ lɛ⁴⁴, tsʅ⁴⁴ ɕiao⁵⁴xo⁵⁴
□这样 呢，就　会　有　一　段　姻　缘。果然，第　二　天　呢，之　小　伙
tsʅ⁵⁴ a⁴⁴, i³¹ ta¹³ tsao⁵⁴ tɕiəu¹³ lai³¹ tao¹³ xo³¹ pian⁴⁴, ko⁵⁴ tsən⁴⁴ kʰan¹³ tao¹³ i¹³ tɕyn³¹ ɕian⁴⁴ly⁵⁴
子啊，一　大　早　就　来　到河　边，果　真　看　到　一　群　仙女
mən⁴⁴, tsai¹³ li:⁵⁴ tʰəu³¹ iəu³¹ ioŋ⁵⁴ uan³¹ suei³¹. əu³¹, la⁴⁴ lai³¹ tao¹³ a¹³ ko³¹ su¹³ tsʰa¹³ pian⁴⁴
们，在里　头　游　泳、玩　水。哦，他　来　到　那　个树　杈边，
la³¹ tɕʰi:⁵⁴ i³¹ tɕian¹³ fən⁵⁴ xoŋ³¹ sɛ¹³ lei⁴⁴ i⁴ fu³¹, tʰəu¹³ iɛ⁵⁴ pu⁴⁴ xuei³¹ lei¹³ tɕiəu¹³ uaŋ⁵⁴ xuei³¹
拿　起　一件　粉　红　色嘞　衣服，头　也　不　回　嘞就　往回
tɕia⁴⁴ pʰao⁵⁴. a¹³ mɛ⁴⁴ tao¹³ uan⁵⁴ saŋ¹³ lɛ⁴⁴, ko⁵⁴ zan³¹, tɕiəu¹³ iəu⁵⁴ i³¹ ko³¹ ɕian⁴⁴ ly⁵⁴ lai³¹ kʰao⁴⁴
家　跑。那么到　晚　上　呢，果　然，就　有　一　个　仙　女　来　敲
la⁴⁴ mən³¹la⁵⁴. əu³¹la⁴⁴ tɕi³¹ toŋ¹³ tɛ³¹ pu⁴⁴ tɛ³¹ liao⁵⁴, tɕiəu¹³ xo³¹ tsʅ⁴⁴ ko¹³ɕian⁴⁴ ly⁵⁴ lɛ⁴⁴ tsu¹³ fu⁴⁴
他　门　啦。哦他　激　动　得　不　得　了，就　和　之个　仙　女　呢　做夫
tɕʰi:⁴⁴. tsʅ⁴⁴ ko¹³ ɕian⁴⁴ly⁵⁴ lɛ⁴⁴, tɕʰi³¹ tɕiəu¹³ sʅ¹³ tsʅ¹³ ly⁵⁴, y¹³ xuaŋ³¹ ta¹³ ti¹³ lei⁴⁴ ku⁴⁴ liaŋ³¹. la⁴⁴ xo³¹
妻。之个　仙　女　呢，其　实　就　是　织女，玉　皇　大　帝　嘞　姑　娘。他和
tsʅ³¹ly⁵⁴ lɛ⁴⁴ i⁴⁴ ko¹³ tɕiəu¹³ sʅ¹³ san⁴⁴ lian³¹, liaŋ⁵⁴ kəu⁵⁴ tsʅ⁵⁴ a³¹, tʰɛ³¹ piɛ³¹ lei⁴⁴ ɕin¹³ fu³¹, tʰɛ³¹ piɛ³¹ lei⁴⁴
织　女　呢一　过　就　是　三　年，两口子啊，特　别　嘞　幸福，特　别　嘞
ən⁴⁴ ai¹³, xai³¹ sən⁴⁴ əu³¹ liaŋ⁵⁴ ko¹³ ua³¹ ua³¹. tan³¹ sʅ¹³ lɛ⁴⁴, ɕian⁴⁴ ly³¹ sʅ⁴⁴ tsʅ¹³ ɕia¹³ fan⁴⁴ lei¹³ tsʅ¹³
恩　爱，还　生　噢　两　个　娃　娃。但　是　呢，仙　女　私　自　下　凡　嘞之
tɕian¹³ sʅ¹³ tɕʰin³¹, tsao³¹ y¹³ xuaŋ³¹ ta¹³ ti:¹³ ɕiao⁵⁴ tɛ³¹ əu¹³, pu⁴⁴ tɛ³¹ liao⁵⁴ ləu⁴⁴, ta¹³ fa⁴⁴ lei³¹ tin³¹
件　事　情，着　玉皇　大　帝　晓　得　噢，不　得　了　喽，大　发　雷　霆
a³¹, tsʅ³¹ ko¹³ y¹³ xuaŋ³¹ ta¹³ ti:¹³, tian¹³ san⁵⁴ lei⁵¹ min³¹ lei:⁴⁴. tsuei³¹ tsʅ⁴⁴ tʰian⁴⁴ uan⁵⁴ saŋ¹³ lɛ⁴⁴,
啊，之个　玉皇　大帝，电　闪　雷　鸣　嘞。[之回]之　天　晚　上　呢，
tsʅ³¹ly⁵⁴ tɕiəu¹³ pu⁴⁴ tao⁵⁴ tɕian¹³ pu⁴⁴ tɕian¹³ pu³¹ tsai¹³ əu¹³, pʰao⁴⁴ pu¹³ tsai¹³ əu¹³. tsʅ⁴⁴ liəu³¹ laŋ³¹
织　女　就　不　到、见　不　见、不　在　噢，　跑　不　在　噢。之　牛　郎

164

第五章 口头文化

a³¹, tao¹³ tsʰu⁵⁴ tsao⁵⁴ təu⁴⁴ tsao⁵⁴ pu³¹ tao³¹, liaŋ⁵⁴ ko¹³ ua⁴⁴ ua⁴⁴ lɛ⁴⁴ iəu¹³ iao¹³ tsai¹³ a¹³ tɛ⁵⁴
啊，到 处 找 都 找 不 倒 啊，两 个 娃 娃 呢 又 要 在 那 里
kʰu⁴⁴ tao⁵⁴ tsao⁵⁴ ma⁴⁴, mei⁵⁴ pan¹³ fa⁴⁴ ləu³¹. zan³¹ xəu¹³ tsuei⁴⁴ tso⁵⁴ lao¹³ liəu³¹ lɛ⁴⁴, tɕiəu¹³ kʰai⁴⁴
哭 到 找 妈，没 办 法 喽。然 后 ［之回］［之个］老牛 呢， 就 开
kəu⁵⁴tɕiaŋ⁵⁴xua¹³əu¹³lɛ⁴⁴. tɕiəu¹³ kɛ⁵⁴ tsʅ¹³ ko¹³ liəu¹³ laŋ³¹ tɕiaŋ¹³: pu⁴⁴ iao¹³ kʰu¹³, pu⁴⁴ iao¹³ kʰu¹³, pu⁴⁴
口 讲 话 噢 呢。就 给 之 个 牛 郎 讲："不 要 哭，不 要 哭，不
iao¹³ tɕi³¹！o⁵⁴ kən⁴⁴ li¹³ tɕiaŋ¹³, li¹³ pa⁵⁴ o⁵⁴ lao⁵⁴ kʰo¹³ saŋ¹³ lei⁴⁴ tsʅ⁴⁴ liaŋ⁵⁴ ko¹³ ko³¹, pa⁴⁴ la⁴⁴ pan⁴⁴
要 急！我 跟 你 讲，你 把 我 脑 壳 上 嘞之 两 个 角，把 它 扳
ɕia¹³lai³¹, pian¹³tsʰən³¹liaŋ⁵⁴ ko¹³ tsu¹³ kʰuaŋ⁴⁴, tɕʰy¹³ tsao⁵⁴ la⁴⁴tɕia⁴⁴ma⁴⁴. xai⁵⁴ mei³¹ tɕiaŋ⁵⁴ uan³¹, liəu³¹
下 来，变 成 两 个 竹 筐， 去 找 他 家 妈。"还 没 讲 完，牛
ləu³¹, lao⁵⁴ liəu³¹ lao⁵⁴ kʰo¹³ saŋ¹³ lei⁴⁴ tsʅ⁴⁴ liaŋ⁵⁴ ko¹³ ko³¹, tɕiəu¹³ lo⁵⁴ɕia¹³ lai¹³ əu¹³ lɛ³¹,tsən⁴⁴ lei⁴⁴ pian¹³ tsʰən³¹
喽，老 牛 脑 壳 上 嘞之 两 个 角， 就 落 下 来 噢 呢，真 嘞 变 成
liaŋ⁵⁴ ko¹³ lo³¹ kʰuaŋ⁴⁴. liəu³¹laŋ³¹ kan¹³ tɕin⁴⁴ pa⁵⁴ ua⁴⁴ ua⁴⁴ i¹³ ko¹³ tsuaŋ⁴⁴ tsai¹³ i⁵⁴ tʰəu¹³, la³¹ kʰo¹³ pian⁵⁴
两 个 箩 筐。 牛 郎 赶 紧 把 娃 娃 一 个 装 在 里 头，拿棵 扁
tan¹³ lai³¹, pa⁵⁴ tsʅ³¹ liaŋ⁵⁴ ko¹³ ua³¹ ua³¹ tɕiəu¹³ tʰiao⁵⁴ tɕʰi⁵⁴ tsəu³¹. i³¹ tʰiao⁵⁴ tɕʰi⁵⁴ i⁵⁴ xəu¹³ lɛ⁴⁴, o¹³
担 来，把 之 两 个 娃 娃 就 挑 起 走。一 挑 起 以 后 呢，噢
io³¹, tɕiəu¹³ sən⁴⁴ tɕʰin⁴⁴ zu¹³ ian¹³ lei⁴⁴, tɕiəu¹³ ɕia¹³ iəu⁵⁴ foŋ¹³ tsʰuei⁴⁴ tɕʰi⁵⁴ la⁴⁴ mən³¹, yɛ¹³ fei⁴⁴
哟，就 身 轻 如 燕 嘞， 就 像 有 风 吹 起 他 们，越 飞
yɛ¹³ kao⁴⁴, tɕiəu¹³ fei⁴⁴ tao¹³ tʰian⁵⁴ saŋ¹³ tɕʰy¹³ əu¹³. ma⁵⁴ saŋ¹³ tɕiəu¹³ iao¹³ tsuei⁴⁴ tao⁵⁴ ɕian¹³ ly⁵⁴ ləu³¹,
越 高， 就 飞 到 天 上 去 噢。 马 上 就 要 追 倒 仙 女 喽，
ian⁵⁴ kʰan¹³ tao⁵⁴, kuai⁵⁴ ləu³¹, uaŋ³¹ mu⁵⁴ liaŋ³¹ liaŋ⁴⁴ lai¹³ əu¹³. uaŋ³¹ mu⁵⁴ liaŋ³¹ liaŋ⁴⁴ kʰan¹³ tao⁵⁴ a³¹,
眼 看 倒，拐 喽，王 母 娘 娘 来 噢。王 母 娘 娘 看 倒 啊，
ai¹³ io³¹, liəu¹³ laŋ³¹ tsai¹³ tsuei⁴⁴ o⁵⁴ tɕia⁴⁴ ku⁴⁴ liaŋ⁵⁴, kan⁵⁴ kʰuai¹³ la⁴⁴ tɕʰi¹³ tʰəu⁵⁴ saŋ³¹ a⁵⁴ ko¹³ tɕin¹³
哎哟，牛 郎 在 追 我 家 姑 娘， 赶 快 拿起 头 上 那 个 金
tsʰai⁴⁴, tsai¹³ la⁴⁴ mən³¹ liaŋ⁵⁴ ko¹³ tsoŋ⁴⁴ tɕian⁴⁴ ia¹³ i¹³ xua³¹, xua¹³ tsʰu⁵⁴ əu¹³ i³¹ tao¹³ tʰian⁴⁴ tsʰaŋ³¹
钗， 在 他 们 两 个 中 间 呀 一 划， 划 出 噢 一道 天 、长
tsʰaŋ³¹ lei⁴⁴ tʰian¹³ xo³¹, iəu¹³ kʰuaŋ⁴⁴ iəu¹³ tsʰaŋ³¹. ma¹³ iɛ³¹, liaŋ⁵⁴ ko¹³ kɛ⁵⁴ tao⁵⁴ xo⁵⁴ kʰan⁴⁴ təu⁴⁴ kʰan¹³
长 嘞 天 河，又 宽 又 长。 妈 耶， 两 个 隔 倒 河 看 都 看
pu⁴⁴ tao⁵⁴, tɕi³¹ tɛ³¹ pu⁴⁴ ɕiao⁵⁴ tɛ³¹ tsa¹³ pan⁴⁴. tsuei¹³ lɛ⁴⁴, tsən⁴⁴ xao⁵⁴ yi¹³ tao⁵⁴ tɕʰi³¹ yɛ⁴⁴ tɕʰi³¹ xao¹³ tsʅ⁴⁴
不 倒，急 得 不 晓 得 咋 办。［之回］呢， 正 好 遇 到 七 月 七 号 之
tʰian⁴⁴, ɕi⁵⁴ tɕio³¹ mən³¹ tɕʰyan³¹ pu¹³ təu⁴⁴ lai¹³ əu¹³, kʰan¹³ tao⁵⁴ la⁴⁴ mən⁴⁴ liaŋ⁵⁴ ko¹³ lei¹³ tsʅ⁴⁴ ko¹³ ŋai¹³
天，喜 鹊 们 全 部 都 来 噢，看 倒 他 们 两 个 嘞之个 爱

165

tɕʰin³¹ia³¹tʰai³¹kan⁵⁴zən³¹, o³¹io¹³, i¹³tsʅ⁴⁴ɕi⁵⁴tɕʰio³¹ɕian³¹tao⁵⁴lin¹³uai¹³i¹³tsʅ⁴⁴ɕi⁵⁴tɕʰio¹³lei⁴⁴uei⁵⁴
情 呀 太 感 人, 噢 哟, 一 只 喜 鹊 衔 倒 另 外 一 只 喜 鹊 嘞 尾
pa⁴⁴,tɕiəu¹³kɛ⁵⁴la⁴⁴mən⁴⁴ta¹³tsʰən³¹əu¹³i⁵⁴tʰiao³¹ɕi⁵⁴tɕʰio³¹lei¹³tsʅ⁵⁴ko¹³tɕʰiao³¹, so⁵⁴i⁵⁴, zən³¹
巴, 就 给 他 们 搭 成 噢 一 条 喜 鹊 嘞 之 个 桥, 所 以, 人
mən⁴⁴təu⁴⁴xan⁵⁴la⁴⁴tɕiao⁵⁴tɕʰio¹³tɕʰiao¹³. tɕiɛ³¹ko⁵⁴lei¹³, liəu⁵⁴laŋ³¹xo⁵⁴tsʅ³¹ly⁵⁴lɛ⁴⁴,liaŋ⁵⁴ko¹³lɛ⁴⁴,
们 都 喊 它 叫 鹊 桥。 结 果 呢, 牛 郎 和 织 女 呢, 两 个 呢,
tɕiəu¹³tsʰai⁵⁴tao⁵⁴ɕi⁵⁴tɕʰiao¹³lɛ⁴⁴, liaŋ⁵⁴ko¹³lɛ⁵⁴tɕiəu¹³ɕian⁴⁴xuei¹³la⁵⁴a¹³mɛ⁴⁴,tsʅ⁴⁴ko¹³lɛ⁴⁴,
就 踩 倒 喜 桥 呢, 两 个 呢 就 相 会 啦。 那 么, 之 个 呢,
tɕiəu¹³sʅ¹³liəu³¹laŋ³¹xo³¹tsʅ³¹ly⁵⁴lei⁴⁴ku¹³sʅ¹³.
就 是 牛 郎 和 织 女 嘞 故 事。
(讲述人：王玉英)

二、三跛一豁

tsai¹³ŋo⁵⁴mən⁴⁴lao⁵⁴an⁴⁴suən¹³lɛ⁴⁴, iəu⁵⁴tsʅ⁴⁴iaŋ¹³i³¹ko¹³li⁵⁴fa³¹tian¹³, ta¹³tɕia⁴⁴lɛ⁴⁴, təu⁴⁴
在 我 们 老 安 顺 呢, 有 之 样 一 个 理 发 店, 大 家 呢, 都
tɕi¹³pu⁴⁴tao⁵⁴la⁴⁴yan³¹lai¹³tɕiao¹³laŋ⁵⁴min³¹tsʅ¹³, tan¹³sʅ⁴⁴lɛ⁴⁴, ta¹³tɕia⁴⁴təu⁴⁴xan⁵⁴la⁴⁴tɕiao¹³
记 不 倒 它 原 来 叫 啷① 名 字, 但 是 呢, 大 家 都 喊 它 叫
san⁴⁴po⁵⁴i³¹xo⁴⁴. a¹³mɛ⁴⁴laŋ⁵⁴tɕiao¹³san⁴⁴po⁵⁴i³¹xo⁴⁴lɛ⁴⁴?ŋo⁵⁴kɛ¹³ta¹³tɕia⁴⁴tɕiɛ⁵⁴ɕʅ³¹xa¹³.
"三 跛 一 豁"。那 么 啷 叫 "三 跛 一 豁" 呢? 我 给 大 家 解 释 下。
ŋo⁵⁴mən⁴⁴tsʅ⁴⁴ko¹³li⁵⁴fa³¹tian¹³li⁵⁴mian¹³a³¹, iəu⁵⁴sʅ¹³ko¹³sʅ⁴⁴fu³¹, tsai¹³tɕʰi¹³sʅ³¹lian³¹tai¹³a³¹,
我 们 之 个 理 发 店 里 面 啊, 有 四 个 师 傅, 在 七 十 年 代 啊,
la⁴⁴mən⁴⁴sʅ¹³tʰɛ³¹piɛ³¹tʰɛ³¹piɛ³¹tsʰu³¹min³¹. a¹³mɛ⁴⁴tsʅ⁴⁴sʅ¹³ko⁵⁴sʅ⁴⁴fu¹³taŋ³¹tsoŋ⁴⁴lɛ⁴⁴, iəu⁵⁴
他 们 是 特 别 特 别 出 名。 那 么 之 四 个 师 傅 当 中 呢, 有
san⁴⁴ko¹³sʅ⁴⁴po⁵⁴lei⁴⁴, laŋ⁴⁴tɕiao¹³po⁵⁴lei⁴⁴lɛ⁴⁴?tɕiəu¹³sʅ¹³pai⁴⁴tɕio³¹, tsəu⁵⁴lu¹³lɛ⁴⁴, i³¹pai⁴⁴i³¹
三 个 是 跛 嘞, 啷 叫 跛 嘞 呢? 就 是 □② 脚, 走 路 呢, 一 □ 一
pai⁴⁴lei⁴⁴, ŋo⁵⁴mən⁴⁴xan⁵⁴la⁴⁴po⁵⁴.iəu⁵⁴i³¹ko¹³lɛ⁴⁴, sʅ⁴⁴xo⁴⁴lei⁴⁴.lan⁵⁴iaŋ¹³tɕiao¹³xo⁴⁴lɛ⁴⁴? an⁴⁴
□ 嘞, 我 们 喊 他 跛。 有 一 个 呢, 是 "豁" 嘞。 哪 样 叫 "豁" 呢? 安
suən¹³zən³¹lɛ⁴⁴, pa⁵⁴tsʅ⁴⁴ko¹³tʰu¹³tsʰuən³¹, tɕiao¹³xo⁵⁴xo⁴⁴, so⁵⁴i⁵⁴lɛ⁴⁴, ta¹³tɕia⁴⁴təu⁴⁴xan⁵⁴tsʅ⁴⁴ko¹³
顺 人 呢, 把 之 个 兔 唇, 叫 "豁 豁", 所 以 呢, 大 家 都 喊 之 个

---

① 啷，哪样的合音，此即表示"什么"的意思。

② □，即跛。

166

li⁵⁴ fa³¹ tian¹³ lei⁴⁴ min³¹ tsʅ¹³ tɕiao¹³ san⁴⁴ po⁵⁴ i³¹ xo⁴⁴.tsai¹³ lao⁵⁴ an⁴⁴ suən¹³ tɕʰi¹³ sʅ³¹ lian³¹ tai¹³ lei⁵⁴
理 发 店 嘞 名 字 叫 "三 跛 一 豁"。在 老 安 顺 七 十 年 代 嘞
sʅ³¹xəu¹³, o⁵⁴mən⁴⁴təu⁴⁴so⁵¹, ɛ¹³, li⁵⁴ tsʅ⁴⁴ ko¹³ tʰəu³¹ fa⁴⁴ tsai¹³ la⁵⁴ te³¹ tɕian⁵⁴ lei¹³ lɛ⁴⁴? o³¹, tɕʰy¹³
时 候, 我 们 都 说,"诶,你 之 个 头 发 在 哪 点 剪 嘞 呢?" "哦,去
san⁴⁴po⁵⁴ i³¹xo⁴⁴tɕian⁵⁴lei¹⁴. a¹³mɛ⁴⁴iəu⁴⁵ i³¹tʰian⁴⁴lɛ⁴⁴, fa³¹sən⁴⁴əu¹³tsʅ⁴⁴iaŋ¹³ i³¹ ko¹³ ku¹³ sʅ¹³.
'三 跛 一 豁' 剪 嘞。" 那 么 有 一 天 呢,发 生 噢 之 样 一 个 故 事。

iəu⁵⁴ i³¹ tʰian⁴⁴ a³¹, iəu⁵⁴ ko¹³ zən³¹ lai³¹ li⁵⁴ fa³¹, a¹³ mɛ⁴⁴ sʅ³¹ tsʅ⁴⁴ko¹³ po⁵⁴ lei⁴⁴ kən⁴⁴ la⁴⁴ li⁵⁴ lei⁴⁴.
有 一 天 啊,有 个 人 来 理 发,那 么 是 个 之 跛 嘞 跟 他 理 嘞。
la⁴⁴ so³¹ la⁴⁴iao¹³ li⁵⁴ i³¹ko¹³ pʰin³¹ tʰəu³¹, tsʅ⁴⁴ ko¹³ po⁵⁴ tɕio³¹ a³¹, liaŋ⁵⁴ fən⁴⁴ tsoŋ⁴⁴ tɕiəu¹³ kən⁴⁴ la⁴⁴ li¹³
他 说 他 要 理 一 个 平 头,之 个 跛 脚 啊,两 分 钟 就 跟 他 理
xao⁵⁴əu¹³.tsʅ⁴⁴xuei¹lɛ⁴⁴, tsʅ⁴⁴ ko¹³ li⁵⁴uan³¹ əu¹³ i⁵⁴xəu¹³ lɛ⁴⁴, tsʅ⁴⁴ ko¹³ ku¹³ kʰɛ³¹ pu⁴⁴man⁵⁴ i¹³ əu¹³.
好 噢。之 回 呢,之 个 理 完 噢 以 后 呢,之 个 顾 客 不 满 意 噢。
la⁴⁴so³¹: li⁵⁴kʰan¹³ li⁵⁴kən⁴⁴ o⁵⁴ li⁵⁴ lei⁴⁴ tsʅ⁴⁴ ko¹³ tʰəu³¹ fa⁴⁴, xao⁵⁴ɕiaŋ¹³ saŋ¹³ mian¹³ tsʅ⁴⁴ ko¹³ pʰin³¹
他 说:"你 看 你 跟 我 理 嘞 之 个 头 发,好 像 上 面 之 个 平
tʰəu³¹pu⁴⁴pʰin³¹ a³¹, iəu⁵⁴ tian⁵⁴kao⁵⁴.a¹³ liaŋ⁵⁴ ko¹³ lɛ⁴⁴, tɕiəu¹³ tsʰao⁵⁴ tɕʰi⁵⁴ lai³¹əu¹³.tsʅ⁴⁴ko¹³ sʅ⁴⁴
头 不 平 啊,有 点 高。" 那 两 个 呢, 就 吵 起 来 噢。之 个 师
fu¹³so³¹lei⁴⁴sʅ¹³: ŋo⁵⁴ tɕio³¹ tɛ³¹kʰo⁵⁴ i⁵⁴ lei⁴⁴ a⁴⁴, li⁵⁴ tsoŋ³¹ŋo¹³ tɕian⁵⁴xao⁵⁴kʰan¹³.mɛ⁴⁴, liaŋ⁵⁴ ko¹³
傅 说 嘞 是:"我 觉 得 可 以 嘞 啊,你 □ □这么 剪 好 看。" 么, 两 个
zən³¹ lɛ⁴⁴, tɕiəu¹³ tsʰao⁵⁴ lai³¹ tsʰao⁵⁴ tɕʰy¹³ lei⁴⁴, tɕiəu¹³ i³¹ tsʅ¹³ tʰin³¹ pu³¹ ɕia¹³ lai³¹.
人 呢,就 吵 来 吵 去 嘞,就 一 直 停 不 下 来。

xao⁵⁴ la⁵⁴, tsʅ⁴⁴ ko¹³ sʅ³¹ xəu¹³ lɛ⁴⁴, tsʅ⁴⁴ ko¹³ xo¹³ xo⁴⁴ tɕiəu¹³ lai³¹ əu¹³.xo¹³ xo⁴⁴ tɕiəu¹³ sʅ¹³ kaŋ⁴⁴
好 啦,之 个 时 候 呢,之 个 "豁 豁" 就 来 噢。"豁 豁" 就 是 刚
kaŋ⁴⁴ tɕian⁵⁴ lei⁴⁴ tʰu¹³tsʰuan³¹, tɕian⁵⁴xua¹³lɛ⁴⁴ tɕian⁵⁴ pu³¹ tɕʰin³¹ tsʰu⁵⁴.a¹³mɛ⁴⁴, la⁴⁴ lai³¹ lɛ⁴⁴ la⁴⁴
刚 讲 嘞 兔 唇,讲 话 呢 讲 不 清 楚。那 么,他 来 呢 他
tɕiəu¹³so³¹: əu³¹, li⁵⁴ kʰan¹³, tsʅ⁴⁴ ko¹³ sʅ⁴⁴ fu¹³, li⁵⁴ tɕʰio³¹ sʅ³¹, tɕian⁵⁴lei⁴⁴tsʅ⁴⁴ ko¹³ tʰəu³¹ fa⁴⁴ lɛ⁴⁴
就 说:"哦,你 看,之 个 师 傅 啊,你 确 实,剪 嘞 之 个 头 发 呢
iəu⁵⁴ tian⁵⁴ pu³¹ pʰin³¹. kan⁴⁴ tsʰuei¹ lɛ⁴⁴, li⁵⁴ tɕiəu¹³ kən⁴⁴ la⁶⁴ sao⁵⁴ səu⁴⁴ tian⁵⁴ tɕʰian³¹ ləu³¹ ma³¹.
有 点 不 平。干 脆 呢,你 就 跟 他 少 收 点 钱 喽 嘛。"
zan³¹xəu¹³lɛ⁴⁴, iəu¹³kən⁴⁴ tsʅ⁴⁴ko¹³ kʰɛ³¹tɕian⁵⁴: li⁵⁴ kʰan¹³ ma³¹, tsʅ⁴⁴ko¹³tʰəu³¹ fa⁴⁴ mɛ⁴⁴, liaŋ⁵⁴
然 后 呢,又 跟 之 个 顾 客 讲:"你 看 嘛,之 个 头 发 么,两
tʰian⁵⁴mɛ⁴⁴ tɕiəu¹³ tsaŋ⁵⁴xao⁵⁴əu¹³ləu¹³ma³¹, liaŋ⁵⁴ tʰian⁵⁴mɛ⁴⁴ tɕiəu¹³ tsaŋ⁵⁴ pʰin³¹əu¹³ ləu³¹ ma³¹.
天 么 就 长 好 噢 喽 嘛,两 天 么 就 长 平 噢 喽 嘛。"

xao⁵⁴, tsʅ⁴⁴xuei³¹lɛ⁴⁴, əu¹³, tsʅ⁴⁴ko¹³ku¹³kʰɛ¹³lɛ⁴⁴, tɕiəu¹³sao⁵⁴kʰai⁴⁴əu¹³ tian⁵⁴ tɕʰian³¹, tsʅ⁴⁴ ko¹³ sʅ⁴⁴
好，之 回 呢，哦，之 个 顾 客 呢， 就 少 开 噢 点 钱， 之 个 师
fu¹³ lɛ⁴⁴, tɕiəu¹³ sao⁵⁴ səu⁴⁴ əu¹³ tian⁵⁴ tɕʰian³¹.xao⁵⁴, tsʅ⁴⁴ ko¹³ sʅ¹³ tɕʰin³¹ lɛ⁴⁴, tɕiəu¹³ uan³¹ əu¹³.
傅 呢， 就 少 收 噢 点 钱。好， 之 个 事 情 呢， 就 完 噢。
tan¹³ sʅ¹³ lɛ⁴⁴, ku¹³ kʰɛ³¹ tsəu⁵⁴ əu¹³ i⁵⁴ xəu¹³ lɛ⁴⁴, ai¹³ io³¹, tsʅ⁴⁴ ko¹³ po⁵⁴ tɕio³¹ lɛ⁴⁴ iəu¹³ xo³¹ tsʅ¹³
但 是 呢， 顾 客 走 噢 以 后 呢， 哎 哟， 之 个 跛 脚 呢 又 和 之
ko¹³xo⁴⁴xo⁴⁴lɛ⁴⁴, tɕiəu¹³tsʰao⁵⁴tɕʰi⁵⁴tɕia¹³ lai³¹la⁵⁴.tɕiəu¹³sʅ⁴⁴ li⁵⁴ ləu³¹ ma¹³, li⁵⁴ lei⁴⁴ a¹³ ko¹³ tsuei⁵⁴
个"豁 豁"呢， 就 吵 起 架 来 啦。"就 是 你 喽 嘛， 你 嘞 那 个 嘴
pa⁴⁴iəu¹³ tɕiaŋ⁵⁴pu³¹ tɕʰin⁴⁴ tsʰu⁵⁴, li⁵⁴ iəu¹³ lai³¹ kən⁴⁴ o⁵⁴ tɕiaŋ⁵⁴, tɕiaŋ⁵⁴ pan¹³ tʰian⁴⁴, lo³¹, xai¹³ o⁵⁴
巴 又 讲 不 清 楚， 你 又 来 跟 我 讲， 讲 半 天， 咯， 害 我
sao⁵⁴səu⁴⁴tian⁵⁴tɕʰian³¹ əu¹³ ləu³¹.lo³¹, mɛ⁴⁴, ŋo⁵⁴tsʅ⁴⁴ko¹³ zʅ³¹ tsʅ⁵⁴tsa¹³ko¹³lɛ⁴⁴?li⁵⁴pu¹³ iao¹³ ŋo⁵⁴
少 收 点 钱 噢 喽。咯， 么， 我 之 个 日 子 咋 过 呢？你 不 要 我
sən⁴⁴ xo³¹ la⁵⁴?o⁵⁴ xuei³¹ tɕia⁴⁴ xai³¹ iao¹³ iaŋ⁵⁴ ua³¹ ua⁴⁴ lɛ⁴⁴!
生 活 啦？我 回 家 还 要 养 娃 娃 呢！"

a³¹, liaŋ⁵⁴ ko¹³ zən³¹ lɛ⁴⁴, tsʰao¹³ lai³¹ tsʰao⁵⁴ tɕʰi⁴⁴, tsʰao¹³ lai³¹ tsʰao⁵⁴ tɕʰi⁴⁴, ta¹³ tɕia¹³ lɛ⁴⁴, təu⁵⁴ lai³¹
啊， 两 个 人 呢， 吵 来 吵 去， 吵 来 吵 去， 大 家 呢， 都 来
uei³¹kuan⁴⁴.xao⁵⁴, tsoŋ⁵⁴y³¹lɛ⁴⁴, iəu⁵⁴ i⁵¹ko¹³ lao⁵⁴ tsɛ⁵⁴ tɕiəu¹³ tsʰu¹³ lai³¹ tɕiaŋ⁵⁴ la⁵⁴: ai¹³ ia³¹, ta¹³
围 观。好， 终 于 呢， 有 一 个 老 者 就 出 来 讲 啦："哎 呀， 大
tɕia⁴⁴təu⁴⁴sʅ⁵⁴ fu³¹, ta¹³ tɕia⁴⁴ təu⁴⁴sʅ¹³ lai³¹li⁵⁴ fa³¹ lei⁴⁴.a¹³ mɛ⁴⁴ tɕʰi⁴⁴ tɛ³¹lai³¹ tɛ³¹mɛ⁴⁴ suan¹³
家 都 是 师 傅， 大 家 都 是 来 理 发 嘞。那 么 去 得 来 得 么 算
ləu³¹.xao⁵⁴ lo³¹xao⁵⁴ lo³¹, ŋo⁵⁴ mən⁴⁴təu⁴⁴ɕiao⁵⁴ tɛ³¹, li⁵⁴ mən⁴⁴ san¹³ po⁵¹ i³¹ xo⁴⁴, li⁵⁴ tɛ³¹ xao⁵⁴, xa³¹,
喽。好 咯 好 咯， 我 们 都 晓 得， 你 们 三 跛 一 豁， 理 得 好， 哈，
tɕiəu¹³ ŋo¹³ ləu³¹.
就 偌 喽。"

tsʅ¹³ ko¹³ lɛ⁴⁴, tɕiəu¹³ sʅ¹³ ŋo⁵⁴ mən⁴⁴ li⁵⁴ fa³¹ tian¹³ lei⁴⁴ ku¹³ sʅ¹³.
之 个 呢， 就 是 我 们 理 发 店 嘞 故 事。

（讲述人：王玉英）

三、张成嘞故事

so³¹ sʅ⁴⁴ tsai¹³ ŋo⁵⁴ mən⁴⁴ lao⁵⁴ an⁴⁴ suan¹³ a³¹, iəu⁵⁴ i³¹ ta⁵⁴ ɕiɛ⁴⁴ so⁵⁴ uei¹³ lei⁴⁴ tɕiaŋ⁴⁴ xu³¹ saŋ¹³
说 是 在 我 们 老 安 顺 啊， 有 一 大 些 所 谓 嘞 江 湖 上
tsʰuan³¹uən³¹lei⁴⁴min³¹zən³¹. tsʅ¹³ɕiɛ⁴⁴min³¹zən³¹lɛ⁴⁴, la⁴⁴mən⁴⁴təu⁵⁴iəu⁵⁴i⁵¹tuan¹³la⁴⁴mən⁴⁴lei⁴⁴
传 闻 嘞 名 人。之 些 名 人 呢， 他 们 都 有 一 段 他 们 嘞

168

第五章 口头文化

tsȵ¹³ tɕi⁵⁴tɕin⁴⁴tian⁵⁴lei⁴⁴ku¹³ sȵ¹³.a¹³mɛ⁴⁴tsȵ¹³ɕiɛ⁴⁴min³¹zən³¹iəu¹³iəu⁵⁴la⁵⁴ɕiɛ⁴⁴ lɛ⁴⁴?pi⁵⁴ zu³¹ so³¹
自己 经典 嘞故事。那么 之 些 名 人 又 有 哪 些 呢? 比如 说
iəu⁵⁴ɕiao⁵⁴sən³¹tʰoŋ³¹, iəu⁵⁴ xa³¹ ɕian⁴⁴ xa³¹lan³¹lan³¹, tən⁴⁴ tən⁴⁴ i³¹ ta¹³ tuei⁴⁴.a¹³ tɕin⁴⁴ tʰian⁴⁴ lɛ⁴⁴,
有 小 神 童, 有 哈 西 园、哈 兰 兰, 等 等 一 大 堆。那 今 天 呢,
kən⁴⁴ ta¹³ tɕia⁵⁴ tɕiaŋ⁵⁴ i³¹ ko¹³ tsaŋ⁴⁴ tsʰən³¹ lei⁴⁴ ku¹³ sȵ¹³.
跟 大 家 讲 一 个 张 成 嘞 故事。

　　tsȵ⁴⁴ ko¹³ tsaŋ⁴⁴ tsʰən³¹ a³¹, ei¹³ io³¹, tsai¹³ a¹³ ko¹³ lao⁵⁴ an⁴⁴ suən¹³ lian³¹ tai³¹ a³¹, iɛ⁵⁴ sȵ⁴⁴ tʰɛ³¹
　　之 个 张 成 啊, 诶 唷, 在 那 个 老 安 顺 年 代 啊, 也 是 特
piɛ³¹tʰɛ³¹piɛ³¹lei⁴⁴tsʰu³¹min³¹.tsȵ⁴⁴ko¹³tsaŋ⁴⁴tsʰən³¹sȵ¹³laŋ⁵⁴zən³¹u³¹lɛ⁴⁴?tsȵ⁴⁴ ko¹³ tsaŋ⁴⁴ tsʰən³¹
别 特别 嘞 出 名。之 个 张 成 是 啷 人 物 呢?之 个 张 成
lɛ⁴⁴ sȵ⁴⁴ i³¹ ko¹³ lao⁵⁴ tsɛ⁵⁴.la⁴⁴ tɕia⁴⁴ tsu¹³ la⁵⁴ tɛ³¹ lɛ⁴⁴?tɕiəu¹³ tsai¹³ a¹³ ko¹³ ku⁵⁴ fu⁵⁴ kai⁴⁴ a⁴⁴ ko¹³
呢 是 一 个 老 者。他 家 住 哪 点 呢?就 在 那 个 顾 府 街 那 个
kʰəu⁵⁴ kʰəu⁵⁴tʰəu⁴⁴.a¹³ mɛ⁴⁴tsȵ⁴⁴ko¹³ tsaŋ⁴⁴ tsʰən³¹ lɛ⁴⁴, tsȵ⁴⁴ ko¹³ zən³¹ pɛ⁴⁴ liao⁵⁴ ləu³¹, la⁴⁴ a¹³ ko¹³
口 口 头。那么 之 个 张 成 呢,之 个 人 [不得]① 了 喽,他 那 个
sən⁴⁴saŋ¹³ i¹³tʰian⁴⁴təu⁵⁴sȵ⁴⁴iəu³¹tɕi³¹mo⁵⁴lai³¹lei⁴⁴, tsʰoŋ³¹lai³¹ pu⁴⁴ɕi⁵⁴ lian⁵⁴, tsaŋ⁴⁴ pa⁴⁴ xai¹³ ɕi¹³
身 上 一 天 都 是 油 叽 抹 赖 嘞,从 来 不 洗 脸, 脏 巴 害 兮
lei⁴⁴.tan¹³sȵ¹³ lɛ⁴⁴, la⁴⁴iəu⁵⁴ko⁵⁴ səu⁵⁴ i¹³, tsai¹³la⁴⁴tɕia⁴⁴mən³¹ kʰəu⁴⁴ lɛ⁴⁴, xo³¹ la⁵⁴ tɕia⁴⁴,tsʰuan³¹ so³¹
嘞。但 是 呢,他 有 个 手 艺,在 他 家 门 口 呢,和 他 家,传 说
taŋ⁴⁴ tsoŋ⁴⁴ sȵ⁴⁴ xo³¹ la⁴⁴ tɕia⁴⁴ ly⁵⁴ ɕy¹³ pu⁵⁴ ko⁴⁴, lian⁵⁴ ko¹³ pu⁵⁴ ko⁴⁴.
当 中 是 和 他 家 女 婿 补 锅, 两 个 补 锅。

　　iəu⁵⁴ i¹³ tʰian⁴⁴ lɛ⁴⁴, iəu⁵⁴ i³¹ ko¹³ zən³¹, tɕiəu⁵⁴ la³¹ ko⁴⁴ tɕʰi¹⁴ la⁴⁴ tɕia⁴⁴ pu⁵⁴.pu⁵⁴ mɛ⁴⁴ so³¹ lei⁴⁴
　　有 一 天 呢, 有 一 个 人, 就 拿 锅 去 他 家 补。补 么 说 嘞
sȵ⁴⁴: li⁵⁴ kən⁵⁴ ŋo⁵⁴ pu⁵⁴ xao⁵⁴ mɛ⁴⁴, ŋo⁵⁴ min³¹ tʰian⁴⁴ lai³¹ la³¹.a³¹, tsaŋ⁴⁴ tsʰən³¹ so³¹: xao⁵⁴.
是:"你 跟 我 补 好 么, 我 明 天 来 拿。" 啊, 张 成 说: "好。"
tsȵ⁴⁴ ko⁴⁴ mɛ⁴⁴ tɕia⁴⁴ tɕia⁴⁴ təu⁴⁴ iao¹³ ioŋ¹³ əu¹³, iao⁵⁴ tsʰȵ³¹ fan¹³ tsʰao⁵⁴ tsʰai¹³ əu¹³.
之 锅 么 家 家 都 要 用 噢,要 吃 饭 炒 菜 噢。

　　tsȵ⁴⁴ ti¹³ ɚ¹³ tʰian⁴⁴ lɛ⁴⁴, tsȵ⁴⁴ ko¹³ pu⁵⁴ ko⁴⁴ lei⁴⁴ zən³¹ lɛ⁴⁴, tɕiəu¹³ tɕʰy¹³ la⁴⁴ tɕia⁴⁴ la³¹ ko⁴⁴.tsȵ⁴⁴
　　之 第 二 天 呢,之 个 补 锅 嘞 人 呢, 就 去 他 家 拿锅。之
xuei³¹ lɛ⁴⁴, tsȵ⁴⁴ ko¹³ tsaŋ⁴⁴ tsʰən³¹ tɕiəu¹³ tɕiaŋ⁵⁴: o³¹, ko⁴⁴ŋo⁵⁴xai³¹ pɛ⁴⁴ pu⁵⁴ xao⁵⁴, li⁵⁴ ko¹³ lian⁵⁴
回 呢, 之 个 张 成 就 讲:"哦, 锅 我 还 [不得] 补 好,你 过 两

———
① 不得,合音为 pɛ⁴⁴。

169

tʰian⁴⁴ tsai¹³ lai³¹ la³¹. o³¹, xao⁵⁴ mɛ⁴⁴xao⁵⁴mɛ⁴⁴, ŋo⁵⁴ ko¹³liaŋ⁵⁴tʰian⁴⁴lai³¹.zən³¹tɕia⁴⁴tɕiəu¹³tsəu⁵⁴
天 再 来 拿。"哦，好么好么，我过两天来。"人家就走
əu¹³.tən⁵⁴ ko¹³ liaŋ⁵⁴ tʰian⁴⁴ lɛ⁴⁴, zən³¹ tɕia⁴⁴ iəu⁴⁴ lai³¹ la³¹ ko⁴⁴, tsɿ⁴⁴ ko¹³ lao⁵⁴ tse⁵⁴ lɛ⁴⁴, xai³¹ sɿ⁴⁴
噢。等过 两 天 呢，人 家 又 来拿锅。之个 老 者 呢，还是
so³¹: o³¹, xai³¹ pɛ⁴⁴ pu⁵⁴ xao⁵⁴, xai³¹ pɛ⁴⁴ pu⁵⁴ xao⁵⁴, li⁵⁴ ko¹³ liaŋ⁵⁴ tʰian⁴⁴ tsai¹³ lai³¹ la³¹.xao⁵⁴, i¹³ tʰo⁴⁴
说："哦，还 [不得] 补好，还 [不得] 补好，你过 两 天 再 来 拿。"好，一拖
tsai¹³ tʰo⁴⁴, o¹³, tʰo⁴⁴ pan¹³ ko¹³ to⁴⁴ yɛ³¹ lɛ³¹.xao⁵⁴, zən³¹ tɕia⁴⁴ iəu¹³ tɕʰy⁴⁴ la³¹ ko⁴⁴ la⁵⁴. tsɿ⁴⁴ ko¹³
再 拖，哦，拖 半个 多 月呢。好，人 家 又 去 拿 锅 啦。之 个
tsaŋ⁴⁴ tsʰən³¹ tɕiaŋ⁵⁴: ai¹³ ia³¹, xai³¹ pɛ⁴⁴ pu⁵⁴ xao⁵⁴.
张 成 讲："哎呀，还 [不得] 补 好。"
　　　　tɕiəu¹³ tsɿ⁴⁴ ko¹³, zən³¹ tɕia⁴⁴ pu⁵⁴ ko⁴⁴ lei⁵⁴ tsɿ⁴⁴ ko¹³ zən³¹ tɕiəu¹³ sən⁴⁴ tɕʰi¹³ əu¹³, so³¹ li⁴⁴ sɿ⁴⁴:
　　　　就 之个，人 家 补 锅 嘞之个 人 就 生 气 噢，说嘞是:
mɛ⁴⁴, ko⁴⁴pu⁴⁴pu⁵⁴xao⁵⁴ mɛ⁴⁴ li⁵⁴ la³¹ kən⁴⁴ ŋo⁵⁴ ləu³¹, li⁵⁴ pɛ⁴⁴ pu⁵⁴ xao⁵⁴ mɛ⁴⁴ ŋo⁵⁴ la³¹ tɕʰi⁴⁴ tsao⁵⁴
"么，锅补不 好 么 你拿 跟 我 喽, 你 [不得] 补 好 么 我 拿 去 找
pie³¹ ko¹³ pu⁵⁴!pu⁴⁴ pu⁵⁴ ləu³¹, pu³¹ tsai⁴⁴ li⁵⁴ tsɿ⁴⁴ te⁵⁴ pu⁵⁴ ləu³¹.
别 个 补! 不 补 喽，不 在 你 之 点 补 喽。"
　　　　ai¹³ io³¹, tɕiəu¹³ tsɿ⁴⁴ ko¹³, tsaŋ⁴⁴ tsʰən³¹ tɕiəu¹³ so³¹ lei⁴⁴ sɿ⁴⁴: kən⁴⁴ li⁵⁴ tɕiaŋ⁵⁴ ləu³¹, tɕʰi³¹ sɿ³¹ mɛ⁴⁴
　　　　哎 哟，就 之个，张 成 就 说 嘞是:"跟 你 讲 喽，其实么
li⁵⁴lei⁴⁴ko⁴⁴tsao⁵⁴təu⁴⁴pu⁵⁴əu¹³, tan¹³sɿ³¹lɛ⁴⁴, ŋo⁵⁴maŋ³¹ioŋ¹³.tən⁵⁴ tao⁵⁴ ɕia¹³ i³¹ ko¹³ pu⁵⁴ ko⁴⁴ lei⁴⁴
你 嘞锅早 都 补 噢，但 是 呢，我 忙 用。等 倒 下 一 个 补 锅 嘞
zən³¹ lɛ⁴⁴, lai²¹ lɛ⁴⁴, li⁵⁴ tsai¹³ lai³¹ li⁵⁴ lei⁴⁴ ko⁴⁴.
人 呢，来 呢，你 再 来 拿 你 嘞锅。"
　　　　xei⁵⁴, tsuei⁵⁴ tsɿ⁴⁴ ko¹³ pu⁵⁴ ko⁴⁴ lei⁴⁴ zən⁵⁴ tɕiəu¹³ tɕio³¹ te³¹, tɕiəu¹³ tɕiaŋ⁵⁴: ɕi⁴⁴ tɕʰi¹³ ləu³¹, ŋo⁵⁴ lei⁴⁴
　　　　嘿，[之回]之 个 补 锅 嘞 人 就 觉 得，就 讲:"稀 奇 喽，我 嘞
ko⁴⁴sɿ⁴⁴mɛ⁴⁴la³¹kən⁴⁴li⁵⁴ioŋ¹³?tsɿ⁴⁴ko¹³tsaŋ⁴⁴tsʰən³¹ lɛ⁴⁴, xai³¹ tao¹³ ta⁵⁴ i³¹ pʰa³¹: iəu¹³ pu³¹ sɿ⁴⁴ ŋo⁵⁴
锅 是 么 拿 跟你用?" 之个 张 成 呢，还 倒 打一耙:"又 不 是 我
xan⁵⁴ li⁵⁴ la³¹ kən⁴⁴ ŋo⁵⁴ pu⁵⁴ lei⁴⁴, sɿ⁴⁴ li⁵⁴ ko³¹ zən⁴⁴ la³¹ lai³¹ kən⁴⁴ ŋo⁵⁴ pu⁵⁴ lei⁴⁴.ɕian¹³ tsai¹³ ŋo⁵⁴
喊 你 拿 跟 我 补 嘞，是 你各人 拿 来 跟 我 补 嘞。现 在 我
xai³¹ pɛ⁴⁴ pu⁵⁴ xao⁵⁴, ŋo⁵⁴ iao¹³ ioŋ¹³, tən⁵⁴ ŋo⁵⁴ ioŋ¹³ uan⁴⁴ əu¹³ ŋo⁵⁴ tsai¹³ la³¹ xuan³¹ li⁵⁴!
还 [不得] 补 好，我 要 用，等 我 用 完 噢 我 再 拿 还 你!"
　　　　ai¹³ io³¹, pɛ⁴⁴¹ liao⁵⁴ ləu³¹, tsuei⁴⁴ tsɿ⁴⁴ ko¹³ ku⁵⁴ sɿ¹³ i³¹ tsʰuan³¹ sɿ³¹ sɿ³¹ tsʰuan³¹ pɛ³¹ tɕiəu¹³
　　　　哎 哟，[不得]了 喽，之回 之 个 故 事 一 传 十、十 传 百 就

tsʰuan³¹ kʰai⁴⁴ ə¹³ ləu⁴⁴.zən³¹ tɕia⁴⁴ la⁵⁴ ko¹³ xai³¹ kan⁵⁴ la³¹ ko⁴⁴ tɕʰi⁴⁴ la⁴⁴ tɕia⁴⁴ pu⁵⁴ a³¹.tsɿ⁴⁴ ko¹³ lɛ⁴⁴
传 开 噢 喽,人 家 哪个 还 敢 拿锅 去 他 家 补 啊。之 个 呢
tɕiəu¹³ sɿ¹³ tsaŋ⁴⁴ tsʰən³¹ pu⁵⁴ ko⁴⁴ lei⁴⁴ ku¹³ sɿ¹³.
就 是 张 成 补锅 嘞故 事。

（讲述人：王玉英）

四、秀才和狐仙嘞故事

ŋo⁵⁴ kɛ⁵⁴ ta¹³ tɕia⁴⁴ pai⁵⁴ i³¹ ko¹³ ɕiəu¹³ tsʰai⁵⁴ xo³¹ fu³¹ ɕian⁴⁴ lei⁴⁴ ku¹³ sɿ¹³.
我 给大 家 摆一 个 秀 才 和狐仙 嘞 故 事。

tsʰuan³¹ so³¹, tsai¹³ ŋo⁵⁴ mən⁴⁴ ŋan⁴⁴ suən¹³, i³¹ ko¹³ tɕiao¹³ ɕian⁴⁴ ia³¹ kai⁴⁴ lei⁴⁴ ti¹³ faŋ⁴⁴, ɕian¹³
传 说, 在 我 们 安 顺, 一个 叫 县 衙 街嘞地 方, 县
ia³¹ kai⁴⁴ saŋ¹³ lɛ⁴⁴, iəu⁵⁴ i³¹ ko¹³ ɕiaŋ¹³ tsɿ⁵⁴, ɕiao⁵⁴ tsu¹³ ɕiao⁵⁴ tɕin⁵⁴ xaŋ¹³.ɕiao⁵⁴ tɕin⁵⁴ xaŋ¹³ lɛ⁴⁴, kɛ³¹
衙街 上 呢,有一 个 巷 子,叫 做 小 井 巷。小 井 巷 呢,隔
ɕian¹³ ia³¹ mən¹³ lɛ⁴⁴, pu⁴⁴ tɛ³¹ xao⁵⁴ ian⁵⁴ tian⁵⁴, ɛ³¹, i⁵⁴ ɕian¹³ tsai¹³ lei⁴⁴ lai³¹ so³¹ me⁴⁴, iəu⁵⁴ ko¹³ tɕi¹³
县 衙 门 呢,不 得 好 远 点,诶,以 现 在 嘞来 说 么, 有 个几
sɿ³¹ mi⁵⁴, ɛ³¹. tsɿ⁵⁴ iəu⁵⁴ tsɿ¹³ tsɿ⁵⁴ iəu⁵⁴ tsɛ¹³ mo⁴⁴ ian⁵⁴.
十 米,诶。只 有 之、只 有 这 么 远。

iəu⁵⁴ i³¹ tʰian⁴⁴ lɛ⁴⁴, iəu⁵⁴ i³¹ ko¹³ su⁴⁴ sən⁴⁴ lɛ⁴⁴, la⁴⁴ tɕiəu¹³, tao¹³ sɿ³¹ ɚ¹³ tian⁵⁴ ko¹³ tsoŋ⁴⁴, tɕiəu¹³
有 一 天 呢,有 一个书 生 呢,他 就, 到 十 二 点 过 钟, 就
lu¹³ ko¹³ ɕiao⁵⁴ tɕin⁵⁴ xaŋ¹³ lei⁴⁴ a¹³ tian⁵⁴.tao¹³ ɕiao⁵⁴ tɕin⁵⁴ xaŋ¹³ mən¹³ kʰəu⁵⁴ lɛ⁴⁴, tsɿ⁴⁴ ko¹³ a¹³ ko¹³
路 过 小井 巷 嘞那 点。到 小 井 巷 门 口 呢,之 个——那个
xaŋ¹³ kʰəu⁵⁴ lɛ⁴⁴, tɕiəu¹³ kʰan¹³ tao⁵⁴ i³¹ ko¹³ li⁵⁴ lei⁴⁴, i³¹ ko¹³ lian³¹ tɕʰin⁴⁴ lei⁴⁴ li⁵⁴ tsɿ⁵⁴, tsai¹³ a¹³ ko¹³
巷 口 呢,就 看 倒一 个 女嘞,一 个 年 轻 嘞女子,在 那 个
xaŋ¹³ tsɿ⁵⁴ pian⁴⁴ tsan¹³ tɕʰi⁵⁴.la⁴⁴ i³¹ kʰan¹³ lɛ⁴⁴, tsɿ⁴⁴ ko¹³ zən³¹ lɛ⁴⁴, lian³¹ tɕʰin⁴⁴, iəu¹³ xai³¹ tsaŋ⁵⁴ tɛ³¹
巷 子 边 站 起。他 一看 呢,之个 人 呢, 年 轻, 又 还 长 得
iəu⁵⁴ tɛ³¹ pʰiao⁴⁴ lian¹³.la⁴⁴ tɕiəu¹³ pʰao⁵⁴ saŋ¹³ tɕʰi⁴⁴, uən¹³ la⁴⁴ so³¹: li⁵⁴ tsɿ⁴⁴ ko¹³ ɕiao⁵⁴ lian³¹ tsɿ⁵⁴, tsɿ⁴⁴
有 点 漂 亮。他 就 跑 上 去, 问 她 说:"你之 个 小 娘 子,之
ko¹³ sɿ³¹ xəu¹³ lɛ⁴⁴, sən⁴⁴ kən⁴⁴ pan³¹ iɛ¹³ lei⁴⁴ li⁵⁴ xai³¹ tsai¹³ tsɿ⁴⁴ tɛ⁵⁴ tsəu¹³ lan⁵⁴ iaŋ¹³?a¹³ ko¹³ li⁵⁴ lei⁴⁴
个 时 候呢, 深 更 半夜 嘞你 还 在 之 点 做 哪 样?"那 个 女 嘞
lɛ⁴⁴ pu³¹ tsaŋ⁴⁴ la⁴⁴.pu³¹ tsaŋ⁴⁴ lɛ⁴⁴ la⁴⁴ iəu¹³ tsai¹³ uən¹³, tsai¹³ uən¹³ xa¹³ la⁴⁴ tsʰən⁴⁴ səu⁵⁴ tɕʰi⁴⁴ tsʰɛ¹³
呢 不 张 他。不 张 呢 他 又 再 问, 再 问 下 他 押 手 去 扯
la⁴⁴ lei⁴⁴ i⁴⁴ fu³¹.tɕʰi⁴⁴ tsʰɛ⁵⁴ la⁴⁴ lei⁴⁴ i⁴⁴ fu³¹ lɛ⁴⁴, tsɿ⁴⁴ i³¹ ko¹³ lian³¹ tɕʰin⁴⁴ lei⁴⁴ li⁵⁴ tsɿ⁵⁴ lɛ⁴⁴, tɕiəu¹³
她 嘞 衣服。去 扯 她 嘞衣 服 呢,之一 个 年 轻 嘞女 子 呢, 就

171

tʰai³¹tɕʰi⁵⁴ tʰəu³¹lai³¹, tɕiəu¹³ sʅ¹³ tɕiəu¹³ ma¹³ la⁴⁴: li⁵⁴ tsʅ⁴⁴ ko¹³ tʰaŋ³¹ tʰaŋ³¹ tɕi⁵⁴ tsʅ⁵⁴, li⁵⁴ tsʅ⁴⁴ ko¹³
抬　起　头　来，就　是、就　骂　他:"你　之 个　堂　堂　举　子，你 之 个
tʰaŋ³¹ tʰaŋ³¹ tɕi⁵⁴ zən³¹, tsa¹³ xuei¹³ tsoŋ¹³ ŋo⁵⁴ pu⁴⁴ tɕian⁵⁴tao¹³ li⁵⁴ a³¹, xuei¹³ tsoŋ³¹ ŋo¹³ tsʰu⁴⁴lu⁵⁴ a³¹!
堂　堂　举　人，咋　会　口口这么　不　讲　道　理　啊，会　口口这么 粗　鲁　啊！"
tɕie³¹ ko⁵⁴ lɛ⁴⁴, a¹³ ko¹³ li⁵⁴ lei⁴⁴ i¹³ tɕian⁵⁴ xua¹³ lɛ⁴⁴, tʰu¹³ zan³¹ tɕian⁴⁴ tɕiəu¹³ pu³¹ tsai¹³ əu¹³.
结　果　呢，那 个 女 嘞 一 讲　话　呢，突 然　间　就 不 在 噢。
xəu¹³ lai¹³ tsʅ⁴⁴ ko¹³ tsʅ⁴⁴ ko¹³ tɕiəu¹³ tsʰai³¹ lɛ⁴⁴, i³¹tʰin⁴⁴ tʰa⁴⁴ tsʅ⁴⁴ ko¹³ xua¹³ sʅ⁴⁴, ɕian⁴⁴ sʅ⁴⁴ xɛ³¹
后　来 之 个、之 个 秀　才　呢，一 听　她 之 个　话　是，先　是 吓
la⁵⁴i³¹tʰiao¹³, tɕiəu¹³ɕiaŋ¹³tao⁵⁴tsʅ⁴⁴tɕi⁵⁴lɛ⁴⁴, i³¹ tin¹³ sʅ⁴⁴ i¹³ tao⁵⁴ tsʅ⁴⁴ ko¹³ fu³¹ ɕian⁴⁴əu¹³.tʰa⁴⁴ tsʅ⁴⁴
啦 一 跳，就　想　倒　自 己　呢，一 定 是　遇 倒 之 个　狐　仙　噢。他 之
xa⁴⁴ i³¹ ɕian⁵⁴ lɛ⁴⁴, ei¹³, tsʅ⁴⁴ ko¹³ sʅ⁴⁴ ko¹³ xao⁵⁴ sʅ¹³ a⁴⁴, ŋo⁵⁴ ma⁵⁴ saŋ¹³ tao¹³ a¹³ ko¹³, pu³¹, tɕiəu¹³ iao¹³
下 一　想　呢，诶，之 个　是 个　好　事　啊，我　马　上　到 那 个，不，就　要
tɕʰi⁴⁴, tɕʰi¹³tɕin¹³, tɕʰi¹³ kan⁵⁴ kʰao⁵⁴tɕʰi⁴⁴ la⁵⁴, tɕʰi¹³ kʰao⁵⁴ tɕi⁵⁴ zən³¹tɕʰi⁴⁴ la⁵⁴.ɚ³¹tɕʰie⁵⁴ tsʅ⁴⁴ko¹³ fu³¹
去，去 进，去 赶　考　去 啦，去　考　举　人 去 啦。而 且 之 个 狐
ɕian⁴⁴ lɛ⁴⁴, tʰi³¹ tɕʰian³¹ kən⁴⁴ ŋo⁵⁴ lɛ⁴⁴ tɕiəu¹³ tɕian⁵⁴ əu¹³ tsʅ⁴⁴ ko¹³, lu¹³ əu¹³ tsʅ⁴⁴ ko¹³
仙　呢，提　前　跟　我　呢　就　讲　噢 之 个，露 噢 之 个
tʰian⁴⁴ tɕi⁴⁴, so³¹ ŋo⁵⁴ sʅ⁴⁴ ko¹³ tʰaŋ³¹ tʰaŋ³¹ tɕi⁵⁴ zən³¹, a¹³ mɛ⁴⁴ ŋo⁵⁴ tsʅ⁴⁴ xuei³¹ lɛ⁴⁴, kʰən⁵⁴ tin¹³
天　机，说　我　是 个　堂　堂 举　人，那 么 我　之 回　呢，肯　定
iao¹³ tsoŋ¹³ tɕi⁵⁴.tsʅ⁴⁴ i³¹ ko¹³ ɕiəu¹³ tsʰai³¹ lɛ⁴⁴, pʰin³¹ sʅ³¹ lɛ⁴⁴, tu³¹ su⁴⁴ iɛ⁵⁴ pu³¹ tʰai¹³ ioŋ¹³
要　中　举。之 一 个　秀　才　呢，平　时　呢，读　书　也 不 太　用
ɕin⁴⁴, ɛ³¹, sʅ⁴⁴ i³¹ ko¹³ tao¹³ tsʰu¹³ ŋai¹³ uan³¹, iɛ⁵⁴ pu³¹ tʰai¹³ ioŋ¹³ ɕin⁴⁴ lei⁴⁴ zən³¹.tʰin¹³ tao⁵⁴ tsʅ⁴⁴ ko¹³
心，诶，是 一 个　到　处 爱　玩、也 不 太　用　心 嘞 人。听　倒 之 个
fu³¹ ɕian⁴⁴ tɕiaŋ⁵⁴ lei⁴⁴ lɛ⁴⁴, la⁴⁴ tɕiəu¹³ ioŋ¹³ ɕin⁴⁴ tɕʰi⁵⁴ lai³¹ la⁵⁴.
狐　仙　讲　嘞 呢，他　就　用　心　起　来 啦。

ioŋ¹³ ɕin⁴⁴ tɕʰi⁵⁴ lai¹³ lɛ⁴⁴, tʰa⁴⁴ tɕiəu¹³ tɕʰi⁴⁴ pʰao⁵⁴ tɕʰi⁴⁴ kɛ⁵⁴ ɕian¹³ kuan⁴⁴ tɕiaŋ⁵⁴, tɕiəu¹³ so³¹: tsʅ¹³
　　用　心　起　来 呢，他　就　去 跑——去 给　县　官　讲，就　说："之
ko¹³ ɕian¹³ lao⁵⁴ iɛ⁵⁴ a³¹, ŋo⁵⁴ tsʅ⁴⁴ i³¹ tsʰʅ¹³ i¹³ tin¹³ lən³¹ kəu¹³ kʰao⁵⁴ tsoŋ⁴⁴ tɕi⁵⁴ zən³¹. ɛ³¹, tsʅ⁴⁴ ko¹³
个　县　老　爷　啊，我 之 一 次 一 定　能　够　考　中　举　人。" 诶，之 个
ɕian¹³ kuan⁴⁴ lɛ⁴⁴, pʰin³¹ sʅ³¹ iɛ⁵⁴ liao⁵⁴ kai⁴⁴ la⁴⁴ lei⁴⁴, tɕiəu¹³ so³¹: ɛ³¹, li⁵⁴ tsʅ⁴⁴ ko¹³ sʅ¹³ tiao⁵⁴ ɚ¹³ laŋ³¹
县　官　呢，平　时 也 了　解　他 嘞，就　说："诶，你 之 个 是 吊 二 郎
taŋ⁴⁴tsʅ⁴⁴ ko¹³iaŋ¹³tsʅ⁵⁴, li⁵⁴ tɕio³¹tɛ³¹lɛ⁴⁴?la⁵⁴sʅ⁴⁴tsai¹³tsʅ¹³tɕi⁵⁴, ɛ³¹, tsʅ¹³tɕi⁵⁴ kʰua⁴⁴ kʰəu⁵⁴, tsʅ¹³ tɕi⁵⁴
当 之 个　样　子，你 觉 得 呢？" 他 是　在　自 己，诶，自 己 夸　口，自 己

172

tsai¹³ kʰuan⁵⁴ tsuei⁵⁴ ləu³¹ ma³¹.ɛ³¹, tɕiəu¹³ so³¹: li⁵⁴ iao¹³ kʰao⁵⁴ tɛ¹³ tɕʰi⁵⁴, ŋo⁵⁴ tɕiəu¹³ ioŋ¹³ tsʅ⁴⁴ ko¹³
在　款　嘴　喽嘛。诶，就　说："你要　考　得取，我　就　用　之个
ta⁵⁴,ioŋ¹³ tɕin⁴⁴ tsʅ¹³,ta⁵⁴ tsʰən³¹ tɕin¹³ po³¹, ɛ³¹, pa⁵⁴ li⁵⁴ tsʰoŋ³¹ kuei¹³ iaŋ³¹ pʰu⁴⁴ tɕʰi⁵⁴ lu¹³, pa⁵⁴ li⁵⁴
打，用 金 子，打 成　金 箔，诶，把 你 从　贵　阳 铺 起 路，把 你
tsʰoŋ³¹ kuei¹³ iaŋ³¹ tɕiɛ³¹ tao¹³ ŋan⁴⁴ suən¹³ lai³¹.
从　贵　阳　接 到 安　顺　来。"

　　　　xao⁵⁴ la³¹, tsʅ⁴⁴ ko¹³ ɕiəu¹³ tsʰai¹³ mɛ⁴⁴ tɕiaŋ¹³ so³¹, tɕiəu¹³ so³¹: a³¹, ɕian¹³ tsʅ¹³ ko¹³ ɕian¹³ kuan⁴⁴
　　　　好　啦，之个 秀 才　么　讲　说，就　说："啊，县——之个　县　官
lao⁵⁴iɛ³¹xa³¹, li⁵⁴ tɕin⁴⁴tsʅ⁵⁴tsʰu³¹ ma⁵⁴ sʅ⁴⁴sʅ¹³ɛ³¹, tsʰu¹³ian¹³sʅ³¹sʅ¹³ ma⁵⁴ lan³¹ tsuei⁴⁴ xa³¹.li⁵⁴
老爷哈，你 君子 出 马 是驷、诶，出 言 是 驷 马　难　追　哈。你
i³¹tin¹³iao¹³ iao¹³ tsoŋ³¹ ŋo¹³ tsəu¹³,　　ŋo⁵⁴ kʰao⁵⁴ tɕʰi⁵⁴ ko¹³ xəu¹³ ləu⁴⁴!
一 定要、要　口口这么　做，（在）我　考　取 过 后 喽！"

　　　　ai¹³, xəu¹³ lai¹³ la⁴⁴ ko¹³ tɕʰi¹⁴, tɕʰi⁴⁴ kuei¹³ iaŋ³¹ lɛ⁴⁴, ko⁵⁴ zan³¹ kʰao⁵⁴ tɕʰi⁵⁴ əu¹³.kʰao⁵⁴ tɕʰi⁵⁴ əu¹³
　　　　哎，后　来 他 过 去，去　贵　阳 呢，果 然　考　取 噢。考 取 噢
ko¹³xəu¹³lɛ⁴⁴, la⁴⁴ tɕiəu¹³ pu⁴⁴ xuei³¹ lai³¹.pu⁴⁴ xuei³¹ lai³¹ lɛ⁴⁴, la⁴⁴ tɕiəu¹³ tʰo³¹ zən³¹ lai³¹ kən⁴⁴
过 后 呢，他 就　不　回　来。不　回　来 呢，他 就　托 人 来 跟
ɕian¹³kuan⁴⁴tɕiaŋ⁵⁴, tɕiəu¹³ so³¹, iao¹³ xan⁴⁴ ɕian¹³ kuan⁵⁴ lɛ⁴⁴, iao¹³ pa⁵⁴ tsʅ¹³ ko¹³ tɕin¹³ po³¹ pʰu⁴⁴ tɕʰi⁵⁴
　县 官 讲，就说，要　喊　县　官 呢，要 把 之 个 金 箔 铺 起
lu¹³ lɛ⁴⁴, zaŋ¹³ la⁴⁴ tsʰoŋ³¹ kuei¹³ iaŋ³¹ tao¹³ ŋan⁴⁴ suən¹³ lai³¹.
路 呢，让　他　从　贵　阳　到　安　顺　来。

　　　　tan¹³ tsʅ⁴⁴ ko¹³ sʅ¹³ tɕʰin³¹ sʅ¹³ pu⁴⁴ ko⁵⁴ lən³¹ lei²⁴⁴.tan¹³ tsʅ¹³ ko¹³ ɕian¹³ kuan⁴⁴ lɛ⁴⁴ iɛ⁵⁴ xən⁵⁴
　　　　但 之个 事　情　是 不 可 能 嘞啊。但 之个　县　官　呢 也 很
tsʰoŋ⁴⁴min³¹, ɕian¹³kuan⁴⁴lɛ⁴⁴, tɕiəu¹³ ɕiaŋ¹³la⁴⁴ i³¹ ko¹³ pan³¹ fa³¹, tɕiəu¹³ tɕʰi⁵⁴ ta⁵⁴ la⁵⁴ sʅ¹³ ko¹³ tɕin⁴⁴
聪　明，县　官　呢，就　想　啦一 个 办 法，就　去　打 了 四 个 金
ma⁵⁴tʰi³¹, tɕiəu¹³ lai³¹ tin¹³tsai¹³a¹³ ko¹³ ma⁵⁴ tsaŋ⁵⁴ saŋ¹³, i³¹ pʰi³¹ ta¹³ xoŋ³¹ ma⁵⁴, tɕiəu¹³ tɕʰian⁴⁴ tɕʰi⁵⁴
马 蹄，就　来 钉　在 那个　马　掌　上，一 匹 大 红　马，就　牵 起
tɕʰi⁴⁴ kuei¹³ iaŋ³¹.tɕiəu¹³ pa⁵⁴ la⁴⁴ tɕiəu¹³ xan⁵⁴ la⁴⁴ tso⁵⁴ tsai¹³ tsʅ⁴⁴ ko¹³ ma⁵⁴ saŋ³¹, xan⁵⁴ zən³¹ lɛ⁴⁴
去　贵　阳。就　把　他——就　喊　他 坐　在　之 个　马　上，喊　人 呢
tɕiəu¹³ tsʅ⁴⁴ ko¹³ tso⁵⁴ tsai¹³ tsʅ⁴⁴ ko¹³ iəu⁵⁴ sʅ¹³ tʰi³¹ iəu⁵⁴ tɕin⁴⁴ ma⁵⁴ tʰi³¹ tsʅ⁴⁴ ko¹³ ma⁵⁴ tsaŋ³¹ lɛ⁴⁴,
就　之个、坐　在　之　个　有、四 蹄 有　金　马 蹄 之 个 马 掌 呢，
iəu³¹ sʅ¹³ ta¹³ kai⁴⁴, ɛ³¹.
游　四　大　街，诶。

tsʅ⁴⁴ ko¹³ ku¹³ sʅ¹³ lɛ⁴⁴, təu¹³ tɕiaŋ⁵⁴ tao¹³ tsʅ⁴⁴ tɛ¹³ la⁵⁴, ɛ³¹.
之 个 故 事 呢, 就 讲 到 之 点 啦。诶。

(讲述人：潘玉陶)

五、安顺"一锅香"

ŋo⁵⁴ kən⁴⁴ ta¹³ tɕia⁴⁴ tɕiaŋ⁵⁴ i³¹ ko⁴⁴ ŋan⁴⁴ suən¹³ lei⁴⁴ i³¹ tao¹³ min³¹ tsʰai¹³, tɕiao¹³ i³¹ ko⁴⁴ ɕiaŋ⁴⁴,
我 跟 大 家 讲 一 个 安 顺 嘞一道 名 菜, 叫"一锅香",

tɕiəu¹³ tɕiao¹³ i³¹ ko⁴⁴ ɕiaŋ⁴⁴ lei⁴⁴ ku¹³ sʅ¹³.
(之个故事)就 叫"一 锅 香"嘞 故 事。

tsʅ⁴⁴ ko¹³ i³¹ ko⁴⁴ ɕiaŋ⁴⁴ lɛ⁴⁴, tsʅ⁴⁴ ko¹³ tsʰai¹³ sʅ⁴⁴ tsa¹³ tsu¹³ lei⁴⁴ lɛ⁴⁴?tɕiəu¹³ sʅ⁴⁴ tsai¹³ ioŋ¹³
之 个 "一 锅 香" 呢, 之 个 菜 是 咋 做 嘞 呢? 就 是 在 用
pɛ³¹ tsʰai¹³ ta⁵⁴ ti⁵⁴, zan³¹ xəu¹³ lɛ⁴⁴, tsai¹³ saŋ¹³ mian¹³ tsʰao⁵⁴ tɕʰi⁵⁴ ko³¹ tsoŋ⁵⁴ ko³¹ iaŋ¹³ lei⁴⁴ ko³¹
白 菜 打 底,然 后 呢, 在 上 面 炒 起 各 种 各 样 嘞、各
tsoŋ⁵⁴ ko³¹iaŋ¹³lei⁴⁴tsʰai¹³tsai¹³saŋ¹³pian⁴⁴.tsʅ⁴⁴ ko¹³ sʅ⁴⁴ fei⁴⁴ tsʰaŋ¹³ xao⁵⁴ tsʰʅ³¹ lei⁴⁴ iɛ⁵⁴ pi⁵⁴ tɕiao¹³
种各样嘞菜 在 上 边。之 个 是 非 常 好 吃 嘞、也 比 较
faŋ⁴⁴ pian¹³ lei⁴⁴ i³¹ tao¹³ tsʰai¹³.
方 便 嘞一道 菜。

a¹³ mɛ⁴⁴ tɕiəu¹³ tsai¹³ tsai¹³ ŋan⁴⁴ suən¹³ lɛ⁴⁴, tɕiəu¹³ tsai¹³ tɕʰin⁴⁴ tsʰao⁵⁴ sʅ³¹ xəu¹³, kuaŋ⁴⁴ ɕi¹³
那 么 就 在、在 安 顺 呢, 就 在 清 朝 时 候, 光 绪
lian³¹ tɕian⁴⁴ lɛ⁴⁴, iəu⁵⁴ i³¹ ko¹³ tsʰu³¹ tsʅ⁵⁴, tɕiao¹³ tsəu¹³ li⁵⁴ lan³¹ tʰin³¹.la⁴⁴ tsəu¹³ tsʅ⁴⁴ko¹³
年 间 呢, 有一 个 厨 子, 叫 做 李 兰 亭,他 做 之 个
tsʰai¹³lɛ⁴⁴tsəu¹³tɛ³¹pi⁵⁴ tɕiao¹³ xao⁵⁴.in⁴⁴ tsʰʅ⁵⁴ lɛ⁴⁴, iəu⁵⁴ i³¹ tsʰʅ¹³, li⁵⁴ xoŋ³¹ tsaŋ⁴⁴ lei⁴⁴ tsʅ³¹
菜 呢 做 得 比 较 好。因 此 呢, 有 一 次, 李 鸿 章 嘞侄
ə³¹ tsʅ⁵⁴ li⁵⁴ tɕin⁴⁴ ɕi⁴⁴, tao¹³ kʰuən⁴⁴ min³¹ tɕʰi⁴⁴ taŋ⁴⁴ in³¹ kuei¹³ tsoŋ⁵⁴ tu³¹, tɕiəu¹³ iao¹³ tɕin⁴⁴ ko¹³
儿子李 经 羲, 到 昆 明 去 当 云 贵 总 督,就 要 经 过
ŋan⁴⁴ suən¹³.tɕin⁴⁴ko¹³ŋan⁴⁴suən¹³mɛ⁴⁴ tɕiəu¹³ so³¹, iao¹³ lai³¹ ta⁴⁴ tsʅ⁴⁴ tɛ⁵⁴ pao⁴⁴ xo⁵⁴ sʅ³¹, tsai¹³ tsʅ⁴⁴
安 顺。经 过 安 顺 么 就 说, 要 来 他 之 点 包 伙 食,在 之
tɛ⁵⁴ tsʰʅ³¹ fan¹³.
点 吃 饭。

tsʅ⁴⁴ ko¹³ li⁵⁴ lan³¹ tʰin³¹ lɛ⁴⁴, tɕiəu¹³ ɕiaŋ⁵⁴, tsʅ⁴⁴ ɕiɛ⁴⁴ taŋ⁴⁴ ta¹³ kuan⁴⁴ lei⁴⁴, san⁴⁴ tsən⁴⁴ xai⁵⁴ uei¹³
之 个 李 兰 亭 呢, 就 想, 之 些 当 大 官 嘞, 山 珍 海 味
lɛ⁴⁴ lan⁵⁴ iaŋ¹³ təu⁴⁴ tsʰʅ³¹ ko¹³ lei⁴⁴, təu⁴⁴ tsʰʅ³¹ li¹³ əu¹³ lei⁴⁴.ko⁵⁴ lən³¹ tɕio³¹ tɛ³¹ la⁴⁴ lan⁵⁴ iaŋ¹³ təu⁴⁴
呢 哪 样 都 吃 过 嘞, 都 吃 腻 噢 嘞。可 能 觉 得、他 哪 样 都

174

tɕio³¹ tɛ³¹ pu³¹ xao⁵⁴ tsʅʰ³¹.la⁴⁴ tɕiəu¹³ ɕiaŋ⁵⁴ la³¹ tsʅ⁵⁴ ko⁴⁴ i³¹ ko⁴⁴ ɕiaŋ⁴⁴ lai³¹ kɛ⁵⁴ tʰa⁵⁴ tsʅʰ³¹.i³¹ ko⁴⁴
觉 得 不 好 吃。他 就 想 拿 之 个 一 锅 香 来 给 他 吃。一 锅
ɕiaŋ⁴⁴lɛ⁴⁴, tʰa⁴⁴sʅ⁴⁴ioŋ¹³ta⁵⁴ ti⁴⁴ lei⁴⁴ iəu⁴⁴ i³¹ tsoŋ⁵⁴ pɛ³¹ tsʰai¹³, sʅ⁴⁴ tɕiəu¹³ sʅ¹³ ŋan⁴⁴ suən¹³ lei⁴⁴ tʰe³¹
香 呢, 它 是 用 打 底 嘞 有 一 种 白 菜, 是、就 是 安 顺 嘞 特
tsʰan⁵⁴, tɕiao¹³ ŋan⁴⁴ ɕi⁴⁴ pe³¹, tʰa⁴⁴ tɕiəu¹³ tsai¹³ ŋan⁴⁴ suən¹³ ɕi⁴⁴ mən³¹ uai¹³ mian¹³ tsai⁴⁴ lei⁴⁴ i³¹
产, 叫 安 西 白, 它 就 (是) 在 安 顺 西 门 外 面 栽 嘞一
tsoŋ⁵⁴pɛ³¹ tsʰai¹³.ɛ³¹, tsʅ³¹ ko¹³ lɛ⁴⁴, tsʅ⁴⁴ tsoŋ⁵⁴ pɛ³¹ tsʰai¹³ lɛ⁴⁴, tsʅʰ³¹ tɕʰi⁵⁴ lən³¹, tsʅʰ³¹ tɕʰi⁵⁴ xua¹³ tsa⁴⁴,
种 白 菜。诶, 之 个 呢, 之 种 白 菜 呢, 吃 起 嫩, 吃 起 化 渣,
ɚ³¹tɕʰiɛ¹³tai¹³ tian⁴⁴ tʰian³¹ uei¹³.so⁵⁴ i⁵⁴ la⁴⁴ tɕiəu¹³ ɕiaŋ¹³, li⁵⁴ tɕin⁴⁴ ɕi⁴⁴ lai³¹ əu¹³, tsoŋ³¹ ŋo¹³ ta¹³ lei⁴⁴
而 且 带 点 甜 味。所 以 他 就 想, 李 经 羲 来 噢, 口 口 大 嘞
kuan⁴⁴, la⁴⁴so³¹tɕiəu¹³ioŋ¹³ tsʅ⁴⁴ ko¹³ lai³¹ kɛ⁵⁴ la⁴⁴, tsao⁵⁴ tai¹³ kɛ⁵⁴ la⁴⁴, ɛ³¹, tɕiəu¹³ lai³¹ tsao⁴⁴ tai¹³ la⁴⁴.
官, 他 说 就 用 之 个 来 给 他, 招 待 给他, 诶, 就 来 招 待 他。
tsʅ⁴⁴ ko¹³ li⁵⁴ tɕin⁴⁴ ɕi⁴⁴ lɛ⁴⁴, pa⁵⁴ tsʅ⁴⁴ ko¹³ tsʰai¹³ tsʅʰ³¹ əu¹³ ko¹³ xəu¹³ lɛ⁴⁴, tsan¹³ pu³¹ tɕiɛ³¹ kʰəu⁵⁴.
之 个 李 经 羲 呢, 把 之 个 菜 吃 噢 过 后 呢, 赞 不 绝 口。
tsan¹³ pu³¹ tɕiɛ³¹ kʰəu³¹ lɛ⁴⁴, tʰa⁴⁴ tɕiəu¹³ uən³¹ la⁴⁴: tsʅ⁴⁴ ko¹³ tsʰai¹³, lən³¹ pu⁴⁴ lən³¹, ŋo⁵⁴ tai¹³ tian⁵⁴
赞 不 绝 口 呢, 他 就 问 他:"之 个 菜, 能 不 能, 我 带 点,
tao¹³ kʰuən⁴⁴ min³¹ tɕʰi¹⁴ saŋ¹³ zən¹³ lei³¹ sʅ³¹ xəu³¹, tai¹³ tian⁵⁴ tɕʰi⁴⁴ tsʅʰ³¹? tsʅ⁴⁴ ko¹³ li⁵⁴ lan³¹ tʰin³¹
到 昆 明 去 上 任 嘞时 候, 带 点 去 吃?" 之 个 李 兰 亭
lɛ⁴⁴, pʰin³¹ sʅ³¹ lɛ⁴⁴, la⁴⁴ sʅ⁴⁴ fei⁴⁴ tsʰaŋ³¹ tʰoŋ³¹ tɕʰin³¹ tɕʰioŋ³¹ zən³¹ lei¹³, tsʅ⁴⁴ɕiɛ⁴⁴ɕia¹³
呢, 平 时 呢, 他 是 非 常 同 情 穷 人 嘞, 之 些 下
li³¹zən³¹ tsəu⁴⁴kʰu⁵⁴li³¹lei⁴⁴zən³¹ la⁴⁴ fei⁴⁴ tsʰaŋ³¹ tʰoŋ³¹ tɕʰin³¹.la⁴⁴ tʰin⁴⁴ li⁵⁴ tɕin⁴⁴ ɕi⁴⁴
力人、做 苦 力 嘞人 他 非 常 同 情。他 听 李 经 羲
i³¹tɕiaŋ⁵⁴lɛ⁴⁴, la⁴⁴so³¹: xao⁵⁴ma³¹, ko⁵⁴ i⁵⁴ma³¹, ɛ¹³, ŋo⁵⁴kei⁵⁴ ɕiaŋ⁵⁴ ko¹³ pan¹³ fa³¹.la⁴⁴ tɕiəu¹³ ɕiaŋ⁵⁴
一 讲 呢, 他 说: "好 嘛, 可 以 嘛, 诶, 我 给 你 想 个 办 法。" 他 就 想
lan⁵⁴ iaŋ¹³ pan¹³ fa³¹ lɛ⁴⁴?la⁴⁴ tɕiəu¹³ so³¹: la³¹ tian⁵⁴ xua⁴⁴ xua⁴⁴ pʰən³¹, i³¹ ko¹³ xua⁴⁴ pʰən³¹ tsai⁴⁴ i³¹
哪 样 办 法 呢? 他 就 说:"拿 点 花、 花 盆, 一 个 花 盆 栽 一
kʰo⁴⁴, zan³¹ xəu¹³, la³¹ zən³¹ tʰai³¹ tɕʰi⁵⁴ tɕʰi¹³, pao⁵⁴ tsən⁵⁴ li⁵⁴ tao¹³ kʰuən⁴⁴ min³¹ təu⁴⁴ sʅ⁴⁴ ɕin⁴⁴ ɕian⁴⁴
棵, 然 后, 拿 人 抬 起 去, 保 证 你 到 昆 明 都 是 新 鲜
lei⁴⁴, sʅ⁴⁴ xo³¹ lei⁴⁴.
嘞, 是 活 嘞。"
tɕiɛ³¹ ko⁵⁴ i³¹ tʰin⁴⁴, li⁵⁴ tɕin⁴⁴ ɕi⁴⁴ i³¹ tʰin⁴⁴ lɛ⁴⁴, tʰa⁴⁴ tɕio³¹ tɛ³¹ tsʅ⁴⁴ ko¹³ tuei¹³ lei⁴⁴, tɕiəu¹³ tsao⁵⁴
结 果 一 听, 李 经 羲 一 听 呢, 他 觉 得 之 个(是) 对 嘞, 就 找

175

la⁵⁴ ɕiɛ⁴⁴ xua⁴⁴ tɕiəu¹³ tsao⁵⁴ tɕʰin⁴⁴ tsɿ⁴⁴ ko¹³ li⁵⁴ lan³¹ tʰin³¹ lɛ⁴⁴ tɕʰi⁴⁴ tsɿ¹³ pan¹³ mai⁵⁴ la⁵⁴ i³¹ ɕiɛ⁴⁴
了 些 花——就 找——请 之 个 李 兰 亭 呢 去 置 办、买 啦 一 些
xua⁴⁴ po³¹, ɛ³¹, tsuaŋ¹³ saŋ¹³ li³¹ pa⁴⁴, zan³¹ xəu¹³ lɛ⁴⁴, tɕiəu¹³ i³¹ ko¹³ xua⁴⁴ pʰən³¹ lɛ⁴⁴ tsuaŋ⁴⁴ i³¹ kʰo¹³
花 钵，诶，装 上 泥 巴，然 后 呢，就 一 个 花 盆 呢 装 一 棵
pɛ³¹ tsʰai¹³. zan³¹ xəu¹³ lɛ⁴⁴, tɕiəu¹³ xan⁵⁴ ŋan⁴⁴ suən¹³ tsɿ⁴⁴ ɕiɛ⁴⁴ tʰiao¹³ fu⁴⁴ ɕiɛ⁴⁴, tɕiəu¹³ tsʰoŋ³¹ ŋan⁴⁴
白 菜。然 后 呢，就 喊 安 顺 之 些 挑 夫 些，就 从 安
suən¹³ tʰiao¹³ tao¹³ kʰuən⁴⁴ min³¹.u⁵⁴ pɛ³¹ li⁵⁴ ta¹³ lu¹³, a³¹, u⁵⁴ pɛ³¹ li⁵⁴, ɛ³¹.in¹³ kai³¹ sɿ¹, i³¹ tɕʰian⁴⁴ li⁵⁴,
顺 挑 到 昆 明。五 百 里 大 路，啊，五 百 里，诶。应 该 是，一 千 里，
sɿ⁴⁴ u⁵⁴ pɛ³¹ koŋ⁴⁴ li⁵⁴!ɛ³¹, tɕiəu¹³ tsʰoŋ³¹ tsʰoŋ³¹ tsɛ¹³ tʰəu¹³ tʰiao¹³ tɕʰi⁴⁴.tʰa⁴⁴ tɕiəu¹³ tsao¹³ ku¹³
是 五 百 公 里！诶，就 从、从 这 头 挑 起 去。他 就 照 顾
əu¹³ tsɿ⁴⁴ tsɿ⁴⁴ ɕiɛ⁴⁴, ɛ³¹, tsɿ⁴⁴ ɕiɛ⁴⁴ ɕia¹³ li³¹ zən¹³ lei⁴⁴ kʰu⁵⁴ li³¹ lei⁴⁴ tɛ³¹ tian⁵⁴ xo³¹ lu¹³ tsu⁵⁴, tɛ³¹ tian⁵⁴
噢 之、之 些，诶，之 些 下 力 人 嘞、苦 力 嘞 得 点 活 路 做，得 点
koŋ⁴⁴ tsu¹³.
工 做。

in⁴⁴ tsʰɿ⁵⁴ lɛ⁴⁴, la⁴⁴ tsɿ⁴⁴ ko¹³ kuan⁵⁴ tsɿ⁵⁴ lɛ⁴⁴, təu⁴⁴ tɛ³¹ tao¹³ ta¹³ tɕia⁴⁴ lei⁴⁴ i³¹ tsɿ¹³ lei⁴⁴ xao⁵⁴ pʰin³¹.
因 此 呢，他 之 个 馆 子 呢，都 得 到 大 家 嘞、一 致 嘞 好 评。
təu⁴⁴ so³¹ tsɿ⁴⁴ ko¹³ lao⁵⁴ pan⁵⁴ tɕiaŋ⁴⁴ i¹³ tɕʰi⁴⁴, tʰoŋ³¹ tɕʰin³¹ tɕʰioŋ³¹ zən³¹.
都 说 之 个 老 板 讲 义 气，同 情 穷 人。

ə³¹ ŋan⁴⁴ suən¹³ lei⁴⁴ tsɿ⁴⁴ ko¹³ i³¹ ko⁴⁴ ɕiaŋ⁴⁴ lɛ⁴⁴, in⁴⁴ tsʰɿ⁴⁴ lɛ⁴⁴, tao¹³ ɕian⁵⁴ tsai¹³ lɛ⁴⁴, təu⁴⁴ tsʰən³¹ uei³¹
而 安 顺 嘞 之 个 一 锅 香 呢，因 此 呢，到 现 在 呢，都 成 为
i³¹ ko¹³ min²¹ tsʰai¹³.tao¹³ tsʰu¹³ tsɿ⁴⁴ tɕʰian²¹ kuɛ⁵⁴ ko⁵¹ ti¹³ tao¹³ tsʰu¹³ lai³¹ tsɿ⁴⁴ ɕiɛ⁴⁴ kʰɛ³¹ zən³¹ ɕiɛ⁴⁴,
一 个 名 菜。到 处——之 全 国 各 地 到 处 来 嘞 之 些 客 人 些，
lai³¹ ŋan⁴⁴ suən¹³ sɿ¹ fan¹³ lei⁴⁴ sɿ³¹ xəu¹³ lɛ⁴⁴, təu⁴⁴ ɕi⁵⁴ xuan⁴⁴ tian⁵⁴ tsɿ⁴⁴ ko¹³ i³¹ ko⁴⁴ ɕiaŋ⁴⁴.
来 安 顺 吃 饭 嘞 时 候 呢，都 喜 欢 点 之 个 一 锅 香。
a³¹, tsɿ⁴⁴ ko¹³ ku¹³ sɿ¹³ pai⁵⁴ uan³¹ la⁵⁴, xa³¹.
啊，之 个 故 事 摆 完 啦，哈。

（讲述人：潘玉陶）

六、诚信嘞故事

ŋo⁵⁴ kən⁴⁴ ta¹³ tɕia⁴⁴ pai⁴⁴ i³¹ ko¹³ uaŋ³¹ pɛ³¹ lu³¹.ko¹³ tɕʰi⁴⁴, ŋo⁵⁴ mən⁴⁴ ŋan⁴⁴ suən¹³, iəu⁵⁴ ko¹³
我 跟 大 家 摆 一 个 王 百 六。过 去，我 们 安 顺，有 个
lao⁵⁴ ɕian⁴⁴ sən⁴⁴, tɕiao¹³ tsu¹³ sən⁴⁴ tɕʰi⁵⁴ ian³¹, tʰa⁴⁴ tsʰən³¹ tɕin⁴⁴ kən⁴⁴ ŋo⁵⁴ pai⁵⁴ əu⁵⁴ ko¹³ ku¹³ sɿ¹³,
老 先 生，叫 做 孙 起 源，他 曾 经 跟 我 摆 噢 个 故 事，

176

tʰa⁴⁴ tɕia⁴⁴ sʅ⁴⁴ tsəu¹³ tʰaŋ³¹ ko⁵⁴ sən⁴⁴ i¹³, so⁵⁴ i⁵⁴ la⁴⁴ pai⁵⁴ lei⁴⁴ uaŋ³¹ pɛ³¹ lu³¹ lɛ⁴⁴, təu⁵⁴ sʅ⁴⁴ tsʅ⁴⁴ faŋ⁴⁴
他 家 是 做 糖 果 生 意, 所 以 他 摆 嘞 王 百 六 呢, 都 是 之 方
mian¹³lei⁴⁴luei¹³ioŋ³¹.tʰa⁴⁴tɕia⁴⁴iəu⁵⁴i¹³tsu¹³ tsoŋ¹³ tsʅ⁴⁴ ko⁴⁴ sən⁴⁴ tsʰan⁵⁴ tʰaŋ³¹ ko⁵⁴ lei⁴⁴ tsʅ³¹ liaŋ¹³,
面 嘞 内 容。他 家 由 于 注 重 之 个 生 产 糖 果 嘞 质 量,
so⁵⁴i⁵⁴lɛ⁴⁴la⁴⁴tɕiəu¹³pai⁵⁴la⁴⁴ i³¹ ko¹³ uaŋ⁴⁴ pɛ³¹ lu⁵⁴, foŋ⁵⁴ tsʅ⁴⁴ la¹³ ɕiɛ⁴⁴ pu³¹ tsu¹³ tsoŋ¹³ tsʅ³¹ liaŋ¹³
所 以 呢 他 就 摆 啦 一 个 王 百 六, 讽 刺 那 些 不 注 重 质 量
lei⁴⁴saŋ⁴⁴ tɕia⁴⁴.
嘞 商 家。

  tʰa⁴⁴so³¹, iəu⁵⁴ i³¹ tʰian⁴⁴, tsʅ⁴⁴ ko¹³ tʰaŋ³¹ko⁵⁴pʰu¹³, kuan⁴⁴la⁵⁴mən³¹, tʰu³¹ ti¹³ tsən¹³tsai¹³suei¹³ tɕiao¹³,
他 说, 有 一 天, 之 个 糖 果 铺, 关 了 门, 徒 弟 正 在 睡 觉,
tsʅ⁴⁴ ko¹³ ɕiao⁵⁴ tʰəu⁴⁴ tɕiəu¹³ lai³¹ ŋao¹³ mən³¹.ɕiao⁵⁴ tʰəu⁴⁴ lai¹³ ŋao¹³ mən³¹ ŋao¹³ pan¹³ tʰian⁴⁴, pa⁵⁴
之 个 小 偷 就 来 拗 门。小 偷 来 拗 门 拗 半 天, 把
tsʅ⁴⁴ko¹³tʰu³¹ti¹³ tsʰao⁵⁴ ɕin⁵⁴ la³¹.tsʅ⁴⁴ ko¹³ tʰu³¹ ti¹³ tɕiəu¹³ ɕiao¹³ tɕʰi⁵⁴ lai³¹ əu¹³, tʰa⁴⁴ so³¹: "li⁵⁴ ɕiaŋ⁵⁴
之 个 徒 弟 吵 醒 啦。之 个 徒 弟 就 笑 起 来 噢, 他 说: "你 想
tɕʰiao⁴⁴ ŋo⁵⁴ tɕia⁴⁴ mən³¹?tɕʰiao⁴⁴ pu³¹ kʰai⁴⁴!ŋo⁵⁴ tsʅ⁴⁴ ko¹³ mən³¹ suan⁴⁴, ŋo⁵⁴ mən⁴⁴ ŋan⁴⁴ suan¹³
撬 我 家 门? 撬 不 开! 我 之 个 门 闩, 我 们 安 顺
xua¹³ tɕiao¹³ mən³¹ ɕiao⁵⁴ xa³¹, mən³¹ ɕiao⁵⁴, sʅ⁴⁴ ioŋ³¹ ŋo⁵⁴ tɕia⁴⁴ sən⁴⁴ tsʰan⁵⁴ lei⁴⁴ in³¹ pʰian¹³ kao⁴⁴
话 叫 "门 销" 哈, "门 销", 是 用 我 家 生 产 嘞 云 片 糕
lai³¹lai¹³ɕiao⁴⁴mən³¹, suei¹³ li⁵⁴ tsa⁵⁴ təu⁴⁴ ŋao¹³ pu³¹ kʰai⁴⁴.tsʅ⁴⁴ ko¹³ tʰu³¹ ti¹³ tɕiəu¹³ ɕiao¹³ tɕʰi⁵⁴ lai³¹
来、来 销 门, 随 你 咋 都 拗 不 开。"之 个 徒 弟 就 笑 起 来
so³¹, ŋo⁵⁴ tɕia⁴⁴ lei⁴⁴ in³¹ pʰian¹³ kao⁴⁴ lai³¹ ɕiao⁵⁴ tɕʰi⁵⁴ mən³¹ li⁵⁴ xai³¹ ɕiaŋ⁵⁴ ta⁵⁴ kʰai⁴⁴?
说, "我 家 嘞 云 片 糕 来 销 起 门 你 还 想 打 开?"
  ɕiao¹³ tɕʰi⁵⁴ lai³¹ lɛ⁴⁴, tʰu³¹ ti³¹ pi¹³ tsʰao⁵⁴ ɕin⁵⁴ i⁵⁴ xəu⁵⁴, kʰai⁴⁴ mən³¹, suən⁵⁴ səu⁵⁴ tɕiəu¹³ tsʰoŋ³¹
笑 起 来 呢, 徒 弟 被 吵 醒 以 后, 开 门, 顺 手 就 从
tʰaŋ³¹ kuan¹³ kuan¹³ li⁵⁴ mian¹³ tsua⁴⁴ tɕʰi⁵⁴ i³¹ ko¹³ iɛ³¹ pin⁵⁴, tsuei⁴⁴ tsʅ⁴⁴ ko¹³ ɕiao⁵⁴ tʰəu⁴⁴ ta⁵⁴.i³¹
糖 罐 罐 里 面 抓 起 一 个 月 饼, 追 之 个 小 偷 打。一
tsuei⁴⁴ tsʰu³¹ mən³¹, ɕiao⁵⁴ tʰəu⁴⁴ tsai¹³ tɕʰian¹³ tʰəu⁵⁴, in⁵⁴ in⁵⁴ io³¹ io³¹ lei⁴⁴, tʰa⁴⁴ kʰan¹³ tao⁵⁴ ɕiao⁵⁴
追 出 门, 小 偷 在 前 头, 隐 隐 约 约 嘞, 他 看 倒 小
tʰəu⁴⁴, tʰa⁴⁴tɕiəu¹³ pa⁵⁴ iɛ³¹pin⁵⁴suai⁵⁴tsʰu³¹ tɕʰi¹³ ta⁵⁴.tsʅ⁵⁴ tʰin⁴⁴ tao⁵⁴ i³¹ sən⁴⁴, ai¹³ io³¹ i¹³ sən⁴⁴, ɕiao⁵⁴
偷, 他 就 把 月 饼 甩 出 去 打, 只 听 倒 一 声, "哎 哟" 一 声, 小
tʰəu⁴⁴ pao¹³ tʰəu⁵⁴ su⁵⁴ tsʰuan¹³, a³¹, tʰəu⁴⁴ pʰo¹³ ɕiɛ⁵⁴ liəu³¹.tʰa⁴⁴ so³¹, ɕiao⁵⁴ tsʅ⁴⁴ ko¹³ tʰu³¹ ti¹³ tɕiəu¹³
偷 抱 头 鼠 窜, 啊, 头 破 血 流。他 说, 小、之 个 徒 弟 就

177

so³¹: li⁵⁴ xai³¹ ai¹³ io¹³?ŋo⁵⁴ tɕin⁴⁴ tʰian⁴⁴ suan¹³ li⁵⁴ lei⁴⁴ in¹³ tɕʰi¹³ xao⁵⁴, ŋo⁵⁴ tsua⁴⁴ lei¹³ tsɿ⁴⁴ ko¹³ iɛ³¹
说:"你还'哎哟'？我 今 天 算 你 嘞运气好,我 抓嘞 之 个 月
pin⁵⁴xa³¹sɿ⁴⁴ŋo⁵⁴tɕia⁴⁴ lei⁴⁴ saŋ¹³ tən⁵⁴ iɛ³¹ pin⁵⁴, iao¹³ sɿ¹³ tsua⁴⁴ ko¹³ ɕia¹³ tən⁵⁴ iɛ³¹ pin⁵⁴, fei⁴⁴ pa⁵⁴ li⁵⁴
饼 还 是 我 家 嘞 上 等 月 饼, 要 是 抓 个 下 等 月 饼, 非 把 你
ta⁵⁴ sɿ⁵⁴ pu⁴⁴ ko⁵⁴! la⁴⁴ so³¹ tsɿ⁴⁴ ko¹³ iɛ³¹ pin⁵⁴ tʰai¹³ tɕian⁴⁴ ŋən¹³,xa³¹.
打 死 不 可!"他 说 之 个 月 饼 太 坚 硬, 哈。

　　xəu¹³ lai³¹ lɛ⁴⁴, tɕiəu¹³ so³¹ san⁴⁴ lian¹³ ko¹³ tɕʰi⁴⁴ la⁵⁴, i⁵⁴ tɕi¹³ iao¹³ tao¹³ lai³¹ la⁵⁴, kai⁴⁴ faŋ⁴⁴ saŋ¹³
　　后 来 呢,就 说 三 年 过 去 啦,雨 季 要 到 来 啦,街 坊 上
tɕiəu¹³ tɕʰin⁴⁴ li⁵⁴ iaŋ³¹ kiəu⁴⁴, su⁴⁴ tʰoŋ⁴⁴ tsɿ⁴⁴ ko⁴⁴ ɕia¹³ suei⁵⁴ tao¹³, tɕiɛ³¹ ko⁵⁴ tɕiəu¹³ fa³¹ tɕiəu¹³ fa³¹
就 清 理 阳 沟, 疏 通 之 个 下 水 道, 结 果 就 发、就 发
ɕian¹³ko¹³ian³¹lo⁴⁴lo⁴⁴lei⁴⁴ toŋ⁴⁴ ɕi⁵⁴.tɕiɛ¹³ ko⁵⁴ tsɿ⁴⁴ ko¹³ tʰu³¹ ti¹³ tsɿ³¹ tɕiɛ³¹ pian⁴⁴ kʰan¹³ tʰu³¹ zan³¹
现 个 圆 罗 罗 嘞 东 西。 结 果 之 个 徒 弟 直 接 边 看 突 然
ɕiaŋ⁵⁴tao⁵⁴,i¹³, tsɿ⁴⁴ko⁴⁴tsʰa³¹ pʰa¹³ sɿ⁴⁴ŋo⁵⁴ta⁵⁴ɕiao⁵⁴tʰəu⁴⁴ioŋ¹³ lei⁴⁴ a¹³ ko¹³ iɛ³¹ pin⁵⁴ a³¹.tɕiɛ¹³ ko⁵⁴
想 倒, 咦, 之 个 查、怕 是 我 打 小 偷 用 嘞 那 个 月 饼 啊。结 果
tɕiəu¹³la³¹suei⁵⁴tsʰoŋ³¹ ɕi⁵⁴ kan⁴⁴ tɕin¹³, tɕʰio³¹ sɿ³¹ ŋən³¹ paŋ⁴⁴ paŋ⁴⁴ lei⁴⁴ i³¹ ko¹³ ian³¹ ian³¹ tʰo³¹ tʰo⁴⁴.
就 拿 水 冲 洗 干 净, 确 实 硬 邦 邦 嘞 一 个 圆、圆 坨 坨。
la³¹ tsʰuei³¹ i³¹ kʰao⁴⁴ kʰai⁴⁴, tɕʰio³¹ sɿ³¹ sɿ⁴⁴ ko¹³ iɛ³¹ pin⁵⁴.
拿 锤 一 敲 开, 确 实 是 个 月 饼。

　　mɛ⁴⁴, tsɿ⁴⁴ ko⁴⁴ ku¹³ sɿ¹³ lɛ⁴⁴, tsɿ⁴⁴ ko¹³ uaŋ³¹ pɛ³¹ lu³¹ lɛ⁴⁴, tɕiəu¹³ foŋ⁵⁴ tsʰɿ¹³ tsɿ⁴⁴ ko⁴⁴ saŋ⁴⁴ tɕia⁴⁴
　　么, 之 个 故 事 呢, 之 个 王 百 六 呢, 就 讽 刺 之 个 商 家
pu³¹ tsu¹³ i¹³ tsɿ³¹ liaŋ¹³, sən⁴⁴ tsʰan⁵⁴ tsʰu¹³ tsɿ⁴⁴ tsoŋ⁵⁴ iɛ³¹ pin⁵⁴ lai³¹.
不 注 意 质 量,生 产 出 之 种 月 饼 来。

　　tsɿ⁴⁴ ko⁴⁴ sɿ⁴⁴ ŋo⁵⁴ iao¹³ pai⁴⁴ lei⁴⁴ ti³¹ i³¹ ko¹³ uaŋ³¹ pɛ³¹ lu³¹.xa³¹.
　　之 个 是 我 要 摆 嘞 第 一 个 王 百 六。哈。

(讲述人:邓克贤)

七、龙暴眼嘞故事

　　ɕia¹³ pian⁴⁴, ŋo⁵⁴ tsai⁴⁴ kən⁴⁴ ta¹³ ɕia⁴⁴ pai⁵⁴ i³¹ ko¹³ uaŋ³¹ pɛ³¹ lu³¹, tɕiao¹³ tsəu¹³ loŋ³¹ pao¹³ ian⁵⁴
　　下 边,我 再 跟 大 家 摆 一 个 王 百 六, 叫 做 "龙 暴 眼
lei⁴⁴ ku¹³ sɿ¹³ xa³¹.
嘞 故 事" 哈。

　　tsɿ⁴⁴ ko⁴⁴ loŋ³¹ pao¹³ ian⁵⁴, sɿ⁴⁴ i³¹ ko¹³ zən³¹ lei⁴⁴ min³¹ tsɿ³¹, tsɿ⁴⁴ ko¹³ zən³¹ lɛ⁴⁴ iəu³¹ i³¹ iəu⁵⁴ i³¹
　　之 个 龙 暴 眼,是 一 个 人 嘞 名 字,之 个 人 呢 由 于 有 一

tsʅ⁴⁴ ian⁵⁴ tɕin⁴⁴ iəu³¹ tian⁵⁴ lo³¹ pu¹³ xua⁴⁴, so⁵⁴ i⁵⁴, ta⁵⁴ tɕia⁴⁴ tɕiəu¹³ tɕiao¹³ la⁴⁴ loŋ³¹ pao¹³ ian⁵⁴, fan⁵⁴
只 眼 睛 有 点 萝 卜 花,① 所 以, 大 家 就 叫 他 龙 暴 眼, 反
ɚ³¹ pa⁵⁴ la⁴⁴ lei⁴⁴ tsən⁴⁴ min³¹ sʅ¹³ ɕin¹³ təu⁴⁴ uaŋ¹³ tɕi¹³ la⁵⁴.tsʅ⁴⁴ ko⁴⁴ lao⁵⁴ zən¹³ lɛ⁴⁴ sʅ⁴⁴ ko¹³ tsəu¹³
而 把 他 嘞 真 名 实 姓 都 忘 记 啦。之 个 老 人 呢 是 个 做
ɕiao⁵⁴tsʰʅ¹³lei⁴⁴sən⁴⁴i¹³zən¹³, tsuan⁴⁴ mən³¹ mai¹³ zɛ³¹ tsʰʅ³¹ pa⁴⁴. tʰa⁴⁴ xo¹³ tɕʰi¹³ tʰa⁴⁴ tsəu¹³ sən¹³ i¹³
小 吃 嘞 生 意 人, 专 门 卖 热 糍 粑。他 和 其 他 做 生 意
lei⁴⁴ zən³¹ pu⁴⁴ tʰoŋ³¹, tsuan⁴⁴ mən³¹ pan¹³ iɛ⁵⁴ ɕiɛ⁴⁴ tɕʰi⁵⁴ lai³¹ mai¹³ zɛ³¹ tsʰʅ³¹ pa⁴⁴.
嘞 人 不 同, 专 门 半 夜 些 起 来 卖 热 糍 粑。

ŋan⁴⁴ suən¹³ tsʅ⁴⁴ ko¹³ ti¹³ faŋ⁴⁴, ko¹³ tɕʰi¹³ sʅ⁴⁴ ko¹³ ian⁴⁴ tʰu⁵⁴ tɕi³¹ san¹³ ti¹³, xən⁵⁴ to⁴⁴ zən³¹ təu⁴⁴
安 顺 之 个 地 方, 过 去 是 个 烟 土 集 散 地, 很 多 人 都
xuei¹³tsʰuei⁴⁴ia⁴⁴pʰian³¹ian⁴⁴.tsʰuei⁴⁴ ia⁴⁴ pʰian¹³ ian⁴⁴ lei⁴⁴ zən³¹ iəu⁵⁴ ko¹³ tʰɛ³¹ tian⁵⁴, uan⁵⁴ saŋ¹³ pu³¹
会 吹 鸦 片 烟。吹 鸦 片 烟 嘞 人 有 个 特 点, 晚 上 不
suei¹³, tsao⁵⁴saŋ⁵⁴pu³¹tɕʰi¹³.ɚ⁴⁴tɕʰiɛ⁵⁴uan⁴⁴ saŋ¹³ lɛ⁴⁴, xa³¹ tsuan⁴⁴ mən³¹ ŋai¹³ tsʅ¹³ ɕiao⁴⁴ iɛ¹³, ɕiao⁴⁴
睡, 早 上 不 起。而 且 晚 上 呢, 还 专 门 爱 吃 宵 夜, 宵
iɛ¹³lɛ⁴⁴, xai¹³iao⁴⁴xao⁵⁴tsʰʅ¹³.ŋan⁴⁴suən¹³tsʅ⁴⁴tɛ¹³ lei⁴⁴ zən³¹, xən¹³ tɕiaŋ⁵⁴ tɕiəu¹³ tsʰʅ³¹.mɛ⁴⁴, tsʅ⁴⁴ ko¹³
夜 呢, 还 要 好 吃。安 顺 之 点 嘞 人, 很 讲 究 吃。么, 之 个
loŋ³¹ pao¹³ ian⁵⁴ lɛ⁴⁴, tɕiəu¹³ mei⁵⁴ tʰian⁴⁴ pan¹³ iɛ⁵⁴ san⁴⁴ kən⁴⁴, tʰa⁴⁴ tɕiəu¹³ iao¹³ tʰiao⁴⁴ tɕʰi⁵⁴ ko¹³
龙 暴 眼 呢 就 每 天 半 夜 三 更, 他 就 要 挑 起 个
mai¹³ zɛ³¹ tsʰʅ³¹ pa⁴⁴ lei⁴⁴ tan¹³ tsʅ⁵⁴, tsʰu³¹ lai³¹ mai¹³ zɛ³¹ tsʰʅ³¹ pa⁴⁴.
卖 热 糍 粑 嘞 担 子, 出 来 卖 热 糍 粑。

tʰa⁴⁴ lei⁴⁴ xei⁴⁴ tsoŋ⁵⁴ iao⁴⁴ xo³¹ sən⁴⁴, tʰa⁴⁴ a¹³ ko⁴⁴ iao⁴⁴ xo³¹ sən⁴⁴ lɛ⁴⁴, sʅ⁴⁴ tsa⁵⁴ xan⁵⁴ lɛ⁴⁴, tɕiəu¹³
他 嘞 口 种 吆 喝 声, 他 那 个 吆 喝 声 呢, 是 咋 喊 呢, 就
so³¹: o⁴⁴ i⁵⁴ o⁴⁴ i⁵⁴, suei¹³ zan⁴⁴ sən³¹ in⁴⁴ ɕiao⁵⁴, tan⁴⁴ sʅ⁴⁴ iəu³¹ i¹³ kai⁴⁴ mian¹³
说 "喔——咦——喔——咦——",虽 然 声 音 小, 但 是 由 于 街 面
saŋ¹³ tɕʰin⁴⁴ tɕin¹³, tsʅ⁵⁴ iao⁴⁴ la⁴⁴ i³¹ i³¹ xan⁴⁴ i³¹ sən⁴⁴ iao⁴⁴ xo³¹ i³¹ sən⁴⁴, mɛ⁴⁴, ta¹³ kai⁴⁴ ɕiao⁵⁴ xaŋ¹³
上 清 静, 只 要 他 一、一 喊 一 声、吆 喝 一 声, 么, 大 街 小 巷
tʰin⁴⁴ tao⁵⁴ la⁴⁴ lei⁴⁴ sən⁴⁴ in⁴⁴, tɕiəu¹³ iao⁴⁴ tʰin⁴⁴ tao⁵⁴ a⁴⁴ ko⁴⁴ mən³¹, tsʅ⁴⁴ ka³¹ i³¹ sən⁴⁴ təu¹³ kʰai⁴⁴
听 倒 他 嘞 声 音, 就 要 听 倒 那 个 门, "吱 嘎" 一 声 就 开
mən³¹, ai¹³ tɕia⁴⁴ iɛ⁵⁴ sʅ¹³ kʰai⁴⁴ mən³¹, li⁵⁴ tɕiəu¹³ iəu⁵⁴ ɕiɛ⁴⁴ zən³¹ tɕiəu¹³ iao¹³ tsʰu³¹ lai³¹ mai⁵⁴ zɛ³¹ tsʰʅ³¹
门, 口家② 也 是 开 门, 你 就、有 些 人 就 要 出 来 买 热 糍

---

① 萝卜花,指眼睛患疾而生翳。
② "口家" 音 ai¹³ tɕia⁴⁴,指家家,发音人的特殊发音。

179

pa⁴⁴ tsʰɿ³¹.
粑 吃。

　　tsɿ⁴⁴ ko¹³ lao⁵⁴ zən³¹ lei⁴⁴ zɛ³¹ tsʰɿ³¹ pa⁴⁴ suei⁴⁴ zan³¹ sɿ⁴⁴ pan¹³ iɛ¹³ lei⁴⁴ ɕiɛ¹³ tsʰu⁵⁴ lai³¹ mai¹³
　　之 个 老 人 嘞 热 糍 粑 虽 然 是 半 夜 嘞 之 些 出 来 卖
ia³¹, xən⁵⁴ tɕiaŋ⁵⁴ tɕiəu¹³ tsʰɿ³¹ liaŋ¹³, ɚ³¹ tɕʰiɛ⁵⁴, tʰa⁴⁴ ɕia¹³ mian¹³ sao⁴⁴ tɛ¹³ iəu⁵⁴ tʰan³¹ xo⁵⁴,
呀,(但) 很 讲 究 质 量, 而 且, 他 下 面 烧 得 有 炭 火,
tsʰɿ³¹ pa⁴⁴ ioŋ⁵⁴ ian⁵⁴ sɿ⁴⁴ zɛ³¹ xo⁴⁴ xo⁴⁴ lei⁴⁴.a¹³ ɕiɛ⁴⁴ tso⁵⁴ liao¹³ a¹³ ɕiɛ⁴⁴ tso⁵⁴ liao¹³ a³¹, in⁵⁴ tsɿ⁴⁴ ləu³¹
糍 粑 永 远 是 热 和 和 嘞。那 些 佐 料、那 些 作 料啊, 蘁子①喽、
tʰaŋ³¹ ləu³¹ təu⁴⁴ mian¹³ ləu³¹ təu¹³ sa⁴⁴ ləu⁴⁴ pɛ³¹ tʰaŋ³¹ ləu³¹, xa³¹, xoŋ¹³ tʰaŋ³¹ ləu³¹, lan⁵⁴ iaŋ¹³ təu⁴⁴
糖 喽、豆 面 喽、豆 沙 喽、白 糖 喽, 哈, 红 糖 喽, 哪 样 都
tɕʰi³¹ tɕʰian²¹, so⁵⁴ i⁵⁴ ta¹³ tɕia⁴⁴ təu⁴⁴ ɕi⁵⁴ xuan⁴⁴ tsʰɿ³¹ loŋ³¹ pao¹³ ian⁵⁴ lei⁴⁴ zɛ³¹ tsʰɿ³¹ pa⁴⁴.
齐 全, 所 以 大 家 都 喜 欢 吃 龙 暴 眼 嘞 热 糍 粑。

　　ɛ¹³, iəu⁵⁴ i³¹ tʰian⁴⁴, tɕiɛ³¹ tao⁵⁴ tɕiəu¹³ mei⁵⁴ tɕian¹³ tao⁵⁴ tsɿ⁴⁴ ko¹³ loŋ³¹ pao¹³ ian³¹ tsʰu⁵⁴ lai³¹
　　诶, 有 一 天, 接 倒 就 没 见 倒 之 个 龙 暴 眼 出 来
mai¹³ zɛ³¹ tsʰɿ³¹ pa⁴⁴, ai³¹, ta¹³ tɕia⁴⁴ təu⁴⁴ tɕio⁵⁴ tɛ³¹ tɕʰi³¹ kuai¹³ la⁵⁴.tʰian⁴⁴ tʰian⁴⁴ təu⁴⁴ tʰin⁴⁴ tao⁵⁴ tʰa⁴⁴
卖 热 糍 粑, 哎, 大 家 都 觉 得 奇 怪 啦。天 天 都 听 倒 他
lei⁴⁴ sən⁴⁴ in⁴⁴, o⁴⁴ i⁵⁴ 　　lei⁴⁴ sən⁴⁴ in⁴⁴, tʰu³¹ zan⁴⁴ iəu¹³ i³¹ tʰian⁴⁴ tʰin⁴⁴ pu³¹ tao⁵⁴, tʰin⁴⁴ pu³¹
嘞 声 音, "哦——咦——" 嘞 声 音, 突 然 有 一 天 听 不 倒, 听 不
tao⁵⁴.tɕiɛ³¹ tao⁵⁴ san⁴⁴ tʰian⁴⁴, təu⁴⁴ pɛ⁴⁴ tʰin⁴⁴ tao⁵⁴ mai¹³ zɛ³¹ tsʰɿ³¹ pa⁴⁴ lei⁴⁴ tsɿ¹³ ko¹³ lao⁵⁴ tse⁵⁴ tei⁴⁴
倒。接 倒 三 天, 都[不得]听 倒 卖 热 糍 粑 嘞 之 个 老 者 嘞
iao⁴⁴xo³¹ sən⁴⁴.tɕiɛ³¹ ko⁵⁴ lɛ⁴⁴, kai⁴⁴ faŋ⁵⁴ saŋ¹³ tɕiəu¹³ i¹³ lən¹³ la⁵⁴, so³¹ sɿ⁴⁴, iəu⁵⁴ i¹³ tʰian⁴⁴ uan⁵⁴ saŋ¹³,
吆 喝 声。结 果 呢, 街 坊 上 就 议 论 啦, 说 是, 有 一 天 晚 上,
kʰan¹³ tao⁵⁴ tɕi³¹ ko¹³ ɕiao⁵⁴ kuei³¹, tsai¹³ tɕʰiaŋ⁵⁴ tʰa⁴⁴ lei⁴⁴ tsʰɿ³¹ pa⁴⁴ tsʰɿ³¹, kʰo⁵⁴ lən³¹ sɿ⁴⁴ tsao³¹ kuei⁵⁴
看 倒 几 个 小 鬼, 在 抢 他 嘞 糍 粑 吃, 可 能 是 着 鬼
kʰa⁴⁴ sɿ⁵⁴ la⁵⁴xa³¹.
掐 死 啦 哈。

　　ɛ¹³, tsən¹³ taŋ⁴⁴ ta¹³ tɕia⁴⁴ kai⁴⁴ faŋ⁴⁴ lin³¹ sɛ¹³ tso⁵⁴ pai⁵⁴ iəu⁴⁴ pai⁵⁴ xuai³¹ xuai³¹ li³¹ li³¹ lei⁴⁴ sɿ¹³
　　诶, 正 当 大 家、街 坊 邻 舍 左 摆 右 摆、怀 怀 疑 疑 嘞 时
xiəu¹³, iəu⁵⁴ i³¹ tʰian⁴⁴ uan⁵⁴ saŋ¹³, kai⁴⁴ mian¹³ saŋ¹³ tʰu³¹ zan³¹ tɕiəu¹³ ɕiaŋ⁵⁴tɕʰi³¹ o⁴⁴ 　i⁵⁴
候, 有 一 天 晚 上, 街 面 上 突 然 就 响 起 "哦——咦——"

---

① 蘁子, 即紫苏子, 又称苏麻, 紫黑色小圆粒, 状如油菜籽, 香味极浓。贵州人吃糯食的重要调料。

mai¹³zɛ³¹tsʰŋ³¹pa⁴⁴ lei⁴⁴ tsŋ⁴⁴ ko¹³ lao⁵⁴ tsɛ⁴⁴ lei⁴⁴ sən⁴⁴ in⁴⁴.tsŋ⁴⁴ xuei¹³ tsŋ⁴⁴ ko¹³ ko³¹ tɕia⁴⁴lei¹³ iɛ¹³ iəu³¹
卖 热 糍 粑 嘞 之 个 老 者 嘞 声 音。之 回 之 个 各 家 嘞"夜 游
sən³¹, xa³¹, tɕi³¹maŋ³¹ kʰai⁴⁴ kʰai⁴⁴ mən³¹, tɕʰi⁴⁴ kʰan¹³ ko¹³ tɕiəu¹³ tɕin¹³.i¹³ tɕʰi⁴⁴, mei⁵⁴ tɛ¹³ lan⁵⁴ iaŋ¹³
神",哈, 急 忙 开 开 门, 去 看 个 究 竟。一 去, 没 得 哪 样
pian¹³ xua¹³ a⁴⁴, loŋ³¹ pao¹³ ian⁵⁴ i⁴⁴ zan³¹ xa³¹ sŋ⁴⁴ ŋan¹³ ian³¹ lan⁵⁴ a⁴⁴ ko¹³ faŋ⁵⁴ sŋ¹³ tsai¹³ mai¹³ la⁴⁴
变 化 啊, 龙 暴 眼 依 然 还 是 按 原 来 那 个 方 式 在 卖 他
lei⁴⁴ tsʰŋ³¹ pa⁴⁴.
嘞 糍 粑。

  mɛ⁴⁴, iəu⁵⁴ i³¹ ɕiɛ⁴⁴ tɕiəu¹³ so³¹: loŋ³¹ pao¹³ ian⁵⁴, tɕiaŋ⁵⁴ li⁵⁴ li⁵⁴ tsao¹³ kuei⁵⁴ tɕʰiaŋ⁵⁴ li⁵⁴ lei⁴⁴ tsʰŋ³¹
  么, 有 一 些 就 说:"龙 暴 眼, 讲 你、你 着 鬼 抢 你 嘞 糍
pa⁴⁴ tsʰŋ³¹?pa⁴⁴ li⁵⁴ xɛ³¹ pin⁵⁴ əu⁵⁴ tɕi⁴⁴ tʰian⁴⁴?tɕiɛ³¹ ko⁵⁴ la⁴⁴ so³¹: mei⁵⁴ tɛ¹³ tsŋ¹³ ko⁴⁴ sŋ¹³, ŋo⁵⁴ la⁵⁴
粑 吃? 把 你 吓 病 噢 几 天?"结 果 他 说:"没 得 之 个 事, 我 哪
tian⁵⁴ i¹³ tao⁵⁴ ko¹³ kuei⁵⁴ ma³¹!ŋo⁵⁴ sŋ⁴⁴ i¹³ tao⁵⁴ tɕi⁵⁴ ko¹³ tɕiao¹³ xua¹³ ɚ³¹, tɕiəu¹³ sŋ⁴⁴ tɕiao¹³ xua¹³
点 遇 倒 个 鬼 嘛!我 是 遇 倒 几 个 叫 化 儿, 就 是 叫 化
tsŋ⁵⁴ ləu³¹ ma³¹, tɕi⁵⁴ ko¹³ ku⁴⁴ ɚ³¹.la⁴⁴ mən⁴⁴ iəu⁵⁴ i³¹ tʰian⁴⁴ tsai¹³ kai⁴⁴ saŋ¹³ i¹³ tao⁵⁴ ŋo⁵⁴, ŋo⁵⁴ kʰan¹³
子 喽 嘛, 几 个 孤 儿。他 们 有 一 天 在 街 上 遇 倒 我, 我 看
i³¹ ko¹³ ɚ¹³ ko¹³ xən⁵⁴ o¹³, ŋo⁵⁴ tɕiəu¹³ i³¹ ko¹³ tsʰɛ⁵⁴ tʰo¹³ zɛ³¹ sŋ³¹ pa⁴⁴ kən⁴⁴ tʰa⁴⁴ sŋ¹³.li⁵⁴ pu¹³ iao¹³
一 个 二 个 很 饿, 我 就 一 个 扯 坨 热 糍 粑 跟 他 吃。你 不 要
kʰan¹³ tao⁵⁴ tsŋ⁴⁴ ɕiɛ⁴⁴ ua³¹ ua⁴⁴ ɕiao⁵⁴ lɛ³¹, tʰa⁴⁴ tɕiaŋ⁵⁴: tʰa⁴⁴ təu⁴⁴ tsu¹³ tsai¹³ ŋo⁵⁴ lei⁴⁴ a¹³ ko¹³
看 倒 之 些 娃 娃 小 叻。"他 讲: "他 都 住 在 我 嘞 那 个
faŋ³¹ tsŋ⁵⁴ lei⁴⁴ fu¹³ tɕin¹³, iəu³¹ sŋ³¹ xəu¹³ ta⁵⁴ tsʰŋ³¹ pa⁴⁴ ləu³¹ tsəu¹³ tian⁵⁴ lan⁵⁴ iaŋ¹³ li¹³tɕʰi¹³ xo³¹
房 子 嘞 附 近, 有 时 候 打 糍 粑 喽 做 点 哪 样 力 气 活
tʰa⁴⁴ mən⁴⁴ xai³¹ tɕin⁴⁴ tsʰaŋ³¹ paŋ⁴⁴ ŋo⁵⁴ lei⁴⁴ maŋ³¹ lɛ³¹.
他 们 还 经 常 帮 我 嘞 忙 叻。"

  a¹³ mɛ⁴⁴ tsŋ⁴⁴ ko¹³ zɛ³¹ tsʰŋ³¹ pa⁴⁴ lei⁴⁴ ku¹³ sŋ¹³ tsai¹³ ŋan⁴⁴ suən¹³ lei⁴⁴ tsŋ⁴⁴ ko¹³ tʰɛ³¹ piɛ³¹ sŋ⁴⁴ sŋ¹³
  那 么 之 个 热 糍 粑 嘞 故 事, 在 安 顺 嘞 之 个 特 别 是 四
ta¹³kai⁴⁴ɕiəu¹³tsʰuan³¹uei¹³mei⁵⁴tʰan³¹.ɕiəu¹³tɕio³¹tɛ³¹tsŋ⁵⁴ko⁵⁴ko¹³san¹³liaŋ³¹lei⁴⁴sən⁴⁴ xo³¹
大 街 就 传 为 美 谈。就 觉 得 之 个 是 个 善 良 嘞、生 活
tsai¹³ ti⁵⁴ tsʰən³¹ lei⁴⁴ tsən¹³ ɕiao⁵⁴ sən⁴⁴ i¹³ lei⁴⁴ sən⁴⁴ i¹³ zən³¹.
在 底 层 嘞 做 小 生 意 嘞 生 意 人。

  tsŋ⁴⁴ ko¹³ ku¹³ sŋ¹³ lɛ⁴⁴ ŋo⁵⁴ tɕiəu¹³ tɕiaŋ⁵⁴ uan³¹ la⁵⁴.
  之 个 故 事 呢 我 就 讲 完 啦。

（讲述人：邓克贤）

181

第六章　语料标音举例

第一节　语法例句记音

1. 小张昨天钓了一条大鱼，我没有钓到鱼。

ɕiao^{54} tsaŋ^{44} tso^{31} tʰian^{44} tiao^{13} tɛ^{31} i^{31} ta^{13} uei^{54} i^{31}, ŋo^{54} piəu^{54} tiao^{13} tɛ^{31}.

小　张 昨 天　钓 得 一 大 尾 鱼，我［不有］钓　得。

2. a. 你平时抽烟吗？　b. 不，我不抽烟。

a. li^{54} pʰin^{31} tsʰaŋ^{31} tsʰʅ^{31} pu^{44} tsʰʅ^{31} ian^{44}?　b. pu^{31}, ŋo^{54} pu^{44} tsʰʅ^{31}.

a. 你 平　常　吃　不　吃　烟？　b. 不，我 不 吃。

3. a. 你告诉他这件事了吗？　b. 是，我告诉他了。

a. li^{54} kən^{44} la^{44} tɕiaŋ^{54} əu^{13} tsʅ^{44} tɕian^{13} sʅ^{13} tɕʰin^{31} pu^{44} tɛ^{31}?

a. 你 跟 他　讲 噢 之 件 事 情 不 得？

b. sʅ^{44}lei^{44}, ŋo^{54}kən^{44}la^{44}tɕiaŋ^{54}əu^{13}.

b. 是 嘞，我 跟 他 讲 噢。

4. 你吃米饭还是吃馒头？

li^{54} sʅ^{44} tsʰʅ^{31} fan^{13} mɛ^{44} xa^{31} sʅ^{44} tsʰʅ^{31} man^{31} tʰəu^{44}?

你 是 吃 饭 么 还 是 吃 馒 头？

5. 你到底答应不答应他？

li^{54} tao^{13} ti^{54} ta^{31} pu^{44} ta^{31} in^{13} la^{44} lɛ^{44}?

你 到 底 答 不 答应 他 呢？

6. a. 叫小强一起去电影院看《刘三姐》。b. 这部电影他看过了。/ 他这部电影他看过了。/ 他看过这部电影了。选择在该语境中最自然的一种形式回答，或按自然度列出几种形式。

  a. xan⁵⁴ ɕiao⁵⁴ tɕʰiaŋ³¹ i¹³ tɕʰi⁵⁴ tɕʰi⁴⁴ tian¹³ in⁵⁴ ian¹³ kʰan¹³ liəu³¹ san⁴⁴ tɕiɛ⁵⁴.

  a.喊　小　强　一　起　去　电　影　院　看　《刘　三　姐》。

  b. la⁴⁴ kʰan¹³ ko¹³ tsʅ⁴⁴ pu¹³ tian¹³ in⁵⁴ lei⁴⁴. /tsʅ⁵⁴ pu¹³ tian¹³ in⁵⁴ la⁴⁴ kʰan¹³ ko¹³ lei⁴⁴.

  b.他　看　过　之　部　电　影　嘞。/之　部　电　影　他　看　过　嘞。

7. 你把碗洗一下。

  li⁵⁴ ɕi⁵⁴ xa³¹ uan⁵⁴.

  你　洗　下　碗。

8. 他把橘子剥了皮，但是没吃。

  la⁴⁴ po³¹ əu¹³ tsu³¹ tsʅ³¹ pʰi¹³ pʰi⁴⁴, tɕiəu¹³ sʅ⁴⁴ mei⁵⁴ tsʰʅ³¹.

  他　剥　噢　橘　子　皮　皮，就　是　没　吃。

9. 他们把教室都装上了空调。

  la⁴⁴ mən⁴⁴ tsai¹³ tɕiao¹³ sʅ³¹ tʰəu³¹ təu⁴⁴ ŋan⁴⁴ əu¹³ kʰoŋ⁴⁴ tʰiao³¹.

  他　们　在　教　室　头　都　安　噢　空　调。

10. 帽子被风吹走了。

  mao¹³ tsʅ⁵⁴ tsao³¹ foŋ⁴⁴ tsʰuei³¹ pʰao⁵⁴ əu¹³.

  帽　子　着　风　吹　跑　噢。

11. 张明被坏人抢走了一个包，人也差点儿被打伤。

tsaŋ⁴⁴ min³¹ tsao³¹ xuai¹³ zən³¹ tɕʰiaŋ⁵⁴ tsəu⁵⁴ əu¹³ i³¹ ko¹³ pao⁴⁴ pao⁴⁴, zən³¹ iɛ⁵⁴ tsʰa⁴⁴

张　明　着　坏　人　抢　走　噢　一　个　包　包，人　也　差

i¹³ tian⁵⁴ tsao³¹ ta³¹ saŋ⁴⁴ əu¹³.

一　点　着　打　伤　噢。

12. 快要下雨了，你们别出去了。

kʰuai¹³ ɕia¹³ i⁵⁴ əu¹³, li⁵⁴ mən⁴⁴ pu³¹ iao¹³ tsʰu³¹ tɕʰi⁴⁴ ləu³¹.

快　下　雨　噢，你　们　不　要　出　去　喽。

13. 这毛巾很脏了，扔了它吧。

tsʅ⁴⁴ kʰuai⁵⁴ pʰa¹³ tsʅ⁵⁴ tʰai¹³ tsaŋ⁴⁴ əu¹³, tʰai³¹ tiəu⁴⁴ əu¹³ mɛ⁴⁴ suan⁵⁴ ləu³¹.

之　块　帕　子　太　脏　噢，抬　丢　噢　么　算　喽。

14. 我们是在车站买的车票。

ŋo⁵⁴ mən⁴⁴ sʅ⁴⁴ tsai¹³ tsʰɛ⁴⁴ tsan¹³ tsʰɛ⁵⁴ lei⁴⁴ pʰiao¹³.

我　们　是　在　车　站　扯　嘞　票。

15. 墙上贴着一张地图。

tɕʰiaŋ³¹ saŋ¹³ tʰiɛ³¹ tɛ³¹ iəu⁵⁴ i¹³ tsaŋ⁴⁴ ti¹³ tʰu³¹.

墙　上　贴　得　有　一　张　地图。

16. 床上躺着一个老人。

tsʰuaŋ³¹ saŋ¹³ suei¹³ tɛ³¹ iəu⁵⁴ i³¹ ko¹³ lao⁵⁴ zən³¹ tɕia⁴⁴.

床　上　睡　得　有　一　个　老人　家。

17. 河里游着好多小鱼。

xo³¹ tʰəu⁴⁴ xao⁵⁴ to⁴⁴ ɕiao⁵⁴ i³¹ iəu³¹ lai³¹ iəu³¹ tɕʰi⁴⁴ lei⁴⁴.

河　头　好　多　小　鱼　游　来　游　去　嘞。

18. 前面走来了一个胖胖的小男孩。

tɕʰian³¹ tʰəu⁴⁴ tsəu⁵⁴ lai³¹ əu¹³ i³¹ ko¹³ maŋ⁴⁴ maŋ⁴⁴ lei⁴⁴ ɕiao⁵⁴ lan³¹ ua³¹ ua⁴⁴.

前　头　走　来　噢　一　个　胖　胖　嘞　小　男　娃　娃。

19. 他家一下子死了三头猪。

la⁴⁴ tɕia⁴⁴ i¹³ fa³¹ sɿ¹³ tɕiəu¹³ sɿ⁵⁴ əu¹³ san⁴⁴ tʰəu³¹ tsu⁴⁴.

他　家　一　发　势　就　死　噢　三　头　猪。

20. 这辆汽车要开到广州去。/ 这辆汽车要开去广州。选择本方言中最自然的一种说法,或按常用度列出几种说法。

tsɿ⁴⁴ pu¹³ tsʰɛ⁴⁴ iao¹³ kʰai¹³ tɕʰi⁴⁴ kuaŋ⁵⁴ tsəu⁴⁴.

之　部　车　要　开　去　广　州。

21. 学生们坐汽车坐了两整天了。

ɕio³¹ sən⁴⁴ mən⁴⁴ tso¹³ tsʰɛ⁴⁴ təu⁴⁴ tso¹³ əu¹³ liaŋ⁵⁴ ko¹³ kən⁵⁴ tʰian⁴⁴ əu¹³.

学　生　们　坐　车　都　坐　噢　两　个　梗　天　噢。

22. 你尝尝他做的点心再走吧。

li⁵⁴ saŋ³¹ xa¹³ la⁴⁴ tsəu¹³ lei⁴⁴ tian⁵⁴ ɕin⁴⁴ mɛ⁴⁴ tsai¹³ tsəu⁵⁴ ləu³¹ ma³¹.

你　尝　下　他　做　嘞　点　心　么　再　走　喽　嘛。

23. a. 你在唱什么？ b. 我没在唱,我放着录音呢。

a. li⁵⁴ tsai¹³ tsʰaŋ¹³ lan⁵⁴ iaŋ¹³ ? b. ŋo⁵⁴ mei⁵⁴ tsʰaŋ¹³, ŋo⁵⁴ tsai¹³ faŋ¹³ lu³¹ in⁴⁴ lɛ³¹.

a.你　在　唱　哪　样? b.我　没　唱,我　在　放　录　音　呢。

24. a. 我吃过兔子肉,你吃过没有？ b. 没有,我没吃过。

a. ŋo⁵⁴ tsʰɿ³¹ ko¹³ tʰu¹³ tsɿ³¹ zu³¹, li⁵⁴ tsʰɿ³¹ ko¹³ pu⁴⁴ tɛ³¹?

a.我　吃　过　兔　子　肉,你　吃　过　不　得?

b. pu⁴⁴ tɛ³¹, ŋo⁵⁴ piəu⁵⁴ tsʰɿ³¹ ko¹³.

b.不　得,我　[不有]吃　过。

25. 我洗过澡了，今天不打篮球了。

ŋo⁵⁴ ɕi⁵⁴ ko¹³ tsao⁵⁴ əu¹³ lei⁴⁴, tɕin⁴⁴ tʰian⁴⁴ pu⁴⁴ ta⁵⁴ lan³¹ tɕʰiəu³¹ əu¹³.

我 洗 过 澡 噢 嘞， 今 天 不 打 篮 球 噢。

26. 我算得太快算错了，让我重新算一遍。

ŋo⁵⁴ suan¹³ tɛ³¹ tʰai¹³ kʰuai¹³ suan¹³ tsʰo¹³ əu¹³, tən⁵⁴ ŋo⁵⁴ tsʰoŋ³¹ ɕin⁴⁴ tsai¹³ suan¹³ i³¹ xa¹³.

我 算 得 太 快 算 错 噢，等 我 重 新 再 算 一 下。

27. 他一高兴就唱起歌来了。

la⁴⁴ i³¹ kao⁴⁴ ɕin¹³ tɕiəu¹³ tsʰaŋ¹³ tɕʰi⁵⁴ ko⁴⁴ lai⁵¹ əu¹³.

他 一 高 兴 就 唱 起 歌 来 噢。

28. 谁刚才议论我老师来着？

la⁵⁴ ko¹³ kaŋ⁴⁴ tsʰai³¹ tsai¹³ i¹³ lən¹³ ŋo⁵⁴ lei⁴⁴ lao⁵⁴ sɿ⁴⁴?

哪 个 刚 才 在 议 论 我 嘞 老 师?

29. 只写了一半，还得写下去。

tsɿ⁵⁴ ɕiɛ⁵⁴ əu¹³ i³¹ pan¹³, xa³¹ iao¹³ tɕiɛ³¹ tao⁵⁴ ɕiɛ⁵⁴ ɕia¹³ tɕʰi⁴⁴.

只 写 噢 一 半，还 要 接 倒 写 下 去。

30. 你才吃了一碗米饭，再吃一碗吧。

li⁵⁴ tsʰai³¹ tɕiaŋ⁴⁴ tsʰɿ³¹ əu¹³ i⁴⁴ uan⁵⁴ fan¹³, tsai¹³ tsʰɿ³¹ i¹³ uan⁵⁴ ləu³¹ ma³¹.

你 才 将 吃 噢 一 碗 饭，再 吃 一 碗 喽 嘛。

31. 让孩子们先走，你再把展览仔仔细细地看一遍。

tɕiao¹³ ua³¹ ua⁴⁴ mən⁴⁴ ɕian⁴⁴ tsəu⁵⁴, li⁵⁴ tsai¹³ xao¹³ xao⁵⁴ lei⁴⁴ kʰan¹³ i³¹ xa¹³ tsan⁵⁴ lan⁵⁴.

叫 娃 娃 们 先 走，你 再 好 好 嘞 看 一 下 展 览。

32. 他在电视机前看着看着睡着了。

la⁴⁴ tsai¹³ tian¹³ sɿ¹³ tɕi⁴⁴ tɕʰian³¹ tʰəu⁴⁴ kʰan¹³ tao⁵⁴ kʰan¹³ tao⁵⁴ lei⁴⁴ tɕiəu¹³ tsuai⁴⁴ tso³¹ əu¹³.

他 在 电 视 机 前 头 看 倒 看 倒 嘞 就 □ 着 噢。

33. 你算算看，这点钱够不够花？

li⁵⁴ suan¹³ xa¹³, kʰan¹³ tsɿ⁴⁴ tian⁴⁴ tɕʰian³¹ kəu¹³ pu³¹ kəu¹³ ioŋ¹³?

你 算 下，看 之 点 钱 够 不 够 用?

34. 老师给了你一本很厚的书吧？

lao⁵⁴ sɿ⁴⁴ la³¹ əu¹³ xəu¹³ uan³¹ lei⁴⁴ i¹³ pən⁵⁴ su⁴⁴ kɛ⁵⁴ li⁵⁴ a³¹?

老 师 拿 噢 厚 完 嘞 一 本 书 给 你 啊?

35. 那个卖药的骗了他一千块钱呢。

a¹³ ko¹³ mai¹³ io³¹ lei⁴⁴ pʰian⁴⁴ əu¹³ la⁴⁴ lei⁴⁴ i¹³ tɕʰian⁴⁴ kʰuai⁵⁴ tɕʰian³¹ le³¹.

那 个 卖 药 嘞 骗 噢 他 嘞 一 千 块 钱 呢。

185

36. a. 我上个月借了他三百块钱。b. 我上个月借了他三百块钱。a. 借入。b. 借出。如与 a 句相同，注"同 a"即可。

a. ŋo⁵⁴ saŋ¹³ ko¹³ iɛ³¹ tɕiɛ³¹ əu¹³ la⁴⁴ lei⁴⁴ san⁴⁴ pɛ³¹ kʰuai⁵⁴ tɕʰian³¹.

a. 我 上 个 月 借 噢 他 嘞 三 百 块 钱。

b. ŋo⁵⁴ saŋ¹³ ko¹³ iɛ³¹ tɕiɛ¹³ kən⁴⁴ la⁴⁴ san⁴⁴ pɛ³¹ kʰuai⁵⁴ tɕʰian³¹.

b. 我 上 个 月 借 跟 他 三 百 块 钱。

37. a. 王先生的刀开得很好。b. 王先生的刀开得很好。a. 王先生是医生（施事）。b. 王先生是病人（受事）。如与 a 句相同，注"同 a"即可。

a. uaŋ³¹ ɕian⁴⁴ sən⁴⁴ lei⁴⁴ tao⁴⁴ kʰai⁴⁴ tɛ³¹ tʰai¹³ xao⁵⁴. b. 同 a.

a. 王 先 生 嘞 刀 开 得 太 好。b. 同 a。

38. 我不能怪人家，只能怪自己。

ŋo⁵⁴ pu⁴⁴ lən³¹ kuai¹³ zən³¹ tɕia⁴⁴, iao¹³ kuai¹³ mɛ⁴⁴ tsɿ⁵⁴ lən³¹ kuai¹³ ŋo⁵⁴ ko³¹ zən³¹.

我 不 能 怪 人 家, 要 怪 么 只 能 怪 我 各 人。

39. a. 明天王经理会来公司吗？b. 我看他不会来。

a. min³¹ tʰian⁴⁴ uaŋ³¹ tɕin⁴⁴ li⁵⁴ xuei¹³ pu³¹ xuei¹³ lai³¹ koŋ⁴⁴ sɿ⁴⁴?

a. 明 天 王 经 理 会 不 会 来 公 司？

b. ŋo⁵⁴ kʰan¹³ la⁴⁴ pu³¹ xuei¹³ lai³¹.

b. 我 看 他 不 会 来。

40. 我们用什么车从南京往之里运家具呢？

ŋo⁵⁴ mən⁴⁴ ioŋ¹³ lan³¹ iaŋ¹³ tsʰɛ⁴⁴ tsʰoŋ³¹ lan³¹ tɕin⁴⁴ tsʰao³¹ tsɿ⁴⁴ tɛ⁵⁴ in¹³ tɕia⁴⁴ tɕi¹³ lɛ¹³?

我 们 用 哪 样 车 从 南 京 朝 之 里 运 家 具 呢？

41. 他像个病人似的靠在沙发上。

la⁴⁴ ɕiaŋ¹³ ko¹³ pin¹³ zən³¹ iaŋ¹³ lei⁴⁴ pʰən⁴⁴ tsai⁴⁴ sa⁴⁴ fa³¹ saŋ¹³.

他 像 个 病 人 样 嘞 凭 在 沙 发 上。

42. 这么干活连小伙子都会累坏的。

tsoŋ³¹ ŋo¹³ tsəu¹³ xo³¹ lu⁴⁴ lian³¹ ɕiao⁵⁴ tɕʰin⁴⁴ lian³¹ təu⁴⁴ tsao³¹ pu³¹ tsu¹³.

□ □ 做 活 路 连 小 青 年 都 着 不 住。

43. 他跳上末班车走了。我迟到一步，只能自己慢慢走回学校了。请设想几个大学生外出后返校的情景。

la⁴⁴ tʰiao¹³ saŋ¹³ tsuei¹³ xəu¹³ i³¹ pan⁴⁴ tsʰɛ⁴⁴ tsəu⁵⁴ əu¹³, ŋo⁵⁴ man¹³ əu¹³ tian⁵⁴,

他 跳 上 最 后 一 班 车 走 噢, 我 慢 噢 点,

tsɿ⁵⁴ xao⁵⁴ ko³¹ zən³¹ man¹³ man¹³ lei⁴⁴ tsəu⁵⁴ xuei³¹ ɕio³¹ ɕiao¹³ əu¹³.

只 好 各 人 慢 慢 嘞 走 回 学 校 噢。

44. 这是谁写的诗？谁猜出来我就奖励谁十块钱。

tsʅ⁴⁴ ko⁴⁴ sʅ⁴⁴ la⁵⁴ ko¹³ ɕiɛ⁵⁴ lei⁴⁴ sʅ⁴⁴？la⁵⁴ ko¹³ tsʰai⁴⁴ tɛ³¹ tsʰu³¹ lai³¹ ŋo⁵⁴ tɕiəu¹³ pʰiao⁴⁴ la⁴⁴
之 个 是 哪 个 写 嘞 诗？ 哪 个 猜 得 出 来 我 就 飘 他

sʅ³¹ kʰuai⁵⁴ tɕʰian³¹.
十 块 钱。

45. 我给你的书是我教中学的舅舅写的。

ŋo⁵⁴ kən⁴⁴ li⁵⁴ lei⁴⁴ su³⁴ sʅ⁴⁴ ŋo⁵⁴ tɕia⁴⁴ tsai¹³ tsoŋ⁴⁴ ɕio³¹ tɕiao⁴⁴ su⁴⁴ lei⁴⁴ tɕiəu³¹ tɕiəu¹³ ɕiɛ⁵⁴ lei⁴⁴.
我 跟 你 嘞 书 是 我 家 在 中 学 教 书 嘞 舅 舅 写 嘞。

46. 你比我高，他比你还要高。

li⁵⁴ pi⁵⁴ ŋo⁵⁴ kao⁴⁴, la⁴⁴ pi⁵⁴ li⁵⁴ xa³¹ kao⁴⁴.
你 比 我 高, 他 比 你 还 高。

47. 老王跟老张一样高。

lao⁵⁴ uaŋ³¹ xo³¹ lao⁵⁴ tsaŋ⁴⁴ i³¹ iaŋ¹³ kao⁴⁴.
老 王 和 老 张 一 样 高。

48. 我走了，你们俩再多坐一会儿。

ŋo⁵⁴ ɕian⁴⁴ tsəu⁴⁴ əu¹³, li⁵⁴ mən⁴⁴ liaŋ⁵⁴ ko¹³ tsai¹³ to⁴⁴ tso¹³ xa¹³.
我 先 走 噢, 你 们 两 个 再 多 坐 下。

49. 我说不过他，谁都说不过之个家伙。

ŋo⁵⁴ tɕiaŋ⁵⁴ pu³¹ ko¹³ la⁴⁴, la⁵⁴ ko¹³ təu⁴⁴ tɕiaŋ⁵⁴ pu³¹ ko¹³ tsʅ⁴⁴ ɕiao⁵⁴ sʅ⁴⁴ ɚ³¹.
我 讲 不 过 他, 哪 个 都 讲 不 过 之 小 厮 儿。

50. 上次只买了一本书，今天要多买几本。

saŋ¹³ xuei³¹ tsʅ⁵⁴ mai⁵⁴ əu¹³ i¹³ pən⁵⁴ su⁴⁴, tsʅ⁴⁴ xuei³¹ iao¹³ to⁴⁴ mai⁵⁴ tɕi⁵⁴ pən⁵⁴.
上 回 只 买 噢 一 本 书, 之 回 要 多 买 几 本。

第二节　话语讲述记音

一、当地情况

ta¹³ tɕia⁴⁴ xao¹³!ɕia¹³ mian¹³ ŋo⁵⁴ kən⁴⁴ ta¹³ tɕia⁴⁴ kai¹³ sao¹³ i³¹ xa¹³ ŋan⁴⁴ suən¹³ lei⁴⁴ i¹³ ɕiɛ⁴⁴
大 家 好！下 面 我 跟 大 家 介 绍 一 下 安 顺 嘞 一 些

tɕhin³¹ kʰuaŋ¹³. ŋo⁵⁴ səu⁵⁴ ɕian⁴⁴ tɕiaŋ⁵⁴ xa¹³ ŋo⁵⁴ mən⁴⁴ ŋan⁴⁴ suən¹³ lei⁴⁴ i³¹ ko¹³ li³¹ sʅ⁵⁴ zən³¹ uən³¹
情　　况。我　首　先　讲　下　我　们　安　顺　嘞 一 个　历　史　人　文
tɕin⁵⁴ kuan⁴⁴.
景　观。

tsai¹³ xuaŋ³¹ ko⁵⁴ su¹³ ta¹³ pʰu³¹ pu¹³ lei⁴⁴ fu⁵⁴ tɕin¹³, iəu⁵⁴ i³¹ tso¹³ min³¹ uən³¹ ɕia³¹ ɚ⁵⁴ lei⁴⁴
在　黄　果　树　大　瀑　布 嘞 附　近，有 一 座　名　闻　遐　迩 嘞
tɕhian⁴⁴ ku⁵⁴ tsʅ⁴⁴ mi³¹, tɕiao¹³ xoŋ³¹ ia¹³ ku⁵⁴ tɕi³¹. tsʅ¹³ ko¹³ xoŋ³¹ ia³¹ ku¹³ tɕi³¹ tsʅ⁴⁴ tsai¹³ loŋ³¹ tsao⁵⁴
千　古　之 谜，叫　红　崖　古　迹。之 个　红　崖　古　迹 是 在　龙　爪
su¹³ tsʅ⁴⁴ ko¹³ tsʰən⁴⁴ tsai¹³ lei⁴⁴ saŋ¹³ faŋ⁴⁴. tsai¹³ tsʅ⁴⁴ ko¹³ san⁴⁴ lei⁴⁴ ia³¹ pi³¹ saŋ¹³, ɕie⁵⁴ tɛ³¹ iəu⁵⁴ sʅ¹³
树 之 个　村　寨 嘞 上　方。在 之 个　山 嘞 崖　壁　上，写　得　有 似
tsuan¹³ fei⁴⁴ tsuan¹³ sʅ¹³ li³¹ fei⁴⁴ li¹³, zaŋ³¹ zən³¹ lan¹³ i⁵⁴ tso³¹ mo⁴⁴ lei¹³ ɕie⁴⁴ tʰu³¹ ŋan¹³ ɕin¹³ lei⁴⁴
篆　非　篆、似 隶 非 隶，让 人 难　以　捉　摸 嘞 一 些　图　案　性 嘞
uən³¹ tsʅ¹³. tsʅ³¹ tsʰoŋ¹³ tɕʰin⁴⁴ tai¹³ fa³¹ ɕian¹³ i⁵⁴ lai³¹ tao¹³ ɕian¹³ tsai¹³, u³¹ zən³¹ sʅ¹³ tu³¹, tsoŋ⁴⁴ uai¹³
文　字。自　从　清　代　发　现　以　来　到　现　在，无 人　识　读，中　外
ɕio³¹ tsɛ⁵⁴ təu⁴⁴ fei¹³ tɕin¹³ əu¹³ ɕin¹³ sʅ⁴⁴, təu⁴⁴ lian⁴⁴ tɕiəu¹³ tsʅ⁴⁴ ko¹³ toŋ⁴⁴ ɕi⁴⁴, ɕin¹³ tsʰən¹³ i¹³ mən³¹
学　者　都　费　尽　噢 心　思，都　研　究　之 个　东　西，形　成 一 门
ɕin⁴⁴ lei⁴⁴ so⁵⁴ uei¹³ lei⁴⁴ xoŋ³¹ ɕio³¹. tsai¹³ sʅ³¹ tɕi⁵⁴ lian³¹ tɕʰian³¹, ŋo⁵⁴ mən⁴⁴ ŋan⁴⁴ suən¹³ xai³¹ pu⁴⁴
新 嘞 所　谓 嘞 "红　学"。在 十 几　年　前，我 们　安　顺　还 不
tɛ³¹ sɛ³¹ sʅ¹³, xai³¹ sʅ⁴⁴ ŋan⁴⁴ suən¹³ ɕin³¹ su⁵⁴ lei⁴⁴ sʅ³¹ xəu¹³, tɕiəu¹³ tsʰən³¹ tɕin⁴⁴ ɕian³¹ saŋ⁵⁴ i¹³ pɛ³¹
得　设 市，还　是　安　顺　行　署 嘞 时　候，就　曾　经　悬　赏 一 百
uan¹³ ian³¹ zən³¹ min³¹ pi³¹, ɕiaŋ³¹ sei¹³ xuei¹³ tsən⁴⁴ tɕi¹³ pʰo³¹ i³¹ tsʅ⁴⁴ ko¹³ xoŋ³¹ ŋai¹³ tʰian⁴⁴ su⁴⁴.
万　元　人　民　币，向　社　会　征　集　破　译 之 个　红　崖　天　书。
ŋo⁵⁴ taŋ⁴⁴ sʅ³¹ sʅ¹³ ti¹³ tao¹³ a¹³ tɛ⁴⁴ kʰao⁵⁴ tsʰa³¹ ko¹³, taŋ⁴⁴ ti¹³ lei⁴⁴ lao⁵⁴ pɛ³¹ ɕin¹³ tɕiəu¹³ iəu⁵⁴ i³¹ tɕi¹³
我　当　时　实 地　到　那 点　考　察　过，当　地 嘞 老 百　姓　就　有 一 句
suən¹³ kʰəu⁵⁴ liəu⁴⁴, so³¹ pɛ³¹ suei⁵⁴ tuei¹³ xoŋ³¹ ŋai³¹, tɕin⁴⁴ in³¹ sʅ¹³ pa³¹ tʰai³¹, la⁵⁴ ko¹³ sʅ³¹ tɛ³¹ pʰo¹³,
顺　口　溜，说 "白　水　对　红　崖，金　银　十　八　抬，哪　个　识　得　破，
luei³¹ ta⁵⁴ ŋai³¹ saŋ³¹ tʰai³¹ tsʰən¹³ lai³¹. tsʅ⁴⁴ ko¹³ li⁵⁴ mian¹³ iəu⁵⁴ ko¹³ tsʰuan⁴⁴ so³¹, tɕiəu¹³ so³¹ sʅ⁴⁴
雷　打　崖　上　抬　秤　来"。之 个　里　面　有 个　传　说，就　说　是
iəu⁵⁴ xən⁵⁴ to⁴⁴ lei⁴⁴ pao⁵⁴ tsaŋ⁴⁴, zu³¹ ko⁵⁴ la⁵⁴ ko¹³ zən¹³ tɛ³¹ tao⁵⁴ tsʅ³¹ ko¹³ saŋ¹³ mian¹³ lei⁴⁴ tʰian⁴⁴
有 很　多 嘞 宝　藏，如　果　哪　个　认　得　倒 之 个　上　面 嘞 天
su⁴⁴, tɕiəu¹³ kʰo⁵⁴ i⁵⁴ tao¹³ fu¹³ tɕin¹³ lei⁴⁴ luei¹³ ta⁵⁴ ŋai³¹ saŋ³¹ tɕʰi⁴⁴ tʰai³¹ tsʰən¹³ lai³¹ tsʰən⁴⁴ tsʅ⁴⁴ ɕiɛ⁴⁴
书，就　可 以　到　附　近 嘞 雷　打　崖　上　去　抬　秤　来　称 之 些

188

tsʰən⁴⁴ pu⁴⁴ uan³¹ lei⁴⁴ pao⁵⁴ tsaŋ¹³. la⁴⁴ ɕian¹³ tsai¹³ tsʰən³¹ uei³¹ əu¹³ ŋo⁵⁴ mən⁴⁴ ŋan⁴⁴ suən¹³ sʅ¹³ lei⁴⁴
称 不 完 嘞 宝 藏。它 现 在 成 为 噢 我 们 安 顺 市 嘞
i³¹ ko¹³ uən³¹ xua¹³ tsʅ⁴⁴ mi³¹.
一 个 文 化 之 谜。

   lin¹³ uai¹³, xai¹³ iəu⁵⁴ ŋo⁵⁴ mən⁴⁴ ŋan⁴⁴ suən¹³ sʅ¹³ tɕʰi⁴⁴ tsəu⁴⁴ uei³¹ lei⁴⁴ fən⁴⁴ pu¹³ lei⁴⁴ tʰən³¹
   另 外, 还 有 我 们 安 顺 市 区 周 围 嘞 分 布 嘞 屯
pʰu⁵⁴ tsʰən⁴⁴ lo³¹. tsʅ⁴⁴ ko¹³ tʰən³¹ pʰu⁵⁴ tsʰən⁴⁴ lo³¹ sʅ⁴⁴ min¹³ tsʰao³¹ tsʰu⁴⁴ lian³¹ tsu¹³ ian³¹ tsaŋ⁴⁴ tiao¹³
堡 村 落。之 个 屯 堡 村 落 是 明 朝 初 年 朱 元 璋 调
pɛ³¹ tsən⁴⁴ lan³¹, uei¹³ əu¹³ pʰin³¹ tin¹³ in³¹ lan³¹ lei⁴⁴ liaŋ³¹ uaŋ³¹ ɚ³¹ pʰai¹³ lai¹³ lei⁴⁴ tɕi⁵⁴ sʅ³¹ uan¹³ ta¹³
北 征 南, 为 噢 平 定 云 南 嘞 梁 王 而 派 来 嘞 几 十 万 大
tɕin⁴⁴. tsʅ⁴⁴ i¹³ pʰi⁴⁴ ta¹³ tɕin⁴⁴ pʰin³¹ tin³¹ əu¹³ liaŋ³¹ uaŋ³¹ tsʅ⁴⁴ luan¹³ i⁵⁴ xəu¹³, tsu¹³ ian³¹ tsaŋ⁴⁴ uei¹³
军。之 一 批 大 军 平 定 噢 梁 王 之 乱 以 后, 朱 元 璋 为
əu¹³ pa⁵⁴ tsʅ¹³ i¹³ kʰuai¹³ ɕin⁴⁴ lei⁴⁴ tʰu⁴⁴ ti¹³ zaŋ¹³ la⁴⁴ lao¹³ ku¹³ lei⁴⁴ tsai¹³ ta¹³ min³¹ lei⁴⁴ tɕiaŋ¹³ iu³¹
噢 把 之 一 块 新 嘞 土 地 让 它 牢 固 嘞 在 大 明 嘞 疆 域
tsʅ⁴⁴ ɕia¹³, tɕiəu¹³ zaŋ¹³ tsʅ⁴⁴ tɕi⁵⁴ sʅ³¹ uan¹³ ta¹³ tɕin⁴⁴ liəu³¹ tsai¹³ əu¹³ tsʅ⁴⁴ i³¹ pʰian¹³ tʰu¹³ ti¹³ saŋ¹³
之 下, 就 让 之 几 十 万 大 军 留 在 噢 之 一 片 土 地 上
tʰən³¹ kʰən⁵⁴ su³¹ pian⁴⁴ tɕi³¹ tɕi⁵⁴ pɛ³¹ lian³¹, ɕin³¹ tsʰən³¹ əu¹³ tʰəu¹³ pʰu⁵⁴ uən³¹ xua¹³ tsʅ⁴⁴ i¹³
屯 垦 戍 边 几 十 几 百 年, 形 成 噢 屯 堡 文 化 之 一
tsoŋ⁵⁴ ɕian¹³ ɕiaŋ¹³. uai¹³ ti¹³ lei⁴⁴ iəu⁴⁴ kʰɛ³¹ i¹³ lai³¹, kʰan¹³ tao⁵⁴ tʰəu³¹ pʰu⁵⁴ zən³¹ lei⁴⁴ tsʰuan⁴⁴ tso³¹
种 现 象。外 地 嘞 游 客 一 来, 看 倒 屯 堡 人 嘞 穿 着、
fu³¹ sʅ¹³ i⁵⁴ ian³¹ tɕian³¹ tsu⁵⁴, faŋ³¹ fu⁴⁴ iəu³¹ xuei³¹ tao¹³ əu¹³ tɕi³¹ pɛ³¹ lian³¹ (tɕʰian³¹)lei¹³ ta¹³ min³¹
服 饰、语 言、建 筑, 仿 佛 又 回 到 噢 几 百 年（前）嘞 大 明
uaŋ³¹ tsʰao³¹.
王 朝。

   tɕʰi³¹ tsʅ¹³, tsai¹³ ŋo⁵⁴ mən⁴⁴ ŋan⁴⁴ suən¹³ xai¹³ fən⁴⁴ pu¹³ te³¹ iəu⁵⁴ xən⁵⁴ to⁴⁴ foŋ⁴⁴ tɕin⁵⁴ min³¹
   其 次, 在 我 们 安 顺 还 分 布 得 有 很 多 风 景 名
sən¹³ tɕʰi⁴⁴, tsʰu³¹ əu¹³ min³¹ uən³¹ ɕia³¹ ɚ⁵⁴ lei⁴⁴ xuaŋ³¹ ko⁵⁴ su¹³ ta¹³ pʰu¹³ pu¹³ tsʅ⁴⁴ uai¹³, xai³¹ iəu⁵⁴
胜 区, 除 噢 名 闻 遐 迩 嘞 黄 果 树 大 瀑 布 之 外, 还 有
loŋ³¹ koŋ⁴⁴. loŋ⁴⁴ koŋ⁴⁴ sʅ⁴⁴ fu³¹ sɛ¹³ tsuei³¹ ti⁴⁴ lei⁴⁴ i³¹ ko¹³ ti¹³ faŋ³¹, la⁴⁴ li⁵⁴ mian¹³ iəu⁵⁴ u⁵⁴ tɕin¹³
龙 宫。龙 宫 是 辐 射 最 低 嘞 一 个 地 方, 它 里 面 有 五 进
loŋ³¹ koŋ⁴⁴, iəu⁵⁴ xan¹³ toŋ³¹ iəu³¹ suei³¹ toŋ¹³, tsai¹³ li⁵⁴ mian¹³ kʰo⁵⁴ i⁵⁴ xua³¹ tsʰuan³¹, xa³¹ kʰo⁵⁴ i⁵⁴
龙 宫, 有 旱 洞、有 水 洞, 在 里 面 可 以 划 船, 还 可 以

ɕin⁴⁴ saŋ⁵⁴ tɕʰian⁴⁴ tɕʰi³¹ pe³¹ kuai¹³ lei⁴⁴ tsoŋ⁴⁴ zu⁵⁴ sʅ³¹, faŋ⁵⁴ fu³¹ lai³¹ tao¹³ əu¹³ ɕian⁴⁴ tɕin⁵⁴ i¹³
欣 赏 千 奇 百 怪 嘞 钟 乳 石，仿 佛 来 到 噢 仙 境 一
pan⁴⁴.
般。

ŋan⁴⁴ suən¹³ lei⁴⁴ xao⁵⁴ toŋ⁴⁴ ɕi⁴⁴ xao⁵⁴ ti¹³ faŋ⁴⁴ min³¹ ɕiao⁵⁴ tsʰʅ³¹ sʅ³¹ tsai¹³ tʰai¹³ to⁴⁴. lai³¹ tao¹³
安 顺 嘞 好 东 西、好 地 方、名 小 吃 实 在 太 多。来 到
ŋo⁵⁴ mən⁴⁴ ŋan⁴⁴ suən¹³, xai³¹ kʰo⁵⁴ i⁵⁴ kəu¹³ mai⁵⁴ fei⁴⁴ tsʰan³¹ iəu⁵⁴ ti¹³ faŋ⁴⁴ tʰɛ³¹ sɛ⁵⁴ lei⁴⁴ la³¹ zan⁵⁴ i¹³
我 们 安 顺，还 可 以 购 买 非 常 有 地 方 特 色 嘞 蜡 染 艺
su³¹ pʰin⁵⁴. tsʅ¹³ ko¹³ la³¹ zan⁵⁴ sʅ⁴⁴ ŋo⁵⁴ mən⁴⁴ taŋ⁴⁴ ti¹³ lei⁴⁴ miao³¹ tsu³¹ pu¹⁴ tsu³¹ ɕian⁴⁴ min³¹
术 品。之 个 蜡 染 是 我 们 当 地 嘞 苗 族、布 依 族 先 民
tsai¹³ tɕi⁵⁴ pɛ³¹ lian³¹ tɕʰian³¹, tsai¹³ lao⁵¹ toŋ⁵⁴ sən⁴⁴ xo³¹ taŋ⁴⁴ tsoŋ⁴⁴ tsʰan⁵⁴ sən⁴⁴ lei⁴⁴ i¹³ su³¹ pʰin⁵⁴,
在 几 百 年 前，在 劳 动 生 活 当 中 产 生 嘞 艺 术 品，
la⁴⁴ so⁵⁴ tsʰan⁵⁴ sən⁴⁴ lei⁴⁴ pin⁴⁴ liɛ³¹ uən³¹ sʅ⁴⁴ pu⁴⁴ ko⁵⁴ fu³¹ tsʅ³¹ lei⁴⁴, ɕian¹³ tsai¹³ i⁵⁴ tɕin⁴⁴
它 所 产 生 嘞 冰 裂 纹 是 不 可 复 制 嘞，现 在 已 经
tsʰən³¹ uei³¹ ŋo⁵⁴ mən⁴⁴ ŋan⁴⁴ suən⁵⁴ lei⁵⁴ tai¹³ piao⁵⁴ ɕin¹³ lei⁴⁴ i¹³ su³¹ pʰin⁵⁴ tsəu⁵⁴ ɕiaŋ¹³ tɕʰian³¹
成 为 我 们 安 顺 嘞 代 表 性 嘞 艺 术 品 走 向 全
kuɛ³¹ tsəu⁵⁴ ɕiaŋ¹³ sʅ¹³ tɕiɛ¹³. xai³¹ iəu⁵⁴ tʰən³¹ pʰu⁵⁴ lei⁴⁴ tsʅ⁴⁴ ko¹³ ti¹³ ɕi¹³, pei¹³ i¹³ uei³¹ ɕi¹³ tɕi¹³ sʅ⁵⁴
国、走 向 世 界。还 有 屯 堡 嘞 之 个 地 戏，被 誉 为 戏 剧 史
saŋ¹³ lei⁴⁴ xo³¹ xua¹³ sʅ³¹, tsəu⁵⁴ tsʰu³¹ kuɛ³¹ mən³¹, tao¹³ ŋəu⁴⁴ mei⁵⁴ ian⁵⁴ tsʰu³¹. li⁵⁴ zu³¹ ko⁵⁴ lai³¹ tao¹³
上 嘞 活 化 石，走 出 国 门，到 欧 美 演 出。你 如 果 来 到
ŋo⁵⁴ mən⁴⁴ ŋan⁴⁴ suən¹³, iɛ³¹ kʰo⁵⁴ i⁵⁴ lai³¹ lin³¹ tʰin⁴⁴ kuan⁴⁴ kʰan⁵⁴ tsoŋ⁴⁴ ku⁵⁴ pʰu³¹ lei⁴⁴ ɕi¹³ tɕi¹³.
我 们 安 顺，也 可 以 来 聆 听、观 看 之 种 古 朴 嘞 戏 剧。

二、个人经历

ŋo⁵⁴ kən⁴⁴ ta¹³ tɕia⁴⁴ tɕiaŋ⁵⁴ xa¹³ ŋo⁵⁴ lei⁴⁴ ko¹³ zən³¹ tɕin⁴⁴ li³¹. ŋo⁵⁴ su³¹ fu⁵⁴, sʅ⁴⁴ i¹³ tɕiəu⁵⁴ lu³¹
我 跟 大 家 讲 下 我 嘞 个 人 经 历。我 属 虎，是 一 九 六
ɚ¹³ lian³¹ kuɛ³¹ tɕia⁴⁴ kʰuən¹³ lan³¹ sʅ³¹ tɕʰi⁴⁴ a¹³ ko⁵¹ sʅ³¹ xəu¹³ tɕiaŋ¹³ sən⁴⁴ lei⁴⁴, ŋ³¹, i¹³ tɕiəu⁵⁴ lu³¹
二 年 国 家 困 难 时 期 那 个 时 候 降 生 嘞，嗯，一 九 六
tɕiəu⁵⁴ lian³¹ saŋ¹³ lei⁴⁴ ɕiao⁵⁴ ɕio³¹. a¹³ ko⁵¹ sʅ³¹ xəu¹³ ŋo⁵⁴ mən⁴⁴ saŋ¹³ ɕiao⁵⁴ ɕio³¹, saŋ¹³ lei⁴⁴ sʅ⁴⁴
九 年 上 嘞 小 学。那 个 时 候 我 们 上 小 学，上 嘞 是
min³¹ ɕiao⁵⁴, min³¹ pan¹³ ɕio³¹ ɕiao⁵⁴, pu³¹ sʅ⁴⁴ koŋ⁴⁴ pan¹³ ɕiao⁵⁴ ɕio³¹. ŋo⁵⁴ saŋ¹³ lei⁴⁴ sʅ⁴⁴ ŋan⁴⁴ suən¹³
民 小，民 办 学 校，不 是 公 办 小 学。我 上 嘞 是 安 顺

第六章 语料标音举例

lei⁴⁴ tsʅ⁴⁴ ko¹³ tsʰən³¹ toŋ⁴⁴ min³¹ ɕiao⁵⁴. tsʅ⁴⁴ ko¹³ iao¹³ tsʅ¹³ tɕi⁵⁴ la³¹ i³¹ ko¹³ ɕiao⁵⁴ pan⁵⁴ tən¹³, iao¹³
嘞 之 个 城 东 民 小。之 个 要 自 己 拿 一 个 小 板 凳,要
tsʅ¹³ tɕi⁵⁴ la³¹ ko¹³ ɕiao⁵⁴ pan⁵⁴ tən¹³, tʰai³¹ ko¹³ ta¹³ lei⁴⁴ pan⁵⁴ tən¹³, tsʅ¹³ tɕi⁵⁴ tai¹³ tɕʰi⁵⁴ tɕʰi⁴⁴ taŋ⁴⁴
自 己 拿 个 小 板 凳,抬 个 大 嘞 板 凳,自 己 带 起 去 当
kʰo¹³ tso³¹. o³¹, a¹³ ko¹³ sʅ³¹ xəu¹³ zən¹³ iəu¹³ ɕiao⁵⁴, xən¹³ ɕin⁴⁴ kʰu⁵⁴, faŋ¹³ ɕio³¹ iəu¹³ iao¹³ pa⁵⁴ tsʅ⁴⁴
课 桌。哦,那 个 时 候 人 又 小,很 辛 苦,放 学 又 要 把 之
ko¹³ tən¹³ tsʅ⁵⁴ iao¹³ kʰaŋ³¹ xuei³¹ tɕia⁴⁴ lai³¹, ti¹³ ɚ¹³ tʰian⁴⁴ iəu¹³ iao¹³ la³¹ tɕʰi⁴⁴ tsʅ⁴⁴ ko¹³ ɕio³¹
个 凳 子 要 扛 回 家 来,第 二 天 又 要 拿 去 之 个 学
ɕiao¹³. xao⁵⁴ tsai¹³ tu³¹ əu¹³ i¹³ lian³¹ i⁵⁴ xəu¹³ mɛ⁴⁴, tɕin¹³ əu¹³ tsʅ⁴⁴ ko¹³ koŋ⁴⁴ pan¹³ ɕiao⁵⁴ ɕio³¹, tɕie³¹
校。好 在 读 噢 一 年 以 后 么,进 噢 之 个 公 办 小 学,结
su³¹ əu¹³ tsʅ⁴⁴ i¹³ tsoŋ⁵⁴ tsʅ¹³ tɕia⁴⁴ tʰai³¹ tso³¹ i⁵⁴ pan⁵⁴ tən¹³ tɕʰi⁴⁴ tu³¹ su⁴⁴ lei⁴⁴ i¹³ tsoŋ⁵⁴ tsuan¹³
束 噢 之 一 种 自 家 抬 桌 椅 板 凳 去 读 书 嘞 之 一 种 状
kʰuaŋ¹³.
况。

ŋo⁵⁴ ɚ¹³ lian³¹ tɕi³¹ lei⁴⁴ sʅ³¹ xəu¹³ saŋ¹³ lei⁴⁴ tsʅ⁴⁴ ko¹³ ɕiao⁵⁴ ɕio³¹, sʅ⁴⁴ ɕian¹³ tsai¹³ lei⁴⁴ ŋan⁴⁴
我 二 年 级 嘞 时 候 上 嘞 之 个 小 学,是 现 在 嘞 安
suən¹³ sʅ¹³ ti¹³ pa³¹ ɕiao⁵⁴ ɕio³¹. tsʅ⁴⁴ ko¹³ ɕio³¹ ɕiao¹³ taŋ⁴⁴ sʅ³¹ xən⁵⁴ xao⁵⁴, iəu¹³ tɕʰi⁵⁴ lan³¹ te¹³ lei⁴⁴
顺 市 第 八 小 学。之 个 学 校 当 时 很 好,尤 其 难 得 嘞
sʅ⁴⁴, ŋo⁵⁴ so⁵⁴ tu³¹ lei⁴⁴ tsʅ⁴⁴ ko¹³ ɕiao¹³ sʅ⁴⁴ ŋan⁴⁴ suən¹³ lei⁴⁴ i³¹ tso¹³ tsuei¹³ ku⁵⁴ lao⁵⁴ lei⁴⁴ tɕian¹³
是,我 所 读 嘞 之 个 学 校 是 安 顺 嘞 一 座 最 古 老 嘞 建
tsu³¹, min¹³ tai¹³ lei⁴⁴ tɕian¹³ tsu³¹, sʅ¹³ ŋan⁴⁴ suən¹³ fu⁵⁴ uən³¹ miao¹³. ɕio³¹ ɕiao⁵⁴ lei⁴⁴ xuan¹³ tɕin⁵⁴
筑,明 代 嘞 建 筑,是 安 顺 府 文 庙。学 校 嘞 环 境
xən⁵⁴ xao⁵⁴, təu⁴⁴ sʅ¹³ ku⁵⁴ tɕian¹³ tsu³¹. tɕʰi¹³ tsoŋ⁴⁴ li⁵⁴ mian¹³ iəu⁵⁴ sʅ¹³ kən⁴⁴ loŋ³¹ tsu¹³ liaŋ⁵⁴ kən⁴⁴
很 好,都 是 古 建 筑。其 中 里 面 有 四 根 龙 柱:两 根
fu³¹ tiao⁴⁴ loŋ³¹ tsu¹³ liaŋ⁵⁴ kən¹³ tʰəu¹³ tiao⁴⁴ loŋ³¹ tsu¹³. tsʅ⁴⁴ liaŋ⁵⁴ kən⁴⁴ loŋ³¹ tsu¹³ tsən⁴⁴ sʅ¹³ tʰai¹³
浮 雕 龙 柱、两 根 透 雕 龙 柱。之 两 根 龙 柱 真 是 太
mei⁵⁴.
美。

lin¹³ uai¹³, ɕio³¹ ɕiao⁵⁴ li⁵⁴ mian¹³ xai³¹ iəu⁵⁴ i¹³ kʰo⁴⁴ kuei¹³ xua⁴⁴ su¹³, tsʅ⁴⁴ kʰo⁴⁴ kuei¹³ xua⁴⁴
另 外,学 校 里 面 还 有 一 棵 桂 花 树,之 棵 桂 花
su¹³, iao¹³ tɕʰi⁵⁴ pa³¹ ko¹³ ɕiao⁵⁴ ua³¹ ua⁴⁴ tsʰai³¹ lən³¹ kəu¹³ səu⁵⁴ tɕʰian⁴⁴ səu⁵⁴ lei⁴⁴ uei¹³ te³¹ tɕʰi⁵⁴
树,要 七 八 个 小 娃 娃 才 能 够 手 牵 手 嘞 围 得 起

191

lai³¹. tsɿ⁴⁴ ko¹³ kuei¹³ xua⁴⁴ su¹³ i¹³ kʰai⁴⁴ a³¹, kuei¹³ xua⁴⁴ i¹³ kʰai⁴⁴ lei⁴⁴ sɿ¹³ xəu¹³, tsɿ⁴⁴ ko¹³ ɕiaŋ⁴⁴ uei¹³
来。之个桂 花 树一 开啊, 桂 花 一 开 嘞时 候, 之 个 香 味
pʰiao⁴⁴ san¹³ tsai¹³ pan¹³ ko¹³ ŋan⁴⁴ suən¹³ tsʰən¹³. ko⁵⁴ ɕi³¹ sɿ¹³ xəu¹³ lai¹³, lao⁵⁴ sɿ⁴⁴ tɕio¹³ tɛ³¹ tsɿ⁴⁴ ko¹³
飘 散 在 半 个 安 顺 城。可 惜 是 后 来, 老 师 觉 得 之 个
su¹³ xao⁵⁴ ɕiaŋ¹³ sɿ⁴⁴ xua⁴⁴ kʰai⁴⁴ tɛ³¹ sao⁵⁴ əu¹³ mɛ⁴⁴ tsa¹³, xao⁵⁴ ɕin⁴⁴ pan¹³ ko¹³ xuai¹³, la³¹ ma⁵⁴
树 好 像 是 花 开 得 少 噢 么 咋, 好 心 办 个 坏 事, 拿 马
fən¹³ tɕʰi⁴⁴ oŋ⁴⁴, i¹³ oŋ⁴⁴ lɛ⁴⁴ tɕiəu¹³ pa⁵⁴ tsɿ⁴⁴ ko¹³ kuei¹³ xua⁴⁴ su¹³ tɕiəu¹³ oŋ⁴⁴ sɿ⁵⁴ əu¹³. tsɿ⁴⁴ xa¹³ tsɿ⁵⁴
粪 去 壅, 一 壅 呢 就 把 之 个 桂 花 树 就 壅 死 噢。之 下 子
təu⁴⁴ sɿ⁴⁴ pu⁵⁴ tsoŋ¹³ lei⁴⁴.
都 是 补 种 嘞。

ɕio³¹ ɕiao¹³ lei⁴⁴ a¹³ liaŋ⁵⁴ kʰo⁴⁴ loŋ³¹ tsu¹³, tʰɛ³¹ piɛ³¹ sɿ⁴⁴ ta¹³ tsʰən³¹ tian¹³ xəu¹³ mian⁴⁴ a¹³
学 校 嘞那 两 棵 龙 柱, 特 别 是 大 成 殿 后 面 嘞那
liaŋ⁵⁴ kʰo⁴⁴ loŋ³¹ tsu¹³, o³¹ io³¹, mei⁵⁴ lən³¹ mei⁵⁴ xuan¹³!tsɿ⁴⁴ xa¹³ tsɿ⁵⁴ tɕiəu¹³ sɿ⁴⁴ pʰin³¹ tao⁵⁴ tsɿ⁴⁴ liaŋ⁵⁴
两 棵 龙 柱, 喔 哟, 美 轮 美 奂! 之 下 子 就 是 凭 倒 之 两
kʰo⁴⁴ loŋ³¹ tsu¹³, la⁴⁴ tsʰən³¹ əu¹³ ŋo⁵⁴ mən⁴⁴ ŋan⁴⁴ suən¹³ sɿ¹³ lei⁴⁴ tɕʰian³¹ kuɛ³¹ tsoŋ¹³ tian⁵⁴ uən³¹ u³¹
棵 龙 柱, 它 成 噢 我 们 安 顺 市 嘞 全 国 重 点 文 物
pao⁵⁴ fu¹³ tan⁴⁴ uei¹³. tsɿ⁴⁴ liaŋ⁵⁴ kʰo⁴⁴ loŋ³¹ tsu¹³ pʰiao¹³ liaŋ¹³ tɛ³¹ xən⁵⁴, ioŋ¹³ tsən⁵⁴ kʰuai⁴⁴ lei⁴⁴ pɛ³¹
保 护 单 位。之 两 棵 龙 柱 漂 亮 得 很, 用 整 块 嘞 白
mian³¹ sɿ³¹, tɕi⁵⁴ tsaŋ¹³ kao⁴⁴, tiao⁴⁴ lei⁴⁴, ləu⁵⁴ kʰoŋ⁴⁴ lei⁴⁴. tsɿ⁴⁴ xa¹³ tsɿ⁵⁴ tsɿ⁴⁴ ko¹³ ɕio³¹ ɕiao⁴⁴ i⁵⁴ tɕin⁴⁴
棉 石, 几 丈 高, 雕 嘞, 镂 空 嘞。之 下 子 之 个 学 校 已 经
tɕʰian⁴⁴ tsʰu³¹ lai¹³ əu¹³, tsʰən¹³ əu¹³ ɕin⁴⁴ tɕʰi⁴⁴ tʰian⁴⁴ tsəu⁴⁴ mo³¹, ŋan⁴⁴ suən¹³ zən³¹ uai¹³ ti¹³ iəu³¹
迁 出 来 噢, 成 噢 星 期 天、周 末, 安 顺 人、外 地 游
zən³¹ tɕʰi⁴⁴ iəu³¹ uan³¹ lei¹³ i³¹ ko¹³ xao⁵⁴ ti¹³ faŋ⁴⁴.
人 去 游 玩 嘞 一 个 好 地 方。

ɕian¹³ tsai¹³ xuei³¹ ɕiaŋ⁵⁴ tɕʰi⁵⁴ lai³¹, tsai¹³ a¹³ ko¹³ ɕio³¹ ɕiao¹³ li⁵⁴ mian¹³ ɕi⁴⁴ ɕi¹³ tsuei⁴⁴ tsu³¹
现 在 回 想 起 来, 在 那 个 学 校 里 面 嬉 戏 追 逐,
xo³¹ tʰoŋ³¹ ɕio³¹ ɕiɛ⁴⁴ foŋ⁴⁴ uan⁴⁴, o³¹ io³¹, tɕio³¹ tɛ³¹ a¹³ ko¹³ sɿ³¹ kuaŋ⁴⁴ xao⁵⁴ kʰuai¹³ lo³¹. tu¹³
和 同 学 些 疯 玩, 哦 哟, 觉 得 那 个 时 光 好 快 乐。读
su⁴⁴ sɿ³¹ xəu¹³ lɛ⁴⁴, ai¹³ ia³¹, in⁴⁴ uei¹³ ŋo⁵⁴ mən⁴⁴ tu³¹ su⁴⁴ sɿ⁴⁴ uən³¹ kɛ³¹ sɿ³¹ tɕʰi⁴⁴, so³¹ sɿ¹³ tsai¹³
书 时 候 呢, 哎 呀, 因 为 我 们 读 书 是 "文 革" 时 期, 说 实 在
lei⁴⁴, lao⁵⁴ sɿ⁴⁴ iɛ⁵⁴ lao⁵⁴ sɿ⁴⁴ təu⁴⁴ iao¹³ tsao³¹ ta⁵⁴ tsʰən³¹ tsʰəu¹³ lao⁵⁴ tɕiəu⁵⁴, iəu¹³ sɿ⁴⁴ tu³¹ su⁴⁴ u³¹ ioŋ¹³,
嘞, 老 师 也、老 师 都 要 着 打 成 臭 老 九, 又 是 读 书 无 用,

192

iɛ⁵⁴ biəu⁵⁴ ɕio³¹ tao⁵⁴ lan⁵⁴ iaŋ¹³. a¹³ sʅ³¹ xəu¹³ i¹³ tʰian⁴⁴ xuən³¹ sʅ³¹ tɕian⁴⁴ lɛ⁴⁴ tɕiəu¹³ sʅ⁴⁴ to⁵⁴ tao⁵⁴
也 没有 学 倒 哪样。那 时 候 一 天 混 时 间 呢 就 是 躲 倒
kʰan¹³ xua⁴⁴ su⁴⁴, tʰao¹³ ɕio³¹ tsʰu³¹ tɕʰi⁴⁴ uan³¹, pʰao⁵⁴ tao¹³ tɕiao⁴⁴ tɕʰi⁴⁴, tsai¹³ xo³¹ tʰəu¹³ tɕʰi⁴⁴ tɕian⁵⁴
看 花 书, 逃 学 出 去 玩, 跑 到 郊 区, 在 河 头 去 捡
uai⁴⁴ uai⁴⁴, lin¹³ uai¹³ mɛ⁴⁴, xo⁵⁴ tao⁵⁴ tʰoŋ¹³ ɕio³¹ tsʰu³¹ tɕʰi⁴⁴ uan³¹.
歪 歪①, 另 外 么, 伙 倒 同 学 出 去 玩。

tu³¹ su⁴⁴ sʅ³¹ xəu¹³ lɛ⁴⁴, iɛ⁵⁴ mei⁵⁴ tsən³¹ ɚ¹³ pa³¹ tɕin⁴⁴ tu¹³ tao⁵⁴ lan⁵⁴ iaŋ¹³ su⁴⁴, i³¹ xa¹³ lɛ⁴⁴,
读 书 时 候 呢, 也 没 正 二 八 经 读 倒 哪样 书, 一下 呢,
iao¹³ ɕio¹³ koŋ⁴⁴, i³¹ xa¹³ iao¹³ ɕio¹³ loŋ¹³, i³¹ xa¹³ iao¹³ ɕio¹³ tɕin³¹. tan¹³ sʅ⁴⁴ lɛ⁴⁴, so³¹ tɕi¹³ lao⁵⁴ sʅ³¹
要 学 工, 一下 要 学 农, 一下 要 学 军。但 是 呢, 说 句 老 实
xua¹³, a¹³ ko¹³ sʅ³¹ xəu¹³ lɛ⁴⁴, pu³¹ ɕiaŋ¹³ tsʅ⁴⁴ tsʅ⁴⁴ ua³¹ ua⁴⁴ ŋo¹³, fu³¹ tan⁴⁴ xən⁵⁴ tsoŋ¹³, i³¹ ko¹³
话, 那个 时 候 呢, 不 像 之 下 之 娃 娃 □这么, 负 担 很 重, 一个
su⁴⁴ pao⁴⁴ sʅ³¹ tɕi⁵⁴ ɚ¹³ sʅ³¹ tɕin³¹. a¹³ xa¹³ tsʅ⁵⁴ ŋo⁵⁴ mən⁴⁴ tɕiəu³¹ sʅ⁴⁴ po³¹ po³¹ lei i¹³ pən⁵⁴ i⁵⁴ uən³¹
书 包 十 几 二 十 斤。那 下 子 我 们 就 是 薄 薄 嘞 一 本 语 文、
i¹³ pən⁵⁴ suan¹³ su⁵⁴, tɕiəu¹³ tsoŋ¹³ ŋo¹³ lian⁵⁴ pən⁵⁴ su⁴⁴, uan¹³ tɛ³¹ u³¹ iəu⁴⁴ u¹³ lei¹³ lei³¹. sən⁴⁴ xo³¹ mɛ⁴⁴
一 本 算 术, 就 □□这么 两 本 书, 玩 得 无 忧 无 虑 嘞。生 活 么
suei⁴⁴ zan³¹ sʅ⁴⁴ pʰin³¹ tan³¹, tan³¹ sʅ⁴⁴, tsʰoŋ³¹ i¹ ko³¹ ɕiao⁵⁴ ua³¹ ua⁴⁴ tɕio³¹ tu¹³ tɕian⁵⁴, uan³¹ tɛ³¹ xən⁵⁴
虽 然 是 平 淡, 但 是, 从 一 个 小 娃 娃 角 度 讲, 玩 得 很
kʰai⁴⁴ ɕin⁴⁴. suei⁴⁴ zan³¹ u³¹ tsʅ⁴⁴ pʰin³¹ fa³¹, tan¹³ sʅ⁴⁴ tsʅ³¹ tɕi⁵⁴ tsʅ³¹ iəu³¹. in⁴⁴ uei¹³ a¹³ ko³¹ sʅ³¹ xəu¹³
开 心。虽 然 物 资 贫 乏, 但 是 自 己 自 由。因 为 那 个 时 候
mɛ⁴⁴, ɕioŋ⁴⁴ ti¹³ tsʅ⁵⁴ mei¹³ iɛ⁵⁴ to⁴⁴, ta¹³ tɕia⁵⁴ təu⁴⁴ tsʅ¹³ iəu³¹.
么, 兄 弟 姊 妹 也 多, 大 家 都 自 由。

tao¹³ tu³¹ tao¹³ tsʰu⁴⁴ tsoŋ⁴⁴ lai³¹, ɛ¹³, iɛ⁵⁴ sʅ³¹ tsai¹³ i³¹ so⁵⁴ min³¹ ɕiao¹³ tu³¹, ŋo⁵⁴ mən⁴⁴ ŋan⁴⁴
到 读 到 初 中 来, 诶, 也 是 在 一 所 名 校 读, 我 们 安
suən¹³ lei⁴⁴. a¹³ sʅ³¹ xəu¹³ pu³¹ ɕin⁴⁴ kʰao⁵⁴ sʅ¹³, pu³¹ ɕiaŋ¹³ tsʅ⁴⁴ xa¹³ tsai¹³ xua⁴⁴ kao⁴⁴ ɕia¹³. li⁵⁴ ɕia⁴⁴
顺 嘞。那 时 候 不 兴 考 试, 不 像 之 下 在 花 高 价, 你 家
tso¹³ la⁵⁴ tɛ³¹ ŋai⁴⁴ tao⁵⁴ la⁵⁴ tɛ³¹ tɕiəu¹³ tɕʰi⁴⁴ la⁵⁴ tɛ³¹ tu³¹. tsʅ⁴⁴ ko¹³ i³¹ tsoŋ⁴⁴ lɛ⁴⁴, ɕian¹³ tsai¹³ lei⁴⁴
坐 哪点、挨 倒 哪点, 就 去 哪点 读。之 个 一 中 呢, 现 在 嘞
ŋan⁴⁴ suən¹³ ti¹³ i³¹ kao⁴⁴ tɕi³¹ tsoŋ⁴⁴ ɕio³¹, iɛ⁵⁴ sʅ⁴⁴ ŋo⁵⁴ mən⁴⁴ ŋan⁴⁴ suən¹³ lei i¹³ so⁵⁴ pe³¹ lian³¹
安 顺 第 一 高 级 中 学, 也 是 我 们 安 顺 嘞 一 所 百 年

---

① 歪歪:指蛤蚌。

193

min³¹ ɕiao¹³. la⁴⁴ sʅ³¹ tɕhin⁴⁴ mo³¹ lei⁴⁴ fei¹³ tsʰu³¹ ko⁴⁴ tɕi⁵⁴ i⁵⁴ xəu¹³ pan¹³ lei¹³ i¹³ so⁵⁴ sən⁵⁴ li³¹ tsoŋ⁴⁴
名 校。它 是 清 末 嘞 废 除 科 举 以 后 办 嘞一 所 省 立 中
ɕio³¹. taŋ⁴⁴ sʅ³¹ tɕhian³¹ sən⁵⁴ iəu⁴⁴ tɕi⁵⁴ so⁵⁴ tsoŋ⁴⁴ ɕio³¹, ŋo⁵⁴ mən⁴⁴ ŋan⁴⁴ suan¹³ lei¹³ tsʅ⁴⁴ ko³¹ sʅ⁴⁴ sən⁵⁴
学。当 时 全 省 有 几 所 中 学,我 们 安 顺 嘞之 个 是 省
li³¹ ti²³ sʅ¹³ tsoŋ⁴⁴ ɕio³¹. zan³¹ xəu¹³, tsai¹³ a¹³ tɛ⁵⁴ tu¹³ əu¹³ tsʰu¹³ tsoŋ⁴⁴. tu¹³ əu¹³ tsʰu¹³ tsoŋ⁴⁴ mɛ⁴⁴, xəu¹³
立 第 四 中 学。然 后,在 那 点 读 噢 初 中。读 噢 初 中 么,后
lai³¹ in⁴⁴ uei¹³ ŋo⁵⁴ tɕia¹³ pɛ³¹ fu¹³ iəu¹³ tiao¹³ tɕhi⁴⁴ lin¹³ uai¹³ i¹³ so⁵⁴ tsoŋ⁴⁴ ɕio³¹ taŋ⁴⁴ ɕiao¹³ tsaŋ⁵⁴,
来 因 为 我 家 伯 父 又 调 去 另 外 一 所 中 学 当 校 长,
tɕiəu¹³ so³¹ xan⁵⁴ ŋo⁵⁴ tɕhi⁴⁴ kuan⁵⁴ tao⁵⁴, iəu¹³ tiao¹³ ŋo⁵⁴ tɕhi⁴⁴ əu¹³. a¹³ so⁵⁴ tsoŋ⁴⁴ ɕio³¹ tɕiəu¹³ sʅ⁴⁴
就 说 喊 我 去 管 倒, 又 调 我 去 噢。那 所 中 学 就 是
ŋan⁴⁴ suan²³ ti¹³ lu³¹ tsoŋ⁴⁴ ɕio³¹. tsʅ¹³ tɕi⁵⁴ a¹³ sʅ³¹ xəu¹³ ɕio³¹ ɕi³¹, tao¹³ xəu¹³ lai¹³ ɕiao⁵⁴ tɛ³¹ ɕio³¹ ɕi³¹
安 顺 第 六 中 学。自 己 那 时 候 学 习, 到 后 来 晓 得 学 习
lei⁴⁴ tsoŋ¹³ iao¹³ əu¹³, tan¹³ sʅ⁴⁴ lɛ⁴⁴, i⁵⁴ tɕin⁴⁴ uan⁵⁴ əu¹³. ko¹³ zən³¹ lɛ⁴⁴ iɛ⁵⁴ tʰai¹³ pʰian⁴⁴, tsʅ⁵⁴ sʅ⁴⁴
嘞重 要 噢, 但 是 呢, 已 经 晚 噢。个 人 呢 也 太 偏(科), 只 是
ɕi⁵⁴ xuan⁴⁴ i⁵⁴ uən¹³, uən³¹ kʰo⁴⁴, li³¹ sʅ⁵⁴ ti¹³ li⁵⁴, su¹³ li⁵⁴ xua¹³ mɛ⁴⁴ tɕiəu¹³ lao⁵⁴ xo⁵⁴ ləu³¹, tu³¹ lei⁴⁴ sʅ¹³
喜 欢 语 文,文 科,历 史、地 理,数 理 化 么 就 老 火 喽,读 嘞是
uan¹³ tʰian⁴⁴ su⁴⁴ ləu³¹. so⁴⁴ i⁵⁴ so³¹, tsʅ⁴⁴ xa⁵⁴ tsʅ⁵⁴ iɛ⁵⁴ sʅ⁴⁴ xən⁵⁴ xəu¹³ xuei⁵⁴.
望 天 书 喽。所 以 说,之 下 子 也 是 很 后 悔。

　　i⁵⁴ xəu¹³ tsʰan⁴⁴ tɕia⁴⁴ əu¹³ koŋ⁴⁴ tso³¹, tsai¹³ loŋ³¹ tsʰən⁴⁴, iao⁴⁴ pʰu¹³ liaŋ³¹ kuan⁴⁴ so⁵⁴. liaŋ⁵⁴
　　以 后 参 加 噢 工 作,在 农 村,幺 铺 粮 管 所。两
tɕhian⁴⁴ lian³¹ tan⁴⁴ uei¹³ iəu¹³ kai⁵⁴ tsʅ¹³,kai⁵⁴ tsʅ⁵⁴ mɛ⁴⁴ tɕiəu¹³ lao⁵⁴ xo⁵⁴ əu¹³ ləu³¹ ma³¹. ŋo⁵⁴ tɕiɛ³¹
千 年 单 位 又 改 制,改 制 么 就 老 火 噢 喽 嘛。我 结
xuan²³ iɛ⁵⁴ tɕiɛ³¹ tɛ³¹ uan³¹, san⁴⁴ sʅ³¹ u⁵⁴ suei¹³ tsʰai¹³ tɕiɛ³¹ xuan²³, tsʅ⁴⁴ xa¹³ tsʅ⁵⁴ ua⁴⁴ ua⁴⁴ tsʰai³¹ ɚ¹³
婚 也 结 得 晚,三 十 五 岁 才 结 婚,之 下 子 娃 娃 才 二
sʅ³¹ suei¹³, tsai¹³ tʰian⁴⁴ tɕin⁴⁴ sʅ⁴⁴ fan⁴⁴ ta¹³ ɕio³¹ tu³¹ su⁴⁴. ŋo⁵⁴ tɕia⁴⁴ lao⁵⁴ pʰo³¹, tsəu¹³ tian⁵⁴ ɕiao⁵⁴
十 岁,在 天 津 师 范 大 学 读 书。我 家 老 婆, 做 点 小
sən⁴⁴ i¹³. ŋo⁵⁴ lɛ³¹, tɕiəu¹³ tsai¹³ tɕia⁴⁴ tʰəu⁵⁴, kən⁴⁴ lao⁵⁴ pʰo³¹ tsəu¹³ tian⁵⁴ fan¹³. ŋo⁵⁴ iɛ⁵⁴ ɕio³¹ saŋ¹³
生 意。我 呢, 就 在 家 头, 跟 老 婆 做 点 饭。我 也 学 上
uan⁵⁴, kən⁴⁴ tsʅ¹³ tɕi³¹ tɕhi⁵⁴ lei⁴⁴ min³¹ tsʅ¹³ sʅ⁴⁴ tɕiao¹³ tɕia⁴⁴ tʰin³¹ tsu¹³ fu¹³ tsu⁵⁴ fu⁴⁴: tsu⁵⁴ fan¹³
网,给 自 己 取 嘞 名 字 是 叫 家 庭 主 妇——煮 夫:煮 饭
lei⁴⁴ tsu⁵⁴, tsaŋ¹³ fu³⁴ lei⁴⁴ fu⁴⁴. tsai¹³ uan⁵⁴ saŋ¹³ lɛ⁴⁴, iəu⁵⁴ sʅ¹³ xəu¹³ ɕio³¹ tsʰaŋ¹³ xa¹³ ko⁴⁴, in⁴⁴ uei¹³
嘞煮,丈 夫 嘞 夫。在 网 上 呢, 有 时 候 学 唱 下 歌,因 为

194

ŋo⁵⁴ tɕio³¹ te³¹ tsɿ⁴⁴ ko¹³ tsʰaŋ¹³ ko⁴⁴ a³¹, iɛ⁵⁴ iəu⁵⁴ xao⁵⁴ to⁴⁴ xao⁵⁴ tsʰu¹³, tsən⁴⁴ tɕia⁴⁴ fei¹³ xo³¹ liaŋ¹³,
我 觉 得 之 个 唱 歌 啊, 也 有 好 多 好 处, 增 加 肺 活 量,
zan³¹ xəu¹³, tʰin⁴⁴ tao¹³ tsɿ⁴⁴ tsoŋ⁵⁴ mei⁵⁴ miao¹³ lei⁴⁴ ɕian³¹ li³¹, li⁵⁴ tsɿ³¹ tɕi⁵⁴ iɛ⁵⁴ xuei¹³ kan⁵⁴ tɕio³¹
然 后, 听 到 之 种 美 妙 嘞 旋 律, 你 自 己 也 会 感 觉
tao¹³ tɕin⁴⁴ sən³¹ su²¹ tsʰaŋ¹³. lin³¹ uai¹³ lɛ⁴⁴, iɛ⁵⁴ ɕi⁵⁴ xuan⁴⁴ pei¹³ soŋ¹³ tian⁵⁴ ku⁵⁴ uən³¹ tʰaŋ³¹ sɿ⁴⁴ soŋ¹³
到 精 神 舒 畅。 另 外 呢, 也 喜 欢 背 诵 点 古 文、唐 诗 宋
tsʰɿ³¹, tʰin⁴⁴ tian³¹ tsɿ⁴⁴ i³¹ ɕiɛ⁴⁴ min¹³ io³¹ liəu¹³ ɕin³¹ in⁴⁴ io³¹. koŋ¹³ kan⁵⁴ tɕio³¹, tsɿ³¹ xa³¹ tsɿ³¹ lei⁴⁴ tsɿ⁴⁴
词, 听 点 之 一 些 民 乐、 流 行 音 乐。□个人感 觉, 之 下 子 嘞 之
ko¹³ sɿ³¹ tai¹³ lɛ⁴⁴, xai³¹ sɿ⁴⁴ xao⁵⁴ tɛ³¹ to⁴⁴ əu¹³. suei⁴⁴ zan³¹ so³¹ tsɿ¹³ tɕi⁵⁴ lei⁴⁴ tsɿ⁴⁴ tsoŋ⁴⁴ sən⁴⁴ xo³¹
个 时 代 呢, 还 是 好 得 多 噢。 虽 然 说 自 己 嘞 之 种 生 活
kan⁵⁴ tɕio³¹ tao¹³ so³¹ pu³¹ sɿ⁴⁴ lan⁵⁴ iaŋ⁴⁴ fu¹³ iəu⁵⁴, tan³¹ sɿ⁴⁴ xai³¹ sɿ⁴⁴ kan⁵⁴ tɕio³¹ xo³¹ tɛ³¹ xən⁵⁴ iəu⁵⁴
感 觉 到 说 不 是 哪 样 富 有, 但 是 还 是 感 觉 活 得 很 有
i¹³ i¹³. tɕia⁴⁴ li⁵⁴ mian¹³ lei⁴⁴ lao⁵⁴ pʰo³¹ iɛ⁵⁴ xai³¹ sɿ⁴⁴ ɕian³¹ xuei¹³, ua³¹ ua⁴⁴ iɛ⁵⁴ tʰin⁴⁴ xua¹³, tsɿ¹³ tɕi⁵⁴
意 义。家 里 面 嘞 老 婆 也 还 是 贤 惠, 娃 娃 也 听 话, 自 己
iɛ⁵⁴ tsɿ⁴⁴ tsu³¹ əu¹³.
也 知 足 噢。

三、业余爱好

ɕia¹³ mian¹³ ŋo⁵⁴ kai¹³ sao¹³ xa¹³ ŋo⁵⁴ ko¹³ zən³¹ lei⁴⁴ ɕin¹³ tɕʰi¹³ ŋai¹³ xao¹³. ŋo⁵⁴ ɕi⁵⁴ xuan⁴⁴ lei⁴⁴
下 面 我 介 绍 下 我 个 人 嘞 兴 趣 爱 好。我 喜 欢 嘞
iɛ⁵⁴ pi⁵⁴ tɕiao¹³ po³¹ tsa³¹, ɕi⁵⁴ xuan⁴⁴ li⁵⁴ iəu³¹, ɕi⁵⁴ xuan⁴⁴ tsʰaŋ⁴⁴ ko⁴⁴, ɕi⁵⁴ xuan⁴⁴ tsuei¹³ ɕi⁵⁴ xuan⁴⁴
也 比 较 驳 杂, 喜 欢 旅 游, 喜 欢 唱 歌, 喜 欢、最 喜 欢
lei⁴⁴ sɿ⁴⁴ ɕi⁵⁴ xuan⁴⁴ səu⁴⁴ tsʰaŋ³¹.
嘞 是 喜 欢 收 藏。

ŋo⁵⁴ səu⁴⁴ tsʰaŋ³¹ lei⁴⁴ tsɿ⁴⁴ ko¹³ ɕin¹³ tɕʰi¹³ ŋai¹³ xao¹³ lɛ⁴⁴, sɿ³¹ tɕian⁴⁴ iɛ⁵⁴ tsao⁵⁴, in⁴⁴ uei¹³ tu³¹ su⁴⁴
我 收 藏 嘞 之 个 兴 趣 爱 好 呢, 时 间 也 早, 因 为 读 书
sɿ³¹ xəu¹³ ɕiao⁵⁴ sɿ³¹ xəu¹³ iɛ⁵⁴ pe⁴⁴ lan⁵⁴ iaŋ¹³ uan³¹ lei⁴⁴, a¹³ ko³¹ sɿ³¹ xəu¹³ lɛ⁴⁴, tsɿ⁴⁴ ɕiɛ⁵⁴ ɕiao¹³ xo⁵⁴
时 候、小 时 候 也 [不得] 哪 样 玩 嘞, 那 个 时 候 呢, 之 些 小 伙
pan¹³ lɛ⁴⁴, ɕi⁵⁴ xuan⁴⁴ tu⁵⁴ ɕiaŋ⁴⁴ ian⁴⁴ kʰo³¹, xai³¹ iəu⁵⁴ a¹³ ko¹³ tɕi¹³ ɕin¹³ lei⁴⁴ iəu³¹ pʰiao¹³. tsʰoŋ³¹ a¹³
伴 呢, 喜 欢 赌 香 烟 壳, 还 有 那 个 寄 信 嘞 邮 票。从 那
ko¹³ sɿ³¹ xəu¹³ lɛ⁴⁴ tɕəu¹³ u³¹ i³¹ sɿ³¹ lei⁴⁴ tɕəu¹³ tsʰan⁵⁴ sən⁴⁴ əu¹³ tsɿ⁴⁴ ko¹³ səu⁴⁴ tsʰaŋ³¹ lei⁴⁴ ɕin¹³
个 时 候 呢 就、无 意 识 嘞 就 产 生 噢 之 个 收 藏 嘞 兴

tɕʰi¹³. xəu¹³ lai¹³ suei¹³ tso³¹ lian³¹ lin³¹ lei⁴⁴ tsən⁴⁴ tsaŋ⁵⁴, xəu¹³ lai³¹ suei¹³ tso³¹ lian³¹ lin³¹ lei⁴⁴ tsən⁴⁴
趣。后 来 随 着 年 龄 嘞 增 长，后 来 随 着 年 龄 嘞 增
tsaŋ⁵⁴, tsʅ⁴⁴ i¹³ tsoŋ⁵⁴ səu⁴⁴ tsʰaŋ³¹ xo¹³ toŋ¹³ tsʅ⁴⁴ i¹³ tsoŋ⁵⁴ səu⁴⁴ tsʰaŋ³¹ lei⁴⁴ ŋai¹³ xao¹³ lɛ⁴⁴, tsʰʅ³¹ su³¹
长，之一 种 收 藏 活 动，之一 种 收 藏 嘞 爱 好 呢，持 续
tao¹³ ɕian¹³ tsai¹³, tsʰao⁴⁴ ko¹³ sʅ³¹ sʅ³¹ lian³¹ i⁵⁴ saŋ¹³.
到 现 在，超 过 四 十 年 以 上。

i⁵⁴ tɕʰian³¹ lɛ⁴⁴ ɕi⁵⁴ xuan⁴⁴ uan³¹ səu⁵⁴ tsʰan³¹ ɕian⁴⁴ ian⁴⁴ kʰo³¹, a¹³ ko³¹ sʅ³¹ xəu¹³ tsʅ⁴⁴ ko¹³ ɕian⁴⁴
以 前 呢 喜 欢 玩 收 藏 香 烟 壳，那 个 时 候 之 个 香
ian⁴⁴ kʰo³¹, o³¹, ŋo⁵⁴ tɕi¹³ te³¹ ŋo⁵⁴ mən⁴⁴ ɕiao⁵⁴ xo⁵⁴ pan¹³, kʰo³¹ i⁵⁴ tsəu⁵⁴ tao¹³ xo⁵⁴ tsʰɛ⁴⁴ tsan¹³, uei¹³
烟 壳，哦，我 记 得 我 们 小 伙 伴，可 以 走 到 火 车 站，为
lan⁵⁴ iaŋ¹³ lɛ⁴⁴?xo⁵⁴ tsʰɛ⁴⁴ tsan¹³ sʅ⁴⁴ tsʅ⁴⁴ i¹³ ɕie⁵⁴ lan³¹ lai³¹ pɛ³¹ uaŋ⁵⁴ lei¹³ kʰɛ³¹ zən³¹ təu⁴⁴ iəu⁵⁴, xuei¹³
哪 样 呢？火 车 站 是 之 一 些 南 来 北 往 嘞 客 人 都 有，会
tiəu⁴⁴ tiəu⁴⁴ i¹³ ɕie⁴⁴ ian⁴⁴ xo³¹, ŋo⁵⁴ mən⁴⁴ tɕiəu¹³ xuei¹³ tɕian⁵⁴ tsʅ⁴⁴ ko¹³ ɕian⁴⁴ ian⁴⁴ xo³¹ lai³¹ uan³¹.
丢、丢 一 些 烟 盒，我 们 就 会 捡 之 个 香 烟 盒 来 玩。
xai³¹ iəu⁵⁴ tʰoŋ⁴⁴ tɕin¹³ ioŋ³¹ lei⁴⁴ tsʅ⁴⁴ ko¹³ iəu⁴⁴ pʰiao¹³. xəu¹³ lai³¹ koŋ⁵⁴ tso³¹ i⁵⁴ xəu¹³ lɛ⁴⁴, in⁴⁴ uei¹³
还 有 通 信 用 嘞 之 个 邮 票。后 来 工 作 以 后 呢，因 为
ko¹³ zən³¹ ko¹³ zən³¹ ɕi⁵⁴ xuan⁴⁴ li³¹ sʅ⁴⁴, tɕiəu⁵⁴ ɕi⁵⁴ xuan⁴⁴ səu⁴⁴ tɕiəu⁵⁴ ɕi⁵⁴ xuan⁴⁴ səu⁴⁴ tɕi³¹ tsʅ⁴⁴ ko¹³
个 人、个 人 喜 欢 历 史，就 喜 欢 收、就 喜 欢 收 集 之 个
ku⁵⁴ tɕʰian³¹ pi¹³, ŋo⁵⁴ mən⁴⁴ taŋ⁴⁴ ti¹³ zən³¹ tɕiao¹³ ku⁵⁴ lao⁵⁴ tɕʰian³¹. tʰoŋ⁴⁴ ko¹³ səu⁴⁴ səu⁴⁴ tɕi³¹ tsʅ⁴⁴
古 钱 币，我 们 当 地 人 叫 古 老 钱。通 过 收、收 集 之
ko¹³ ku⁵⁴ tɕʰian³¹ pi¹³ lɛ⁴⁴, tsən⁴⁴ tsaŋ⁵⁴ əu¹³ i¹³ ɕie⁴⁴ li³¹ sʅ⁴⁴ tsʅ³¹. ɚ³¹ tɕʰiɛ⁵⁴ tsʅ⁴⁴ ko¹³ ɕin¹³ tɕʰi¹³
个 古 钱 币 呢，增 长 噢 一 些 历 史 知 识。而 且 之 个 兴 趣
lɛ⁴⁴, iɛ³¹ lai³¹ iɛ³¹ loŋ³¹.
呢，越 来 越 浓。

ɕiao⁵⁴ ɕiao⁵⁴ lei⁴⁴ i³¹ ko¹³ tɕʰian³¹ pi¹³, li⁵⁴ pu³¹ iao¹³ kʰan¹³ la⁴⁴ ɕiao⁵⁴, tan¹³ sʅ⁴⁴ la⁴⁴ xan³¹ kai¹³
小 小 嘞 一 个 钱 币，你 不 要 看 它 小，但 是 它 涵 盖
lei⁴⁴ luei³¹ ioŋ³¹ lɛ⁴⁴, fei⁴⁴ tsʰaŋ³¹ kuaŋ⁵⁴ fan¹³, saŋ¹³ tsʅ¹³ tʰaŋ³¹ soŋ¹³ tsʰuən⁴⁴ tɕiəu⁴⁴ tsan¹³ kuɛ⁵⁴ u⁵⁴
嘞 内 容 呢，非 常 广 泛，上 至 唐 宋、春 秋 战 国、五
tai¹³ sʅ³¹ kuɛ³¹ ɕia¹³ tao¹³ tʰaŋ³¹ soŋ¹³ ian³¹ min³¹ tɕʰin⁴⁴ min³¹ kuɛ³¹ tɕin¹³ tai¹³ ɕian¹³ tai¹³. tsʅ⁴⁴ ko¹³
代 十 国，下 到 唐 宋 元 明 清、民 国 近 代、现 代。之 个
tɕʰian³¹ pi¹³ saŋ¹³ lɛ⁴⁴, pu³¹ tan¹³ fan⁵⁴ in¹³ taŋ⁵⁴ sʅ³¹ lei⁴⁴ li⁵⁴, tʰəu¹³ ko³¹ tsʅ⁴⁴ ko¹³ tɕʰian³¹ pi¹³, li⁵⁴
钱 币 上 呢，不 但 反 映 当 时 嘞 历 史，透 过 之 个 钱 币，你

kʰo⁵⁴ i⁵⁴ kʰan¹³ tao⁵⁴ taŋ⁴⁴ sŗ³¹ lei³¹ li³¹ sŗ⁵⁴ tɕin⁴⁴ tɕi¹³ tɕin⁴⁴ sŗ¹³ uan³¹ xua¹³. li⁵⁴ ɕiaŋ⁵⁴, tsŗ⁴⁴ ko¹³ ku⁵⁴
可 以 看 倒 当 时 嘞 历 史、经 济、军 事、文 化。你 想，之 个 古
tɕʰian³¹ saŋ¹³, la⁴⁴ lei⁴⁴ ko¹³ tsoŋ⁵⁴ su⁴⁴ fa³¹ təu⁴⁴ iəu⁵⁴: tsuan¹³ su⁴⁴ li¹³ su⁵⁴ ɕin³¹ su¹³ tsʰao⁵⁴ su⁵⁴ mei⁵⁴
钱 上，它 嘞 各 种 书 法 都 有：篆 书、隶 书、行 书、草 书、美
su³¹ tsŗ¹³, in¹³ iəu⁵⁴ tɕin¹³ iəu⁵⁴. xai³¹ iəu⁵⁴ xuaŋ⁵⁴ ti¹³ lei⁴⁴ i⁵⁴ pi³¹ tɕʰin⁴⁴ su⁴⁴, xai³¹ iəu⁵⁴ loŋ³¹ min³¹
术 字，应 有 尽 有。还 有 皇 帝 嘞 御 笔 亲 书，还 有 农 民
tɕʰi⁵⁴ i¹³ tɕin⁴⁴ lei⁴⁴ xo¹³ pi⁵⁴, xai³¹ iəu⁴⁴ ɕin³¹ tsuaŋ¹³ ko³¹ i⁵³lei⁴⁴ tsʰuən⁴⁴ tɕʰiəu⁴⁴ sŗ³¹ tɕʰi⁴⁴ lei⁴⁴ tao⁴⁴
起 义 军 嘞 货 币，还 有 形 状 各 异 嘞 春 秋 时 期 嘞 刀
pi¹³ kuei⁵⁴ lian⁵⁴ tɕʰian³¹ i⁵⁴ pi³¹ tɕʰian³¹ ian³¹ tɕʰian³¹. tao¹³ xəu⁵⁴ lai³¹ tɕʰin¹³ sŗ⁵⁴ xuaŋ³¹ tʰoŋ⁵⁴ i³¹ lei⁴⁴
币、鬼 脸 钱、蚁 鼻 钱、圆 钱。到 后 来 秦 始 皇 统 一 嘞
tsŗ⁴⁴ ko¹³ faŋ⁴⁴ kʰoŋ⁵⁴ ian³¹ tɕʰian³¹, ɕiaŋ¹³ tsən⁴⁴ tʰian⁵⁴ ian³¹ ti¹³ faŋ³¹, tsŗ⁵⁴ soŋ⁵⁴ tɕʰian³¹ pi¹³. li⁵⁴
之 个 方 孔 圆 钱，象 征 天 圆 地 方，之 种 钱 币。里
mian¹³ lei⁴⁴ lo³¹ tɕʰi¹³ to⁴⁴ to⁴⁴.
面 嘞 乐 趣 多 多。

tʰəu¹³ ko¹³ ɕiəu¹³ tɕi³¹ pan⁴⁴ pan⁴⁴ lei⁴⁴ ku⁵⁴ tɕʰian³¹, li⁵⁴ xuaŋ⁵⁴ fu³¹(faŋ⁵⁴ fu³) xuei¹³ tao¹³ əu¹³
透 过 锈 迹 斑 斑 嘞 古 钱，你 恍 惚（仿 佛）回 到 噢
tɕin¹³ tʰaŋ³¹ sŗ³¹ tɕʰi⁴⁴, faŋ⁵⁴ fu³¹ tsai¹³ xo³¹ ku⁵⁴ zən³¹ tuei¹³ xua¹³. iəu⁵⁴sŗ³¹ xəu¹³, ioŋ¹³ tsŗ⁴⁴ tsŗ⁵⁴
近 唐 时 期，仿 佛 在 和 古 人 对 话。有 时 候，用 之 下 子
i⁵⁴ ian³¹ tɕiaŋ⁵⁴ iəu⁵⁴ tsoŋ⁵⁴ tsʰuan⁴⁴ iɛ³¹ kan⁵⁴, tɕio¹³ tɛ³¹ lo³¹ tsai¹³ tɕʰi³¹ tsoŋ⁴⁴. iəu⁵⁴ sŗ³¹ xəu¹³, li⁵⁴
语 言 讲 有 种 穿 越 感，觉 得 乐 在 其 中。有 时 候，你
luei¹³ əu¹³ a⁴⁴, li⁵⁴ la³¹ tɕʰi⁵⁴ tsŗ³¹ ɕiɛ⁴⁴ ku⁵⁴ tɕʰian⁴⁴ tsai¹³ səu⁵⁴ li⁵⁴ mian¹³ mo³¹ so⁴⁴ uan³¹ saŋ⁵⁴ lei⁴⁴ sŗ³¹
累 噢 啊，你 拿 起 之 些 古 钱 在 手 里 面 摩 挲 玩 赏 嘞 时
xəu¹³, la⁴⁴ lən³¹ kəu¹³ kən⁴⁴ li⁵⁴ tai¹³ lai¹³ i¹³ tsoŋ⁵⁴ pʰian¹³ kʰɛ³¹ lei⁴⁴ lin³¹ tɕin¹³. tʰoŋ¹³ sŗ³¹ lɛ⁴⁴, xao⁵⁴
候，它 能 够 跟 你 带 来 一 种 片 刻 嘞 宁 静。同 时 呢，好
ɕiaŋ¹³ iəu⁵⁴ ko¹³ tse³¹ zən³¹ tɕiaŋ⁵⁴ ko¹³, ŋai⁵⁴ səu⁴⁴ tsʰaŋ³¹ lei⁴⁴ zən³¹ iəu⁴⁴ suaŋ³¹ pei¹³ lei⁴⁴ kʰuai¹³ lo³¹,
像 有 个 哲 人 讲 过，爱 收 藏 嘞 人 有 双 倍 嘞 快 乐，
in⁴⁴ uei¹³ la⁴⁴ sən²¹ xo³¹ tsai¹³ liaŋ⁵⁴ ko¹³ kʰoŋ⁴⁴ tɕian⁵⁴ li⁵⁴ mian¹³.
因 为 他 生 活 在 两 个 空 间 里 面。

tsai¹³ səu⁴⁴ tsʰaŋ³¹ tsŗ³¹ i¹³ ɕiɛ⁴⁴ tsʰu³¹ əu⁵⁴ səu⁴⁴ tsʰaŋ³¹ tɕʰian³¹ pi⁵⁴ tsŗ⁴⁴ uai¹³ lɛ⁴⁴, ŋo⁵⁴ iɛ⁵⁴ fei⁴⁴
在 收 藏 之 一 些 除 噢 收 藏 钱 币 之 外 呢，我 也 非
tsʰaŋ³¹ kuan⁴⁴ tsu²¹ pən⁵⁴ ti¹³ ŋo⁵⁴ mən⁴⁴ ŋan⁴⁴ suan¹³ lei⁴⁴ tsŗ¹³ i¹³ ɕiɛ⁴⁴ uən³¹ sŗ¹³ ɕiaŋ⁴⁴ paŋ⁴⁴ uən³¹
常 关 注 本 地 我 们 安 顺 嘞 之 一 些 文 史、乡 邦 文

ɕian¹³. so⁵⁴ i⁵⁴ so³¹ ŋo⁵⁴ tʰɛ³¹ piɛ³¹ ɕi⁵⁴ xuan⁴⁴ səu⁴⁴ tɕi³¹ i⁵⁴ pən⁵⁴ tʰu³¹ iəu⁵⁴ kuan⁴⁴ lei⁴⁴ tsɿ⁴⁴ i¹³ ɕiɛ⁴⁴
献。所以说我特别喜欢收集与本土有关嘞之一些
səu⁴⁴ tsʰaŋ³¹ pʰin⁵⁴, pu³¹ lən³¹ sɿ¹³ i⁴⁴ faŋ³¹ lian¹³ tʰai³¹, pu³¹ lən³¹ sɿ¹³ i⁴⁴ faŋ¹³ tsaŋ³¹ i⁵⁴ tɕʰian³¹ lei⁴⁴
收藏品，不论是一方砚台，不论是一方、一张以前嘞
lao⁵⁴ ŋan⁴⁴ suən¹³ zən³¹ ɕiɛ⁴⁴ lei⁴⁴ tsɿ¹³. tʰəu¹³ ko¹³ tsɿ³¹ i¹³ ɕiɛ⁴⁴ tian⁵⁴ tian⁵⁴ ti³¹ ti³¹ lei⁴⁴ i¹³ ɕiɛ⁴⁴ li³¹ sɿ⁵⁴
老安顺人写嘞字。透过之一些点点滴滴嘞一些历史
ɕin¹³ ɕi³¹, iɛ⁵⁴ zaŋ¹³ ŋo³¹ liao⁴⁴ kai⁴⁴ i⁵⁴ tɕʰian³¹ tɕʰin⁴⁴ tai¹³ min³¹ kuɛ³¹ sɿ³¹ tɕʰi⁴⁴ lei⁴⁴ ŋan⁴⁴ suən¹³,
信息，也让我了解以前清代、民国时期嘞安顺，
tsʰoŋ³¹ ɚ³¹ kən¹³ tɕia⁴⁴ ɕi⁵⁴ xuan⁴⁴ ŋan⁴⁴ suən¹³.
从而更加喜欢安顺。

　　　　ŋo⁵⁴ tɕio³¹ tɛ³¹, tsɿ⁴⁴ ko³¹ səu⁴⁴ tsʰaŋ³¹ a³¹, tuei¹³ ŋo⁵⁴ mən⁴⁴ i¹³ pan⁴⁴ lao⁵⁴ pɛ³¹ ɕin¹³ lai³¹ tɕiaŋ⁵⁴,
　　　　我觉得，之个收藏啊，对我们一般老百姓来讲，
sɿ⁴⁴ i¹³ tsoŋ⁵⁴ tsuei³¹ xao³¹ lei⁴⁴ sən⁴⁴ xo³¹ tʰiao¹³ uei⁵⁴ tɕi¹³. in⁴⁴ uei¹³ la⁴⁴ nən³¹ kəu¹³ zaŋ³¹ zən³¹ tsʰən³¹
是一种最好嘞生活调味剂。因为它能够让人沉
tɕin¹³ ɕia¹³ lai¹³, tɕʰi⁴⁴ kʰao⁴⁴ tsʰa³¹ li⁵⁴ səu⁴⁴ li⁵⁴ mian⁴⁴ lei⁴⁴ tsɿ⁴⁴ ko¹³ tsʰaŋ³¹ pʰin⁵⁴ la⁴⁴ pei¹³ xəu¹³ lei⁴⁴
静下来，去考察你手里面嘞之个藏品它背后嘞
i¹³ ɕiɛ⁴⁴ li³¹ sɿ⁵⁴. lin¹³ uai¹³, səu⁴⁴ tsʰaŋ³¹ la⁴⁴ iɛ⁵⁴ pu⁴⁴ tɛ³¹ ko¹³ laŋ⁵⁴ iaŋ¹³ kao⁴⁴ ti⁴⁴ taŋ⁵⁴ tsɿ⁴⁴ fən⁴⁴, kʰo⁵⁴
一些历史。另外，收藏它也不得过哪样高低档之分，可
i⁵⁴ lan⁵⁴ iaŋ¹³ toŋ⁴⁴ ɕi⁴⁴ təu⁴⁴ kʰo⁵⁴ i⁵⁴ səu⁴⁴ tsʰaŋ³¹. i⁵⁴ tɕʰian³¹ tsɿ⁴⁴ ko¹³ sɿ⁴⁴ i¹³ tsoŋ⁵⁴ ta³¹ kuan⁴⁴ kuei¹³
以哪样东西都可以收藏。以前之个是一种达官贵
zən³¹ uən³¹ zən³¹ ia⁵⁴ sɿ¹³ so⁵⁴ tu³¹ ɕiaŋ⁵⁴ lei⁴⁴ i¹³ tsoŋ⁵⁴ sən⁴⁴ xo³¹ faŋ⁵⁴ sɿ¹³, tsɿ⁴⁴ xa⁵⁴ tsɿ⁵⁴ ŋo⁵⁴ xa¹³
人、文人雅士所独享嘞一种生活方式，之下子我还
kan⁵⁴ tɕio³¹ tao⁵⁴ tsʰən³¹ uei³¹ pʰu⁵⁴ lo³¹ ta¹³ tsoŋ⁵⁴ lei⁴⁴ i¹³ tsoŋ⁵⁴ sən⁴⁴ xo³¹ tsʰaŋ⁵⁴ tʰai¹³ əu¹³. li⁵⁴ kʰan¹³,
感觉到成为普罗大众嘞一种生活常态噢。你看，
ɕi⁵⁴ xuan⁴⁴ sɿ¹³ tʰəu⁴⁴ lei⁴⁴ mai⁵⁴ tɕi⁴⁴ kʰuai⁵⁴ sɿ³¹ tʰəu⁴⁴ lai³¹ tian⁵⁴ tsuei¹³ tɕia⁴⁴ tɕi⁴⁴, ɕi⁵⁴ xuan⁴⁴ kən⁴⁴
喜欢石头嘞买几块石头来点缀家居，喜欢根
tiao⁴⁴ lei⁴⁴ mai⁵⁴ liaŋ³¹ kʰuai⁵⁴ kən⁴⁴ tiao⁴⁴ lai³¹ faŋ¹³ tsai¹³ tɕia⁴⁴ li⁵⁴ mian¹³, ɕi⁵⁴ xuan⁴⁴ tsɿ¹³ xua¹³ lei⁴⁴
雕嘞买两块根雕来放在家里面，喜欢字画嘞
kʰo⁵⁴ i⁵⁴ kao⁵⁴ tian⁵⁴ min³¹ zən³¹ tsɿ¹³ xua¹³. so⁵⁴ i⁵⁴ so³¹, ŋo⁵⁴ ko¹³ zən³¹ tuei¹³ tsɿ¹³ ko¹³ səu⁴⁴ tsʰaŋ³¹ a³¹,
可以搞点名人字画。所以说，我个人对之个收藏啊，
sɿ⁴⁴ pi²⁴ tɕiao⁵⁴ ɕi⁵⁴ xuan⁴⁴ lo³¹ i¹³. tsɿ⁴⁴ ko¹³ kʰoŋ⁵⁴ pʰa³¹ xuei¹³ pan¹³ suei³¹ ŋo⁵⁴ i³¹ pei¹³ tsɿ⁵⁴, lai⁵⁴ tsɿ¹³
是比较喜欢、乐意。之个恐怕会伴随我一辈子，乃至

198

tao¹³ sən⁴⁴ min¹³ tɕiɛ³¹ su³¹.
到 生 命 结 束。

四、家庭情况

ɕia¹³ mian¹³, ŋo⁵⁴ kən⁴⁴ ta¹³ tɕia⁴⁴ kai¹³ sao¹³ xa¹³ ŋo⁵⁴ lei⁴⁴ tɕia⁴⁴ tʰin³¹ tɕʰin³¹ kʰuaŋ³¹. ŋo⁵⁴
下 面, 我 跟 大 家 介 绍 下 我 嘞 家 庭 情 况。我
tɕia⁴⁴ iɛ⁵⁴ sʅ⁴⁴ ti¹³ ti¹³ tao¹³ tao¹³ lei⁴⁴ ŋan⁴⁴ suən¹³ zən³¹. tsu⁵⁴ fu¹³ tɕia⁴⁴ ian³¹ lai³¹ tso¹³ tsai¹³ ŋan⁴⁴
家 也 是 地 地 道 道 嘞 安 顺 人。祖 父 家 原 来 坐 在 安
suən¹³ toŋ⁴⁴ ta¹³ kai⁴⁴ lei⁴⁴ tʰoŋ³¹ tsʅ⁴⁴ xaŋ¹³ li⁵⁴ mian¹³ lei⁴⁴ ɕiao⁵⁴ tɕin⁵⁴ xaŋ¹³, iəu¹³ tɕiao¹³ ɕia³¹ iaŋ³¹
顺 东 大 街 嘞 同 知 巷 里 面 嘞 小 井 巷, 又 叫 斜 阳
xaŋ¹³. ŋo⁵⁴ tɕia⁴⁴ tsu⁵⁴ fu¹³ tsai¹³ tɕʰin⁴⁴ tai¹³ lei⁴⁴ sʅ¹³ xəu¹³ iɛ⁵⁴ xao¹³ ɕiaŋ¹³ tʰin¹³ tao¹³ tɕiaŋ¹³ kʰao⁵⁴
巷。我 家 祖 父 在 清 代 嘞 时 候 也 好 像 听 倒 讲 考
tɕʰi⁵⁴ ko¹³ u⁵⁴ ɕiəu¹³ tsʰai¹³, iɛ⁵⁴ tsʰu⁴⁴ tʰoŋ⁴⁴ uən³¹ mɛ³¹.
取 过 武 秀 才, 也 粗 通 文 墨。

a¹³ ko¹³ sʅ³¹ xəu¹³ lɛ⁴⁴, ŋo⁵⁴ mən⁴⁴ ŋan⁴⁴ suən¹³ sʅ⁴⁴ i³¹ ko¹³ saŋ⁴⁴ liɛ³¹ tsʰən⁵⁴ sʅ¹³. in⁴⁴ uei¹³ sən¹³
那 个 时 候 呢, 我 们 安 顺 是 一 个 商 业 城 市。因 为 盛
tsʰan⁵⁴ ia⁴⁴ pʰian¹³, xai³¹ iəu⁵⁴ tɕin³¹ in³¹ iaŋ³¹ sa⁴⁴ tsʅ⁵⁴ ɕiɛ⁴⁴, sʅ⁴⁴ i³¹ ko¹³ saŋ⁴⁴ liɛ³¹ tsʰən⁵⁴ sʅ¹³. ŋo⁵⁴ lei⁴⁴
产 鸦 片, 还 有 经 营、洋 纱 之 些, 是 一 个 商 业 城 市。我 嘞
tsu⁵⁴ fu¹³ tsao⁵⁴ lian³¹ iɛ⁵⁴ sʅ⁴⁴ ɕin⁴⁴ tʰai¹³ ta¹³, a¹³ ko¹³ sʅ³¹ xəu¹³ tɕiaŋ⁵⁴ lei⁴⁴, ɕia¹³ in³¹ lan³¹ saŋ³¹ sʅ¹³
祖 父 早 年 也 是 心 太 大, 那 个 时 候 讲 嘞, 下 云 南 上 四
tsʰuan⁴⁴ tɕiəu¹³ sʅ⁴⁴ liao³¹ pu⁴⁴ tɛ³¹ lei⁴⁴ zən³¹, tan⁵⁴ tsʅ⁴⁴ xən⁴⁴ ta¹³ lei⁴⁴ zən³¹. ŋo⁵⁴ tɕia⁴⁴ uai⁴⁴ koŋ⁴⁴ taŋ⁴⁴
川 就 是 了 不 得 嘞 人, 胆 子 很 大 嘞 人。我 家 外 公① 当
sʅ³¹ tɕiəu¹³ tsəu¹³ sən⁴⁴ i¹³, xao⁵⁴ ɕiaŋ¹³ tsʅ⁴⁴ xa¹³ tsʅ⁴⁴ tɕiəu¹³ sʅ⁴⁴ fan¹³ fa³¹ lei⁴⁴ ləu³¹ xa³¹ fan¹³ tu³¹,
时 就 做 生 意, 好 像 之 下 子 就 是 犯 法 嘞 喽 哈 贩 毒,
tɕiəu¹³ pa⁵⁴ tsʅ⁴⁴ ko¹³ o⁴⁴ fu³¹ ioŋ³¹ a³¹ ia⁴⁴ pʰian¹³, tɕiəu¹³ tai¹³ tao¹³ saŋ¹³ xai⁵⁴, tɕi⁴⁴ zan³¹ tsəu¹³
就 把 之 个 阿 芙 蓉 啊 鸦 片, 就 带 到 上 海, 居 然 做
tɕʰi⁴⁴ saŋ¹³ xai⁵⁴.
去 上 海。

i¹³ tɕʰi⁴⁴ saŋ¹³ xai⁵⁴ a³¹, tsʅ⁴⁴ tsoŋ⁵⁴ tʰu⁵⁴ pao⁴⁴ tsʅ⁵⁴, li⁵⁴ so³¹ tao¹³ a¹³ ko¹³ sʅ³¹ li⁵⁴ iaŋ³¹ tsʰaŋ⁵⁴, i¹³
一 去 上 海 啊, 之 种 土 包 子, 你 说 到 那 个 十 里 洋 场, 一

---

① 此当为口误,从上下文看,应为祖父。

tɕʰi⁴⁴, tɕiəu¹³ tsao³¹ i¹³ paŋ⁴⁴ tsʰɛ⁴¹ pɛ³¹ taŋ⁵⁴, saŋ⁵⁴ xai⁵⁴ tɕiao⁵⁴ tsʰɛ⁴¹ pɛ³¹ taŋ⁵⁴, kʰoŋ⁵⁴ pʰa³¹ tɕiəu¹³ sɿ⁴⁴
去，就 着 一 帮 拆 白 党，上 海 叫 拆 白 党，恐 怕 就 是
i¹³ paŋ⁴⁴ pʰian¹³ tsɿ⁵⁴ xuən¹³ xuən¹³, tɕiəu¹³ pa⁵⁴ la⁴⁴ tsɿ⁴⁴ ko¹³ xo⁵⁴ u³¹ tɕiəu¹³ ɕi⁵⁴ əu¹³, tɕiəu¹³ kən⁴⁴ la⁴⁴
一 帮 骗 子 混 混，就 把 他 之 个 货 物 就 洗 噢，就 跟 他
tʰən⁴⁴ əu¹³. la⁴⁴ mən⁴⁴ tsəu¹³ tsɿ⁴⁴ ko¹³ sən⁴⁴ i¹³ a³¹, xəu¹³ lai³¹ tɕi³¹ ŋo⁵⁴ tɕia⁴⁴ lao⁵⁴ tsu⁵⁴ mu⁵⁴ tɕiaŋ⁵⁴,
吞 噢。他 们 做 之 个 生 意 啊，后 来 据 我 家 老 祖 母 讲，
sɿ⁴⁴ kən⁴⁴ ku⁴⁴ tʰai¹³ ləu³¹ lao⁵⁴ ku⁴⁴ tʰai¹³ ləu³¹, iəu¹³ sɿ⁴⁴ tsɿ⁴⁴ ɕiɛ⁴⁴ tɕʰin¹³ tɕʰi¹³ ləu³¹, tsɿ⁴⁴ ko¹³ tɕiɛ¹³
是 跟 姑 太 喽、老 姑 太 喽，又 是 之 些 亲 戚 喽，之 个 借
tian⁵⁴ a¹³ ko¹³ tɕiɛ¹³ tian⁵⁴ lai³¹ tsʰəu¹³ tɕi³¹ tsɿ⁴⁴ ko¹³ tsɿ⁴⁴ pən⁴⁴ lai³¹ tsəu¹³ lei⁴⁴ sən⁴⁴ i¹³, i¹³ fa¹³ sɿ¹³
点 那 个 借 点 来 筹 集 之 个 资 本 来 做 嘞 生 意，一 发 势
tɕiəu¹³ tsao⁵⁴ ɕi⁵⁴ pɛ³¹ əu¹³. u³¹ fa¹³ əu¹³ ləu³¹, la⁴⁴ tɕiəu¹³ tsɿ⁵⁴ iəu⁵⁴ tɕʰi⁴⁴ tʰiao¹³ xuaŋ³¹ pʰu⁵⁴ tɕiaŋ⁵⁴
就 着 洗 白 噢。无 法 噢 喽，他 就 只 有 去 跳 黄 浦 江
mɛ⁴⁴ liao⁵⁴ tɕiɛ³¹ əu¹³, fəu⁵⁴ tsɛ⁵⁴ xuei³¹ lai³¹ u³¹ fa³¹ ɕiaŋ⁵⁴ tɕi⁴⁴ ɕiɛ⁴⁴ tɕʰin¹³ tɕʰi¹³ tɕiao⁵⁴ tai³¹ a⁴⁴！tsai¹³
么 了 结 噢，否 则 回 来 无 法 向 之 些 亲 戚 交 代 啊！在
tsɿ⁴⁴ ko¹³ sɿ³¹ xəu¹³, tɕiəu¹³ iəu⁵⁴ i³¹ ko¹³ zən³¹ i¹³ pa⁵⁴ tɕiəu¹³ pa⁵⁴ la⁴⁴ la⁴⁴ tao⁵⁴ əu¹³. ŋo⁵⁴ lei⁴⁴ lao⁵⁴ tsu⁵⁴
之 个 时 候，就 有 一 个 人 一 把 就 把 他 拉 倒 噢。我 嘞 老 祖
mu⁵⁴ tɕiaŋ⁵⁴, i³¹ ko¹³ kuan⁵⁴ tai¹³ ta¹³ zən³¹, kuei¹³ tsəu⁴⁴ lei⁴⁴, kuan⁵⁴ tai¹³ ta¹³ zən³¹ tɕiəu¹³ pa⁵⁴ la⁴⁴ la⁴⁴
母 讲，一 个 管 带 大 人，贵 州 嘞，管 带 大 人 就 把 他 拉
tao⁵⁴ əu¹³. tɕiəu¹³ so³¹, uei⁴⁴ lan⁵⁴ iaŋ¹³ iao¹³ ɕin³¹ tuan⁵⁴ tɕian¹³. la⁴⁴ tɕiəu¹³ pa⁵⁴ tsɿ⁴⁴ ko¹³ sɿ¹³ tɕʰin³¹ i¹³
倒 噢。就 说，为 哪 样 要 寻 短 见。他 就 把 之 个 事 情 一
tɕiaŋ¹³, tsɿ⁴⁴ ko¹³ kuan⁵⁴ tai¹³ ta¹³ zən³¹ so³¹, pu⁴⁴ nən³¹ sɿ⁵⁴, sɿ⁴⁴ pu⁴⁴ lən³¹ kai⁴⁴ tɕiɛ¹³ zən¹³ xo³¹ uən¹³
讲，之 个 管 带 大 人 说，不 能 死，死 不 能 解 决 任 何 问
tʰi³¹. tɕiəu¹³ pa⁵⁴ la⁴⁴ tai¹³ tao⁵⁴ kuei¹³ tsəu⁴⁴ lei⁴⁴ tsɿ⁴⁴ tsoŋ⁵⁴ tʰoŋ³¹ ɕiaŋ⁴⁴ xuei¹³ kuan⁵⁴ tɕʰi⁴⁴, zan³¹
题。就 把 他 带 到 贵 州 嘞 之 种 同 乡 会 馆 去，然
xəu¹³ lɛ⁴⁴, tɕiəu¹³ kʰai⁴⁴ tao¹³ la⁴⁴.
后 呢，就 开 导 他。

ŋo⁵⁴ tɕia⁴⁴ tsu⁵⁴ fu⁴⁴ lɛ⁴⁴, iɛ⁴⁴ sɿ⁴⁴ toŋ⁵⁴ tian⁵⁴ uən³¹ mɛ³¹ lei⁴⁴, suei⁴⁴ zan³¹ la⁴⁴ sɿ¹³ u⁴⁴ ɕiəu¹³ tsʰai³¹.
我 家 祖 父 呢，也 是 懂 点 文 墨 嘞，虽 然 他 是 武 秀 才。
xəu¹³ lai³¹, tsai¹³ tsɿ⁴⁴ ko¹³ tɕʰi⁴⁴ tɕian⁴⁴, la⁴⁴ xai¹³ tɕʰi⁴⁴ pai¹³ faŋ⁵⁴ əu¹³ sən⁴⁴ tsoŋ⁴⁴ san⁴⁴ ɕian⁴⁴ sən⁴⁴.
后 来，在 之 个 期 间，他 还 去 拜 访 噢 孙 中 山 先 生。
sən⁴⁴ tsoŋ⁴⁴ san⁴⁴ ɕian⁴⁴ sən⁴⁴ tɕiəu¹³ so³¹, li⁵⁴ pu⁵⁴ zu³¹ tsʰoŋ⁵⁴ sɿ¹³ tsɿ⁴⁴ i¹³ tsoŋ⁵⁴ ke³¹ min¹³. a¹³ ko¹³
孙 中 山 先 生 就 说，你 不 如 从 事 之 一 种 革 命。那 个

第六章 语料标音举例

sʅ³¹ xəu¹³, kuɛ³¹ min³¹ taŋ⁵⁴ lei⁴⁴ sʅ¹³ li³¹ xai³¹ miəu⁵⁴ tao¹³ tsʅ⁴⁴ tɛ⁵⁴, lan⁵⁴ iaŋ¹³ tsəu⁴⁴ ɕi⁴⁴
时 候, 国 民 党 嘞势 力 还 没 有 到 之 点(贵州),哪 样 周 西
tsʰən³¹ a¹³ ɕiɛ⁴⁴ təu⁴⁴ uan⁴⁴ tɛ³¹ xən⁵⁴. in⁴⁴ uei¹³ la⁴⁴ sʅ⁴⁴ min³¹ kuɛ³¹ tsʰu⁴⁴ lian³¹ i³¹ tɕiəu⁵⁴ i³¹ tɕi⁵⁴
成 那 些 都 晚 得 很。因 为 他 是 民 国 初 年 一 九 一 几
lian³¹. xa³¹ ɕiɛ⁵⁴ əu¹³ liaŋ⁵⁴ ko¹³ tsʅ¹³ kən⁴⁴ ŋo⁵⁴ tɕia⁴⁴ tʰai³¹ iɛ³¹ po³¹ ŋai¹³.
年。(孙中山)还 写 噢 两 个 字 跟 我 家 太 爷——"博 爱"。

xəu¹³ lai³¹ ŋo⁵⁴ tɕia⁴⁴ tʰai³¹ iɛ³¹ tsai¹³ saŋ⁵⁴ xai⁵⁴ pʰan³¹ xuan³¹ əu¹³ u⁵⁴ iɛ³¹ tsʅ⁴⁴ xəu¹³ lɛ⁴⁴,
后 来 我 家 太 爷 在 上 海 盘 桓 噢 四 五 月 之 后 呢,
tɕiəu¹³ xuei³¹ tao⁵⁴ əu¹³ ŋan⁴⁴ suən¹³. tan¹³ sʅ¹³ lɛ⁴⁴, la⁴⁴ i⁵⁴ tɕin⁴⁴ tsʅ⁴⁴ tsoŋ⁵⁴ tsao³¹ tao⁵⁴ tsoŋ³¹ŋo³¹ i³¹
就 回 到 噢 安 顺。但 是 呢, 他 已 经 之 种 着 倒 □□这么 一
tsʰi¹³ lɛ⁴⁴, la⁴⁴ tɕiəu¹³ ɕin⁴⁴ xuei³¹ i¹³ lən⁵⁴, i¹³ tɕʰiɛ⁵⁴ lɛ⁴⁴ kʰao¹³ ŋo⁵⁴ tɕia⁴⁴ i³¹ ko¹³ san⁴⁴ tsʰən¹³
次 呢, 他 就 心 灰 意 冷, 一 切 呢 靠 我 家 一 个 三 寸
tɕin⁴⁴ lian³¹ lei¹³ ɕiao⁵⁴ tsu⁵⁴ mu⁵⁴ lao⁵⁴ tsu⁵⁴ mu⁵⁴ lai³¹ tsao¹³ ku¹³ tsʅ⁴⁴ ko¹³ tɕʰian³¹ tɕia⁴⁴.
金 莲 嘞小 祖 母——老 祖 母 来 照 顾 之 个 全 家。

ŋo⁵⁴ tɕia⁴⁴ fu¹³ tɕʰin⁴⁴ iəu⁵⁴ san⁴⁴ ko⁴⁴ ti¹³. ŋo⁵⁴ tɕia⁴⁴ ta¹³ pe³¹ fu¹³ sʅ⁴⁴ iɛ⁵⁴ sʅ¹³ xuaŋ³¹ pʰu⁵⁴ tɕin⁴⁴
我 家 父 亲 有 三 哥 弟。我 家 大 伯 父 是、也 是 黄 埔 军
ɕiao¹³ sʅ³¹ tɕi⁵⁴ tɕʰi⁴⁴ pi³¹ liɛ³¹ lei⁴⁴. ŋo⁵⁴ tɕia⁴⁴ lao⁵⁴ tiɛ⁵⁴ xəu¹³ lai³¹ sʅ⁴⁴ tsʰan⁴⁴ tɕia⁴⁴ tʰiɛ³¹ lu⁴⁴ koŋ⁴⁴
校 十 几 期 毕 业 嘞。我 家 老 爹 后 来 是 参 加 铁 路 工
tso³¹, ɕiəu⁴⁴ ɕiaŋ⁴⁴ tɕʰian³¹ ɕian¹³ ləu³¹, tsʰən³¹ kʰuən⁴⁴ ɕian¹³ ləu³¹. ŋo⁵⁴ tɕia⁴⁴ i³¹ ko¹³ san⁴⁴ su³¹ tsai¹³
作, 修 湘 黔 线 喽, 成 昆 线 喽。我 家 一 个 三 叔 在
lu³¹ tsʅ⁴⁴ tɕiao⁴⁴ su⁴⁴. tao¹³ ŋo⁵⁴ mən⁴⁴ tsʅ⁴⁴ i³¹ pei¹³, iəu⁵⁴ si¹³ tsʅ⁵⁴ mei¹³. tsʅ⁴⁴ ko¹³ tɕin⁴⁴ li¹³ lɛ⁴⁴, iɛ⁵⁴ sʅ¹³
六 枝 教 书。到 我 们 之 一 辈,有 四 姊 妹。之 个 经 历 呢,也 是
pʰu⁵⁴ pʰu⁵⁴ tʰoŋ⁴⁴ tʰoŋ⁴⁴. tu³¹ su⁴⁴ sʅ³¹ xəu¹³ iɛ⁵⁴ piəu⁵⁴ ɕio³¹ tao⁵⁴ ko¹³ lan⁵⁴ iaŋ¹³, a¹³ ko³¹ sʅ³¹ xəu¹³ təu⁴⁴
普 普 通 通。读 书 时 候 也 不 有 学 倒 个 哪 样, 那 个 时 候 都
sʅ⁴⁴ i¹³ tʰian⁴⁴ xan⁵⁴ ɕio³¹ koŋ⁴⁴ ɕio⁴⁴ loŋ³¹ ɕio³¹ tɕin⁴⁴. ŋo⁵⁴ mən⁴⁴ tsʅ⁴⁴ ɕiɛ⁴⁴ ŋo⁵⁴ mən⁴⁴ tsʅ⁴⁴ tɕi⁵⁴ tsʅ⁴⁴
是 一 天 喊 学 工、学 农、学 军, 我 们 之 些、我 们 之 几、之、
tsʅ⁴⁴ ko¹³ ŋo⁵⁴ mən⁴⁴ lei⁴⁴ tsʅ⁴⁴ i¹³ tuan⁴⁴ zən⁴⁴ sən⁴⁴ lɛ⁴⁴, tɕi⁴⁴ pən⁴⁴ saŋ¹³ sʅ⁴⁴ xuaŋ⁴⁴ fei⁴⁴ əu¹³. sʅ⁴⁴ ɕi⁴⁴
之 个、我 们 嘞之 一 段 人 生 呢, 基 本 上 是 荒 废 噢。只 希
uaŋ¹³ ɕia¹³ i³¹ tai¹³, xao⁵⁴ tsai¹³ ɕia¹³ i³¹ tai¹³ lɛ⁴⁴, tsʅ⁴⁴ ɕiɛ⁴⁴ tsʅ³¹ lan³¹ ti¹³ li⁵⁴ ɕiɛ⁴⁴ lɛ⁴⁴, me⁴⁴, iɛ⁵⁴ təu⁴⁴ xa³¹
望 下 一 代, 好 在 下 一 代 呢, 之 些 侄 男 弟 女 些 呢, 嚜, 也 都 还
tsən⁴⁴ tɕʰi¹³, təu⁴⁴ tu³¹ su⁴⁴, tsʅ¹³ mən³¹ tsʅ³¹ liɛ⁴⁴. ŋo⁵⁴ mən⁴⁴ lɛ⁴⁴, tsʅ⁵⁴ lən³¹ sʅ⁴⁴ so³¹ sʅ⁴⁴, pa⁵⁴ tsʅ¹³ tɕi⁵⁴
争 气, 都 读 书, 自 谋 职 业。我 们 呢, 只 能 是 说 是, 把 自 己

201

lei⁴⁴ ko¹³ xəu¹³ lei⁴⁴ zʅ³¹ tsʅ⁵⁴, ko¹³ xao⁵⁴ tɛ⁵⁴, tɕiəu¹³ tɛ³¹ əu¹³.
嘞 过 后 嘞 日 子， 过 好 点， 就 得 噢。

第三节　对话记音

一、当地情况

　　　　　　　ta¹³ tɕia⁴⁴ xao⁵⁴, ɕia¹³ mian¹³, ŋo⁵⁴ mən⁴⁴ san⁴⁴ uei¹³ kən⁴⁴ ta¹³ tɕia⁴⁴ kai¹³ sao¹³ i³¹ xa¹³
老年男性：大 家 好， 下 面 我 们 三 位 跟 大 家 介 绍 一 下
ŋan⁴⁴ suən¹³ lei⁴⁴ tɕʰin³¹ kʰuaŋ³¹. ŋan⁴⁴ suən¹³ sʅ¹³ ŋo⁵⁴ mən⁴⁴ kuei¹³ tsəu⁴⁴ sən⁵⁴ lei⁴⁴ li¹³ sʅ⁵⁴ uən³¹
安 顺 嘞 情 况。 安 顺 是 我 们 贵 州 省 嘞 历 史 文
xua¹³ min³¹ tsʰən³¹, li¹³ sʅ⁵⁴ iəu⁴⁴ tɕiəu⁵⁴, foŋ⁴⁴ tɕin⁵⁴ ɕiəu¹³ li¹³, tɕʰi¹³ xəu¹³ i³¹ zən³¹. tsai¹³ sʅ¹³ luei¹³,
化 名 城， 历 史 悠 久， 风 景 秀 丽， 气 候 宜 人。 在 市 内，
fən⁴⁴ pu¹³ tɛ³¹ iəu⁵⁴ liaŋ⁵⁴ ko¹³ kuɛ³¹ tɕia⁴⁴ u⁵⁴ ei⁴⁴ tɕi¹³ lei⁴⁴ foŋ⁴⁴ tɕin⁵⁴ tɕʰi⁴⁴ xuaŋ³¹ ko⁵⁴ su¹³ ta¹³
分 布 得 有 两 个 国 家 AAAAA 级 嘞 风 景 区——黄 果 树 大
pʰu³¹ pu¹³ xo³¹ loŋ³¹ koŋ³¹ foŋ⁴⁴ tɕin⁵⁴ min³¹ sən³¹ tɕʰi⁴⁴. ŋo⁵⁴ mən⁴⁴ ŋan⁴⁴ suən¹³ pu³¹ tan¹³ foŋ⁴⁴ kuaŋ⁴⁴
瀑 布 和 龙 宫 风 景 名 胜 区。我 们 安 顺 不 但 风 光
ɕiəu¹³ li¹³, ɚ³¹ tɕʰiɛ⁵⁴ min³¹ tʰɛ³¹ ɕiao⁵⁴ tsʰʅ¹³ tsoŋ⁵⁴ to⁴⁴.
秀 丽，而 且 名 特 小 吃 众 多。

　　　　　　　tuei¹³ lei⁴⁴. so³¹ tao¹³ min³¹ tʰɛ³¹ ɕiao⁵⁴ tsʰʅ¹³ a³¹, uei¹³ iu³¹, ŋo⁵⁴ lei⁴⁴ in¹³ ɕiaŋ¹³
老年女性：对 嘞。说 到 名 特 小 吃 啊， 喂 唷， 我 嘞 印 象
tsuei¹³ sən⁴⁴ la⁵⁴. tʰɛ⁵⁴ piɛ³¹ sʅ⁴⁴ ŋo⁵⁴ mən⁴⁴ xai³¹ tsai¹³ ɕiao⁵⁴ xəu¹³ xa³¹, ŋan⁴⁴ suən¹³ lei⁴⁴ tsa³¹ lei⁴⁴
最 深 了。特 别 是 我 们 还 在 小 时 候 哈， 安 顺 嘞 炸 嘞
tsʅ⁴⁴ ko¹³ iəu³¹ tsa³¹ pa⁴⁴ ɕi⁴⁴ fan¹³ iəu³¹ tsa³¹ tɕi⁴⁴ tan¹³ kao⁴⁴. tsʅ⁴⁴ ko¹³ iəu³¹ tsa³¹ tɕi⁴⁴ tan¹³ kao⁴⁴ pu¹³
之 个 油 炸 粑 稀 饭、油 炸 鸡 蛋 糕。之 个 油 炸 鸡 蛋 糕 不
sʅ⁴⁴ ta¹³ tɕia⁴⁴ so⁵⁴ li⁵⁴ kai⁵⁴ lei⁴⁴ ɕian¹³ tsai¹³ lei⁴⁴ tsʅ⁴⁴ ko¹³ tɕi⁴⁴ tan¹³ kao⁴⁴ o⁴⁴, tsʅ⁴⁴ ko¹³ tɕi⁴⁴ tan¹³
是 大 家 所 理 解 嘞 现 在 嘞 之 个 鸡 蛋 糕 哦，之 个 鸡 蛋
kao⁴⁴ sʅ¹³ la⁵⁴ sʅ¹³ ioŋ¹³ xuaŋ³¹ təu¹³ xo³¹ tao⁵⁴ tsʅ³¹ ko¹³ mi⁵⁴ tɕiaŋ⁴⁴, ŋan¹³ tsao¹³ i³¹ tin¹³ lei⁴⁴ pi⁵⁴ li¹³
糕 是， 它 是 用 黄 豆 和 倒 之 个 米 浆， 按 照 一 定 嘞 比 例
xa³¹, tsa³¹ lei⁴⁴ tɕi⁴⁴ tan¹³ kao⁴⁴, tʰɛ³¹ piɛ³¹ su⁴⁴ tsʰuei¹³. zan³¹ xəu¹³ lɛ⁴⁴, ŋo⁵⁴ tɕi¹³ tɛ³¹ ŋo⁵⁴ mən⁴⁴ ɕiao⁵⁴
哈， 炸 嘞 鸡 蛋 糕， 特 别 酥 脆。 然 后 呢， 我 记 得 我 们　小

lei⁴⁴ sʅ³¹ xəu¹³ lɛ⁴⁴, xai³¹ ioŋ¹³ i¹³ kən⁴⁴ tsu³¹ tɕian⁴⁴ tsʅ⁵⁴, pa⁵⁴ tʰa⁴⁴ tsʰuan⁴⁴ tɕʰi⁵⁴ lai³¹ xa³¹, o¹³ iu⁴⁴, lin⁴⁴
嘞 时 候 呢，还 用 一 根 竹 签 子，把 它 穿 起 来 哈，哦 唷，拎
tɕʰi⁵⁴ tsən¹³, man⁵⁴ kai⁴⁴ təu⁴⁴ sʅ⁴⁴ ɕiaŋ⁴⁴ lei¹³. zan³¹ xəu¹³ lɛ⁴⁴, lao⁵⁴ pan⁴⁴ xai³¹ xuei¹³ la³¹ ko¹³ toŋ⁴⁴ ɕi⁴⁴
起 走，满 街 都 是 香 嘞。然 后 呢，老 板 还 会 拿 个 东 西
kən⁴⁴ li³¹ ŋan⁵⁴ pia⁵⁴, tɕia⁴⁴ i³¹ tian⁵⁴ tso³¹ liao¹³ lin³¹ tsai¹³ kao⁴⁴ tʰəu⁴⁴, ai¹³ io³¹, tsʅ³¹ tɕʰi⁵⁴ a¹³ ko¹³
跟 你 按 瘪，加 一 点 作 料 淋 在 高 头，哎 哟，吃 起 那 个
tsən⁴⁴ lei⁴⁴ tʰai¹³ xao⁵⁴ tsʅ³¹ la⁵⁴.
真 嘞 太 好 吃 了。

  xai³¹ iəu⁵⁴ i³¹ tsoŋ⁵⁴ tɕiao¹³ tsəu¹³ iəu³¹ tsa³¹ pa⁴⁴ ɕi⁴⁴ fan³¹, xa³¹. tʰa⁴⁴ ɕian⁴⁴ pa⁵⁴ mi⁵⁴ tʰiao³¹ tsʰən³¹
  还 有 一 种 叫 做 油 炸 粑 稀 饭，哈。他 先 把 米 调 成
tɕiaŋ⁴⁴ tɕiaŋ⁴⁴, pa⁵⁴ tsʅ⁴⁴ ko¹³ iəu³¹ tsʰʅ³¹ pa⁴⁴ pao⁴⁴ xao⁵⁴ lei⁴⁴ tsʅ³¹ ko¹³ tsʰʅ³¹ pa⁴⁴ tsa³¹ xao⁵⁴ əu¹³ ko¹³
浆 浆，把 之 个 油、糍 粑、包 好 嘞 之 个 糍 粑 炸 好 噢 过
xəu¹³, tʰa⁴⁴ kən⁴⁴ li⁵⁴ tɕʰiɛ¹³ tsai¹³ kao⁴⁴ təu⁴⁴, faŋ¹³ tian⁵⁴ in⁵⁴ tsʅ³¹, zan³¹ xəu¹³ iao⁵⁴ pʰiao³¹ iəu³¹ ɕia¹³
后，他 跟 你 切 在 高 头，放 点 蘦子①，然 后 舀 瓢 油 下
tɕʰi⁴⁴, tsʰa⁴¹ i¹³ sən⁴⁴, ei¹³ io³¹, xao⁵⁴ ɕian⁴⁴ o³¹, xa³¹.
去，"嚓"一 声，诶 哟，好 香 哦，哈。

  xai³¹ iəu⁵⁴, ŋo⁵⁴ tɕi¹³ tɛ³¹ xai³¹ iəu⁵⁴, ɛ³¹, kʰo⁵⁴ lən³¹ li⁵⁴ təu⁴⁴ pu¹¹ i³¹ tin¹³ ɕiao⁵⁴ tɛ³¹ la⁵⁴. ŋo⁵⁴ ɕiao⁵⁴
  还 有，我 记 得 还 有，呃，可 能 你 都 不 一 定 晓 得 了。我 小
lei⁴⁴ sʅ³¹ xəu¹³, a¹³ ko¹³ i³¹ ko¹³ i¹³ ko¹³ lao⁵⁴ ma⁴⁴ ma⁴⁴, ioŋ¹³ ko¹³ fan¹³ tsən¹³ tsuaŋ⁴⁴ tɕʰi⁵⁴ a¹³ ko¹³
嘞 时 候，那 个、一 个、一 个 老 妈 妈，用 个 饭 甑 装 起 那 个
tɕʰiao³¹ pa⁴⁴ pa⁴⁴, xa³¹, sʅ¹³ tsən¹³ tsoŋ⁴⁴ lei⁴⁴ a¹³ ko¹³ tɕʰiao³¹ mian¹³ tsəu⁴⁴ lei⁴⁴, pu³¹ sʅ¹³ ɕian¹³ tsai¹³
荞 粑 粑，哈，是 正 宗 嘞 那 个 荞 面 做 嘞，不 是 现 在
lei⁴⁴ tsʅ⁴⁴ xa¹³ tsʅ⁴⁴ tɕia¹³ tian⁵⁴ lan⁵⁴ iaŋ¹³ tsʅ⁴⁴ iaŋ¹³ fən¹³ a¹³ iaŋ¹³ fən⁵⁴, suan³¹ lei⁴⁴ tɕʰiao³¹ tsʅ⁵⁴ tsu¹³
嘞 之 下 子 加 点 哪 样 之 样 粉 那 样 粉，纯 嘞 荞 子 做
lei⁴⁴ tɕʰiao³¹ pa⁴⁴ pa⁴⁴. xao⁵⁴ tsʰʅ³¹ tɛ³¹ xən⁵⁴ ləu³¹. zan³¹ xəu¹³ la⁴⁴ i³¹ xan⁵⁴ zɛ⁵⁴ tɕʰiao³¹ pa⁴⁴ lo³¹,
嘞 荞 粑 粑。好 吃 得 很 喽！然 后 她 一 喊"热 荞 粑 咯——"，
uei³¹ io³¹, a¹³ ɕiɛ⁴⁴ ua³¹ ua⁴⁴ tɕiəu¹³ luei⁴⁴ tao⁵⁴ a¹³ ko⁵⁴ lao⁵⁴ tʰai⁴⁴ pʰo⁵⁴ lei⁴⁴ xəu¹³ mian¹³ pʰao⁵⁴, xa³¹.
喂 哟，那 些 娃 娃 就 追 倒 那 个 老 太 婆 嘞 后 面 跑，哈。
uei³¹ io³¹, xai³¹ iəu⁵⁴ i³¹ ko¹³ tɕʰiao³¹ liaŋ³¹ fən⁵⁴. a¹³ ko⁵⁴ tɕʰiao³¹ liaŋ³¹ fən sʅ⁴⁴, xao⁵⁴ ɕian¹³ sʅ⁴⁴
喂 哟，还 有 一 个 荞 凉 粉。那 个 荞 凉 粉 是，好 像 是

---

① 蘦子，即紫苏子，又称苏麻，紫黑色小圆粒，状如油菜籽，香味极浓，是贵州人吃糯食的重要调料。

tɛ³¹ ko¹³ kue³¹ tɕia⁴⁴ lei⁴⁴ lan⁵⁴ iaŋ¹³ tsʰuaŋ⁴⁴ i¹³ tɕiaŋ⁵⁴ lei⁴⁴ lɛ³¹, xao⁵⁴ tɕʰiaŋ¹³. a¹³ ko¹³ tɕʰiao³¹ liaŋ³¹
得 过 国 家 嘞 哪 样 创 意 奖 嘞 叻，好 像。那 个 荞 凉
fən⁵⁴ lɛ⁴⁴, ioŋ¹³ ŋo⁵⁴ mən⁴⁴ ŋan⁴⁴ suən¹³ tʰɛ¹³ tsʅ¹³ lei⁴⁴ a⁴⁴ i³¹ tsoŋ⁵⁴ təu¹³ fu⁵⁴ zu⁵⁴, ŋan⁵⁴ suən⁵⁴ zən³¹
粉 呢，用 我 们 安 顺 特 制 嘞 那 一 种 豆 腐 乳，安 顺 人
xan⁵⁴ mei³¹ təu⁵⁴ fu⁵⁴, iɛ⁵⁴ sʅ¹³ pa⁵⁴ la⁴⁴ ŋai³¹ tsʰən⁴¹ tɕiaŋ⁴⁴ tɕiaŋ⁵⁴, sa⁵⁴ tsai¹³ saŋ¹³ mian¹³, kao⁵⁴ tian⁵⁴
喊 霉 豆 腐，也 是 把 它 砲 成 浆 浆，洒 在 上 面，搞 点
tsʰoŋ⁴⁴ xua⁴⁴ ləu³¹ təu¹³ ləu³¹ la³¹ tɕiao⁵⁴ ləu³¹, ai³¹ io³¹, tʰai¹³ ɕiaŋ⁴⁴ la⁵⁴, tɕiaŋ³¹ tɕʰi⁵⁴ təu⁴⁴ xuei¹³
葱 花 喽、豆 豆 喽、辣 椒 喽，哎 哟，太 香 了，讲 起 都 会
tʰaŋ⁵⁴ kʰiəu⁵⁴ suei⁵⁴.
淌 口 水。

tʰai¹³ to⁴⁴ lo⁵⁴, tsʅ⁴⁴ ko¹³ tsʰʅ⁴¹ lei⁴⁴ tʰai¹³ to⁴⁴ lo⁵⁴! ɛ³¹, ai³¹ ia⁵⁴, pu³¹ ko¹³, tsʰʅ³¹ lei⁴⁴ təu⁴⁴ xai³¹ pu³¹
太 多 咯，之 个 吃 嘞 太 多 咯！呃，哎 呀，不 过，吃 嘞 都 还 不
suan¹³, tsu⁵⁴ iao¹³ ŋo⁵⁴ mən⁴⁴ xai³¹ iəu⁴⁴ xao⁵⁴ to⁴⁴ iəu⁵⁴ min³¹ lei⁴⁴ ti¹³ faŋ⁵⁴, xa¹³. pi⁵⁴ zu⁵⁴ so³¹, ɕian¹³
算，主 要 我 们 还 有 好 多 有 名 嘞 地 方，哈。比 如 说，现
tsai¹³ tsuei¹³ tsʰu¹³ min³¹ lei⁴⁴ a¹³ ko¹³ xoŋ³¹ san⁴⁴ suei⁵⁴ kʰu¹³! li⁵⁴ so³¹ lɛ⁴⁴? o³¹, li¹³ tsuei¹³ iəu⁵⁴ fa³¹
在 最 出 名 嘞 那 个 虹 山 水 库！你 说 呢？哦，你 最 有 发
ian³¹ tɕʰian³¹.
言 权。

tuei¹³, ŋo⁵⁴ mən⁴⁴ an⁴⁴ suən¹³ ɕian¹³ tsai¹³ iəu⁵⁴ ŋo⁵⁴ ko¹³ zən³¹ tɕio³¹ tɛ¹³ pi⁵⁴ tɕiao¹³
青年男性：对，我 们 安 顺（城区）现 在 有 我 个 人 觉 得 比 较
xao⁵⁴ lei⁴⁴ liaŋ⁵⁴ ko¹³ tɕin⁵⁴ tian⁴⁴, ti¹³ i³¹ ko¹³ sʅ¹³ uaŋ³¹ zo³¹ fei⁴⁴ ku⁵⁴ tɕy⁴⁴, ti¹³ ɚ³¹ ko¹³ təu¹³ sʅ¹³ xoŋ³¹
好 嘞 两 个 景 点，第 一 个 是 王 若 飞 故 居，第 二 个 就 是 虹
san⁴⁴ xu³¹ suei⁵⁴ kʰu¹³.
山 湖 水 库。

tɕian⁵⁴ tao⁵⁴ tsʅ⁴⁴ ko¹³ uaŋ³¹ zo³¹ fei⁴⁴ lɛ⁴⁴, kʰo⁵⁴ lən³¹ xao⁵⁴ to⁴⁴ lao⁵⁴ i³¹ pei⁴⁴ lei⁴⁴ zən³¹
讲 倒 之 个 王 若 飞 呢，可 能 好 多 老 一 辈 嘞 人
təu⁴⁴ ɕiao⁵⁴ tɛ³¹, tsʅ⁴⁴ ko¹³ sʅ⁴⁴ ko¹³ lao⁵⁴ xoŋ³¹ tɕin⁵⁴, i⁵⁴ tɕʰian³¹ xo³¹ mao³¹ tsu⁵⁴ ɕi³¹ i³¹ tɕʰi⁵⁴ ta⁵⁴
都 晓 得，之 个 是 个 老 红 军，以 前 和 毛 主 席 一 起 打
tɕiaŋ⁴⁴ san⁴⁴ lei⁴⁴. zan³¹ xəu¹³, la⁴⁴ lei⁴⁴ tsʅ⁴⁴ ko¹³ ku¹³ tɕy⁴⁴ lɛ⁴⁴, tɕiəu¹³ tsai¹³ pɛ⁴⁴ kai⁴⁴ saŋ¹³ lei⁴⁴
江 山 嘞。然 后，他 嘞 之 个 故 居 呢，就 在 北 街 上 嘞
tsʅ⁴⁴ tɛ⁵⁴. la⁴⁴ i⁵⁴ tɕʰian³¹ tsʰən³¹ tɕin³¹ liəu³¹ ɕia¹³ lai³¹ tsʰuan⁴⁴ lei⁴⁴ lan⁵⁴ iaŋ¹³ i⁴⁴ fu³¹ a⁴⁴ xai³¹
之 点。他 以 前 曾 经 遗 留 下 来 穿 嘞 哪 样 衣 服 啊、鞋

a⁴⁴, xai³¹ iəu⁵⁴ tɕia⁴⁴ li⁵⁴ mian¹³ ioŋ⁴⁴ lei⁴⁴ lan⁵⁴ iaŋ¹³ sʅ³¹ mo⁴⁴ a⁴⁴, tən⁵⁴ tən⁵⁴ i³¹ ɕi¹³ liɛ⁴⁴ lei⁴⁴ tsʅ⁴⁴ ɕie⁴⁴
啊，还有家里面用嘞哪样石磨啊，等等一系列嘞之些
toŋ⁴⁴ ɕi¹³ ɕie⁴⁴ tɕʰian³¹ pu¹³ təu⁴⁴ kən⁴⁴ la⁴⁴ pao⁵⁴ liəu³¹ tɕʰi⁵⁴ lei⁴⁴, tɕʰian³¹ pu¹³ la³¹ ko⁴⁴ po⁴⁴ li³¹ kuei¹³
东西些全部都跟他保留起嘞，全部拿个玻璃柜
kuei¹³ tɕʰian³¹ pu¹³ faŋ¹³ tsai¹³ i³¹ tɕʰi⁵⁴ lei⁴⁴, tən⁵⁴ xəu¹³ zən³¹ tɕʰi⁴⁴ tsʰan⁴⁴ kuan⁴⁴ lei⁴⁴.
柜全部放在一起嘞，等后人去参观嘞。

ŋo⁵⁴ tɕi¹³ tao⁵⁴ ŋo⁵⁴ mən⁴⁴ ɕio³¹ ɕiao¹³ təu⁴⁴ uei³¹ əu¹³ tɕi¹³ lian¹³ la⁴⁴, ŋo⁵⁴ mən⁴⁴ ɕiao⁵⁴ ɕio³¹ i⁵⁴
我记倒我们学校都为噢纪念他，我们小学以
tɕʰian³¹ tɕiao¹³ san⁴⁴ ɕiao⁵⁴, xəu¹³ lai³¹ uei¹³ əu¹³ tɕi¹³ lian¹³ la⁴⁴, tɕiəu¹³ kai⁴⁴ tɕiao¹³ zo³¹ fei⁴⁴ ɕiao⁵⁴
前叫三小，后来为噢纪念他，就改叫若飞小
ɕio³¹. zan³¹ xəu¹³ ŋo⁵⁴ mən⁴⁴ an⁴⁴ suən¹³ tɕi⁴⁴ pən⁵⁴ saŋ¹³ so³¹ lei⁴⁴ ʅ¹³, tsʅ⁴⁴ ɕie⁴⁴ ɕiao⁵⁴ ɕio³¹ sən⁴⁴ ɕie⁴⁴,
学。然后我们安顺基本上说嘞是，之些小学生些，
iao¹³ əu³¹ tu³¹ tao¹³ san⁴⁴ lian¹³ tɕi³¹ i⁵⁴ xəu¹³ la⁴⁴ tsʰai³¹ tai¹³ xoŋ³¹ lin⁵⁴ tɕin⁴⁴ ɚ¹³. pi³¹ ɕy⁴⁴ mei⁵⁴ i³¹
要哦读到三年级以后他才戴红领巾呃。必须每一
ko¹³ zən³¹ la⁴⁴ təu⁴⁴ iao¹³ tao¹³ tsʅ⁴⁴ ko¹³ zo³¹ fei⁴⁴ ku⁴⁴ tɕy⁴⁴ li⁵⁴ mian¹³ tɕʰi⁴⁴, tɕʰi⁴⁴ li⁵⁴ mian¹³ ɕyan⁴⁴
个人他都要到之个若飞故居里面去，去里面宣
sʅ¹³, iao¹³ ɕyan⁴⁴ əu³¹ sʅ³¹ i⁵⁴ xəu¹³ tsʰai³¹ tɛ³¹ tao⁵⁴ pʰei¹³ tai⁵⁴ xoŋ³¹ lin⁵⁴ tɕin⁴⁴. so⁵⁴ i⁵⁴ tuei¹³ tsʅ⁴⁴ ko⁴⁴,
誓，要宣噢誓以后才得倒佩戴红领巾。所以对之个，
ŋo⁵⁴ mən⁴⁴ a¹³ ko¹³ sʅ³¹ xəu¹³ tɕʰi⁴⁴ lei⁴⁴ sʅ³¹ xəu¹³, tuei¹³ ŋo⁵⁴ mən⁴⁴ i¹³ i¹³ kan⁴⁴ tao¹³ tsən⁴⁴ lei⁴⁴ fei⁴⁴
我们那个时候、去嘞时候，对我们意义感到真嘞非
tsʰaŋ³¹ fei⁴⁴ tsʰaŋ³¹ lei⁴⁴ ta³¹. fan⁵⁴ tsən³¹ tɕiəu¹³ sʅ¹³ iao¹³ tsai¹³ əu³¹ zo³¹ fei⁴⁴ ku⁴⁴ tɕi⁴⁴ li⁵⁴ mian¹³ tsai¹³
常非常嘞大。反正就是要在噢若飞故居里面、在
li⁵⁴ mian¹³ ɕyan⁴⁴ sʅ¹³, zan³¹ xəu¹³ lao⁵⁴ sʅ⁴⁴ kən⁴⁴ li⁵⁴ pʰei¹³ tai¹³ xoŋ³¹ lin⁵⁴ tɕin⁴⁴, li⁵⁴ tsʰai³¹ suan¹³ tɛ³¹
里面宣誓，然后老师跟你佩戴红领巾，你才算得
saŋ¹³ sʅ⁴⁴ sao¹³ ɕian⁴⁴ tuei¹³ yan³¹.
上是少先队员。

zan³¹ xəu¹³ ti¹³ ɚ¹³ ko¹³ lɛ⁴⁴, tɕiəu¹³ sʅ⁴⁴ o⁵⁴ mən⁴⁴ an⁴⁴ suən¹³ lei⁴⁴ tsʰuaŋ⁴⁴ kʰəu⁵⁴ la⁵⁴.
然后第二个呢，就是我们安顺嘞窗口了。
i³¹ tɕiaŋ¹³ tɕʰi⁵⁴ xoŋ³¹ san⁴⁴ xu³¹ suei⁵⁴ kʰu¹³ mɛ⁴⁴, tɕi⁴⁴ pən⁵⁴ saŋ¹³ pu⁴⁴ tɛ³¹ la⁵⁴ ko¹³ pu⁴⁴ ɕiao⁵⁴
一讲起虹山湖水库么，基本上不得哪个不晓
tɛ³¹ lei⁴⁴, sʅ⁴⁴ pu³¹ sʅ⁴⁴ a³¹. tsʰoŋ³¹ ɕiao⁵⁴ ua³¹ ua⁴⁴ tɕʰin⁴⁴ lian³¹ zən³¹ tao¹³ lao⁵⁴ lian³¹ zən³¹, uei¹³ io³¹,
得嘞，是不是啊？从小娃娃、青年人、到老年人，喂哟，

205

tɕi⁴⁴ pən⁵⁴ saŋ¹³ mei⁵⁴ ko³¹ zən³¹ təu⁴⁴ tɕʰi⁴⁴ ko⁴⁴ xoŋ³¹ san⁴⁴ suei⁵⁴ kʰu¹³. tɕʰi⁴⁴ te³¹ tɕʰin³¹ kʰuai¹³ tian⁵⁴
基 本 上 每 个 人 都 去 过 虹 山 水 库。去 得 勤 快 点
lei⁴⁴ i³¹ tʰian⁴⁴ iao¹³ tɕʰi⁴⁴ liaŋ⁵⁴ xuei³¹, la⁵⁴ pʰa¹³ tɕʰi⁴⁴ te³¹ sao⁵⁴ lei⁴⁴ i³¹ ko¹³ ɕin¹³ tɕʰi⁴⁴ təu⁴⁴ iao¹³ tɕʰi⁴⁴
嘞一 天 要 去 两 回,哪 怕 去 得 少 嘞一 个 星 期 都 要 去
xuei³¹ pa⁵⁴, fan⁵⁴ tsən¹³ təu¹³ sʅ³¹ tsʰoŋ³¹ tsao⁵⁴ saŋ¹³ tao⁴⁴ uan⁵⁴ saŋ¹³ təu⁴⁴ sʅ¹³ pu⁴⁴ tɕian¹³ tuan¹³ lei⁴⁴.
回 把,反 正 就 是 从 早 上 到 晚 上 都 是 不 间 断 嘞。
lao⁵⁴ lian³¹ zən³¹ mɛ⁴⁴ kən³¹ pu³¹ ioŋ¹³ tɕiaŋ⁵⁴ ləu⁴⁴ ma³¹, tʰian⁴⁴ ma³¹ ma³¹ liaŋ¹³, iao¹³ pʰao⁵⁴ tɕʰi⁴⁴
老 年 人 么 更 不 用 讲 喽 嘛,天 麻 麻 亮,要 跑 去
xoŋ³¹ san⁴⁴ suei⁵⁴ kʰu¹³ li⁵⁴ mian¹³ tɕʰi⁴⁴ tuan¹³ lian¹³ sən⁴⁴ tʰi⁵⁴, tʰiao¹³ lan⁵⁴ iaŋ¹³ kuaŋ⁵⁴ tsʰaŋ³¹ u⁵⁴ a⁴⁴
虹 山 水 库 里 面 去 锻 炼 身 体,跳 哪 样 广 场 舞 啊、
pʰao⁵⁴ pu¹³ a⁴⁴, tən⁴⁴ tən⁴⁴ ləu³¹ ma³¹. tsʅ¹³ ɕie⁵⁴ lian³¹ tɕʰin⁴⁴ zən¹³ lɛ⁴⁴, tʰan³¹ lian¹³ ai¹³ lei⁴⁴ tsʅ⁴⁴ tsoŋ⁵⁴
跑 步 啊,等 等 喽 嘛。之 些 年 轻 人 呢,谈 恋 爱 嘞之 种
lɛ⁴⁴, iəu¹³ ai¹³ tɕʰi⁴⁴ li⁵⁴ mian¹³ tɕʰi⁴⁴ tsəu⁵⁴ i³¹ tɕʰyan⁴⁴, tɕʰi⁴⁴ uan³¹, laŋ¹³ man¹³ tian⁵⁴. a¹³ li⁵⁴ mian¹³
呢,又 爱 去 里 面 去 走 一 圈,去 玩,浪 漫 点。那 里 面
iəu¹³ kʰo⁵⁴ i⁵⁴ xua¹³ tsʰuan³¹, tʰɛ³¹ pie³¹ sʅ⁴⁴ tao¹³ ɕin⁴⁴ tɕʰi⁴⁴ lu³¹ xo¹³ ɕin⁴⁴ tɕʰi⁴⁴ tʰian⁴⁴, sʅ⁴⁴ pu³¹ sʅ⁴⁴
又 可 以 划 船,特 别 是 到 星 期 六 和 星 期 天,是 不 是
ma³¹.
嘛。

o⁵⁴ mən⁴⁴ a¹³ ko¹³ pʰən⁴⁴ tɕʰyan³¹ pʰu³¹ pu¹³ in⁴⁴ io³¹ pʰən⁴⁴ tɕʰian³¹, ei¹³ io³¹, tsən⁴⁴ lei⁴⁴ iɛ⁵⁴ xən⁵⁴
我 们 那 个 喷 泉 瀑 布、音 乐 喷 泉,诶 哟,真 嘞也 很
tsuaŋ¹³ kuan⁴⁴ lei³⁴. fan⁵⁴ tsən¹³ i¹³ kʰai⁴⁴, tsʰoŋ⁵⁴ tɕʰi³¹ tian⁵⁴ tsoŋ⁴⁴ tʰa⁴⁴ iao¹³ kʰai⁴⁴ tao⁵⁴ tɕiəu⁵⁴ tian⁵⁴
壮 观 嘞。反 正 一 开,从 七 点 钟 他 要 开 到 九 点
tsoŋ⁴⁴, kʰai⁵⁴ liaŋ⁵⁴ ko¹³ ɕiao⁵⁴ sʅ³¹. a¹³ ɕie⁵⁴ pʰu¹³ pu¹³ in⁴⁴ io³¹ ɕie⁴⁴ i³¹ faŋ⁴⁴ tɕʰi⁵⁴ lai³¹, ei¹³ io³¹, tsən⁴⁴
钟,开 两 个 小 时。那 些 瀑 布 音 乐 些 一 放 起 来,诶 哟,真
lei⁴⁴ pu⁴⁴ te³¹ liao⁵⁴. tʰɛ³¹ pie³¹ sʅ⁴⁴ o⁵⁴ mən⁴⁴ an⁴⁴ suan¹³ a¹³ ko¹³ ɕi⁴⁴ ɚ⁵⁴ tuən¹³ ta¹³ tɕiəu⁵⁴ tian¹³ lɛ⁴⁴.
嘞不 得 了。特 别 是 我 们 安 顺 那 个 希 尔 顿 大 酒 店 呢.
ei¹³ io³¹, li⁵⁴ tsʅ⁴⁴ iao¹³ tsai¹³ a¹³ ko¹³ ɕi⁴⁴ ɚ⁵⁴ tən¹³ tɕiəu⁵⁴ tian¹³ zu¹³ tsu¹³, zən³¹ tɕia⁴⁴ tɕiaŋ⁵⁴ lei⁴⁴, zu³¹
诶 哟,你 只 要 在 那 个 希 尔 顿 酒 店 入 住,人 家 讲 嘞,入
tsu⁴⁴ ɕi⁴⁴ ɚ⁵⁴ tən¹³, tso¹³ kuan⁴⁴ kuan⁴⁴ san⁴⁴ xu³¹. tɕiəu¹³ sʅ⁴⁴ tɕiaŋ¹³ li⁵⁴ zu³¹ tsu¹³ tsai¹³ ɕi⁴⁴ ɚ⁵⁴ tuən¹³,
住 希 尔 顿,坐 观、观 山 湖。就 是 讲 你 入 住 在 希 尔 顿,
li⁵⁴ tɕiəu¹³ tsai¹³ ɕi⁴⁴ ɚ⁵⁴ tən¹³ saŋ¹³ lɛ⁴⁴, li⁵⁴ tɕiəu¹³ kʰo⁵⁴ i⁵⁴ kʰan⁴⁴ tao⁵⁴ xoŋ⁴⁴ san⁴⁴ xu³¹ lei⁴⁴ tɕʰian³¹
你 就 在 希 尔 顿 上 呢,你 就 可 以 看 倒 虹 山 湖 嘞全

tɕin⁵⁴, a¹³ ko¹³ tsən⁴⁴ lei⁴⁴ sʅ⁴⁴ i³¹ tao¹³ fei⁴⁴ tsʰaŋ³¹ mei⁵⁴ li¹³ lei⁴⁴ i³¹ tao¹³ foŋ⁴⁴ tɕin⁵⁴ ɕian¹³ la⁵⁴.
景， 那个 真 嘞是一道、 非 常 美 丽 嘞一道 风 景 线 了。
tsʅ⁴⁴ ko¹³ təu¹³ sʅ⁴⁴ ŋo⁵⁴ tɕio³¹ tɛ³¹ an⁴⁴ suan¹³ pi⁵⁴ tɕiao¹³ xao⁵⁴ lei⁴⁴ liaŋ⁵⁴ ko¹³ tɕin⁵⁴ tian⁵⁴. kʰan¹³
之 个 就 是 我 觉 得 安 顺 比 较 好 嘞两 个 景 点。 看
xa¹³ tsaŋ⁵⁴ su³¹ pu⁴⁴ tsʰoŋ⁴⁴ tian⁵⁴ lan⁵⁴ iaŋ¹³ mɛ⁴⁴?
下 张 叔 补 充 点 哪 样 么?

　　tsʰʅ³¹ əu¹³ ŋo⁵⁴ mən⁴⁴ ŋan⁴⁴ suan¹³ tsʰʅ³¹ əu¹³ ɚ³¹ uei³¹ so⁵⁴ tɕiaŋ¹³ lei⁴⁴ mei⁴⁴ sʅ³¹ ɕiao⁵⁴
老年男性：除 噢我 们 安 顺、除 噢 二 位 所 讲 嘞美 食、小
tsʰʅ³¹ min³¹ zən³¹ ku¹³ tɕi¹³ foŋ⁴⁴ kuaŋ⁴⁴ tsʅ⁴⁴ uai¹³, xai³¹ iəu⁵⁴ i³¹ ko¹³ uən³¹ miao¹³ lei⁴⁴ loŋ³¹ tsu¹³. tsʅ⁴⁴
吃、名 人 故 居、风 光 之 外， 还 有 一 个 文 庙 嘞龙 柱。之
ko¹³ uən³¹ miao¹³ lei⁴⁴ tsʅ⁴⁴ liaŋ⁵⁴ kən⁴⁴ loŋ³¹ tsu¹³, iɛ⁵⁴ sʅ⁴⁴ fei⁴⁴ tsʰaŋ⁴⁴ iəu⁵⁴ min³¹, tɕiəu¹³ pʰin³¹ tsʅ⁴⁴
个 文 庙 嘞之 两 根 龙 柱，也 是 非 常 有 名， 就 凭 之
liaŋ⁵⁴ kən⁴⁴ uən³¹ miao¹³ tsʅ⁴⁴ liaŋ⁴⁴ kən⁴⁴ loŋ³¹ tsu¹³, tsʰən⁴⁴ uei³¹ kuɛ³¹ kuɛ³¹ tɕia⁴⁴ tɕi³¹ lei⁴⁴ tsoŋ¹³
两 根、文 庙 之 两 根 龙 柱， 成 为 国、国 家 级 嘞重
tian⁵⁴ uən³¹ u³¹ pao⁵⁴ fu¹³ tan⁴⁴ uei¹³. la⁴⁴ lei⁴⁴ tɕʰian³¹ mian¹³, tsʅ⁴⁴ tso¹³ tɕian¹³ i³¹ min³¹ tai¹³ lei⁴⁴ uən³¹
点 文 物 保 护 单 位。它 嘞前 面，之 座 建 于 明 代 嘞文
miao¹³, tɕʰian³¹ mian¹³ iəu⁵⁴ liaŋ³¹ kʰo⁴⁴ fu³¹ tiao⁴⁴ loŋ³¹ tsu¹³, ioŋ³¹ tsən⁵⁴ sʅ³¹ tiao⁴⁴ tso³¹, xəu¹³ mian¹³
庙， 前 面 有 两 棵 浮 雕 龙 柱，用 整 石 雕 琢； 后 面
iəu⁵⁴ liaŋ⁵⁴ kʰo⁴⁴ tsən⁵⁴ sʅ³¹ tiao³¹ tso³¹ lei⁴⁴ tʰəu¹³ tiao⁴⁴ loŋ³¹ tsu¹³, tsʅ⁴⁴ ko¹³ koŋ⁴⁴ i³¹ tɕi³¹ tɕʰi³¹ lei⁴⁴
有 两 棵 整 石 雕 琢 嘞透 雕 龙 柱，之 个 工 艺 极 其 嘞
fan³¹ tsa³¹, ɚ³¹ tɕʰiɛ⁵⁴ lɛ⁴⁴, tʰəu¹³ tiao⁴⁴, fei⁴⁴ tsʰaŋ³¹ pʰiao⁴⁴ liaŋ¹³. ɛ³¹, iɛ⁵⁴ sʅ⁴⁴ ŋo⁵⁴ mən⁴⁴ ŋan⁴⁴ suan¹³
繁 杂， 而 且 呢， 透 雕， 非 常 漂 亮。诶， 也 是 我 们 安 顺
lei⁴⁴ ɕiaŋ¹³ tsən⁴⁴ tsʅ⁴⁴ i³¹.
嘞 象 征 之 一。

　　lin¹³ uai¹³ lɛ⁴⁴, ŋo⁵⁴ mən⁴⁴ ŋan⁴⁴ suan¹³ xai³¹ iəu⁵⁴ tʰən³¹ pʰu⁵⁴ uən³¹ xua¹³. tsʅ⁴⁴ ko¹³ tʰən³¹ pʰu⁵⁴
另 外 呢，我 们 安 顺 还 有 屯 堡 文 化。之 个 屯 堡
uən³¹ xua¹³, sʅ⁴⁴ lu³¹ pɛ³¹ lu³¹ pɛ³¹ to⁴⁴ lian³¹ tɕʰian³¹, tsu⁵⁴ ian³¹ tsaŋ⁴⁴ tiao¹³ pɛ³¹ tsən⁴⁴ lan³¹ tai¹³ lai¹³
文 化，是 六 百、六 百 多 年 前，朱 元 璋 调 北 征 南 带 来
lei⁴⁴ tɕin⁴⁴ tuei¹³. xəu¹³ lai³¹ tɕiəu¹³ uei¹³ əu¹³ pao⁵⁴ uei¹³ tsʅ⁴⁴ i³¹ pʰian⁴⁴ ɕin⁵⁴ lei⁴⁴ tʰu⁵⁴ ti¹³, tɕiəu¹³
嘞军 队， 后 来 就 为 噢保 卫 之 一 片 新 嘞土 地， 就
tʰən³¹ kʰən⁵⁴ su³¹ pin⁴⁴, ɕin³¹ tsʰən⁴⁴ əu¹³ ɕian¹³ tsai¹³ i³¹ ko¹³ xuaŋ⁵⁴ zo³¹ sʅ³¹ kuaŋ⁴⁴ tao¹³ liəu³¹
屯 垦 戍 兵(边)， 形 成 噢现 在 一 个 恍 若 时 光 倒 流

lei⁴⁴ i¹³ tsoŋ⁵⁴ tʰən³¹ pʰu⁵⁴ uən³¹ xua¹³ ɕian¹³ ɕiaŋ¹³.
嘞一种 屯堡 文化 现 象。
　　　　so⁵⁴ iəu⁵⁴ tsɿ⁴⁴ i¹³ ɕiɛ⁴⁴ təu⁴⁴ iəu⁵⁴ tai¹³ ta¹³ tɕia⁴⁴ i⁵⁴ xəu¹³ lai³¹ ŋo⁵⁴ mən⁴⁴ ŋan⁴⁴ suən¹³ tsʰan⁴⁴
　　　　所 有 之 一 些 都 有 待 大 家 以 后 来 我 们 安 顺 参
kuan⁴⁴.
观。

　　　　　　tuei¹³, xuan⁴⁴ in³¹ ta¹³ tɕia⁴⁴ tao¹³ ŋo⁵⁴ mən⁴⁴ ŋan⁴⁴ suən¹³ lai³¹. tsən⁴⁴ lei⁴⁴ sɿ⁴⁴ kaŋ⁴⁴ tsʰai³¹
　老年男性：对，欢 迎 大 家 到 我 们 安 顺 来。真 嘞 是 刚 才
ŋo⁵⁴ mən⁴⁴ tsɿ⁴⁴ uei¹³ tʰoŋ³¹ tsɿ¹³ so³¹ lei⁴⁴, foŋ⁴⁴ tɕin⁵⁴ ɕiəu¹³ li¹³, tɕʰi¹³ xəu¹³ i³¹ zən³¹, tsən⁴⁴ lei⁴⁴ tsɿ³¹
我 们 之 位 同 志 说 嘞，风 景 秀 丽，气 候 宜 人，真 嘞 值
tɛ³¹ lai³¹ o¹³ !
得 来 哦!

二、风俗习惯

　　　　　　ta¹³ tɕia⁴⁴ xao⁵⁴, tɕin⁴⁴ tʰian⁴⁴, iəu³¹ ŋo⁵⁴ mən⁴⁴ san⁴⁴ uei¹³ lai³¹ kən⁴⁴ ta¹³ tɕia⁴⁴ kai¹³ sao¹³
　老年女性：大 家 好，今 天，由 我 们 三 位 来 跟 大 家 介 绍
i³¹ xa¹³ ŋan⁴⁴ suən¹³ lei⁴⁴, ɛ³¹, xuən⁴⁴ tɕia¹³ saŋ⁴⁴ sɿ¹³ lei⁴⁴ i³¹ ɕiɛ⁴⁴ foŋ⁴⁴ ɕiu³¹. n³¹, ɕia¹³ mian¹³ tɕʰin⁵⁴ li⁵⁴
一下 安 顺 嘞，诶， 婚 嫁 丧 事 嘞一些 风 俗。嗯，下 面 请 你
kən⁴⁴ ta¹³ tɕia⁴⁴ tɕiaŋ⁵⁴ i³¹ xa¹³. ɕian⁴⁴ tɕiaŋ⁵⁴ xa⁵⁴ tɕiɛ³¹ xuən⁴⁴ lei⁴⁴, ɕian⁴⁴ tɕiaŋ⁵⁴ tsai¹³ ɕi⁵⁴ sɿ¹³, ɕian⁴⁴
跟 大 家 讲 一 下。先 讲 下 结 婚 嘞，先 讲 在 喜 事，先
tɕiaŋ⁵⁴ tsai¹³ tʰəu³¹. xa³¹, iəu³¹ li⁵⁴ ɕian⁴⁴ kai¹³ sao¹³ i³¹ xa¹³.
讲 在 头。哈，由 你 先 介 绍 一 下。

　　　　　　ɛ³¹, tsɿ⁴⁴ ko¹³ ŋan⁴⁴ suən¹³ tɕiɛ³¹ xuən⁴⁴ lɛ⁴⁴, tsɿ⁴⁴ ko¹³ tso³¹ uei³¹ tso³¹ uei³¹ i³¹ ko¹³ zən³¹
　老年男性：诶，之个 安 顺 结 婚 呢，之 个、作 为、作 为 一 个 人
sən⁴⁴ ta¹³ sɿ¹³ lɛ⁴⁴, xai³¹ sɿ⁴⁴ pi⁵⁴ tɕiao¹³ tsu¹³ tsoŋ¹³ lei⁴⁴.
生 大 事 呢，还 是 比 较 注 重 嘞。
　　　　　　ŋo⁵⁴ mən⁴⁴ tsɿ⁴⁴ ko¹³ lian³¹ lin³¹ tuan⁴⁴ lei⁴⁴ zən³¹ tɕiɛ³¹ xuən⁴⁴, a¹³ xa¹³ tsɿ⁵⁴ sɿ⁴⁴ iao¹³ tsuən⁵⁴ pei¹³
　　　我 们 之 个 年 龄 段 嘞人 结 婚，那 下 子 是 要 准 备
tsɿ⁴⁴ xoŋ³¹ iəu³¹ san⁵⁴, ɛ³¹, ɕin⁴⁴ ɕi¹³ fu⁵⁴ iao¹³ tsuən⁵⁴ pei¹³ i³¹ tsɿ⁴⁴ xoŋ³¹ iəu³¹ san⁵⁴. zan³¹
支 红 油 (纸)伞, 诶, (接)新 媳 妇 要 准 备 一 支 红 油 伞。然
xəu¹³ lɛ⁴⁴, ɛ³¹, tɕʰi⁴⁴ tɕiɛ³¹ tɕʰin⁵⁴ lei⁴⁴ sɿ³¹ tɕian⁴⁴ lɛ⁴⁴, sɿ⁴⁴ tʰian⁴⁴ ma³¹ ma³¹ liaŋ³¹, u⁵⁴ tɕi⁵⁴ tian⁵⁴
后 呢，诶，去 接 亲 嘞 时 间 呢，是——天 麻 麻 亮，五 几 点

tsoŋ⁴⁴ lei⁴⁴ sʅ³¹ xəu¹³ tɕiəu¹³ iao¹³ tɕʰi⁴⁴. ɛ³¹, zan³¹ xəu¹³ lɛ⁴⁴, tɕʰi⁴⁴ tɕiɛ³¹ ɕin⁴⁴ ɕi¹³ fu¹³ lɛ⁴⁴, ta⁵⁴ tɕʰi⁵⁴
钟 嘞 时 候 就 要 去。诶，然 后 呢，去 接 新 媳 妇 呢，打 起
xoŋ³¹ iəu³¹ tsʅ⁵⁴ san⁵⁴, mɛ⁴⁴, tɕiəu¹³ pu¹³ ɕin³¹ xuei³¹ tɕia. i¹³ sʅ⁴⁴ iɛ³¹ tsəu⁵⁴ iɛ³¹ xoŋ³¹, iɛ³¹ tsəu⁵⁴
红 油 纸 伞，么，就 步 行 回 家。意思是越 走 越 红，越 走
iɛ³¹ liaŋ¹³ tʰaŋ³¹.
越 亮 堂。

  zan³¹ xəu¹³ tɕʰi⁴⁴ lɛ⁴⁴, iɛ⁵⁴ xao⁵⁴ uan³¹. n³¹, tso³¹ uei³¹ ɕin⁴⁴ ku⁴⁴ iɛ⁴⁴ i¹³ tɕʰi⁴⁴ lɛ⁴⁴, iao¹³ tsao⁵⁴ tsən⁵⁴.
  然 后 去 呢，也 好 玩。嗯，作 为 新 姑 爷 一 去 呢，要 着 整。
tsʅ⁴⁴ ko¹³ ɕi³¹ fu¹³ tɕia¹³ lei⁴⁴ tsʅ⁴⁴ pian⁴⁴ lɛ⁴⁴, iao¹³ kən⁴⁴ li⁵⁴ tsuən⁵⁴ pei¹³ i³¹ uan⁵⁴ mian¹³, tsʅ⁴⁴ uan⁵⁴
之 个 媳 妇 家 嘞 之 边 呢，要 跟 你 准 备 一 碗 面，之 碗
mian¹³ iao¹³ mɛ⁴⁴ tɕiəu¹³ xei⁵⁴ sʅ³¹ la³¹, iao¹³ mɛ⁴⁴ tɕiəu¹³ ɕian³¹ tɛ³¹ tsaŋ⁵⁴ pu⁴⁴ tao⁵⁴ kʰiəu⁵⁴, iao¹³
面 要 么 就 □实①辣，要 么 就 咸 得 张 不 倒 口，要
mɛ⁴⁴ tɕiəu¹³ sʅ⁴⁴ li⁵⁴ mian¹³ iəu¹³ ɕiɛ⁴⁴ xao³¹ xao⁴⁴ a⁴⁴ tsʅ⁴⁴ ɕiɛ⁴⁴.
么 就 是 里 面 有 些 毫 毫 啊 之 些。

  tɕʰi⁴⁴ lɛ⁴⁴, xai³¹ iao¹³ xan⁵⁴, xai³¹ iao¹³ zan³¹ xəu¹³ lɛ⁴⁴, li⁵⁴ iao¹³ tsuən⁵⁴ pei¹³ i¹³ ɕiɛ⁴⁴ xoŋ³¹ foŋ⁴⁴
  去 呢，还 要 喊，还 要——然 后 呢，你 要 准 备 一 些 红 封
foŋ⁴⁴, tsʅ⁴⁴ ko¹³ xoŋ³¹ foŋ⁴⁴ foŋ⁴⁴ tɕiao¹³ kʰai⁴⁴ mən³¹ foŋ⁴⁴, sʅ⁴⁴ uei¹³ əu¹³ tsən⁵⁴ tɕia¹³ tsʅ⁴⁴ tsoŋ⁵⁴ ɕi⁵⁴
封，之 个 红 封 封 叫 开 门 封，是 为 噢 增 加 之 种 喜
tɕʰin¹³ lei⁴⁴ tɕʰi¹³ fən³¹. i¹³ tɕʰi⁴⁴ mɛ⁴⁴, li⁵⁴ iao¹³ xan⁵⁴ tuei¹³ faŋ⁴⁴ lei⁴⁴ tsaŋ⁵⁴ pei¹³ pʰin³¹ pan⁴⁴ tsʅ⁴⁴ pei¹³.
庆 嘞 气 氛。一 去 么，你 要 喊 对 方 嘞 长 辈，平 般 之 辈。
i³¹ xa¹³ lɛ⁴⁴, iao¹³ ioŋ⁵⁴ pən⁵⁴ ti¹³ xua¹³ xan⁵⁴;i³¹ xa¹³ lɛ⁴⁴, iao¹³ xan⁵⁴ li⁵⁴ piɛ⁴⁴ tao⁵⁴ ioŋ¹³ pʰu⁵⁴ tʰoŋ⁴⁴
一 下 呢，要 用 本 地 话 喊；一 下 呢，要 喊 你 憋 倒 用 普 通
xua¹³ xan⁵⁴;zan³¹ xəu¹³ lɛ⁴⁴, ta¹³ tɕia⁴⁴ təu⁴⁴ tsai¹³ xa⁴⁴ xa⁴⁴ ta¹³ ɕiao⁴. əu³¹, tsʅ⁵⁴ ko¹³ tɕʰi¹³ fən¹³ iɛ⁵⁴
话 喊；然 后 呢，大 家 都 在 哈 哈 大 笑。哦，之 个 气 氛 也
xən⁵⁴ zɛ³¹ lao¹³. tsuei¹³ xəu¹³ mɛ⁴⁴, tɕiəu¹³ pa⁴⁴ ɕin⁴⁴ lian³¹ tsʅ⁵⁴ tɕiəu¹³ tɕiɛ³¹ tɕʰi⁵⁴, pu¹³ ɕin³¹, i¹³ paŋ⁴⁴
很 热 闹。最 后 么，就 把 新 娘 子 就 接 起，步 行，一 帮
tɕʰin⁴⁴ pʰoŋ³¹ xao⁵⁴ iəu⁵⁴ lan³¹ lan³¹ li⁵⁴ li⁵⁴ lei⁴⁴.
亲 朋 好 友、男 男 女 女 嘞。

  ko¹³ tɕʰiao³¹ lɛ⁴⁴, ɕin⁴⁴ laŋ³¹ kuan⁴⁴ iao¹³ pei⁴⁴ ɕin⁴⁴ lian³¹, ko¹³ sʅ¹³ tsʅ¹³ lu¹³ kʰəu⁵⁴, xao⁵⁴ ɕian¹³ iɛ⁵⁴
  过 桥 呢，新 郎 官 要 背 新 娘，过 十 字 路 口，好 像 也

---

① □实：很，非常。

209

iao¹³ pei⁴⁴. zan³¹ xəu¹³ tao¹³ tɕia⁴⁴ i⁵⁴ xəu¹³ lɛ⁴⁴, iəu⁵⁴ ləu³¹ tʰi⁴⁴ lei⁴⁴ lɛ⁴⁴, iao¹³ iəu³¹ ɕin⁴⁴ laŋ³¹ pa⁵⁴ ɕin⁴⁴
要 背。然 后 到 家 以 后 呢, 有 楼 梯 嘞呢, 要 由 新 郎 把 新
lian³¹ pei⁴⁴ saŋ¹³ ləu³¹, tsɿ⁴⁴ ko¹³ piao⁵⁴ sɿ¹³ li⁵⁴ tuei¹³ tsɿ⁴⁴ ko¹³ ɕin⁴⁴ lian³¹ lei⁴⁴ tsɿ⁴⁴ tsoŋ⁵⁴, ɛ³¹, ɕi⁵⁴ ŋai¹³.
娘 背 上 楼, 之个 表 示 你 对 之个 新 娘 嘞之种, 呃, 喜 爱。
lai³¹ tao¹³ tɕia⁴⁴ i⁵⁴ xəu¹³ lɛ⁴⁴, zan³¹ xəu¹³, iəu³¹ lan³¹ faŋ³¹ tɕia⁴⁴ tsɿ¹³ pian⁵⁴, ɛ³¹, tsɿ³¹ ɚ³¹ tsɿ¹³ a⁴⁴ ku⁵⁴
来 到 家 以 后 呢, 然 后, 由 男 方 家 之 边, 呃, 侄 儿子 啊、姑
lian³¹ a⁴⁴ tsɿ¹³ ɕiɛ⁵⁴, ta⁵⁴ pʰən⁴⁴ ɕi⁵⁴ lian⁵⁴ suei⁵⁴, ken⁴⁴ ɕin⁴⁴ lian³¹ tsɿ¹³ ɕi⁵⁴ ko¹³ lian⁵⁴, zan³¹ xəu¹³ fa³¹
娘 啊 之些, 打 盆 洗 脸 水, 跟 新 娘子 洗个 脸, 然 后 发
ko¹³ xoŋ³¹ pao⁴⁴ kən⁴⁴ ɕiao⁵⁴ tsɿ⁴⁴ ko¹³ ɕiao⁵⁴ pei⁵⁴. zan³¹ xəu¹³ tsai⁴⁴ iəu³¹ lan³¹ faŋ³¹ lei⁴⁴ fu¹³ mu⁵⁴
个 红 包 跟 小、之 个 小 辈。然 后 再 由 男 方 嘞父 母
lɛ⁴⁴, fa³¹ kai⁵⁴ kʰəu⁵⁴ tɕʰian³¹. ɕin⁴⁴ ɕi³¹ fu⁵⁴, ɛ³¹, xan⁵⁴ tiɛ⁴⁴ ma⁴⁴, zan³¹ xəu¹³ lɛ⁴⁴, fa³¹ kai⁵⁴ kʰəu⁵⁴
呢, 发 改 口 钱。新 媳 妇, 呃, 喊 爹 妈, 然 后 呢, 发 改 口
tɕʰian³¹ kɛ⁴⁴ la⁴⁴.
钱 给 她。

tsɿ⁴⁴ ko¹³ tɕiəu¹³ sɿ⁴⁴ ŋo⁵⁴ mən⁴⁴ a⁴⁴ ko³¹ sɿ³¹ xəu¹³ lei⁴⁴ tɕiɛ³¹ xuən⁴⁴ ta¹³ tsɿ¹³ tɕiəu¹³ zu³¹
之 个 就 是 我 们 那 个 时 候 嘞结 婚（情况）, 大 致 就 如
tsʰɿ⁵⁴.
此。

kʰo⁵⁴ lən³¹ ɕiao⁵⁴ tsaŋ⁴⁴ mən⁴⁴ a⁴⁴ tian⁵⁴ tɕiəu¹³ tɕiəu¹³ pu³¹ tʰai¹³ i³¹ iaŋ³¹ ləu³¹ xa³¹. ɕian¹³
老年女性：可 能 小 张 们 那 点 就、就 不 太 一 样 喽哈。现
tsai¹³ lei⁴⁴əu³¹, kao⁵⁴ tɛ³¹ loŋ³¹ xo⁵⁴ ləu³¹! ei¹³, li⁵⁴ kən⁴⁴ ta¹³ tɕia⁵⁴ tsʰuei⁴⁴ i³¹ xa¹³ ma³¹.
在 嘞哦, 搞 得 隆 火 喽! 诶, 你 跟 大 家 吹 一 下 嘛。

ei¹³ io³¹, tsən⁴⁴ lei⁴⁴, tɕiaŋ⁵⁴ tɕʰi⁵⁴ lai³¹ ŋo⁵⁴ mən⁴⁴ ɕian⁵⁴ tai¹³ lian³¹ tɕʰin³¹ zən³¹ tsɿ⁴⁴ i³¹
青年男性：诶哟, 真 嘞, 讲 起 来 我 们 现 代 年 轻 人 之一
tai¹³ tɕiɛ³¹ xuən⁴⁴, ŋo⁵⁴ kʰan⁴⁴ tao⁵⁴ ŋo⁵⁴ təu⁴⁴ iəu⁵⁴ tian⁵⁴ pʰa¹³, pao⁴⁴ kua⁴⁴ ŋo⁵⁴ ɕian¹³ tsai¹³ xai³¹ pei⁴⁴
代 结 婚, 我 看 倒 我 都 有 点 怕, 包 括 我 现 在 还 不 得
tɕiɛ³¹ xuən⁴⁴ ləu³¹ ma³¹. ŋo⁵⁴, tuei¹³ i³¹ ŋo⁵⁴ lai³¹ tɕiaŋ⁵⁴, iao¹³ sɿ⁴⁴ tɕiɛ³¹ xuən⁴⁴ lei⁴⁴ a¹³ tʰian⁴⁴, tsən⁴⁴
结 婚 喽嘛。我, 对 于 我 来 讲, 要 是 结 婚 嘞那 天, 真
lei⁴⁴ sɿ⁴⁴ ko¹³ in⁴⁴ in⁵⁴. in⁴⁴ uei¹³ so³¹ lei⁴⁴, tsa⁴⁴ tɕiaŋ⁵⁴ lɛ⁴⁴, suei⁴⁴ zan³¹ sɿ⁴⁴ tɕian¹³ kao⁴⁴ ɕin¹³ lei⁴⁴
嘞是 个 阴 影。因 为 说 嘞是, 咋 讲 呢, 虽 然 是 件 高 兴 嘞
sɿ¹³ tɕʰin³¹ xa³¹, tan¹³ sɿ⁴⁴ tɕiɛ³¹ xuən⁴⁴ lei⁴⁴ a¹³ tʰian⁴⁴, ɕiaŋ¹³ ŋo⁵⁴ mən⁴⁴ lian³¹ tɕʰin³¹ lei⁴⁴ tsɿ⁴⁴ i³¹
事 情 哈, 但 是 结 婚 嘞那 天, 像 我 们 年 轻 嘞之、之一

210

pʰei⁴⁴ ləu³¹ ma³¹. ei¹³ io³¹, tsən⁴⁴ lei⁴⁴, ŋo⁵⁴ kan⁵⁴ tɕio³¹ tsao³¹ tsən⁵⁴ tɛ³¹ xai³¹ sʅ⁴⁴ pi⁵⁴ tɕiao¹³ tsʰan⁵⁴
批　喽　嘛，诶哟，真　嘞，我　感　觉　着　整　得　还　是　比　较　惨
lei⁴⁴. tʰɛ³¹ pie³¹ sʅ¹³ ɕin⁴⁴ laŋ³¹, a¹³ ko¹³ tsən⁴⁴ lei⁴⁴ sʅ⁴⁴ i³¹ ko¹³ tsʅ³¹, tsən⁴⁴ lei⁴⁴ sʅ⁴⁴ tsʰan⁵⁴. ŋo⁵⁴ kʰan¹³
嘞。特　别　是　新　郎，那　个　真　嘞　是　一　个　字，真　嘞　是"惨"。我　看
tao⁵⁴ ŋo⁵⁴ san⁴⁴ ko¹³ pʰoŋ³¹ iəu³¹ tɕie³¹ xuən⁴⁴ lei³¹ ɕia¹³ tsʰaŋ³¹, kʰan¹³ tao⁵⁴ ŋo⁵⁴ təu⁴⁴ iəu³¹ tian¹³ pʰa¹³
倒　我　三　个　朋　友　结　婚　嘞　下　场，看　倒　我　都　有　点　怕
zən³¹. tan¹³ sʅ⁴⁴ təu⁴⁴ kao⁴⁴ ɕin¹³. ta¹³ tɕia⁴⁴ pʰoŋ³¹ iəu¹³ iɛ⁵⁴ kao⁴⁴ ɕin¹³ mɛ⁴⁴, la⁴⁴ tsʅ¹³ tɕia⁴⁴ iɛ⁵⁴
人。但　是　都　高　兴，大　家、朋　友　也　高　兴　么，他　自　家　也
kao⁴⁴ ɕin¹³.
高　兴。

　　　　iəu⁵⁴ xuei³¹ sʅ¹³ lən⁵⁴ tʰian⁴⁴, ɕia¹³ tɕʰi⁵⁴ ɕie³¹, ŋo⁵⁴ mən⁴⁴ tɕʰi⁴⁴ tɕie³¹ ɕin⁴⁴ liaŋ³¹, ŋo⁵⁴ mən⁴⁴ kʰai⁴⁴
　　　有　回　是　冷　天，下　起　雪，我　们　去　接　新　娘，我　们　开
tɕʰi⁵⁴ kʰai⁴⁴ tɕʰi¹³ xuən³¹ tsʰɛ⁴⁴ tɕʰie³¹. tɕie³¹ xuei³¹ lai³¹, ŋo⁵⁴ mən⁴⁴ sʅ³¹ pan⁴⁴ iɛ¹³ ɕie³¹ tsʰoŋ³¹ ɕin⁴⁴
起、开　起　婚　车　去　接。接　回　来，我　们　是　半　夜　些　从　新
liaŋ³¹ tɕia⁴⁴ tsʰu³¹ lai³¹ lei⁴⁴. lai³¹ tao¹³ pan⁴⁴ lu¹³, ŋo⁵⁴ mən⁴⁴ tɕiəu⁴⁴ tɕʰian³¹ pu¹³ pa⁵⁴ tsʅ⁴⁴ ko¹³ pa⁵⁴ tsʅ⁴⁴
娘　家　出　来　嘞。来　到　半　路，我　们　就　全　部　把　之　个、把　之
ko¹³ xuən⁴⁴ tsʰɛ⁴⁴ luan³¹ tɕia¹³ lai³¹, ɕia¹³ tɕʰi⁵⁴ ɕyɛ³¹ lei³¹ o¹³. zan³¹ xəu¹³ sʅ³¹ pa⁵⁴ ɕin⁴⁴ laŋ³¹ tsʰoŋ³¹
个　婚　车　拦　下　来，下　起　雪　嘞　哦。然　后　是　把　新　郎　从
tsʰɛ⁴⁴ saŋ¹³ tʰo⁴⁴ ɕia¹³ lai³¹, pa⁵⁴ la⁴⁴ i⁴⁴ fu¹³ kʰu¹³ tsʅ⁵⁴ tʰo³¹ əu¹³, suan⁴⁴ tɕʰi⁵⁴ tʰa⁴⁴ tsai¹³ ti⁴⁴ ɕia¹³ tsəu⁴⁴
车　上　拖　下　来，把　他　衣　服　裤　子　脱　噢，拴　起　他　在　地　下　走
əu¹³. ai¹³ io¹³ ma⁴⁴ i³¹, kʰan¹³ la⁴⁴ lən³¹ tɛ³¹ tsən⁴⁴ lei³¹ sʅ⁴⁴ lən⁵⁴ tɛ³¹ sʅ³¹, tsʰa⁴⁴ pu³¹ to⁴⁴ lən⁵⁴ kʰu³¹
哦。哎　哟　妈　咦，看　他　冷　得　真　嘞　是——冷　得　是，差　不　多　冷　哭
tɕʰi⁵⁴ lai³¹ əu¹³. tan¹³ sʅ⁴⁴ mɛ⁴⁴ xai³¹ sʅ¹³ kao⁴⁴ ɕin¹³.
起　来　噢。但　是　么　还　是　高　兴。

　　　　tao¹³ zɛ³¹ tʰian⁴⁴ tɕie³¹ xuən⁴⁴ lɛ⁴⁴, iɛ⁵⁴ iəu⁴⁴ lei⁴⁴ sʅ¹³ pan¹³ fa³¹ tsən⁴⁴. iɛ⁵⁴ sʅ⁴⁴ uan⁵⁴ saŋ¹³, tsʰu³¹
　　　到　热　天　结　婚　呢，也　有　嘞　是　办　法　整。也　是　晚　上，出
fa³¹ i⁵⁴ xəu¹³, pa⁵⁴ xuən⁴⁴ tsʰɛ⁴⁴ luan³¹ ɕia¹³ lai³¹, pa⁵⁴ ɕin⁴⁴ laŋ³¹ paŋ³¹ tsai¹³ tian¹³ ɕian¹³ kan⁴⁴ saŋ¹³, la³¹
发　以　后，把　婚　车　拦　下　来，把　新　郎　绑　在　电　线　杆　上，拿
tsʰəu¹³ tɕi⁴⁴ tan³¹ tsa³¹ a⁴⁴, la³¹ suei⁵⁴ pʰo⁴⁴, ei³¹ io³¹, fan⁴⁴ tsən³¹ u⁵⁴ xua⁴⁴ pa³¹ mən³¹ lei⁴⁴ tsa¹³ ko¹³
臭　鸡　蛋　砸　啊、拿　水　泼　啊，哎哟，反　正　五　花　八　门　嘞　咋　个
tsən⁵⁴ təu⁴⁴ iəu⁵⁴. fan⁴⁴ tsən¹³ ɕin⁴⁴ laŋ³¹ ɕin⁴⁴ laŋ³¹ a³¹ i³¹ sən⁴⁴ lɛ⁴⁴ kʰo¹³ lən³¹ sʅ⁴⁴ xai³¹ sʅ⁴⁴ iəu⁵⁴ in¹³
整　都　有。反　正　新　郎、新　郎　那　一　生　呢　可　能　是、还　是　有　印

211

ɕiaŋ¹³ lei⁴⁴. tʰa⁴⁴ tɕie³¹ tsʅ⁴⁴ ko¹³ xuən⁴⁴, xai³¹ sʅ⁴⁴ pi⁵⁴ tɕiao¹³, tsa¹³ tɕiaŋ⁵⁴ lɛ⁴⁴, in¹³ ɕiaŋ¹³ sən⁴⁴ kʰɛ³¹
象 嘞。他 结 之 个 婚， 还 是 比 较， 咋 讲 呢，印 象 深 刻
ləu³¹ ma³¹. suei⁴⁴ zan³¹ so³¹ lei⁴⁴ sʅ⁴⁴ tsao³¹ tsən⁵⁴ te¹³ iəu⁵⁴ tian⁵⁴ tsʰan⁵⁴ xa⁵¹, təu⁵¹ sʅ¹³ pi⁵⁴ tɕiao¹³
喽 嘛。虽 然 说 嘞 是 着 整 得 有 点 惨 哈， 都 是 比 较
kao⁴⁴ ɕin¹³ lei⁴⁴.
高 兴 嘞。

zan³¹ xəu¹³, to⁴⁴ su¹³ lɛ⁴⁴ xo³¹ li⁵⁴ mən¹³ lao⁵⁴ i³¹ pei¹³ lei⁴⁴ tsʅ⁴⁴ tsoŋ⁵⁴ tɕie³¹ xuən⁴⁴ lɛ⁴⁴ xai³¹ sʅ⁴⁴
然 后， 多 数 呢 和 你 们 老 一 辈 嘞 之 种 结 婚 呢 还 是
tsʰa⁴⁴ pu³¹ to⁴⁴ lei⁴⁴. pi⁵⁴ zu³¹ so³¹ lei⁴⁴ sʅ⁴⁴, əu³¹, tsəu⁵⁴ tao¹³ tɕʰiao³¹ lei⁴⁴ ti¹³ faŋ⁴⁴, zan³¹ xəu¹³ iao¹³
差 不 多 嘞。比 如 说 嘞 是， 哦， 走 到 桥 嘞 地 方， 然 后 要
ɕin⁴⁴ laŋ³¹ lai³¹ pei⁵⁴ tsʅ⁴⁴ ko¹³ ɕin⁴⁴ liaŋ³¹, pa⁵⁴ tsʅ⁴⁴ i³¹ tso¹³ tɕʰiao³¹, tsəu⁵⁴ əu¹³. zan³¹ xəu¹³ saŋ¹³
新 郎 来 背 之 个 新 娘， 把 之 一 座 桥， 走 噢。 然 后 上
ləu³¹ a⁴⁴ tsʅ⁵⁴ ɕie¹³, təu⁴⁴ iao¹³ pa⁵⁴ la⁴⁴ pei⁵⁴ saŋ¹³ tɕʰi⁴⁴. tsʅ⁴⁴ ko¹³ ɕi³¹ kuan¹³ lɛ⁴⁴, kʰo⁵⁴ lən³¹ sʅ⁴⁴ ŋo⁵⁴
楼 啊 之 些， 都 要 把 她 背 上 去。之 个 习 惯 呢， 可 能 是 我
mən⁴⁴ kuei¹³ tsəu⁵⁴ i³¹ tsʅ³¹ təu⁴⁴ liəu³¹ tsʰuan³¹ ɕia¹³ lai¹³ lei⁴⁴ tsʅ⁴⁴ tsoŋ⁵⁴ ɕi³¹ kuan¹³ ləu³¹ ma³¹ xa³¹,
们 贵 州 一 直 都 流 传 下 来 嘞 之 种 习 惯 喽 嘛 哈，
təu⁴⁴ tɕi⁴⁴ pən⁵⁴ saŋ¹³ təu⁴⁴ tsai¹³.
都 基 本 上 都 在。

zan³¹ xəu¹³ tɕiəu¹³ sʅ¹³ tɕie³¹ xuən⁴⁴ lei⁴⁴ a¹³ tʰian⁴⁴, tsən¹³ tɕiəu⁵⁴ tɕʰin⁵⁴ tɕiəu⁵⁴ lei⁴⁴ a¹³ tʰian⁴⁴
然 后 就 是 结 婚 嘞 那 天， 正 酒 请 酒 嘞 那 天
lɛ⁴⁴, ɕin⁴⁴ laŋ³¹ xo³¹ ɕin⁴⁴ liaŋ³¹ lɛ⁴⁴, iɛ⁵⁴ iao⁵⁴ lao¹³ tian⁵⁴ ɕiao¹³ xua¹³ lei⁴⁴. fan⁵⁴ tsən¹³ tsai¹³
嘞， 新 郎 和 新 娘 呢， 也 要 "闹 点 笑 话" 嘞。反 正 在
tʰai¹³ saŋ¹³, a¹³ ɕie⁴⁴ tsu⁵⁴ tsʰʅ³¹ zən³¹ ɕie⁴⁴ iɛ⁵⁴ xuei¹³ təu⁴⁴ la⁴⁴ mən⁴⁴, fan⁵⁴ tsən¹³, ə³¹, xan⁵⁴ ɕin⁴⁴ laŋ³¹
台 上，那 些 主 持 人 些 也 会 逗 他 们， 反 正， 呃， 喊 新 郎
kuei¹³ tao⁵⁴, tsoŋ³¹ ŋo³¹ to⁴⁴ tɕʰin³¹ pʰoŋ³¹ xao⁵⁴ iəu⁵⁴ lei⁴⁴ mian¹³ tɕʰian³¹ xan⁵⁴ kuei¹³ tao⁵⁴, kuei¹³ tsai¹³
跪 倒， □□这么 多 亲 朋 好 友 嘞 面 前 喊 跪 倒，跪 在（新娘）
mian¹³ tɕʰian³¹ tɕʰiəu³¹ xuən⁴⁴ a⁴⁴, xan⁵⁴ la⁴⁴ mən⁴⁴ xo⁴⁴ tɕiao⁴⁴ pei⁴⁴ tɕiəu⁴⁴ a⁴⁴, tsʅ⁴⁴ iaŋ¹³ tsʅ¹³
面 前 求 婚 啊，喊 他 们 喝 交 杯 酒 啊， 之 样 子
tsən⁵⁴ la⁴⁴ mən⁴⁴ ləu³¹ ma³¹.
整 他 们 喽 嘛。

tɕi⁴⁴ pən⁵⁴ saŋ¹³ mɛ⁴⁴, ŋo⁵⁴ mən⁴⁴ lian³¹ tɕʰin⁴⁴ zən³¹ tɕie³¹ xuən⁴⁴ mɛ⁴⁴ iɛ⁵⁴ tɕiəu¹³ sʅ¹³ tsʅ¹³ ko¹³
基 本 上 么，我 们 年 轻 人 结 婚 么 也 就 是 之 个

iaŋ¹³ tsɿ⁵⁴ ləu³¹ ma³¹. sən¹³ ɕia¹³ mɛ⁴⁴, tɕʰin⁵⁴ tən¹³ a⁴⁴ i³¹ kʰan¹³ xa¹³ iəu⁵⁴ lan⁵⁴ iaŋ¹³ pu⁴⁴ tsʰoŋ⁴⁴ lei⁴⁴
样 子 喽 嘛。剩 下 么，请 邓 阿 姨 看 下 有 哪 样 补 充 嘞
pu⁴⁴ tɛ³¹.
不 得。

ɛ³¹, tsɿ⁴⁴ ko¹³ lao¹³ ɕin⁴⁴ faŋ³¹ lɛ⁴⁴, ko¹³ ti¹³ tao¹³ ɕin⁴⁴ xa¹³. tɕʰi¹³ sɿ³¹ tso³¹ uei³¹ ŋo⁵⁴ tsɿ⁴⁴
老年女性：呃，之个 闹 新 房 呢，各 地 倒 兴 哈。其 实 作 为 我 之
ko¹³ lian³¹ lin³¹ tuan¹³ a³¹, ŋo⁵⁴ xai³¹ pu³¹ tʰai¹³ tsu⁵⁴ tsaŋ⁴⁴ lao¹³ tɛ³¹ tsoŋ³¹ ŋo¹³ xən¹³. in⁴⁴ uei¹³, tsa³¹
个 年 龄 段 啊，我 还 不 太 主 张 闹 得 □□这么 狠。因 为，咱
mən⁴⁴ xai³¹ sɿ¹³ iao¹³ ŋan¹³ tɕʰian³¹ ti¹³ i³¹ ma³¹, tuei¹³ pu¹³ tuei¹³?ɛ³¹, li⁵⁴ mən¹³ lian⁵⁴ ko¹³ tɕiaŋ⁵⁴ əu¹³
们 还 是 要 安 全 第 一 嘛，对 不 对？呃，你 们 两 个 讲 噢
ɕi⁵⁴ sɿ¹³ lɛ⁴⁴, ŋo⁵⁴ lai³¹ tɕiaŋ⁵⁴ i³¹ tian⁵⁴ ŋo⁵⁴ mən¹³ saŋ⁴⁴ sɿ¹³ lei⁴⁴ i³¹ ɕiɛ⁴⁴ foŋ⁴⁴ ɕiu³¹.
喜 事 呢，我 来 讲 一 点 我 们 丧 事 嘞 一 些 风 俗。

tɕiɛ³¹ kaŋ⁴⁴ tsʰai¹³ tsɿ¹³ ko¹³ tɕiɛ¹³ xuən⁴⁴ lei⁴⁴ xua¹³ tʰi³¹, in⁴⁴ uei¹³ ɕian¹³ tsai¹³ xuei¹³ tsʰu¹³ ɕian¹³
接 刚 才 之个 结 婚 嘞话 题，因 为 现 在 会 出 现
tsɿ⁴⁴ tsoŋ⁵⁴ tɕʰin³¹ kʰuaŋ¹³ ləu⁴⁴, pi¹³ zu³¹ so³¹ sɿ⁴⁴, ɛ³¹, fu⁵⁴ mu⁵⁴ tɕʰin¹³ tsɿ⁴⁴ ko¹³ tʰu³¹ zan³¹ tsəu⁵⁴ əu¹³,
之 种 情 况 喽，比 如 说 是，呃，父 母 亲 之个 突 然 走 噢，
tan¹³ sɿ⁴⁴ ɕin⁴⁴ laŋ³¹ ɕin⁴⁴ lian³¹ lɛ⁴⁴ iəu⁴⁴ sɿ⁴⁴ tʰan³¹ tao⁵⁴ lian¹³ nai⁴⁴ lei⁴⁴, ŋan⁴⁴ suan¹³ lɛ⁴⁴ tɕiəu¹³ iəu⁵⁴
但 是 新 郎 新 娘 呢 又 是 谈 倒 恋 爱 嘞，安 顺 呢 就 有
ŋo¹³ i³¹ ko³¹ ɕi³¹ kuan¹³, iao¹³ tsao³¹ tən⁵⁴ san⁴⁴ lian³¹, fəu⁵⁴ tsɛ³¹ lɛ⁴⁴ tɕiəu¹³ tɕiao¹³ tsəu¹³ n³¹ tɕiɛ¹³
□这么一 个 习 惯，要 着 等 三 年，否 则 呢 就 叫 做 嗯——"结
pu⁴⁴ tsʰən³¹, tɕiao¹³ tsəu¹³ tɕʰi⁵⁴ ɕiao¹³ li⁵⁴ fu³¹. a¹³ mɛ⁴⁴ ioŋ¹³ lan⁵⁴ iaŋ¹³ faŋ⁴⁴ fa³¹ lai¹³ mi³¹ pu⁵⁴ lɛ⁴⁴?
不 成"，叫 做 "娶 孝 礼 服"。那 么 用 哪 样 方 法 来 弥 补 呢？
tɕiəu¹³ sɿ¹³⁴, taŋ⁴⁴ tao⁵⁴, tsai¹³ lin³¹ tʰaŋ¹³ tɕʰian³¹, xa¹³, ta¹³ kai¹³ tsəu¹³ i³¹ ko³¹ sɿ¹³, tɕiao¹³ tsəu¹³ tɕiɛ³¹
就 是，当 倒，在 灵 堂 前，哈，大 概 做 一 个 仪 式，叫 做 "接
ɕiao¹³ li⁵⁴ fu³¹, sɿ⁴⁴ pu⁴⁴ sɿ⁴⁴ tsoŋ³¹ ŋo¹³ lɛ⁴⁴?xa³¹, xao¹³ tɕʰiaŋ¹³ sɿ¹³ tsoŋ¹³ ŋo¹³ lei⁴⁴. tsoŋ¹³ ko¹³ lɛ⁴⁴?
孝 礼 服"，是 不 是 □□这么 呢？哈，好 像 是 □□这么 嘞。□□这么 呢，
tsɿ⁴⁴ ko¹³ tsʰai³¹ kʰo⁵⁴ i⁵⁴ tɕiɛ³¹. tsɿ⁴⁴ ko¹³ mɛ⁴⁴ sɿ⁴⁴ tɕiɛ³¹ tsɿ⁴⁴ ko¹³ tsɿ⁴⁴ ko¹³ tɕiɛ³¹ xuən⁴⁴ lei⁴⁴ tsɿ⁴⁴ ko¹³.
之 个 才 可 以 结。之 个 么 是 结 之 个、之 个 结 婚 嘞 之 个。
i¹³ pan⁴⁴ lei⁴⁴ tsɿ⁴⁴ ko¹³ saŋ⁴⁴ sɿ¹³ lɛ⁴⁴, tsɿ⁴⁴ xa⁵⁴ tsɿ⁵⁴ iɛ⁵⁴ sɿ¹³ kai⁵⁴ kɛ³¹ to⁴⁴ ləu³¹. o³¹, ian³¹ lai³¹ lei⁴⁴
一 般 嘞 之 个 丧 事 呢，之 下 子 也 是 改 革 多 喽。哦，原 来 嘞
tsɿ⁴⁴ ko¹³ a³¹, iao¹³ ɕiao¹³ tsɿ⁵⁴ iao¹³ tsʰu⁵⁴ tɕʰi⁵⁴ ko¹³ tsʰo¹³ saŋ⁴⁴ paŋ¹³, pian⁴⁴ kʰu³¹, pian⁴⁴ iəu⁵⁴ zən³¹
之 个 啊，要 孝 子 要 挂 起 个 戳 丧 棒，边 哭，边 由 人

fu³¹ tɕʻi⁵⁴, i³¹ tsʅ³¹ iao¹³ xan⁵⁴ xan⁵⁴ xan⁵⁴ xan⁵⁴ iao¹³ tsao³¹ kʻu⁵⁴ tao¹³ soŋ¹³ soŋ¹³ soŋ¹³ soŋ¹³ soŋ¹³
扶 起，一 直 要 喊 喊 喊 喊……要 着 哭 到 送 送 送 送 送
xao⁵⁴ ian⁵⁴, xa³¹. ɛ³¹, xai³¹ iəu⁵⁴ lɛ⁴⁴, xao⁵⁴ ɕiaŋ¹³ uan⁵⁴ saŋ¹³ xai³¹ ɕin⁴⁴ i³¹ ɕiɛ⁴⁴ lan⁵⁴ iaŋ¹³ lian¹³ tɕin⁴⁴
好 远，哈。呃，还 有 呢，好 像 晚 上 还 兴 一 些 哪 样 念 经
ləu³¹, kao⁵⁴ ɕiɛ⁴⁴ lan⁵⁴ iaŋ¹³ lei⁴⁴, tsʅ⁴⁴ xa³¹ tsʅ⁵⁴ xao⁵⁴ ɕiaŋ¹³ iɛ⁵⁴ pu³¹ tʻai⁴⁴ ɕin⁴⁴ tsoŋ³¹ ŋo¹³ ɕiɛ⁴⁴ tsʅ⁴⁴
喽，搞 些 哪 样 嘞，之 下 子 好 像 也 不 太 兴 □□这么 些 之
ko¹³, ko¹³ tɕʻi²¹³ sʅ¹³ tao¹³ sʅ⁴⁴ iao¹³ ɕin⁴⁴ lɛ⁴⁴. ɛ³¹, xai³¹ iao¹³ ɕin⁴⁴, xao⁵⁴ ɕiaŋ¹³ ɕiao¹³ tsʅ⁵⁴ xai³¹ ɕin⁴⁴
个，过 去 是 倒 是 要 兴 叻。呃，还 要 兴，好 像 孝 子 还 兴
tʻai³¹ i³¹ uan⁵⁴ suei⁵⁴, xa³¹, ɛ³¹, kən⁴⁴ uaŋ³¹ lin³¹ tɕiaŋ⁵⁴: li⁵⁴ lai³¹ xo⁴⁴ tɕʻin⁴⁴ liaŋ¹³ suei¹³ lo³¹, pu³¹ iao¹³
抬 一 碗 水，哈，呃，跟 亡 灵 讲："你 来 喝 清 亮 水 咯，不 要
tɕʻi⁴⁴ xo⁴⁴ mi³¹ xuən³¹ tʻaŋ³¹ lo³¹! pʻoŋ⁴⁴! i³¹ fa³¹ sʅ¹³ pa⁵⁴ tsʅ⁴⁴ ko¹³ uan⁵⁴ tsa¹³ əu¹³ xa³¹. xao⁵⁴
去 喝 迷 魂 汤 咯!""砰!"一 发 势① 把 之 个 碗 砸 噢 哈。好
ɕiaŋ¹³ xai³¹ iəu⁵⁴ tsoŋ¹³ ŋo³¹ ɕiɛ⁴⁴ so³¹ fa³¹.
像 还 有 □□这么 些 说 法。

lin¹³ uai¹³ lɛ⁴⁴, tsʅ⁴⁴ ko¹³ sʅ¹³, n³¹, lao⁵⁴ zən³¹ tɕia⁴⁴ ko¹³ sʅ¹³ lɛ⁴⁴, xai¹³ tsəu¹³ tian⁵⁴ toŋ⁴⁴ ɕi⁴⁴ koŋ¹³
另 外 呢，之 个 是，嗯，老 人 家 过 世 呢，还 做 点 东 西 供
xa³¹. koŋ¹³ lei⁴⁴ tsʅ⁴⁴ ko¹³ toŋ⁴⁴ ɕi⁴⁴ lɛ⁴⁴, xai³¹ pi³¹ ɕi⁴⁴ tao¹³ tsai³¹ i³¹ ko¹³ ua⁵⁴ kuan¹³ tsʻəu³¹, tɕiao¹³
哈。供 嘞 之 个 东 西 呢，还 必 须 倒 在 一 个 瓦 罐 头，叫
tsəu¹³ i⁴⁴ lu³¹ kuan¹³, sʅ⁴⁴ pu³¹ sʅ¹³. zan³¹ xəu¹³ lin³¹ tao⁵⁴ soŋ¹³ la⁴⁴ iao¹³ saŋ¹³ san⁴⁴ lo³¹ xa³¹, iao¹³ tɕʻi⁴⁴
做"衣 禄 罐"，是 不 是? 然 后 临 倒 送 他 要 上 山 咯 哈，要 去
ŋan⁴⁴ tsaŋ¹³ lei⁴⁴ sʅ³¹ xəu¹³, tsʅ⁴⁴ ko¹³ i⁴⁴ lu³¹ kuan¹³ iao¹³ tʻai³¹ kao⁴⁴ kao⁴⁴ lei⁴⁴ tsa³¹ ləu³¹ xa³¹. tsʅ⁴⁴
安 葬 嘞 时 候，之 个 衣 禄 罐 要 抬 高 高 嘞 砸 喽 哈。之
ko¹³ ɕi³¹ kuan⁴⁴ xao⁵⁴ ɕiaŋ¹³ tao¹³ ɕian¹³ tsai¹³ təu⁴⁴ xai³¹ iəu⁵⁴ lɛ³¹ xa³¹.
个 习 惯 好 像 到 现 在 都 还 有 叻 哈。

ɛ³¹, pu³¹ ko¹³ lɛ⁴⁴, ia³¹, tɕiaŋ⁵⁴ tsʅ⁴⁴ ɕiɛ⁴⁴ təu⁴⁴ tɕio³¹ tɛ⁴⁴ pu³¹ tsʅ¹³ ko¹³ ləu³¹, tsa³¹ mən⁴⁴ xai³¹ sʅ⁴⁴
诶，不 过 呢，呀，讲 之 些 都 觉 得 不 之 个 喽，咱 们 还 是
tɕiaŋ⁵⁴ tsʅ⁴⁴ ko¹³ tɕiɛ³¹ xuən⁴⁴ lei⁴⁴, ɕi⁵⁴ tɕʻin¹³ lei⁴⁴.
讲 之 个 结 婚 嘞，喜 庆 嘞。

n³¹, ɕi⁴⁴ uaŋ¹³ ta³¹ tɕia⁴⁴ lən³¹ ɕi⁴⁴ xuan⁴⁴ ŋo⁵⁴ mən⁴⁴ tsʅ⁴⁴ i³¹ ko¹³ tʻan³¹ xua¹³. xao⁵⁴, ɕiɛ¹³ ɕiɛ¹³
嗯，希 望 大 家 能 喜 欢 我 们 之 一 个 谈 话。好，谢 谢

---

① 一发势：一下子。

ta¹³ tɕia⁴⁴!
大 家!

三、传统节日

ŋo⁵⁴ mən⁴⁴ ŋan⁴⁴ suən¹³ lei⁴⁴ tsʰuan³¹ tʰoŋ⁵⁴ min³¹ ɕiu³¹ tɕie³¹ zʅ³¹, sʅ¹³ fei⁴⁴ tsʰaŋ³¹
老年男性:我 们 安 顺 嘞 传 统 民 俗 节 日,是 非 常
to⁴⁴ lei⁴⁴. tsʰoŋ³¹ ko¹³ lian³¹, zan³¹ xəu¹³ tao¹³ ɚ¹³ iɛ³¹ tsʰu⁴⁴ ɚ³¹ loŋ³¹ tʰai³¹ tʰəu³¹, zan³¹ xəu¹³ tao¹³
多 嘞。从 过 年,然 后 到 二 月 初 二 龙 抬 头,然 后 到
san⁴⁴ iɛ³¹ tɕʰin⁴⁴ min³¹, zan³¹ xəu¹³ tao¹³ u⁵⁴ iɛ³¹ tuan⁴⁴ u⁵⁴, zan³¹ xəu¹³ tao¹³ tɕʰi³¹ iɛ³¹ pan¹³, pa³¹ iɛ³¹ sʅ³¹
三 月 清 明,然 后 到 五 月 端 午,然 后 到 七 月 半,八 月 十
u⁵⁴, toŋ⁴⁴ tsʅ¹³, tsʅ⁴⁴ ko¹³ tɕie³¹ zʅ³¹ sʅ⁴⁴ fei⁴⁴ tsʰaŋ³¹ tsʅ⁴⁴ to⁴⁴ lei⁴⁴. ɛ³¹, ŋo⁵⁴ lɛ⁴⁴, ɕian⁴⁴ kən⁴⁴ ta¹³ tɕia⁴⁴
五,冬 至,之 个 节 日 是 非 常 之 多 嘞。呃,我 呢,先 跟 大 家
tɕiaŋ⁵⁴ xa¹³ ko¹³ lian³¹.
讲 下"过 年"。

tsʅ⁴⁴ ko¹³ ko¹³ lian³¹ a³¹, tsai¹³ ŋo⁵⁴ mən⁴⁴ ɕiao⁵⁴ sʅ³¹ xəu¹³ sʅ⁴⁴, ei¹³ io³¹, i³¹ tsʅ³¹ tɕiəu¹³ sʅ⁴⁴ tsuei¹³
之 个 过 年 啊,在 我 们 小 时 候 是,哎 哟,一 直 就 是 最
tɕʰi⁴⁴ pʰan¹³ lei⁴⁴. in⁴⁴ uei¹³ i³¹ ko¹³ lian³¹ lɛ⁴⁴, lao⁴⁴ lei⁴⁴ tɕiəu¹³ iao¹³ tsəu¹³ xao⁵⁴ lei⁴⁴ lai¹³ tsʰʅ³¹, iɛ⁵⁴
期 盼 嘞。因 为 一 过 年 呢,老 嘞 就 要 做 好 嘞 来 吃,也
iao¹³ tɛ³¹ ɕin⁴⁴ i⁴⁴ fu³¹ tsʰuan⁴⁴. tsʅ⁵⁴ pu³¹ ko¹³ tsʰuan⁴⁴ ɕin⁴⁴ i⁴⁴ fu³¹ lei⁴⁴ a¹³ ko³¹ sʅ⁴⁴ lao⁵⁴ ta¹³, ɛ³¹, lao⁵⁴
要 得 新 衣 服 穿。只 不 过 穿 新 衣 服 嘞 那 个 是 老 大,呃,老
ɚ¹³ lao⁵⁴ san⁴⁴ lao⁵⁴ sʅ¹³ mɛ⁴⁴ tɕiəu¹³ sʅ⁴⁴ tɕian⁵⁴ lai³¹ tsʰuan⁴⁴.
二、老 三、老 四 么 就 是 捡 来 穿。

i³¹ tao¹³ ko¹³ lian³¹, n³¹, ɚ¹³ sʅ³¹ ɚ¹³ sʅ¹³ tɕʰi³¹ pa³¹, tɕiəu¹³ iao¹³ ta⁵⁴ iaŋ³¹ tsʰən⁴⁴, iao¹³ ta⁵⁴ sao⁵⁴
一 到 过 年,嗯,二 十、二 十 七 八,就 要 打 扬 尘,要 打 扫
tɕia⁴⁴ tʰəu³¹ lei⁴⁴ uei¹³ sən⁴⁴. xao⁵⁴ ɕiaŋ¹³ iəu¹³ iao¹³ iəu¹³ tɕiɛ³¹ lan⁵⁴ iaŋ¹³ tsao¹³ sən³¹ pʰu¹³ sa⁴⁴, xai³¹
家 头 嘞 卫 生。好 像 又 要 有 接 哪 样 灶 神 菩 萨,还
ŋao³¹ tian⁵⁴ lan⁴⁴ iaŋ¹³ i³¹ taŋ³¹, xao⁵⁴ ɕiaŋ¹³ la⁵⁴ kən⁴⁴ tsao¹³ sən³¹ pʰu³¹ sa⁴⁴ tsʰʅ³¹ əu¹³ mɛ⁴⁴, zaŋ¹³ la⁴⁴
熬 点 哪 样 饴 糖,好 像 拿 跟 灶 神 菩 萨 吃 噢 么,让 他
saŋ¹³ tʰian⁴⁴ ian³¹ xao⁵⁴ sʅ¹³, pu³¹ iao¹³ so³¹ xuai¹³ xua¹³.
上 天 言 好 事,不 要 说 坏 话。

zan³¹ xəu¹³, san⁴⁴ sʅ³¹ iɛ⁴⁴ mɛ⁴⁴ sʅ⁴⁴ tsuei¹³ loŋ³¹ tsoŋ¹³ lei⁴⁴ i³¹ tʰian⁴⁴ la⁵⁴. o³¹ io³¹, i¹³ tɕia⁴⁴ lao⁵⁴
然 后,三 十 夜 么 是 最 隆 重 嘞 一 天 了。哦 哟,一 家 老

215

ɕiao⁵⁴, ti¹³ ɕioŋ⁴⁴ tsʅ⁵⁴ mei¹³ xa³¹, tsʰoŋ³¹ xao⁵⁴ ian³¹ təu⁴⁴ iao¹³ luei⁴⁴ tɕʰi⁵⁴ lai³¹. zan³¹ xəu¹³ i¹³ tɕia⁴⁴
小 ，弟 兄 姊 妹 哈，从 好 远 都 要 追 起 来。然 后 一 家

zən³¹ lian³¹ san⁴⁴ sʅ¹³ iɛ¹³ ta¹³ lian³¹ san⁴⁴ sʅ¹³ iɛ¹³ tsʅ⁴⁴ tən¹³ fan⁴⁴ sʅ⁴⁴ tsuei¹³ tsoŋ¹³ iao¹³ lei⁴⁴. ɛ³¹, man⁵⁴
人 年 三 十 夜、大 年 三 十 夜 之 顿 饭 是 最 重 要 嘞。呃，满

tso³¹ tsʅ⁵⁴ pʰin⁴⁴ tsʰaŋ¹³ tsʅ³¹ pu⁴⁴ tao⁵⁴ lei⁴⁴ foŋ⁴⁴ fu¹³ lei⁴⁴ tsʅ⁴⁴ ɕiɛ⁴⁴ tsʰai¹³ ɕiao¹³ ɕiɛ⁴⁴, tɕin¹³
桌 子 平 常 吃 不 倒 嘞 丰 富 嘞 之 些 菜 肴 些，今

tʰian⁴⁴ tɕiəu¹³ kʰo⁵⁴ i⁵⁴ ta¹³ kʰuai¹³ to⁵⁴ i¹³ la³¹. ɛ³¹, xao⁵⁴ tsʅ¹³ lei⁴⁴ toŋ¹³ ɕi⁴⁴ tʰai¹³ to⁴⁴ əu¹³, iəu⁵⁴
天 就 可 以 大 快 朵 颐 了。呃，好 吃 嘞 东 西 太 多 噢，有……

ɛ³¹ tsʅʰ³¹ ku⁴⁴ iəu³¹ tsa¹³ tsʅʰ³¹ ku⁴⁴, iəu³¹ tsa¹³ təu¹³ fu⁵⁴ ko⁴⁴, iəu¹³ tsa³¹ san⁴⁴ io³¹. a³¹, tsʅ⁴⁴ ɕiɛ⁴⁴
呃……茨 菇、油 炸 茨 菇，油 炸 豆 腐 果，油 炸 山 药。啊，之 些

tsʰai¹³ lɛ⁴⁴, pʰin¹³ tsʰaŋ¹³ sʅ⁴⁴ lan³¹ te³¹ tsʅʰ³¹ lei¹³ la⁵⁴. ɕiaŋ¹³ lan⁵⁴ iaŋ¹³ ian³¹ tsʰai¹³ zu³¹ a⁴⁴, iəu¹³
菜 呢，平 常 是 难 得 吃（到）嘞 了。像 哪 样 盐 菜 肉 啊，油

tsa³¹ iaŋ³¹ uei⁵⁴ a⁴⁴, pʰao⁴⁴ tʰi³¹ tɕin⁴⁴ a³¹, ŋo⁵⁴ mən¹³ tsʅ⁴⁴ ɕiɛ⁴⁴ ɕiao⁵⁴ ua¹³ ua⁴⁴ sʅ⁴⁴ iəu⁵⁴ tɕʰi¹³
炸 羊 尾 啊，跑 蹄 筋 啊，啊，我 们 之 些 小 娃 娃 是 有 期

pʰan⁴⁴ lei⁴⁴. o³¹ —— ian¹³ pa¹³ tʰəu³¹ pʰao⁵⁴ lo³¹, tao¹³ tʰu¹³ uan³¹ tao⁵⁴ lei⁴⁴ təu⁴⁴ sʅ⁴⁴ tsʅ⁴⁴ ɕiɛ⁴⁴ ɕiaŋ⁴⁴
盼 嘞。哦——院 坝 头 跑 咯，到 处 闻 倒 嘞 都 是 之 些 香

uei¹³, tsən⁵⁴ ko¹³ tsʅ⁴⁴ ɕiɛ⁴⁴ sʅ¹³ xo³¹ ian¹³ li⁵⁴ mian¹³ pʰiao⁴⁴ lei⁴⁴ təu⁴⁴ sʅ⁴⁴ ɕiaŋ⁴⁴ uei¹³.
味，整 个 之 些 四 合 院 里 面 飘 嘞 都 是 香 味。

zan³¹ xəu¹³, ko¹³ lian³¹ lei⁴⁴ sʅ³¹ xəu¹³ lɛ⁴⁴, ɛ¹³, ta¹³ zən³¹ xuei¹³ la³¹ tian⁵⁴ ia³¹ suei¹³ tɕʰian³¹. ŋo⁵⁴
然 后，过 年 嘞 时 候 呢，呃，大 人 会 拿 点 压 岁 钱。我

tɕi¹³ te³¹ ŋo⁵⁴ mən⁴⁴ a³¹ ko¹³ sʅ³¹ xəu¹³ te³¹ lei⁴⁴ ia³¹ suei¹³ tɕʰian³¹ sʅ⁴⁴ i¹³ tɕio³¹ liaŋ⁵⁴ tɕio³¹ u⁵⁴ tɕio³¹.
记 得 我 们 那 个 时 候 得 嘞 压 岁 钱 是 一 角、两 角、五 角。

zan³¹ xəu¹³ lɛ⁴⁴, saŋ¹³ kai¹³ lɛ⁴⁴, mai⁴⁴ a¹³ ko¹³ u⁴⁴ tanr⁴⁴, i¹³ fən⁴⁴ tɕʰian³¹ i¹³ ko³¹, ɛ³¹, pu⁴⁴ tanr⁴⁴ pu⁴⁴
然 后 呢，上 街 呢，买 那 个 □ □，一 分 钱 一 个，呃，"□ □ □

tanr⁴⁴ pu⁴⁴ tanr⁴⁴, po⁴⁴ li³¹ tsəu¹³ lei⁴⁴ a¹³ tsoŋ⁵⁴. zan³¹ xəu¹³ lɛ⁴⁴, xai¹³ kʰo⁵⁴ i⁵⁴ mai⁵⁴ a¹³
□ □ □ □"，玻 璃 做 嘞 那 种。然 后 呢，还 可 以 买 那

ɕiɛ⁴⁴ li³¹ sao¹³, ŋo⁵⁴ mən⁴⁴ tɕiao¹³ ua¹³ u⁴⁴. uei¹³ io³¹, tsʰuei⁴⁴ tɛ³¹ tsʅ⁴⁴ ko¹³ tsuei⁴⁴ pa⁴⁴ o³¹, tɕʰian³¹ pu¹³
些 泥 哨，我 们 叫"哇 呜"。喂 哟，吹 得 之 个 嘴 巴 哦，全 部

təu⁴⁴ sʅ⁴⁴ tsʅ⁵⁴ sɛ³¹.
都 是 紫 色。

suei⁴⁴ zan³¹ tʰian⁴⁴ tɕʰi¹³ xən⁵⁴ lən⁵⁴, a¹³ ko¹³ sʅ³¹ xəu¹³ iɛ⁵⁴ tɕiɛ³¹ tʰoŋ³¹ iəu³¹ lin¹³, pu³¹ ɕiaŋ¹³
虽 然 天 气 很 冷，那 个 时 候 也 结 桐 油 凝，不 像

ɕian¹³ tsai¹³ tsʅ⁴⁴ ko¹³ tɕiɛ³¹ liŋ³¹ pu³¹ sʅ⁴⁴ ŋo¹³ fən⁴⁴ min³¹, tan³¹ sʅ⁴⁴, o³¹ io³¹, i¹³ paŋ⁴⁴ tsʅ⁴⁴ ɕiɛ⁴⁴ ua³¹
现　在　之个 节　令 不 是　□这么 分　明, 但 是,　哦哟, 一 帮 之 些 娃
ua⁴⁴ ɕiɛ⁴⁴, xao⁵⁴ uan³¹ tɛ³¹ xən⁵⁴. ɛ³¹, ɕian¹³ tsai¹³ xuei³¹ ɕiaŋ³¹ tɕʰi⁵⁴ lai³¹, xai³¹ kan⁵⁴ tɕio³¹ tao¹³ a¹³
娃　些,　好　玩 得 很。呃, 现　在　回　想　起 来, 还 感　觉 到 那
tsoŋ⁵⁴ loŋ³¹ loŋ³¹ lei⁴⁴ lian⁴⁴ uei¹³, faŋ⁴⁴ fu³¹ xai³¹ tsai⁵⁴, tɕiəu¹³ ɕiaŋ¹³ tso³¹ tʰian⁴⁴ i³¹ iaŋ¹³.
种　浓　浓 嘞 年　味, 仿 佛 还 在, 就　像　昨　天 一 样。

　　　　　　　sʅ⁴⁴　lei⁴⁴ sʅ⁴⁴ lei⁴⁴.
老年女性: 是 嘞 是 嘞。

　　　　xao⁵⁴, ŋo⁵⁴ ɕian¹³ tsai¹³ tɕiɛ¹³ sao¹³ xa¹³ ŋo⁵⁴ mən⁴⁴ an⁴⁴ suən¹³ lei⁴⁴ iəu⁵⁴ i³¹ ko¹³
青年男性: 好, 我 现　在　介　绍 下 我 们　安 顺 嘞 有 一 个
tɕiɛ³¹ zʅ³¹, tɕiao¹³ tɕʰi³¹ iɛ³¹ pan¹³.
节 日, 叫　七 月 半。

　　ŋo⁵⁴ mən⁴⁴ taŋ⁴⁴ ti¹³ lei⁴⁴ iəu⁵⁴ i³¹ tɕi¹³ xua¹³ lɛ⁴⁴, sʅ⁴⁴ xan⁵⁴ tɕiao¹³ tɕʰi³¹ iɛ³¹ pan¹³, kuei⁵⁴
我　们　当　地 嘞 有 一　句　话 呢, 是　喊　叫 "七 月 半, 鬼
luan¹³ tsʰuan¹³. tɕiəu¹³ sʅ¹³ tsai¹³ loŋ³¹ li¹³ lei⁴⁴ tɕʰi¹³ iɛ³¹ sʅ³¹ sʅ¹³ a¹³ i³¹ tʰian⁴⁴, tʰi¹³ tɕʰian³¹ i³¹
　乱　窜"。 就　是 在　农　历 嘞 七　月 十　四 那 一　天, 提　前 一
ko¹³ ɕin⁴⁴ tɕʰi⁴⁴, tɕia⁴⁴ li⁵⁴ mian¹³ lei⁴⁴ lao¹³ zən³¹ ɕiɛ⁴⁴, iao¹³ mai⁵⁴ i³¹ ta¹³ ɕiɛ⁴⁴ tɕʰian¹³ tsʅ⁵⁴ a⁴⁴, tɕʰi⁴⁴
个　星　期, 家 里　面　嘞 老　人　些, 要 买 一 大　些　钱　纸 啊, 去
la³¹ lai³¹ tsɛ³¹ tɕʰi⁵⁴. zan³¹ xəu¹³, tɕʰian³¹ tsʅ⁵⁴ təu⁴⁴ xai³¹ pu³¹ kəu¹³, iəu⁵⁴ ɕiɛ⁴⁴ xai³¹ iao¹³ mai⁵⁴ ɕiɛ⁴⁴
拿 来 折 起。然　后, 钱　纸 都　还 不 够, 有　些　还 要 买 些
lan⁵⁴ iaŋ¹³ tsʅ⁵⁴ saŋ¹³ mian¹³ in¹³ tɛ³¹ lei⁴⁴ lan⁵⁴ iaŋ¹³ fei⁴⁴ tɕi⁴⁴ a⁴⁴ ta¹³ pʰao¹³ a⁴⁴ tʰan⁵⁴ kʰɛ⁴⁴ a⁴⁴, xai¹³
哪　样　纸　上　面　印 得 嘞 哪　样　飞 机 啊、大 炮 啊、坦　克 啊, 还
iəu¹³ səu⁵⁴ tɕi⁴⁴ a⁴⁴ tsʅ⁴⁴ lei³¹ sʅ⁴⁴ lei⁴⁴ toŋ¹³ ɕi⁴⁴. tao¹³ tɕʰi³¹ iɛ³¹ pan¹³ lei⁴⁴ a¹³ i³¹ tʰian⁴⁴, tsʰʅ³¹ uan³¹
有 手　机 啊 之 类 似 嘞 东　西。到 七　月 半 嘞 那 一　天, 吃 完
uan⁵⁴ fan¹³ i⁵⁴ xəu¹³, tɕiəu¹³ iao¹³ kan⁵⁴ tɕin¹³ tʰai¹³ tsʰu¹³ tɕʰi¹³ sao⁴⁴. zan³¹ xəu¹³, sao⁴⁴ lei⁴⁴ a¹³ i³¹
晚 饭 以 后, 就 要 赶　紧 抬　出 去 烧。然　后, 烧 嘞 那一
tʰian⁴⁴ lɛ⁴⁴, tsən⁴⁴ ko¹³ an⁴⁴ suən¹³ tsʰən¹³, kʰan¹³ tao⁵⁴ tɕʰian¹³ pu¹³ təu⁴⁴ sʅ⁴⁴ ian¹³ tɕʰiəu⁴⁴ tɕʰiəu⁴⁴ lei⁴⁴,
天 呢, 整　个　安　顺　城, 看　倒　全　部 都 是 烟　秋　秋 嘞,
sao⁴⁴ tɛ³¹ tao¹³ tsʰu⁵⁴ təu¹³ sʅ¹³, kan⁵⁴ tɕio³¹ sʅ¹³ tsai¹³ i³¹ pʰian¹³ xo⁵⁴ xai³¹ lei⁴⁴ a¹³ tsoŋ⁵⁴ kan⁵⁴ tɕio³¹ iaŋ¹³.
烧 得 到 处 都 是, 感　觉 是 在 一 片 火 海 嘞 那　种 感　觉 样。

　　tan¹³ sʅ⁴⁴ a¹³ tsoŋ⁵⁴ tɕʰi¹³ fən¹³ lɛ⁴⁴, ŋo⁵⁴ ɕiao⁵⁴ lei⁴⁴ sʅ³¹ xəu¹³ tsoŋ³¹ sʅ¹³ tɕio³¹ tɛ³¹, iəu¹³ fei⁴⁴
但 是 那 种　气　氛 呢, 我 小 嘞 时 候 总 是　觉 得, 又 非

tsʰaŋ³¹ lei⁴⁴ tɕi³¹ toŋ¹³, tan¹³ iɛ⁵⁴ fei⁴⁴ tsʰaŋ³¹ lei⁴⁴ xai¹³ pʰa¹³. fan⁵⁴ tsən¹³ a¹³ tsoŋ⁵⁴ tɕʰin³¹ ɕy¹³ sʅ⁴⁴ fei⁴⁴
常 嘞 激动,但也非 常 嘞 害 怕。反 正 那种 情绪 是 非
tsʰaŋ³¹ lei⁴⁴ tɕiao⁴⁴ tsa³¹ lei⁴⁴, fan⁵⁴ tsən¹³ iəu¹³ tɕio³¹ te¹³ iəu¹³ iəu¹³ tian⁵⁴ ɕi⁵⁴ xuan⁴⁴, tan¹³ sʅ¹³ lɛ⁴⁴,
常 嘞 交 杂 嘞,反 正 又 觉 得 又 有 点 喜 欢,但 是 呢,
iəu¹³ tʰin⁴⁴ tao⁵⁴ tɕiaŋ⁵⁴ so³¹ sʅ¹³ pʰa¹³ kuei⁵⁴ luan¹³ tsʰuan¹³ lɛ⁴⁴, iəu¹³ pu⁵⁴ kan⁵⁴ tao¹³ tsʰu¹³ pʰao⁵⁴, iəu¹³
又 听 倒 讲 说 是 怕"鬼 乱 窜"呢,又 不 敢 到 处 跑,又
iəu⁵⁴ tian⁵⁴ pʰa¹³. tan¹³ sʅ¹³ kʰan¹³ tao⁵⁴ zən³¹ tɕia⁴⁴ pi⁵⁴ ŋo⁵⁴ mən¹³ ta¹³ lei⁴⁴ a¹³ ɕiɛ⁴⁴ tao¹³ tsʰu¹³ tsʰu³¹
有 点 怕。但 是 看 倒 人 家 比 我 们 大 嘞 那 些 到 处 出
tɕʰi⁴⁴ uan³¹ lɛ⁴⁴, iəu¹³ iao¹³ ɕiaŋ⁵⁴ kən⁴⁴ tao⁵⁴ zən³¹ tɕia⁴⁴ tɕʰi⁴⁴. ai¹³ io³¹, fan⁵⁴ tsən¹³ sʅ¹³ tʰɛ³¹ piɛ³¹ tʰɛ¹³
去 玩 呢,又 要 想 跟 倒 人 家 去。哎哟,反 正 是 特 别 特
piɛ³¹ lei⁴⁴ xao⁵⁴ uan³¹.
别 嘞 好 玩。

tsʅ⁴⁴ ko¹³ tɕiɛ³¹ zʅ³¹ lɛ⁴⁴, fan⁵⁴ tsən¹³ tɕiəu¹³ sʅ⁴⁴ tɕia⁴⁴ li⁵⁴ mian¹³ lei⁴⁴ əu³¹ zən³¹, tɕiəu¹³ sʅ⁴⁴
之 个 节 日 呢,反 正 就 是 家 里 面 嘞……哦……人, 就 是
uei¹³ əu¹³ tɕi¹³ lian¹³ tɕia⁴⁴ li⁵⁴ mian¹³ lei⁴⁴ tɕʰin⁴⁴ zən³¹ ɕiɛ⁴⁴, ko¹³ tsʅ⁵⁴ əu¹³ lei⁴⁴, mɛ⁴⁴, sao⁴⁴ tsʅ⁴⁴ ɕiɛ⁴⁴
为 噢 纪 念 家 里 面 嘞 亲 人 些,过 世 噢 嘞, 么, 烧 之 些
toŋ⁴⁴ ɕi⁴⁴ kən⁴⁴ la⁴⁴ mən⁴⁴ mɛ⁴⁴, zaŋ⁴⁴ la⁴⁴ mən⁴⁴ tsai¹³ lin¹³ uai¹³ i³¹ ko¹³ ti¹³ faŋ⁴⁴ mɛ⁴⁴, iəu⁵⁴ tɕʰian³¹ yŋ¹³.
东 西 跟 他 们 么, 让 他 们 在 另 外 一 个 地 方 么, 有"钱"用。
fan⁵⁴ tsən¹³ tɕiəu¹³ sʅ⁴⁴, i³¹ sʅ⁴⁴ tɕiəu¹³ sʅ⁴⁴ ŋo⁵⁴ mən⁴⁴ sʅ⁴⁴ tsai¹³ kua¹³ lian¹³ la⁴⁴ mən⁴⁴ lei⁴⁴ ləu³¹ ma³¹,
反 正 就 是,意 思 就 是 我 们 是 在 挂 念 他 们 嘞喽嘛,
iəu⁵⁴ zən³¹ tsai¹³ kuan⁵⁴ la⁴⁴ mən⁴⁴ lei⁴⁴.
有 人 在"管"他 们 嘞。

zan³¹ xəu¹³, i³¹ tao¹³ uan⁵⁴ saŋ¹³ lɛ⁴⁴, tɕiəu¹³ iəu⁵⁴ i¹³ ɕiɛ⁴⁴ ɕiao⁵⁴ ua³¹ ua⁴⁴ ɕiɛ⁴⁴ tɕiəu¹³ ɕi⁵⁴ xuan⁴⁴
然 后,一 到 晚 上 呢, 就 有 一 些 小 娃 娃 些 就 喜 欢
pʰao⁵⁴ zən³¹ tɕia⁴⁴ ti¹³ tʰəu³¹ tɕʰi⁴⁴, tɕʰi⁴⁴ tʰəu⁴⁴ kua⁴⁴. zan³¹ xəu¹³ tɕʰi⁴⁴ tʰəu⁴⁴ kua⁴⁴ a¹³ tʰian¹³ lɛ⁴⁴,
跑 人 家 地 头 去,去 偷 瓜。然 后 去 偷 瓜 那 天 呢,
tsʅ⁴⁴ ɕiɛ⁴⁴ loŋ³¹ min³¹ pɛ³¹ pɛ³¹ ɕiɛ⁴⁴ təu⁴⁴ min³¹ pɛ³¹ lei⁴⁴, a¹³ i³¹ tʰian⁴⁴ li⁵⁴ lai³¹ tʰəu⁴⁴ la⁴⁴ lei⁴⁴
之 些 农 民 伯 伯 些 都 明 白 嘞, 那 一 天 你 来 偷 他 嘞
kua⁴⁴ lɛ⁴⁴, la⁴⁴ təu⁴⁴ pu³¹ xuei¹³ ma³¹ li⁵⁴ lei⁴⁴, təu⁴⁴ pu³¹ xuei¹³ tɕian⁵⁴ li⁴⁴ lei⁴⁴. fan⁵⁴ tsən¹³ tɕiəu¹³ sʅ¹³,
瓜 呢,他 都 不 会 骂 你 嘞,都 不 会 讲 你 嘞。反 正 就 是,
li⁵⁴ tʰəu⁴⁴ tɕʰi⁴⁴, la⁴⁴ ɕiao⁵⁴ tɛ³¹ li⁵⁴ sʅ¹³ tʰəu⁴⁴ tɕʰi⁴⁴ tsəu¹³ xo³¹ tən³¹. in⁴⁴ uei¹³ so³¹ lei⁴⁴ iəu⁵⁴ tsoŋ³¹ ŋo¹³
你 偷 去,他 晓 得 你 是 偷 去 做 河 灯。因 为 说 嘞 有 □□这么

i³¹ ko¹³ ɕi³¹ kuan¹³, fan⁵⁴ tsən¹³ i³¹ tao¹³ sao⁴⁴ uan³¹ pao⁴⁴ i⁵⁴ xəu¹³ lɛ⁴⁴, tɕiəu¹³ ɕi⁵⁴ xuan⁴⁴ la³¹ tsʅ⁴⁴ ko¹³
一 个 习 惯, 反 正 一 到 烧 完 "包" 以 后 呢, 就 喜 欢 拿 之 个
kua⁴⁴ lɛ⁴⁴, la³¹ lai³¹ pa⁵⁴ la⁴⁴ tʰao¹³ kʰoŋ⁴⁴, tʰao⁴⁴ kʰoŋ¹³ i⁵⁴ xəu¹³, zan³¹ xəu¹³ tsai¹³ saŋ¹³ mian⁴⁴, n³¹, lian³¹
瓜 呢, 拿 来 把 它 掏 空, 掏 空 以 后, 然 后 在 上 面, 嗯, 年
tɕi⁵⁴ ta¹³ i³¹ tian⁵⁴ lei¹³ tsʅ¹³ tsoŋ¹³ ɕiao⁵⁴ ua¹³ ua⁴⁴ lɛ⁴⁴, la⁴⁴ tɕiəu¹³ xuei¹³ sɛ³¹ tɕi³¹ i³¹ xa¹³, tɕiəu¹³ sʅ¹³
纪 大 一 点 嘞 之 种 小 娃 娃 呢, 他 就 会 设 计 一 下, 就 是
lɛ⁴⁴, tiao⁴⁴ tian⁵⁴ toŋ⁴⁴ ɕi⁴⁴ a⁴⁴, tiao⁴⁴ tɕi⁵⁴ ko¹³ toŋ³¹ toŋ¹³ a⁴⁴, kao⁵⁴ tian⁵⁴ tsʅ⁴⁴ ɕiɛ⁴⁴. zan³¹ xəu¹³ pa⁵⁴ a¹³
呢, 雕 点 东 西 啊, 雕 几 个 洞 洞 啊, 搞 点 之 些。然 后 把 那
ko¹³ la³¹ tsu³¹ faŋ¹³ tsai¹³ li⁵⁴ mian¹³ tian⁵⁴ tɕʰ⁵⁴, zan³¹ xəu¹³ tsəu⁵⁴ tsai¹³ uai¹³ tʰəu⁴⁴, xo³¹ li⁵⁴ mian¹³ a⁴⁴
棵 蜡 烛 放 在 里 面 点 起, 然 后 走 在 外 头, 河 里 面 啊、
xuɛ³¹ tsɛ³¹ suei⁵⁴ kʰu¹³ tʰəu³¹ a⁴⁴, zan³¹ xəu¹³ la³¹ tɕʰi⁴ faŋ³. zan³¹ xəu¹³ a¹³ ko¹³ suei⁵⁴ kʰu¹³ li⁵⁴ mian¹³
或 者 水 库 头 啊, 然 后 拿 去 放。然 后 那 个 水 库 里 面
lɛ⁴⁴, tɕiəu¹³ kʰan¹³ tao⁵⁴ tʰɛ³¹ piɛ³¹ tʰɛ³¹ piɛ³¹ lei⁴⁴ iɛ⁵⁴ xən¹³ pʰiao¹³ liaŋ¹³ xən⁵⁴ mei⁵⁴ lei⁴⁴ a¹³ tsoŋ⁵⁴
呢, 就 看 倒 特 别 特 别 嘞、也 很 漂 亮 很 美 嘞 那 种
kan⁵⁴ tɕio³¹ iaŋ¹³ ləu³¹ ma³¹.
感 觉 样 喽 嘛。

fan⁵⁴ tsən¹³, tsai¹³ ŋo⁵⁴ in¹³ ɕiaŋ¹³ taŋ⁴⁴ tsoŋ⁴⁴, ŋo⁵⁴ xai³¹ sʅ⁴⁴ pi⁵⁴ tɕiao¹³ ɕi⁵⁴ xuan⁴⁴ tɕʰi³¹ iɛ³¹ pan¹³
反 正, 在 我 印 象 当 中, 我 还 是 比 较 喜 欢 七 月 半
tsʅ⁴⁴ ko¹³ tɕiɛ³¹ zʅ³¹ lei⁴⁴, pao⁴⁴ kʰua³¹ ɕian¹³ tsai¹³ ləu³¹ ma³¹, in⁴⁴ uei³¹ ŋo⁵⁴ tɕio³¹ te³¹, a¹³ tsoŋ⁵⁴ fən¹³
之 个 节 日 嘞, 包 括 现 在 喽 嘛。因 为 我 觉 得, 那 种 氛
uei³¹ suei⁴⁴ zan³¹ so³¹ sʅ³¹ iəu³¹ tian⁵⁴ pʰa³¹ xa³¹, tan¹³ sʅ⁴⁴ xai³¹ sʅ⁴⁴ iəu⁵⁴ tian⁵⁴ tɕi³¹ toŋ³¹ lei⁴⁴ a¹³
围 虽 然 说 是 有 点 怕 哈, 但 是 还 是 有 点 激 动 嘞 那
tsoŋ⁵⁴ kan⁵⁴ tɕio³¹.
种 感 觉。

a¹³ ɕian¹³ tsai¹³, tən¹³ liaŋ⁴⁴, ma³¹ fan³¹ li⁵⁴ kʰan¹³ xa³¹, tɕiɛ¹³ sao¹³ ko¹³ tɕiɛ³¹ zʅ³¹.
那 现 在, 邓 孃, 麻 烦 你 看 下, 介 绍 个 节 日。

ɛ³¹, ŋo⁵⁴ lei⁴⁴ in¹³ ɕiaŋ¹³ tsoŋ⁴⁴ sʅ⁴⁴, ɛ³¹, tuan⁴⁴ u⁵⁴. xa³¹!
老年女性：呃, 我 嘞 印 象 中 是, 呃, 端 午。哈！

tuan⁴⁴ u⁵⁴ lɛ⁴⁴, tɕʰian³¹ kuɛ³¹ ko³¹ ti¹³ lɛ⁴⁴, təu³¹ pao⁴⁴ tsoŋ¹³ tsʅ⁵⁴, təu⁴⁴ pao⁴⁴ tsoŋ¹³ pa⁴⁴. tan¹³ sʅ⁴⁴
端 午 呢, 全 国 各 地 呢, 都 包 粽 子, 都 包 粽 粑。但 是
ŋo⁵⁴ mən⁴⁴ tsʅ⁴⁴ li⁵⁴ lɛ⁴⁴, təu⁴⁴ sʅ⁴⁴ tsa⁴⁴ lɛ⁴⁴, iao¹³ ɕian⁴⁴ tɕʰi⁴⁴ mai⁴⁴ tɕʰi⁵⁴ tsʅ⁴⁴ ko¹³ tsoŋ¹³ pa⁴⁴ iɛ³¹ lɛ⁴⁴,
我 们 之 里 呢, 都 是 咋 呢, 要 先 去 买 起 之 个 粽 粑 叶 呢,

tsʅ¹³ tɕi⁵⁴ ɕi⁵⁴ xa³¹, ŋo⁵⁴ tɕi¹³ tao⁵⁴ i¹³ pʰi³¹ i¹³ pʰi³¹ lei⁴⁴, lɛ³¹ tɛ³¹ kan⁴⁴ kan⁴⁴ tɕin¹³ tɕin¹³ lei⁴⁴. fəu⁵⁴ tsɛ³¹
自 己 洗 哈，我 记 倒 一 匹 一 匹 嘞，勒 得 干 干 净 净 嘞。否 则
la⁴⁴ xuei¹³ pa⁵⁴ tao⁵⁴ tsʅ¹³ ko¹³ lo¹³ mi⁵⁴, tɕiəu¹³ pu³¹ xao⁵⁴ tsʰʅ¹³, tɕiəu¹³ tsan⁴⁴ lo¹³ mi⁵⁴ lei⁴⁴, la⁴⁴ tɕiəu¹³
它 会 巴 倒 之 个 糯 米，就 不 好 吃，就 粘 糯 米 嘞，它 就
tsan⁴⁴ tao⁵⁴ iɛ³¹ tsʅ¹³ lɛ⁴⁴ tɕiəu¹³ pu³¹ xao⁵⁴. i¹³ po³¹ kʰai⁴⁴ iɛ³¹ tsʅ⁵⁴ lɛ⁴⁴, kuaŋ⁴⁴ kuaŋ⁴⁴ xua³¹ xua³¹ lei⁴⁴
粘 倒 叶 子 呢 就 不 好。一 剥 开 叶 子 呢，光 光 滑 滑 嘞
tsʅ⁴⁴ tsoŋ⁵⁴ lɛ⁴⁴, tɕiəu¹³ tsən¹³ min³¹ li⁵⁴ tsʅ¹³ ko¹³ iɛ³¹ tsʅ⁵⁴ sʅ⁴⁴ ɕi⁵⁴ kan⁴⁴ tɕin¹³ lei⁴⁴ la⁵⁴.
之 种 呢，就 证 明 你 之 个 叶 子 是 洗 干 净 嘞 了。

zan³¹ xəu¹³ lɛ⁴⁴, ŋo⁵⁴ in¹³ ɕiaŋ¹³ tsoŋ⁴⁴ lɛ⁴⁴ xai³¹ iəu⁵⁴ i³¹ ko¹³, ŋo⁵⁴ mən⁴⁴ iao¹³ tsʅ¹³ tɕi⁵⁴ tsəu¹³ lin³¹
然 后 呢，我 印 象 中 呢 还 有 一 个，我 们 要 自 己 做 菱
ko³¹. a⁴⁴ ko¹³ lin³¹ ko¹³ lɛ⁴⁴, iao¹³ tɕʰi⁵⁴ tsao⁵⁴ a¹³ tsoŋ⁵⁴ po³¹ po³¹ lei¹³ tsoŋ⁵⁴ ŋən⁵⁴ tsʅ¹³ kʰo¹³, zan³¹
角。那 个 菱 角 呢，要 去 找 那 种 薄 薄 嘞 一 种 硬 纸 壳，然
xəu¹³ pa⁵⁴ la⁴⁴ tsɛ³¹ tsʰən³¹ lin³¹ ɕin¹³ lɛ⁴⁴, ioŋ⁵⁴ uʰ⁵⁴ tsʰai⁵⁴ lei⁴⁴ tsʅ⁴⁴ tsoŋ⁵⁴ sʅ⁴⁴ ɕian¹³, xa³¹, i¹³ tɕʰən³¹ i¹³
后 把 它 折 成 菱 形 呢，用 五 彩 嘞 之 种 丝 线，哈，一 层 一
tɕʰən³¹ lei¹³ zao⁵⁴. zan³¹ xəu¹³ tsəu¹³ i³¹ ko¹³ ta¹³ lei⁴⁴, zan³¹ xəu¹³ lɛ⁴⁴, mei¹³ i³¹ ko³¹ ko³¹ lɛ⁴⁴, tiao¹³ tɕʰi⁵⁴
层 嘞 绕。然 后 做 一 个 大 嘞，然 后 呢，每 一 个 角 呢，吊 起
tɕi⁵⁴ ko¹³, xa³¹.
几 个，哈。

xai³¹ iəu⁵⁴ tsoŋ⁵⁴ sʅ⁴⁴ tɕiao¹³ ɕiaŋ⁴⁴ pao⁴⁴. ŋo⁵⁴ mən⁴⁴ tsəu¹³ ɕiaŋ⁴⁴ pao⁴⁴ lɛ⁴⁴, a¹³ tsʅ⁵⁴ mɛ⁴⁴, tɕʰi⁴⁴
还 有 种 是 叫 香 包。我 们 做 香 包 呢，那 子 么，去
la⁵⁴ tɛ³¹ tsao⁵⁴ tɛ³¹ tao⁵⁴ tsʅ¹³ ɕiɛ⁴⁴ lan⁵⁴ iaŋ¹³ ɕiaŋ⁴⁴ fən⁴⁴ a⁴⁴ tsao⁵⁴ tɛ³¹ tao⁵⁴ tsʅ¹³ ɕiɛ⁴⁴ lei⁴⁴ xa³¹, to⁴⁴
哪 点 找 得 倒 之 些 哪 样 香 粉 啊、找 得 倒 之 些 嘞 哈，多
sao⁵⁴ tʰəu⁴⁴ tɛ³¹ tian⁴⁴ ta¹³ zən³¹ lei⁴⁴ i³¹ tian⁵⁴ lan⁵⁴ iaŋ¹³ fei¹³ tsʅ⁴⁴ fən⁵⁴ mɛ⁴⁴, tɕiəu¹³ piao⁵⁴ sʅ¹³ so³¹
少 "偷" 得 点 大 人 嘞 一 点 哪 样 痱 子 粉 么，就 表 示 说
lei⁴⁴ sʅ⁴⁴ ɕiaŋ⁴⁴ fən³¹ la⁵⁴. zan³¹ xəu¹³ ŋo⁵⁴ mən⁴⁴ tɕiəu¹³ pa⁴⁴ tsʰuan⁵⁴ tɕʰi⁵⁴, pa⁵⁴ la⁴⁴ mai⁵⁴ kʰuai⁵⁴
嘞 是 香 粉 了。然 后 我 们 就 把 它 串 起，把 它 买 块
faŋ⁴⁴ lei⁴⁴ pu³¹, pa⁵⁴ la⁴⁴ tuei⁴⁴ tsɛ³¹ əu¹³ i⁵⁴ xəu¹³, pa⁵⁴ tsʅ⁴⁴ ko¹³ tsʅ⁴⁴ ko¹³ fən⁵⁴ kʰo¹³ tsai⁵⁴ li⁵⁴ tʰəu⁵⁴
方 嘞 布，把 它 对 折 噢 以 后，把 之 个、之 个 粉 搁 在 里 头
lɛ⁴⁴, pa⁵⁴ tsoŋ⁴⁴ tɕian¹³ i³¹ tsʰuan⁴⁴ tɕʰi⁵⁴ lai¹³ lɛ⁴⁴, la⁴⁴ tɕiəu¹³ tsʰən⁵⁴ i³¹ ko¹³ ɕin⁴⁴ ɕin³¹ lei⁴⁴, xa³¹.
呢，把 中 间 一 串 起 来 呢，它 就 成 一 个 心 形 嘞，哈。
pu³¹ ɕiao⁵⁴ li⁵⁴ mən⁴⁴ pu⁴⁴ ɕiao⁵⁴ tɛ³¹ li⁵⁴ mən⁴⁴ iəu⁵⁴ tsʅ⁴⁴ ko¹³ in⁵⁴ ɕiaŋ¹³ pu⁴⁴ tɛ³¹.
不 晓 你 们、不 晓 得 你 们 有 之 个 印 象 不 得。

xai¹³ tsəu¹³ ɕiəu¹³ tɕʰiəu³¹, ɕiəu¹³ tɕʰiəu³¹ a⁴⁴ ko¹³ koŋ⁴⁴ fu⁴⁴ lɛ⁴⁴ tɕiəu¹³ iəu⁵⁴ tian⁵⁴ ta¹³ la⁵⁴. iao¹³

220

还 做 绣 球，绣 球 那个 功 夫 呢 就 有 点 大 了。要
ɕian⁴⁴ tsəu¹³ tsʰən³¹ i¹³ ɕiɛ⁴⁴ iaŋ³¹ lei⁴⁴ i³¹ ɕiɛ⁴⁴ ɕiao⁵⁴ tsŋ⁵⁴ pʰian¹³ i³¹ pʰian¹³ i³¹ pʰian¹³ lei¹³ pa⁵⁴ la⁴⁴
先 做 成 一 些 圆 嘞一 些 小 纸 片，一 片 一 片 嘞把 它
ko⁵⁴ tɕʰi⁵⁴ lai¹³. o¹³ io³¹, ŋo⁵⁴ tɕi¹³ tɛ³¹, ɛ³¹, taŋ³¹ sŋ³¹ tɕia⁴⁴ tʰəu³¹ lei¹³ tsan⁵⁴ pei¹³ tao¹³ sŋ¹³ kən⁴⁴ ŋo⁵⁴
裹 起 来。哦哟，我 记 得，呃，当 时 家 头 嘞长 辈 倒 是 跟 我
mən⁴⁴ səu¹³ lai³¹ kua¹³ tɕʰi⁵⁴ ko¹³. tsuai⁵⁴ uan³¹ lei⁴⁴. a¹³ sŋ³¹ xəu¹³ ŋo⁵⁴ mən⁴⁴ iəu⁵⁴ ŋo¹³ i³¹ ko¹³
们 做 来 挂 起 过。拽 完 嘞。那 时 候 我 们 有 □这么 一 个
tiao¹³ tɕʰi⁵⁴, xao⁵⁴ tsuai⁵⁴ o³¹, kə⁴⁴ xa³¹. a¹³ tsŋ⁵⁴ a¹³ ko¹³ tuan⁴⁴ u⁵⁴.
吊 起，好 拽 哦，咯 哈。(这就是) 那子那个 端 午。

xai³¹ iəu⁵⁴ lɛ⁴⁴, ŋo⁵⁴ tɕiəu¹³, ɛ³¹, ɕian⁵⁴ tao¹³ tsʰuan⁴⁴ tɕiɛ³¹ lei¹³ sŋ¹³ xəu¹³, li⁵⁴ tɕiaŋ⁵⁴ lei¹³ a¹³ xa¹³
还 有 呢，我 就，呃，想 倒 春 节 嘞时候，你 讲 嘞那 下
tsŋ⁵⁴ xa³¹, tsən⁴⁴ lei⁴⁴ pu³¹ sŋ³¹ ɕian¹³ tsŋ⁴⁴ xa¹³ tsŋ⁴⁴ ŋo⁵⁴ mən⁴⁴ tsŋ¹³ ko¹³ u³¹ tsŋ³¹ tsoŋ¹³ ŋo¹³ foŋ⁴⁴ fu¹³.
子 哈，真 嘞不 是 像 之 下 子 我 们 之 个 物 质 □□那么丰 富。
a¹³ tsŋ⁵⁴ tsən⁴⁴ lei⁴⁴ sŋ⁴⁴, tɛ³¹ tian⁴⁴ tsʰŋ³¹ ku⁴⁴, ŋo⁵⁴ mən⁴⁴ ŋan⁴⁴ suən⁵⁴ zən³¹ xan⁵⁴ tsʰŋ³¹ ku⁴⁴, ɕian¹³ tsai¹³
那子 真 嘞是，得 点 茨 菇，我 们 安 顺 人 喊 茨菇，现 在
ɕio³¹ min³¹ xao⁵⁴ ɕian¹³ iɛ⁵⁴ tɕiao¹³ tsʰŋ³¹ ku⁴⁴ ɕian¹³. pa⁵⁴ la⁴⁴ tsai¹³ tsən⁴⁴ pan⁵⁴ saŋ¹³ pʰɛ³¹ suei¹³ əu¹³,
学 名 好 像 也 叫 茨 菇 像。把 它 在 砧 板 上 拍 碎 噢，
tsa³¹ tɛ³¹ tsʰuei¹³ tsʰuei¹³ lei⁴⁴ xa¹³, uei³¹ io³¹, a¹³ ko¹³ ɕian⁴⁴ fa³¹ əu¹³ xa¹³. ɕian¹³ tsai¹³ ŋo⁵⁴ mən⁴⁴ tɕia⁴⁴
炸 得 脆 脆 嘞哈，喂哟，那 个 香 法 哦 哈。现 在 我 们 家
təu⁴⁴ xai³¹ tsai¹³.
都 还 在 (做茨菇)。

ko¹³ lian³¹ lei⁴⁴ sŋ³¹ xəu¹³ a³¹, tən⁵⁴ i³¹ iəu⁵⁴ sŋ³¹ tɕian⁴⁴ pa³¹, ŋo⁵⁴ mən⁴⁴ tɕiəu¹³ iao¹³ tsəu¹³ tsa³¹ i¹³
过 年 嘞时 候 啊，等 一 有 时 间 吧，我 们 就 要 做、炸一
tsoŋ⁵⁴ san⁴⁴ io³¹ ian³¹ tsŋ⁵⁴. san⁴⁴ io³¹ ian³¹ tsŋ⁵⁴ ŋo⁵⁴ mən⁴⁴ tɕiəu¹³ pa⁵⁴ la⁴⁴ kua³¹ tsʰən¹³ tɕiaŋ⁴⁴, kua³¹
种 山 药 圆 子。山 药 圆 子我 们 就 把 它 刮 成 浆，刮
tsʰən³¹ tɕiaŋ⁴⁴ tsŋ⁴⁴ xəu¹³ pan¹³ saŋ¹³ tɕi⁴⁴ tʰiao³¹ saŋ¹³ tian⁵⁴ tɕi¹³ tan⁷³ i¹³ tian⁵⁴ a¹³ ko¹³ ei³¹
成 浆 之 后 拌 上 鸡、调 上 点 鸡 蛋、一点 那个⋯⋯诶、
tɕʰian¹³ fən⁵⁴ zu³¹ mo³¹, faŋ¹³ tian⁵⁴ tsʰoŋ⁵⁴ tsʰoŋ⁵⁴. zan¹³ xəu¹³ lɛ⁴⁴, pa⁵⁴ la⁴⁴ tʰian⁴⁴ xao⁵⁴ ko¹³ xəu¹³
茨 粉、肉 沫、放点 葱 葱。然 后 呢，把 它 调 好 过 后
lɛ⁴⁴, la⁴⁴ səu⁵⁴ tʰəu¹³ i¹³ tsua⁴⁴ tɕʰi⁴⁴ tɕi⁴⁴, tʰaŋ⁴⁴ sŋ¹³ i³¹ iao⁵⁴, la¹³ tɕʰi⁵⁴ tsa³¹ tɕʰi⁵⁴, uei¹³ io¹³, la⁴⁴
呢，他 手 头 一 抓 起一 挤，汤 匙 一 舀，拿 去 炸 起，喂哟，它
pu³¹ sŋ⁴⁴ a¹³ tsoŋ⁵⁴ tsən⁴⁴ pʰa⁴⁴ əu¹³ tsai¹³ tsəu¹³ lei⁴⁴ a¹³ tsoŋ⁵⁴ ian³¹ tsŋ⁵⁴ lɛ³¹, tɕiəu¹³ ioŋ¹³ sən⁴⁴
不 是那 种 蒸 □软和噢再 做 嘞那种 圆 子叻，就 用 生

tɕiaŋ⁴⁴, ei³¹ io³¹, tsa⁵⁴ tɕʰi³¹ lai³¹ tsən⁴⁴ sʅ⁴⁴, pan¹³ tʰiao³¹ kai⁴⁴ təu⁴⁴ sʅ⁴⁴ ɕiaŋ⁴⁴ lei⁴⁴. a¹³ tsʅ⁵⁴ tɕiao¹³
浆，诶哟，炸 起 来 真 是，半 条 街 都 是 香 嘞。那 子 叫
tʰən⁴⁴ kʰəu⁵⁴ saŋ¹³, kə⁴⁴ xa³¹, la⁵⁴ tɕia⁴⁴ tsai¹³ a¹³ tian⁵⁴ i³¹ tsa³¹, a¹³ ko¹³ tsʰaŋ¹³ mən³¹ tʰəu³¹, ɕiaŋ⁴⁴ te³¹
吞 口 上，咯 哈，哪 家 在 那 点 一 炸，那 个 长 门 头，香 得
xən⁵⁴, a¹³ tsʅ⁵⁴ li⁵⁴ mən⁴⁴ təu⁴⁴ mei⁵⁴ te³¹ in¹³ ɕiaŋ¹³. lan⁵⁴ iaŋ¹³ tɕiao¹³ tsʰaŋ¹³ mən³¹ a⁴⁴, tʰən⁴⁴ kʰiəu⁴⁴ a⁴⁴,
很，那 子 你 们 都 没 得 印 象。哪 样 叫 长 门 啊，吞 口 啊，
sʅ³¹ tɕi¹³ saŋ¹³ lε⁴⁴, tɕiəu¹³ sʅ³¹ ɕian¹³ tsai¹³ tɕiaŋ⁵⁴ lei⁴⁴ tʰaŋ¹³ u⁴⁴, tʰaŋ¹³ u³¹ ma³¹. ŋan⁴⁴ suən¹³ mɛ⁴⁴ tɕiao¹³
实 际 上 呢，就 是 现 在 讲 嘞"堂 屋"，堂 屋 嘛。安 顺 么 叫
tsəu¹³ tʰao³¹ u⁴⁴, kə⁴⁴ xa³¹, kə⁴⁴ xo³¹, xa³¹.
做"口 屋"，咯 哈，咯 嗬，哈。

ε³¹, ei¹³, xai³¹ iəu⁵⁴ ma³¹, xai³¹ iəu⁵⁴ tɕʰi³¹ tʰa⁴⁴ lei⁴⁴ ma³¹.
呃，诶，还 有 嘛，还 有 其 他 嘞嘛。

mɛ⁴⁴, ŋo⁵⁴ tɕiəu¹³ ɕiaŋ⁵⁴ tao⁵⁴ tuan⁴⁴ u⁵⁴ lei⁴⁴ sʅ³¹ xəu¹³, xao⁵⁴ ɕiaŋ¹³ xai³¹ tɕʰi⁴⁴ iəu³¹
老年男性：么，我 就 想 倒 端 午 嘞时 候，好 像 还 去"游
pε³¹ pin¹³.
百 病"。

o³¹, tuei¹³ tuei¹³ tuei¹³ tuei¹³ tuei¹³!n³¹.
老年女性：哦，对 对 对 对 对！嗯。

ε³¹, xai³¹ iəu⁵⁴, tɕiəu¹³ sʅ⁴⁴ iao¹³ xo⁴⁴ ɕioŋ³¹ xuaŋ³¹ tɕiəu⁵⁴.
老年男性：呃，还 有，就 是 要 喝 雄 黄 酒。

iao¹³ xo⁴⁴ ɕioŋ³¹ xuaŋ³¹ tɕiəu⁵⁴!
老年女性：要 喝 雄 黄 酒！

xai³¹ iao¹³ mən³¹ kʰiəu⁵⁴ xai³¹ iao¹³ ɕian³¹ kua¹³ tsʰaŋ⁴⁴ pʰu³¹ ŋai¹³ iε³¹.
老年男性：还 要、门 口 还 要 悬 挂 菖 蒲、艾 叶。

ta¹³ tɕʰin⁴⁴ pa¹³ tsao⁵⁴ tɕiəu¹³ iao¹³ tɕʰi⁴⁴ mai¹³ tɕʰi⁵⁴ xa³¹, la⁵⁴ tɕia¹³ lao⁵⁴ lei⁴⁴ təu⁴⁴ iao¹³
老年女性：大 清 八 早 就 要 去 买 起 哈，哪 家 老 嘞都 要
ɕian⁴⁴ tɕʰi⁴⁴ mai⁴⁴ tɕʰi⁵⁴. tɕiəu¹³ sʅ⁴⁴ a¹³ ko¹³ sʅ³¹ tɕian⁴⁴ tuan¹³ tsʰai³¹ tɕiaŋ⁴⁴ mai⁵⁴ te³¹ tao⁵⁴ sʅ⁴⁴ ko¹³
先 去 买 起。就 是 那 个 时 间 段 才 将 买 得 倒 之 个
tsʰaŋ⁴⁴ pʰu³¹ xo³¹ tao⁵⁴ ŋai¹³ iε³¹. xa³¹. ei¹³, a¹³ ko¹³ toŋ⁴⁴ ɕi⁴⁴ sʅ³¹ iəu⁵⁴ i³¹ tin¹³ lei⁴⁴ io³¹ ioŋ¹³ tɕia¹³
菖 蒲 和 倒 艾 叶，哈。诶，那 个 东 西 是 有 一 定 嘞药 用 价
tsʅ³¹ lei⁴⁴ lε³¹ xa³¹. ε³¹, ŋan⁴⁴ suən¹³ zən³¹ lei⁴⁴ lao⁵⁴ pei¹³ zən³¹ lei⁴⁴ so³¹ fa³¹ mɛ⁴⁴ sʅ⁴⁴ pi¹³ ɕiε³¹ ləu³¹
值 嘞叻哈。呃，安 顺 人 嘞老 辈 人 嘞说 法 么 是 辟 邪 喽

ma³¹. sɿ⁴⁴ pu³¹ sɿ⁴⁴ pi¹³ ɕiɛ³¹ xa³¹. kua¹³ tsai¹³ liaŋ⁵⁴ pian⁴⁴ mən³¹ saŋ¹³, pi¹³ ɕiɛ³¹. tan¹³ sɿ⁴⁴ lɛ⁴⁴, ŋai¹³ iɛ³¹
嘛。是 不 是 辟 邪 哈。挂 在 两 边 门 上，辟 邪。但 是 呢， 艾 叶
lɛ⁴⁴ kʰo⁵⁴ i⁵⁴ sao⁴⁴ ŋai¹³ tɕiəu⁴⁴, ei³¹, iəu¹³ kʰo⁵⁴ i⁵⁴ tɕʰi⁴⁴ uən³¹ tsɿ⁵⁴. xao⁵⁴ ɕiaŋ¹³ tɕiəu¹³ sɿ⁴⁴ tsɿ⁴⁴ ɕiɛ⁴⁴
呢 可 以 烧 艾 灸， 诶， 又 可 以 驱 蚊 子。好 像 就 是 之 些
la⁵⁴ pa¹³, xa³¹.
了 吧， 哈。

    ei³¹, tɕin⁴⁴ tʰian⁴⁴ tsɿ⁴⁴ ko¹³ tɕiəu¹³ tɕiaŋ⁵⁴ tao¹³ tsɿ⁴⁴ tɛ⁵⁴?
    欸， 今 天 之 个 就 讲 到 之 点?
      xao⁵⁴.

老年男性：好。

参考文献

［1］安顺市地方志编委会.安顺府志［M］.贵阳：贵州人民出版社，2007.

［2］安顺市地方志编委会.续修安顺府志［M］.贵阳：贵州人民出版社，2012.

［3］丁声树.古今字音对照手册［M］.北京：中华书局，1981.

［4］丁声树，李荣.汉语音韵讲义［M］.上海：上海教育出版社，2010.

［5］钱理群，戴明贤，袁本良，等.安顺城记［M］.贵阳：贵州人民出版社，2020.

［6］教育部语信司语保中心.中国语言资源调查手册·汉语方言［M］.北京：商务印书馆，2016.

［7］李如龙.汉语方言的比较研究［M］.北京：商务印书馆，2003.

［8］刘文仲.安顺方言土语精解［M］.贵阳：贵州人民出版社，2019.

［9］龙异腾，吴伟军，宋宣，等.黔中屯堡方言研究［M］.重庆：西南交通大学出版社，2011.

［10］贵州省地方志编纂委员会.贵州省志·汉语方言志［M］.北京：方志出版社，1998.

［11］涂光禄.贵州汉语方言特色词语汇编［M］.贵阳：贵州大学出版社，2011.

［12］詹伯慧.汉语方言及方言调查［M］.武汉：湖北教育出版社，1991.

［13］袁本良.安顺方言本字考［J］.安顺师专学报，1989（1）.

［14］袁本良.安顺方言中的变调［J］.安顺师专学报（社会科学版），1995（1）.

［15］袁本良.安顺城区方言音系［J］.安顺师专学报，1996（1）.

［16］中国社科院语言所方言研究室.汉语方言词语调查条目表［J］.方言，2003（1）.

后　记

2008年，我研究生毕业后来到安顺，至今已在安顺工作生活了十六年，不知不觉，我已深深融入这片热土，安顺已然成为我的第二故乡。我作为一名语言工作者，总想为安顺做点自己力所能及的事情，今天，《安顺方言文化研究》终于杀青付梓，也算是了了我一个心愿。

安顺人文荟萃。近代知名学者和治水专家陈法，早期杰出的无产阶级革命家、杰出的政治活动家、忠诚的共产主义战士王若飞，著名雕塑家、画家袁晓岑，中国科学院院士、构造地质学家肖序常，华为技术有限公司创始人任正非等先生都生于安顺、长于安顺。在这块土地上，先后产生了川洞文化、夜郎文化、牂牁文化、三国文化、屯堡文化等，至今还或多或少地保留着这些文化的遗迹。

本书是在前期参与《中国语言资源保护工程·贵州汉语方言调查·西秀》项目后进一步调研的成果。书稿由我和同事杨正宏老师合著，杨正宏老师主要负责第五章和第六章语料的标音和一些语料的校对，我负责其他各章。在前期调查、研究和撰写过程中，得到了诸多热心人、良师益友和家人的支持和帮助，如前面提到的发音合作人张勇等人不厌其烦地积极配合调查，邓克贤先生和吕燕平先生除帮助联系发音人外还提供素材、建议，蒋平平极力帮助联系摄录场地；我的老师涂光禄先生是我方言研究道路的引路人，袁本良先生是我治学、做人的标杆，他们的贵州方言相关研究都是我写作中的重要参考资料，我的好友也是本书的合著者杨正宏，与他的合作让本书的内容更加丰富和可靠；我的妻子苗青青在这期间，一直任劳任怨，理解我、支持我，使我的研究计划得以如期完成，我的女儿虽然还小但也很懂事，学习生活都尽量自理，不让我操心。在此对他们表示衷心的感谢。

李文军

2024年2月